历史课标解析与史料研习丛书

总主编　何成刚

历史课标解析与史料研习

世界现代史

主　编　李　杰

副主编　张振鸿　李志先

复旦大學出版社

内容提要

本书是“历史课标解析与史料研习丛书”中的一册。“历史课标解析与史料研习丛书”是高中历史教师准确把握《普通高中历史课程标准》（2017年版），并进行基于历史课标的教学的专业发展丛书。

本丛书根据《普通高中历史课程标准》（2017年版）中的单元学习主题，从“学术引领”“教学设计”“教学资源”三个角度，借助学术界的权威研究成果，为高中历史教师开展基于历史课标的史料教学，提供高质量的、系统整体的资源支持；引导广大中学历史教师认识到，史学阅读是历史教学的起点，史学阅读的广度与深度，决定历史教师史学素养的发展程度，决定学生历史核心素养的培养质量，切实推动形成重视史学阅读的教师专业发展理念。

本丛书也可供初中历史教师阅读，为初中历史教学提供参考。

总 序

毫不夸张地说，当下的中学历史教学，新理念、新思想和新主张可谓层出不穷，颇有些像春秋战国时期的“百家争鸣”，呈现出了多元丰富的特点。通过阅读《历史课程标准》和历史教学期刊上发表的各种文章，我们就能强烈地感受到这一点。这无疑反映了历史教育发展进步的一面，值得肯定。但不可否认的是，新理念、新思想和新主张，在大多数中学历史教师看来，听起来虽然很好，但如何在实践中与具体教学内容实现有机融合，确实是一个相当棘手的问题。这也是基础教育课程改革实施十多年来，历史课堂难以发生本质变化或者说变化其实并不像我们想象的那样显著的重要原因。我们认为，新理念、新思想和新主张与教学实践不能实现有机融合，固然与一些新理念、新思想和新主张“高高在上、不接地气”有关，更多的恐怕还在于广人中学历史教师对教学内容的认识和理解处于一个浅层水平，没有体现出一定的专业性，由此导致新理念、新思想和新主张与“教学实践”形成“两层皮”现象。

可见，要推动历史教学改革取得质的飞跃，不能没有“主义”（即新理念、新思想和新主张）的引领，但是，仅靠“主义”是远远不够的，因为我们在教学中遇到的一个个具体的教学内容，绝无可能完全相同，有的看似相近甚至相同，其实千差万别。这就要求我们对每一个具体的教学内容，必须达到深度把握、准确理解的程度。如何做到？实践证明，除了史学阅读，目前还没有更好的办法。

培养学生历史核心素养，无疑是当下历史教育中最重要的一种“主义”。与“三维目标”相比，“历史核心素养”的提出，更加明确要求我们必须在准确把握历史学科本质、历史学科思想、历史学科方法和深度理解教学内容的基础上，进行历史教学。如果我们做到了这一点，那么，当我们站在课堂上，自然会有充足的教学底气和勇气。试想，作为一名历史教师，如果自身对“历史核心素养”中强调的“唯物史观”“时空观念”“史料实证”“历史解释”缺乏准确把握的话，如果对教学内容一知半解的话，那么，在教学中培养学生的历史核心素养，肯定容易流于形式。

可见，培养学生的历史核心素养，关键在于提高历史教师对历史核心素养的理解水平，关键在于促进历史教师对教学内容的深度把握，这恰恰就是当前中学历史教学存在的最突出的“问题”。换句话说，中学历史教师其实并不缺“主义”的引领，最缺的恰恰就是与《历史课程标准》对教学基本要求相一致的高质量的史学成果与史料资源。

为此，我们围绕教育部颁布修订后的《历史课程标准》中的单元学习主题内容，组织北京市、安徽省、江苏省、河北省、广西壮族自治区、广东省、四川省等地的历史教学专家、优秀教研员、优秀教师，通过分工协作的方式，进行了一年多的广泛而又有深度的阅读。在阅读中，注重核心阅读、群文阅读、比较阅读，以确保阅读的专业性和综合性，保证阅读的品质。在此基础上，一是精选史学研究成果，引导历史教师比较全面地了解史学研究成果，促进历史教师在史学阅读中提高对历史核心素养的理解水平，在史学阅读中提高自身的史学素养，引导历史教师从多个方面深度把握历史教学内容；二是搜集整理有价值的教学资源，特别是史料资源，旨在为中学历史教师提供日常备课可用的素材，让广大历史教师一看就明白，拿来就会用，从根本上解决“巧妇难为无米之炊”的实际问题；三是围绕历史核心教学内容，以《历史课程标准》强调的“史料研习”理念为指导，从不同视角进行了教学设计的探索，强调将历史学科本质、历史学科思想、历史学科方法融入历史教学之中，培养学生的核心素养。可以说，这集中体现了我们团队多年来一贯坚持的根本理念。

总而言之，我们从事本项研究，一方面在于从阅读权威史学成果、合理运用史学资源入手，为中学历史教师深入理解《历史课程标准》，开展基于《历史课程标准》的史料教学，扎扎实实地将培养学生的历史核心素养落实在每一节历史课中，提供实实在在的、高质量的、系统整体的资源支持。另一方面，旨在倡导重视史学阅读的教师专业发展理念，引导广大中学历史教师认识到，史学阅读是历史教学的起点，史学阅读的广度与深度，直接决定历史教师史学素养的发展程度，直接决定学生历史学习的视野和质量。

或许这样的教学研究并不十分地“高大上”，但对于促进历史教师专业发展、提升历史教学质量，的确是一件非常重要的、接地气的“基础工程”。虽然繁重且浩大，但我们觉得很有必要，也很有意义。我们坚信，这样的教学研究，有利于在根本上推动“主义”从“浮在空中”顺利“落地”，推动“实践”从“形式”走向“卓越”。

蒙复旦大学出版社的大力支持，在繁忙的本职工作之余，我们心怀美好愿望、秉持专业态度、发扬协作精神、遵循学术规范、克服种种困难，编写了这套丛书，希望为中学历史教学贡献我们的绵薄之力，更希望大家不吝指教。

何成刚
教育部基础教育课程教材发展中心

目录

第一单元

帝国时代的战争与革命

学术引领

一、第一次世界大战

（一）爆发原因

1. 垄断资本主义发展不平衡

列宁在《帝国主义是资本主义的最高阶段》(《列宁全集》(第2版)，中共中央马克思恩格斯列宁斯大林著作编译局编译，北京：人民出版社，1984—1990年，第27卷，第325—326页)一书中揭示了资本主义政治经济发展不平衡规律。他在1921年为该书撰写的"德文版和法文版序言"中指出，1914—1918年的战争，从双方来说，都是帝国主义的(即侵略的、掠夺的、强盗的)战争，都是为了瓜分世界，为了瓜分和重新瓜分殖民地、金融资本的"势力范围"等等而进行的战争。要知道，能够证明战争的真实社会性质，确切些说，证明战争的真实阶级性质的，自然不是战争的外交史，而是对所有交战大国统治阶级的客观情况的分析。列宁指出，铁路是资本主义工业最主要的部门即煤炭工业和钢铁工业的结果，是世界贸易和资产阶级民主文明发展的结果和最显著的标志。他在该书前几章说明了铁路是怎样同大生产，同垄断组织，同辛迪加、卡特尔、托拉斯、银行，同金融寡头联系在一起的。铁路网分布的不平衡，铁路网发展的不平衡，是全世界现代资本主义即垄断资本主义造成的结果。这种结果表明，只要生产资料私有制还存在，在上述这样的经济基础上，帝国主义战争是绝对不可避免的。

2. 英国、德国之间矛盾的激化

列宁在1908年10月的著作《英国和德国工人的和平示威》(《列宁全集》(第2版)，中共中央马克思恩格斯列宁斯大林著作编译局编译，北京：人民出版社，1984—1990年，第17卷，第189页)一书中就预测了英、德矛盾激化将不可避免导致世界战争，他在文中指出，英国和德国的资本家在世界市场上的竞争愈来愈激烈，英国原来的领先地位和在世界市场上独霸一切的时代已经成为过去，德国已经成为一个发展特别快的资本主义国家，它的工业品愈来愈多地销往国外。争夺殖民地的斗争、商业利益上的冲突在资本主义社会已经成为战争的主要原因之一，无怪乎两国的资本家都认为英德两国的战争是不可避免的，而两国的军阀则干脆希望战争爆发。英国的沙文主义者想破坏危险的竞争者的力量，趁德国的海军实力还比英国弱得多的时候就把它消灭。德国以粗暴的威廉二世为首的容克和将军们迫不及待地想同英国打仗，希望能利用一下陆军的优势，幻想用军事胜利的喧嚣声来掩盖德国工人群众日益增长的不满和阶级斗争的尖锐化。

3. 近代以来用武力解决国际争端的历史惯性

美国学者帕尔默在《现代世界史》（何兆武等译，北京：世界图书出版公司，2009 年，第 567—568 页）一书中提出了“大战不可避免”的问题让读者思考。他们指出，在 19 世纪中叶的欧洲，重大的政治问题一向都是依靠武力加以解决的。德意志帝国是在以武力建立的新的国际结构中唯一最强大和最显赫的国家，但所有欧洲国家都得出了结论：大规模的军事力量对它们的民族生存是不可或缺的。欧洲国家在和平时期从来没有像 20 世纪初期那样保持如此庞大的军队。如今，在全体青年人中实行一年、二年甚至三年的义务兵役制已经习以为常。每个人都认识到，战争总有一天会到来。在 1914 年以前的那几年里，战争迟早要爆发的想法，可能使得一些国家里的某些政治家更决心去发动战争。不管怎样，民众对未来战争的预期，连同大规模的常备军，促成了这场 1914 年爆发的横跨欧洲的大战。

4. 各国为争夺资源以满足国家发展需要

美国学者约翰·R. 麦克尼尔等在《人类之网：鸟瞰世界历史》（王晋新等译，北京：北京大学出版社，2011 年，第 280 页）一书中指出，争夺资源以满足国家发展和人口增长的需要是导致世界战争的主要原因。这场战争的直接起因微不足道：奥匈帝国的皇储在萨拉热窝被暗杀，而其最根本的原因，是德意志作为一个大国的崛起。德国的人口增长速度在 1871—1914 年间远远超过法国或英国，德国的城市化和工业化程度也大大超出其周边各国。这一态势就使得历史上一直处于对峙状态的英法两国，大约在 1900 年以后走到一起，而相互敌对的各个联盟体系很快便形成了，欧洲的主要强国皆被囊括在内。同时，德国人担心拥有丰富资源的俄国人不久就会像他们取代英国人一样取代他们。每一个国家内部强烈的民族主义情绪使得人们对战争可能带来的严重后果视而不见，故而敢于迎接战争。

黄韫宏在《列宁对帝国主义战争动机的分析及其现实意义》（载《前沿》，2010 年第 18 期）一文中指出，在世界殖民地已经瓜分完毕的时候，后起的帝国主义为了占有更多的殖民地资源，必然发动战争争夺世界殖民地，而老牌帝国主义为了维护霸权，必然利用战争掠夺竞争国。

5. 工业化、社会心理、民族主义运动交织发展

马勇在《一战如何改变中国》（载《同舟共进》，2014 年第 8 期）一文中指出，对于第一次世界大战，我们过去是根据列宁的说法，把它看作帝国主义之间的战争，没有正义和非正义之分。最近有人提到，第一次世界大战的爆发跟瓜分殖民地有关，也跟后起的强国对先前强国的挑战有关。总体来说，第一次世界大战的爆发有两个重要原因：一是工业化的进步，二是近代民族主义的觉醒。从 17 世纪的第一次工业革命开始，各国的技术进步很快，第一次世界大战时就有了飞机、坦克及其他毁灭性武器。科学技术落后时，人们还容易相安无事，而一旦拥有各种毁灭性武器，就很容易擦枪走火。另外，欧洲在走出中世纪后，面临民族意识觉醒的问题。1914 年 6 月 28 日，奥匈帝国的皇储在塞尔维亚的萨拉热窝被刺杀，其实这里面故事非常多。这对夫妻到萨拉热窝去，塞尔维亚的民族激进分子就认为他们是来挑衅的，

但他们其实并没有这个意思。刺杀事件发生后，几个帝国间的矛盾也都引发出来了，形势恶化得非常快。

张盛发在《关于第一次世界大战的若干思考——写在一战爆发100周年之际》（载《俄罗斯东欧中亚研究》，2015年第1期）一文中指出，断言第一次世界大战具有帝国主义性质并没有什么疑义，但是，并非只是帝国主义矛盾和争夺才导致第一次世界大战的爆发。除了经济、政治和外交因素外，当时的社会战争心理和战争情绪对战争的爆发起了极大的推进作用。参战各国普遍存在的强烈的民族主义情绪，远远超出了人们以前所了解和想象的程度。这种民族主义情绪与其说是战前各国政府宣传煽动的结果，不如说是几个世纪以来以民族优越性和自豪感为特征的历史文化传统的产物。它不仅使参战各国的民众把战争看作保持民族生存和发展、提高民族威望和展现民族优越性的较量，更使政府动员令畅通无阻，同时也使反战运动归于沉寂。在持续的军备竞赛中，有关战争是一种解脱并且愈早愈好的情绪和观念更为炽烈和强化。正如一位法国观察家在1912年所指出的："在过去两年里我们多少次地听到人们说，'战争要比这种永久的等待好！'在怀有这种愿望的时候，不存在悲伤，而是一种私底下的期望。"欧洲大陆对战争的坦然接受甚至喝彩似的欢迎，其主要原因是：第一，长期片面的民族优越性宣扬和爱国主义教育。每一个欧洲国家，都教育儿童们要以他们的历史传统为荣，要尊重被认为是独特的国家美德。这种民族显耀和民族独尊的教育极易导致偏激民族主义和沙文主义信念，并使青年人不是畏惧，而是在一定程度上向往战争。第二，自然界适者生存和优胜劣汰的达尔文理论在社会生活中的错误理解和应用。第三，欧洲以往的局部和短暂的战争成为人们想象未来战争的范例，从而对即将爆发的战争可能产生的后果严重估计不足。

余伟民在《反法西斯联盟与人类整体利益——再论二战教训的当代意义》（载《探索与争鸣》，2015年第4期）一文中指出，就战争起源而论，第二次世界大战是第一次世界大战的延续，而第一次世界大战又是人类向现代社会转型中激化的"现代性"矛盾所致。源自西欧社会的现代化历史进程表现为两股并行的历史潮流：一是资本逻辑推动的经济全球化运动（通过世界市场、跨国资本和世界体系的发展）；二是民族国家逻辑推动的现代民族主义运动（通过内在的主权国家建设和外在的国际体系建构）。两种历史运动构成了现代世界的复合结构——作为经济结构的"世界体系"与作为政治结构的"国际体系"的矛盾与张力。以大国争霸为特征的第一次世界大战即表达了这种结构性矛盾，第一次世界大战的发动者和主要参战国都基于扩大帝国权力以支配世界体系而展开争夺，两大集团的结盟都是狭隘的国家意志的体现和霸权利益的追逐，双方都追求基于民族主义的扩张目标。

6. 科技进步推动现代战争的升级

美国学者房龙在《人类的故事》（沈性仁译，南京：江苏文艺出版社，2008年，第334—335页）一书中指出，之所以发生第一次世界大战这种错误，是因为我们的科学家只知创造一个钢铁、化学、电气的新世界，而忘记人类的思想比故事里所说的龟子走路还要慢，比著名的懒虫还要懒。房龙以自己犀利的历史之眼，洞察了人类历史上第一次世界大战的爆发与科技进步、生产发达之间存在着绝对的联系，战争的需要催生了新科技发明，而科技进步超前于人的思想进步，无所顾忌地运用于战场，推动现代战争的升级。

（二）第一次世界大战的性质

1. 一场帝国主义的掠夺战争

列宁在《帝国主义是资本主义的最高阶段》(《列宁选集》新版第 2 卷，中共中央马克思恩格斯列宁斯大林著作编译局译，北京：人民出版社，1998 年，第 577 页)一文中指出，1914—1918 年的战争，对双方来说，都是帝国主义的(即侵略的、掠夺的、强盗的)战争，都是为了瓜分世界，为了瓜分和重新瓜分殖民地、金融资本的"势力范围"等而进行的战争。

英国学者尼尔·弗格森在《世界战争与西方的衰落》(喻春兰译，广州：广东人民出版社，2015 年，第 27—28 页)一书中提出，如果不将 20 世纪的暴力放在帝国范围内来看的话，那是相当令人费解的。因为它在很大程度上是 1900 年后出现的主宰这个世界的多民族大帝国衰退而崩溃的结果。在世界战争中，那些参战国的共同特点，几乎都毫无例外的是：它们要么是帝国，要么试图成为帝国。此外，细细追究起来，这个时期自称国家或者联邦的许多大型政体，实际上早已是帝国了。帝国问题之所以重要，第一，这些经济体的巨大规模才能使战争有打起来的可能。毕竟在大多数民族国家人口中，能够参军的男性人数是有限的。第二，帝国之间的节点——边远地区和它们之间的缓冲地带，或者是它们争夺控制权的战略要地，发生的暴力战争一般都会比帝国中心地带多。如波罗的海、巴尔干和黑海之间重要的三角地带是一个冲突地区。第三，由于帝国往往与经济秩序的建立联系在一起，国际商业一体化的盛衰与它们地位的升降有着密切的联系。经济困难和经济机会都可能决定帝国扩张的时间和方向，决定一个帝国的生存期，也决定后殖民地发展的性质。

齐世荣在《世界史·现代史编(上卷)》(北京：高等教育出版社，2011 年，第 27 页)一书中对第一次世界大战中各国的侵略行为进行了批判，并将其作为依据对第一次世界大战的性质进行了分析。大战爆发后，交战各国的政府及拥护战争的政党纷纷发表声明，鼓吹本国所进行的战争是"保卫祖国"的正义战争，而谴责敌方战争的"侵略"性质。而战争的真正性质，对双方来说，都是帝国主义战争：第一，德国的目的是实现世界霸权，企图建立一个从北海、波罗的海到亚得里亚海，从柏林到巴格达的"大德志帝国"，这个大帝国的核心部分是一个"中欧帝国"，即把德国的国土在西部扩展到比利时和法国的部分领土，在东部扩展到波兰全境。德国还要摧垮英国的海上垄断权，夺取英、法的殖民地。第二，奥匈帝国的目的是奴役巴尔干，使塞尔维亚沦为附属国，巩固民族矛盾异常尖锐、摇摇欲坠的帝国。第三，英国的目的是保住世界霸主的地位，打败最大的竞争对手德国，瓜分德国的殖民地和德国舰队，并在近东肢解奥斯曼帝国，夺取美索不达米亚和巴勒斯坦等地区。第四，法国的目的是收复阿尔萨斯和洛林两省，进而夺取德国的萨尔区，用德国的煤补充洛林的铁，总之要打垮德国，树立法国在欧洲大陆的霸主地位。第五，俄国的目的是摧毁德、奥在土耳其和巴尔干的势力，确立自己在这一地区的统治，建立一个从易北河到中国，从亚得里亚海到北冰洋的"大斯拉夫帝国"。第六，日本的参战，是为了夺取德国在太平洋上的属地和攫取德国在山东的权益，进一步侵略中国。第七，意大利则要瓜分北非沿岸的突尼斯、的黎波里和昔兰尼加，占领的里雅斯特和阿尔巴尼亚等地区，在地中海建立霸权。战争期间，帝国主义列强签订了一系列秘密协定，它们充分证明了第一次世界大战的侵略的、掠夺的帝国主义战争性质。

2. 一场全球范围的战争

美国学者斯塔夫里阿诺斯在《全球通史：从史前史到21世纪（下册）》（吴象婴等译，北京：北京大学出版社，2012年，第649页）一书中从全球史观的角度对第一次世界大战的性质进行了分析，他认为第一次世界大战原为欧洲问题引发的一场欧洲局部战争，但是1917年发生的事情改变了这一现状。俄国革命和美国参战这两个事件改变了战争的性质——从最初为欧洲问题而开战，实质上是欧洲的战争转变成全球范围的战争，美国参战和俄国革命使一种新的意识形态立即具有了世界性影响。威尔逊的《十四点和平纲领》和列宁的革命口号就其影响而言，是普遍的和具有破坏性的，它们与欧洲局部问题大不相同。因此可以说，正是在1917年，第一次世界大战从欧洲阶段转变到全球阶段。

李巨廉在《血碑：震撼全球的两次世界大战》（北京：西苑出版社，1999年，第19—20页）一书中指出，迄今以来的人类“文明”史，充满着各种各样的战争。虽然随着社会经济的发展和科学技术的进步，战争的规模越来越大，参战的军队和卷入战争的人数越来越多，破坏性越来越烈，对人类社会生活的影响也越来越广和越来越深，但只是到了20世纪才出现世界大战。什么是世界大战？世界大战并不单纯地以战争的规模、范围和卷入国家的多少为标准，过去历史上的有些战争，其规模和范围也很大，卷入的国家也很多。例如，18世纪末至19世纪初的拿破仑战争，就遍及欧洲、地中海和北非，就战争规模、范围和卷入国家的众多来说，不比第一次世界大战小，但不能称为世界大战。只有那种产生于世界经济政治整体性发展，涉及世界全局、解决世界性的矛盾、牵动整个人类社会生活的全面战争，才称为世界大战，而这些都只有到20世纪才具备。当然，一场战争，也只有打到一定的规模和范围，把当时国际社会中处于主导地位的大国都卷了进去，才成为世界大战。

（三）第一次世界大战的影响

1. 动摇了欧洲的世界中心地位

美国学者斯塔夫里阿诺斯在《全球通史：从史前史到21世纪（下册）》（吴象婴等译，北京：北京大学出版社，2012年，第643页）一书中指出，1914年秋，正当一个又一个欧洲国家卷入第一次世界大战的大屠杀之际，英国外交大臣格雷伯爵评论道：“灯光正在整个欧洲熄灭。”第一次世界大战还标志着曾在19世纪十分完全、十分反常地支配全球的欧洲的结束。到大战结束时，欧洲的控制力已明显削弱，而且正在各地受到挑战。

英国学者尼尔·弗格森在《世界战争与西方的衰落》（喻春兰译，广州：广东人民出版社，2015年，第32页）一书中，运用大量的文献资料，从战争小说到人口数据，再到他常年关注的债权市场，得出了一个结论：世界战争是西方的自杀。他指出，1900年的确是西方在统治世界。只有当1900年西方统治的范围得到确认时，20世纪真实的叙事弧才显示其本来面目，第一次世界大战不是“西方的胜利”，而是欧洲帝国的危机，最终的结果是亚洲国家的必然复兴和西方的必然衰落。从日本开始，亚洲社会开始了自身的现代化进程或者说在欧洲统治下的现代化进程。在这个历史进程中，欧洲和亚洲之间的收入差距开始缩小，有了这样的缩小，西方的相对衰落就变得势不可挡了。这是世界的重新定向，它纠正了东西方之间在1500年之后失去了的长达4个世纪的平衡。

徐蓝在《20世纪国际格局的演变——一种宏观的论述》（载《历史教学》（下半月刊），

2013年第10期)一文中指出,第一次世界大战的最重要的直接后果,恰恰是从根本上动摇了欧洲的世界中心地位,实际结束了欧洲的全球霸权时代,并预示了未来国际格局的发展趋势。第一次世界大战几乎从根本上损害了欧洲经济的长远发展前景,并导致欧洲和美国的经济关系完全改变。欧洲已不再像19世纪时那样是世界的工场和世界的银行家,这两方面的领导权都在向大西洋彼岸转移,欧洲对世界经济的控制能力不断减弱。与欧洲的逐渐衰落形成鲜明对照的是美国与苏联的不断崛起:美国的崛起是在欧洲衰落的背景中出现的,而苏联则正是在资本主义世界陷入最严重的危机时诞生的。徐蓝进一步指出,第一次世界大战后由战胜国构建的帝国主义重新分割世界、维护战胜国利益和维持战后和平的凡尔赛—华盛顿体系,是第一个涵盖全球主要大国的多极体系。它呈现的是以英、法为代表的西欧和以美国、日本、苏联等国际行为体为代表的多极结构之间的博弈,并留有欧洲大国均势的痕迹。

2. 促使俄国走上了社会主义发展道路

张盛发在《关于第一次世界大战的若干思考——写在一战爆发100周年之际》(载《俄罗斯东欧中亚研究》,2015年第1期)一文中指出,第一次世界大战激化了资本主义的各种矛盾,造成了经济、政治等方面和人们心理的大动荡。在这种剧烈动荡的时期,人类社会处于十字路口,社会改良与社会革命的可能性和趋势同时存在。面对矛盾和危机,不同的国家、不同的阶级和不同的政党,都在寻找不同的解决方法和途径。俄国的布尔什维克选择了通过暴力革命改造社会的方式,第一次世界大战爆发后,列宁把战争定义为"帝国主义战争",他们要把战争转变为革命和内战,推翻资本主义制度,建立社会主义和无产阶级专政。十月革命以及随后在俄国建立的社会主义制度实际上就是俄国布尔什维克以俄国化的马克思主义探索人类社会走向社会主义的一场史无前例的实践。资本主义一统天下的局面就此被打破,除了资本主义以外,人类又有了另一种与之完全相反和对立的发展道路和模式——社会主义。不得不说,这既是第一次世界大战所产生的最重要的结果,也是第一次世界大战对20世纪最重要的影响。

徐蓝在《100年后重读列宁〈帝国主义是资本主义的最高阶段〉的启示》(载《红旗文稿》,2016年第13期)一文中指出,第一次世界大战最为重要的结果之一,就是在布尔什维克党和列宁的领导下,俄国爆发了十月社会主义革命并取得了成功。十月社会主义革命的胜利,把19世纪的社会主义理想变成了现实,将曾经是重要的帝国主义国家沙皇俄国变成了与发达资本主义国家并立的社会主义国家,打破了资本主义的一统天下,走上了探索建设社会主义制度的道路,开辟了人类历史从资本主义向社会主义转变的新纪元,是人类文明的巨大进步。

3. 对中国政治、经济、外交和思想等方面都产生了影响

(1) 帝国主义在华力量对比发生变化带来中国政治变动

陈国清在《简论第一次世界大战对中国社会发展进程的若干影响》(载《武汉大学学报(人文科学版)》,2004年第1期)一文中指出,第一次世界大战期间帝国主义侵华格局的变动,表明以往他们依靠的纵横捭阖和秘密协定所保持的侵华均势已被打破,日本已成为亚洲唯一强大的本土力量,可以不受或少受牵制地放手侵华。由于帝国主义在华力量和侵华政策的变化,中国的政治也发生了很大的变化。第一,复辟丑剧不断上演。1915年底和1917

年夏，袁世凯、张勋先后上演了两幕复辟帝制的丑剧。第二，北洋集团公开分化改组。袁世凯死后，北洋集团的矛盾逐渐公开化、白热化，最后裂变为直、皖、奉三系，他们初始是明争暗斗，后来则是兵戎相见。第三，皖系军阀气势夺人，“武力统一”甚嚣尘上。1916 年以后，段祺瑞总政，“一手遮天，目无余子”，一意孤行地诉求武力统一中国于皖系军阀。第四，孙中山领导的资产阶级革命屡起屡扑，陷入绝境。他进一步指出，帝国主义在大战期间奉行的分裂剥削中国的政策，不仅使中国政治发生了许多新变化，而且给中国社会造成了严重的危害，中国政治混乱和黑暗到极点，战争连年不断。在大战期间和其后的几年里，爆发的大小战争数以百计，那时的中国几乎每天都有战争。

(2) 促进了中国民族经济的发展

孙长斌在《一战时期中国经济变化与民主革命新因素的成长》(载《江苏社会科学》，2013 年第 4 期)一文中指出，第一次世界大战促成中国产生了民主革命所必需的现代经济，在这个基础之上，产生了众多对中国社会革命起到关键作用的新因素。

第一，第一次世界大战及战后，代表新生产力的民族资产阶级的实力壮大，为中国资产阶级民主革命塑造了阶级主体。他们在对封建政治、殖民压迫的抗争中，在对资本主义民主政治的期待中，实现了主体意识的觉醒，阶级行动体现出自为性。

第二，第一次世界大战及战后中国现代生产和商品市场的迅速扩大，建立在现代经济基础上的现代生产关系和现代意识影响了包括民族资产阶级、工人、农民、城市市民在内的所有人群；中国的资产阶级性质的民主革命不再是资产阶级独立的运动，而是演变成为工人、农民、市民多阶层参加的以建立资本主义现代民族国家为取向的共同政治运动。

第三，第一次世界大战及战后现代经济因素的增长，催生了中国无产阶级的迅速扩大和集中。中国无产阶级在现代生产和现代商品的影响下，阶级意识也迅速觉醒，阶级力量开始展现。中国无产阶级接触马克思主义后，阶级主体意识发生质的飞跃，承担了参与、领导资产阶级完成资本主义性质的民主革命的历史使命。在无产阶级先进阶级属性的驱使下，利用第一次世界大战及战后革命形势的变化，中国的无产阶级没有仅仅满足于协助资产阶级的使命，而是勇敢地担负了领导中国民主革命的重任。

(3) 促进近代中国外交的转变

侯中军在《1949 年以来的中国与一战外交研究》(载《兰州学刊》，2015 年第 6 期)一文中指出，参加第一次世界大战标志着中国外交政策从消极到积极的重大转变，北京政府后期的积极外交可说由此而发端。中国的参战，改变了消极的中立政策，虽然这一决定含有从强从众的因素，但这一抉择本身是积极的，具有开创性意义。

侯中军进一步指出，就国际背景而言，列强越来越注重国际法和国际条约在国际关系中的运用。这一变化，为一些殖民地半殖民地国家自主外交的出现提供了比过去略为宽松的外部条件。就中国国内而言，出现了两个重大的变化，一是民国建立后，政治多元化，言路大开，各种政治力量都能向社会充分展现自己的主张。民族主义在中国各个阶层得以发展，在中国历史上第一次形成了能对决策施加影响的“社会舆论”。普通民众涌进了外交这一过去似乎很神秘的为少数高官所垄断的领域，形成了声势前所未有的“国民外交”。二是一批接受过西方教育的新式职业外交官开始崭露头角，他们具有丰富的国际政治和外交知识，具有比较强烈的民族和民主意识，勇于并善于与西方列强打交道。

孟虹在《一战前后中德关系的演变及其对中国近代外交理念的影响》(载《武汉大学学报(人文科学版)》,2015 年第 5 期)一文中指出,第一次世界大战的爆发彻底改变了中国的国际地位与外交理念和策略,促使了鸦片战争后一直处于落后挨打且被西方列强占领包围的中国在外交上的觉醒。在长达四年的大战期间,中国与德国的关系随着战争的延续,逐渐发生了变化,从最初的保持中立到后期的断交甚至宣战,其中在处理欧战初期出现的"青岛问题"和战争后期的"阿托斯事件"方面,北洋政府的态度截然不同,反映了随着欧战的延续,伴随 1917 年后协议国与同盟国两大军事阵营冲突的进一步激化,以及随着美国为首的原中立国加入对德宣战的行列,造成原有均势的打破,中国对德外交的指导思想和策略也发生了根本性的转变,开始从被动转向主动,从原来单一的"防御性外交"转向多元化的"结盟外交",从原来的屈辱妥协维和的"均势外交",转向捍卫主权与尊严的"民族主义外交"。同时,随着中国社会的发展,民众参与政治热情的逐渐提升,各政治派别博弈的日趋尖锐,随着移居海外华人和留学异域学子的日渐增多,北洋政府的外交政策与内政日益紧密相联,倾听民意,保护海外华人生命和利益的意识开始提高,"民意外交"和"侨务外交"成为政府权衡对外政策不得不兼顾的两大因素。

(4) 促进中国人民的新觉醒

陈国清在《简论第一次世界大战对中国社会发展进程的若干影响》(载《武汉大学学报(人文科学版)》,2004 年第 1 期)一文中指出,随着十月革命的影响在中国的逐步扩大,特别是巴黎和会事实的教训,人们已经看到了从前追求的新文化并不是救中国的思想武器。《新青年》及其他宣传新文化的刊物,不再像以前那样热烈鼓吹"法兰西文明",新文化运动较前期有了一个新的发展。第一,人们对帝国主义的认识发生了深刻的变化。人们醒悟到,"不止夺取山东的是我们的仇敌,这强盗世界中的一切强盗团体,秘密外交这一类的强盗行为,都是我们的仇敌"。第二,由轻视群众变为尊重群众。五四运动前,大多数新文化运动的代表人物把人民看作无知、落后的一群,并且自居是站在群众之上的"先知先觉者"。在五四运动中,这种轻视群众的思想则有很大的改变。第三,马克思主义越来越成为新文化运动的主要宣传内容。中国人在五四运动以后认识上的这些变化,应该说既有十月革命影响的作用,也有帝国主义从反面教育的作用,帝国主义的反面教育主要表现在巴黎和会这一严酷事实的教训。

(四) 第一次世界大战后的国际秩序

1. 凡尔赛—华盛顿体系的形成和性质

(1) 战后资本主义世界的新秩序

齐世荣等在《世界史·现代史编(上卷)》(北京:高等教育出版社,2011 年,第 79、87 页)一书中对凡尔赛体系进行了系统的分析,指出,《凡尔赛条约》和随后签订的各项条约,构成了凡尔赛体系。它标志着第一次世界大战结束后列强经过近 5 年的时间,终于在欧洲、近东和非洲建立了战后资本主义世界的新秩序。它内部包含的各种矛盾,必将使该体系的崩溃不可避免。首先,由于构成这一体系的几个主要条约对战败国极为苛刻,其掠夺性骇人听闻,因此,必然导致战败国与战胜国之间矛盾的加剧。其次,尽管战胜国一再标榜以民族自决原则处理领土问题,但实际上主要是根据掠夺战败国和它们自己的需要来实行这一原则的。第三，在建立凡尔赛体系的过程中，帝国主义列强最初以消灭苏俄为目的，继而以孤立苏俄为目标，把凡尔赛体系变成了反苏反共的工具。同时列强虽慑于民族解放斗争的声势，在瓜分殖民地方面采取了“委任统治”的形式，但并未改变殖民统治的实质。第四，凡尔赛体系是战胜国妥协分赃的产物，它没有也不可能消除它们之间的种种矛盾。

齐世荣等进一步指出，因为凡尔赛体系并未完全解决各方矛盾，所以之后又召开了华盛顿会议，会议通过一系列条约，修改和补充了凡尔赛条约中的一些条款，解决了巴黎和会上没有解决的一些问题，建立了第一次世界大战后帝国主义列强在亚太地区新的国际关系结构。华盛顿体系的建立，使英国在远东的势力受到削弱，标志着英国从远东撤退的序幕。在以后的年代中，英国力图保持该体系所确立的现状并维持、发展在华利益，因此必然同日本的继续扩张发生冲突，英日矛盾将不断激化。日本的扩张野心遭到美英的遏制和中国人民的坚决抵制，但其独霸东亚的既定国策不会改变，在以后的年代中它不断寻找机会准备最终冲破华盛顿体系的束缚。美国作为该体系的主要规划者和潜在的保证者，力求保持远东及太平洋地区的新均势，因此美日矛盾终归不可调和。华盛顿体系的建立，标志着战胜国帝国主义在全球范围内基本完成了对战后列强关系的调整和对世界秩序的重新安排。

(2) 激进主义主导的凡尔赛—华盛顿体系

储昭根在《观念竞合与国际体系的变迁》(载《浙江大学学报(人文社会科学版)》,2018年第1期)一文中指出，通常认为，国际权力、国际政治之争的核心就是国际秩序之争。从表面上看，国际秩序是某一时段各个主要行为体间基于实力竞合而形成，进而造就的一种国际格局。但从更深层次看，国际体系内的观念分配才是决定国际秩序能否建立、可否保持稳定的关键性变量。因此，国际体系确立的背后是观念分配竞合的结果，是主流观念及价值取向在单元及系统层面“双层竞合”的过程中占据主导地位的结果。在凡尔赛—华盛顿体系的形成、发展过程中，各种观念间的竞合在不同国家、不同社会呈现空前复杂的图景。殖民主义与垄断资本主义结合，成了帝国主义；保守主义与民族主义结合，成了军国主义；自由主义与民族主义结合，则产生了灿烂一时的威尔逊式理想主义，并塑造、建构了凡尔赛—华盛顿体系。不过，随着激进主义与理想主义的竞合加剧，理想主义终归失败，民族主义进而与帝国主义结合，又产生了更疯狂的法西斯主义。总体来看，这一时期被激进主义所主导。

2. 凡尔赛—华盛顿体系的特点

(1) 大国强权统治世界

美国学者萨缪尔·亨廷顿在《文明的冲突与世界秩序的重建》(周琪等译，北京：新华出版社，2009年，第71页)一书中指出，1919年，伍德罗·威尔逊、劳合·乔治和乔治·克里孟梭实际上一起控制着整个世界。他们坐在巴黎，决定着哪些国家将存在，哪些将不存在，将创造哪些新的国家，它们的边界应如何划分，谁将统治它们，以及中东和世界其他地区在战胜国之间应如何分配。他们还决定如何对俄国进行军事干涉，从中国榨取经济特权。

(2) 具有真正的世界性和多极均势结构

徐蓝在《世界历史视野下的国际关系体系演变》(载《光明日报》,2007-4-3)一文中指出，凡尔赛—华盛顿体系有几个突出的特点：第一，它反映了20世纪的世界已经形成了一个息息相关的整体的现实，具有真正的世界性，社会主义革命和殖民地半殖民地的解放斗争对世界历史的整体发展产生了重要影响。第二，它是一个由英国、法国、意大利、美国、日本构成的多极均势结构，并留有欧洲大国均势的痕迹，但由于对德国和苏联等重要战略力量的长期排斥而缺乏稳定性。第三，它提倡集体安全，但是国际联盟在防止和制止侵略战争方面缺乏有效的制约机制。第四，强权政治贯穿其中，使该体系存在严重的内在矛盾和致命弊端，并导致战后的和平既短暂又脆弱。因此，凡尔赛—华盛顿体系的确没有带来永久的和平与安宁，仅仅 20 年之后，更大规模的第二次世界大战不仅使人类在物质上和精神上蒙受了前所未有的巨大双重劫难，而且彻底宣告了凡尔赛—华盛顿体系的终结，为建立新的国际关系体系奠定了基础。

3. 凡尔赛—华盛顿体系的影响和瓦解

(1) 国际协调机制只有在权力均衡格局下才能发挥作用

何杰在《权力与制度——国际机制理论的现实主义分析》(载《欧洲研究》，2003 年第 4 期)一文指出，从国际关系的历史发展过程来看，国际政治经济机制的运作无一不是建立在大国竞争态势的某种权力均衡格局之下。一战后建立起的新均势体系——凡尔赛体系，开始重视大国协调机制的真正实现，以威尔逊的"十四点计划"为标志，大国间的权力均衡作为战争的根源而遭到否定，取而代之以大国协调实现"集体安全"的国际联盟机制。但是，国际社会无政府自助状态的现实，使得集体安全这种人为设计的防止战争的协调机制，在丧失权力制衡原则的情况下，逐渐演变成绥靖政策，并使国家陷入集体安全困境，最终导致了第二次世界大战的爆发。这说明国际关系的协调机制必须要有权力均衡来保证，只有在"均衡"与"协调"的合力作用下，才能实现国际社会的真正和平。二战后，以大国竞争与合作为特征的雅尔塔体系，总体上包含了"均衡"与"协调"的因素，即美苏两极均势与实施大国协调的联合国机制相结合。

(2) 有着结构性缺陷的凡尔赛体系未能维护世界和平

刘波在《凡尔赛体系未能维护一战后世界和平的原因探析》(载《国际关系学院学报》，2007 年第 6 期)一文中指出，一战后建立起来的凡尔赛体系从诞生之日起，就面临着种种危机，存在着内生性的缺陷和无法消弭的张力。美苏两侧翼大国被排斥在该体系之外；对德国的苛刻惩罚一方面埋下了复仇心理，另一方面也增强了德国的地缘战略优势；少数民族问题和委任统治，引起体系内主导力量边际效应；赔款、安全等问题引发利益分配不均导致体系内大国之间的罅隙。正是这些相互交织的结构性缺陷导致凡尔赛体系未能维护一战后的世界和平。

(3) 凡尔赛体系的瓦解

龚亚立在《略论凡尔赛体系的几个问题》(载《江西师范大学学报》，1992 年第 2 期)一文中指出，凡尔赛体系的瓦解经历了三个阶段。第一阶段，凡尔赛体系建立初期，各国围绕着是否接受凡尔赛体系有关和约问题，展开了不同形式的斗争，这种斗争直接冲击了凡尔赛体系，开始了凡尔赛体系瓦解的最初时期。比较有代表性的史实有：美国国会没有批准《凡尔赛和约》，拒绝加入国际联盟；中国拒绝在《凡尔赛和约》上签字；土耳其人民拒绝接受屈辱的《色佛尔和约》。第二阶段，20 年代以美国为首的帝国主义国家，从传统的"欧洲均势"政策和保护德国这只"产金蛋的鸡"的利益出发，不愿置德国于死地，不惜以各种方式扶持德国、给濒于崩溃的德国经济打气、输血，使德国迅速从战败的泥坑中起死回生，为凡尔赛体系的最终瓦解奠定了基础。第三阶段，30年代，以德国为代表的法西斯国家，为了彻底摧毁凡尔赛体系，不惜对外扩张、侵略，最后酿成了第二次世界大战。两次世界大战之间的历史证明：凡尔赛体系是第二次世界大战的根源。这场战争的爆发从根本上瓦解了凡尔赛体系。

4. 凡尔赛—华盛顿体系中的国际联盟

(1) 威尔逊的国际联盟思想产生于调解外交之中

韩莉在《中立与集体安全——伍德罗·威尔逊国联思想的起源》(载《首都师范大学学报(社会科学版)》,1998年第4期)一文中指出，威尔逊的国际联盟思想产生于一战爆发后的调解外交之中。这时美国外交政策的主要特征是在保持中立的基础上对欧洲冲突实行调解。美国传统的中立原则决定了威尔逊政府不准备对欧洲事务承担任何义务，但是这种调解本身又有参与解决欧洲事务的含义，这种自相矛盾的政策只能导致调解的失败。但是，调解外交已反映出中立原则在发生变化，因为美国传统的中立原则是不会积极地要对欧洲冲突有所作为的。在这种自相矛盾的政策中，威尔逊找到战后国际联盟这个目标，并从泛美条约的集体安全条款找到它的基础原则。中立与集体安全基础上的国联能同时满足威尔逊既不脱离传统的孤立主义又能参与欧洲事务的双重愿望。战争形势很快迫使美国放弃中立，但是国际联盟的思想却沉淀下来成为威尔逊外交的主要目标。

(2) 运行机制的缺陷决定了其无法维护世界和平

杰里·本特利、赫伯特·齐格勒在《新全球史》(魏凤莲等译，北京大学出版社，2007年，第1026—1027页)一书中指出，在避免未来的毁灭性冲突的过程中，巴黎的外交官们制造了国际联盟。这一联盟是第一个永久性的国际安全组织，它的主要任务就是维持世界的和平。应美国总统伍德罗·威尔逊的要求，联盟盟约成为巴黎和平条约的一个组成部分，每一个签约国不得不接受这一世界组织。最初，这一联盟看起来是一个新时代的象征：42个创始国中有26个欧洲以外的国家，这意味着它凌驾于欧洲利益之上。这一联盟的两个缺点使得它是无效的。首先，建立这个联盟的目的是为了通过仲裁解决国际争端，但是它没有实施决定的权力。其次，作为保卫全球和平的工具，它依赖于联合安全。联合安全的基本预设是这样一种概念，即任何一国对另一国的侵略都被认为是对其他国家的侵略，其他国家必须援助这一被侵略的国家，可以以不同方式制止侵略，如外交压力、经济制裁，以及最终采取武力。然而，联合安全的基本前提——所有大国参加——一直没有实现，原因是有一些大国不属于这个联盟。美国由于拒绝接受这一组织的观点而一直没有加入；德国认为，国联是战胜国的俱乐部，日本将它看作是帝国主义的工具，因而与其他一些小国在1933年离开了联盟。由于侵略埃塞俄比亚而遭受国际联盟的惩罚，意大利于1937年退出。苏联将这一联盟看作是全球资本主义的工具，于1934年加入这一联盟，却在1940年被驱逐了出去，尽管由于这一联盟在30年代无力阻止侵略而导致它在1940年的终结，但是这个联盟建立了永久国际组织的模式，为后来的联合国做了示范。

美国学者帕尔默在《现代世界史》(何兆武等译，北京：世界图书出版公司，2009年，第596—597页)一书中指出，威尔逊首先要努力争取成立国际联盟，这是一个包括所有各国在内的永久性的国际组织。对参加者并不牺牲其本国的主权，而是在一起举行会议，讨论和解决争执的问题，每个国家都应许诺不诉诸战争。在欧洲，没有什么政治家信赖此国际组织。然而，他们向威尔逊作了让步，所以国际联盟盟约就写进了对德条约中去。威尔逊跟着也只得对劳合·乔治、克列孟梭、奥兰多和日本人作出让步，这一来，他不得不对“十四点”的理想主义有所修正。不管怎样，双方妥协和讨价还价大概是必要的，因为民族自决和殖民地调整这种普遍的原则，在具体的条件下必定导致意见上的分歧，威尔逊自信，如果国际联盟能建立并运转起来，条约中的错误将能在以后从容不迫地通过国际讨论来加以纠正。关于国际联盟盟约，出现了一种特殊的意见分歧，威尔逊希冀盟约包含一项赞同宗教自由的条款，日本则坚决主张还应将谴责种族歧视包括进去，美国人和英国人对后一点表示反对，担心一个国际性的权威机构可能对他们的移民做法加以干涉，最终此两项建议均遭否决。

(3) 国际联盟作用的前后变化

陈旭东在《对国际联盟的再认识》(载《世界历史》，1989 年第 2 期)一文中对全盘否定国际联盟的观点提出质疑。他从一战后特别是德、意、日法西斯出现以后，世界主要矛盾的变化和国联内部几种力量对比的角度，对凡尔赛—华盛顿体系以及国际联盟的作用进行重新评价。他认为，一战后期，国际联盟的使命就是维护这种新的国际体系，因此说国联是“强盗的联盟”是非常适当的。但是自德、意、日法西斯相继出现，远东和欧洲两个战争策源地形成之后，国际联盟的性质以及凡尔赛—华盛顿体系的性质已经发生了改变。此外，他还从力量构成角度分析了国联四种力量所起的不同作用。一是德、意、日法西斯国家，他们的基本目的是要摧毁凡尔赛—华盛顿体系，为了不受国联的钳制，三国相继退出了国际联盟。二是英、法、美等国是“非侵略的民主国家”，对法西斯国家的不断对外扩张，他们既有绥靖的一面，也有积极限制的一面。三是中小弱国，他们其中大多数都要求国联积极限制法西斯的对外扩张，从而对国联决议的形成有重要的影响。四是社会主义苏联，在国联成立之初，苏联是坚决否定这一机构的，但随着日、德两国相继退出国联，苏联的态度发生转变，认为国联已能够成为制止或阻碍军事行动发生的一种因素，能够促进和平。1934 年 9 月，苏联加入国联。国联为和平所做出的贡献是与苏联的作用分不开的。

陈必录在《略论国际联盟》(载《四川大学学报(哲学社会科学版)》，1991 年第 3 期)一文中指出，从 30 年代初期起，国际形势开始发生重要的变化。以日本对我国东北的侵略为起点，日德意三个法西斯国家逐渐走上了对外侵略扩张的道路。它们不仅要打碎凡尔赛—华盛顿体系，而且要奴役全世界。这样，法西斯的侵略扩张就不仅威胁到英法美等第一次世界大战中的既得利益集团，而且也威胁到社会主义国家和其他各国人民。于是世界上各种力量开始了重新组合。法西斯侵略集团与包括社会主义国家、被压迫民族国家以及未法西斯化的帝国主义国家在内的非侵略国家之间的矛盾成了全世界的主要矛盾，法西斯侵略成了世界人民的主要危险。随着世界主要矛盾的这一变化，国联的性质与作用也发生了相应的变化，过去它主要是一个维护战胜国既得利益的工具，现在则变成了一个或多或少地阻止法西斯侵略，维护世界和平的工具。

5. 凡尔赛—华盛顿体系下的各国外交

(1) 一战后中国外交方略的转变

金卫星在《凡尔赛—华盛顿体系与中国外交方略的转变》(载《苏州大学学报(哲学社会科学版)》，2006 年第 3 期)一文中认为，尽管中国在凡尔赛—华盛顿体系中仍被列强当作角逐的场所，未获得真正平等的国际地位，但中国的外交方略在这两次重要的国际会议上却发生了重大变化。受国家制度变革和民族意识觉醒的驱动，经代表团部分职业外交官的审时度势、据理力争，中国适时地告别了近代传统的“羁縻相安”、“以夷制夷”的外交方略，转而奉行现代通常的依据国际法制衡列强在华势力的外交方略，尽其所能地维护了国家的主权和利益。以参加这两次重要的国际会议为起点，中国外交从此进入了与国际政治逐步接轨的现代外交阶段。

(2) 一战后英、法外交政策

刘阿明在《一战后初期英国对欧政策及其影响》(载《江西社会科学》，2004 年第 9 期)一文中指出，作为第一次世界大战最重要的战胜国，英国在重塑战后欧洲国际关系过程中起到了举足轻重的作用。一战后初期英国外交政策的重点是“扶德抑法”、“拉德反苏”，在这种政策作用下形成的欧洲大国关系，直接导致了这一地区在短短的 20 年内就发展成更为残酷的第二次世界大战的策源地。

时殷弘在《旧欧洲的衰颓——论两战之间的英法外交与国际政治》(载《复旦学报(社会科学版)》，1999 年第 6 期)一文中指出，第一次世界大战结束以后，凡尔赛体系立即暴露出致命的弊端。战败了的德国竭力发展其潜在的战略优势，不断对凡尔赛体系发动挑战；英国作为最主要的欧洲战胜国，理应是凡尔赛体系的首要维护者，然而被自满自得的虚幻感搞昏了头的英国不但漠视潜在的德国威胁，而且同情和扶持德国改变现状的要求，实行扶德制法的外交。而法国的外交政策又萎靡不振地尾随英国。由此形成的法国的瘫痪和英国的绥靖，终于导致第二次世界大战的爆发。两次世界大战相隔不到一代人的时间，这个事实强烈地体现出 19 世纪后半叶开始的欧洲的衰颓。

(3) 一战后美国的欧洲战略、粮食外交和“积极和平”运动

程文进在《一战后美国的欧洲战略和 20 世纪 20 年代美国对德政策》(载《济南大学学报》，2003 年第 4 期)一文中指出，“道威斯计划”是美国插手德国赔偿问题的结果，它的出台标志着美国确立了以解决德国赔偿问题为核心的对德政策，它的实施则为欧洲恢复稳定打下了基础。“道威斯计划”在德国赔偿问题上对凡尔赛体系作了有利于德国的调整，使德国的经济得到统一，并变削弱德国的政策为复兴德国的方针，这极大地缓解了德国的不满情绪。与此同时，它也在一定程度上满足了法国获得赔偿的要求。战后一直困扰欧洲稳定的德国赔偿问题就此得到了暂时解决，法德之间围绕德国赔偿问题而产生的矛盾也趋于缓和，法国甚至从一个企图最大限度地削弱德国的积极拥护者变成了一个复兴德国经济的参与者。

徐振伟在《一战后美国对中东欧的粮食外交》(载《南开学报(哲学社会科学版)》，2011 年第 5 期)一文中指出，在美国早期发展历程中，粮食出口作为自由贸易的形式来进行。但是自 19 世纪 60 年代开始，美国农业基本实现商业化以后就出现了农产品过剩，较高的农业生产率和农产品出口率，帮助其在一战后控制了世界经济霸权。而这种世界经济霸权的体现就是美国开始运用粮食“武器”来压迫别国从而达到自己的目的，从这种意义上来说，美国掌握世界经济霸权的过程与开始运用粮食“武器”的步伐是同步的。一战后，美国在赫伯特·胡佛的领导下通过美国粮食署对中东欧国家开展了大规模的粮食外交，其针对的对象不仅包括战败国德国，也包括东欧新独立国家。美国推行的粮食外交一方面出于维护其在欧洲利益的需要，使欧洲建立代议制民主政体，从而抵制苏俄社会主义的影响和渗透，另一方面也出于经济和人道主义的考虑。美国的粮食外交部分地实现了自己的目标，也产生了

深远的影响。在美国粮食外交的过程中，美国粮食署及后来的救济署发挥了重要作用，它们实际上成为美国粮食外交的工具和代理人。

王立新、王睿恒在《“积极和平”：美国的和平运动与一战后国际秩序的构建》（载《社会科学战线》，2013 年第 8 期）一文中指出，在美国，一战促进了一系列新型和平团体的建立和现代和平运动的兴起。包括法治主义、国际主义和自由和平主义团体在内的各种和平组织提出各种各样的和平计划，谋求通过重建国际和国内秩序来消除战争的根源，建立持久的和平。美国的和平团体通过集会、出版报刊和书籍、游说政府以及游行、请愿等直接行动来开展和平运动，成为 1920 年代最具影响力的外交政策压力集团。其目的一方面是对公众进行和平教育，另一方面则是促使政府支持和采纳他们提出的各种和平计划，以建立新的国际与国内秩序。这些非政府组织不仅敦促美国政府加入国联并在战后和平机制的构建中扮演领导角色，而且还直接发起 1920 年代的裁军运动和使战争非法化运动。与 19 世纪欧洲通过均势维护国际安全的“消极和平”思想不同，一战后的美国和平团体把和平与改造不合理的国内和国际秩序联系起来。这种对“积极和平”的追求对美国外交政策和国际关系产生重要影响，并留下丰富的思想遗产。

(4) 德国被赋予了过多的同情

熊伟民在《战争之后的正义与和平——对与〈凡尔赛条约〉相关的几个问题的思考》（载《北大史学》，北京：北京大学出版社，2011 年第 16 辑）一文中指出，德国对第一次世界大战的爆发负有更多的责任，又侵犯比利时的中立和在战争中首先违反战争伦理和战争法规，德国理所当然应该受到惩罚，条约对德国的惩罚“非公正”、“过分严厉”是被有意夸大了的观点。他认为德国如果将认真履行条约义务看成是他们的责任并且有意为和平做点事情的话，德国是有能力偿付赔款的。条约对德国经济的破坏和影响，也根本没有人们想象的那样大。《凡尔赛条约》对 1920、1930 年代德国的民族复仇主义有一定影响，但这种影响往往被置于不恰当的位置上，被夸大。1920、1930 年代德国狂热的民族复仇主义根源，内在于德国的社会背景之中。

(5) 美、日对太平洋海权的争夺

胡德坤、刘潇湘在《战后的美日海权角逐与太平洋战争的爆发》（载《武汉大学学报（人文社会科学版）》，2013 年第 2 期）一文中指出，第一次世界大战后，相对和平的国际大环境使美日海权角逐以新的形式展开。1919 年凡尔赛会议至 1930 年第一次伦敦海军会议期间，美日在国际体系的制度规范下，通过外交谈判等体制内和平方式争夺太平洋制海权。其间，控制岛屿殖民地与扩充海军是双方角逐太平洋海权的基本内容。在矛盾发展进程中，两国围绕着亚太地区的利益冲突逐渐升级并最终不可调和，从而走向太平洋战争。

二、俄国十月革命

(一) 爆发的必然性

1. 俄国社会矛盾的叠加

蒲国良在《布尔什维克与十月革命》（载《当代世界与社会主义》，2007 年第 4 期）一文中指出，第一次世界大战把俄国变成了一堆任何一粒火星都可以燃起熊熊烈焰的干柴。首先，沙皇政府的大俄罗斯主义使俄国变成了“各民族的监狱”，而战争则进一步加剧了民族关系的紧张，反抗沙俄统治的民族斗争此起彼伏。其次，沙皇俄国是一个畸形发展的资本主义国家，它的野蛮、落后、专制使得国内阶级矛盾异常尖锐。农民的骚动与工人的罢工愈演愈烈。第三，俄国与其他帝国主义国家之间的矛盾在战争期间达到极点。战争不仅激化了矛盾，也消耗了沙皇政府的统治力量，政府的腐败与无能在战争爆发后更是暴露无遗。

吴恩远在《十月革命与俄国现代化进程——兼评当前十月革命研究中的争论》(载《历史研究》，2007 年第 5 期)一文中，从宏观的角度分析了十月革命前夕俄国社会的矛盾，认为促使十月革命爆发的最主要矛盾是俄国落后的社会现实和世界现代化发展的潮流之间的矛盾。

赵士国在《论十月革命的必然性与偶然性因素》(载《史学理论研究》，2009 年第 3 期)一文中指出，十月革命发生的偶然性因素，一是选择什么时候发动革命，二是革命以谁为领导，三是革命进程中的某些偶然性因素，例如列宁是否回国，是否选择武装斗争。这些偶然性因素为十月革命的发生和胜利提供了必不可少的条件，但不能改变必然性因素的决定性作用。

2. 俄国各方面政治因素的积累

卢迎春在《近十年来国内学术界关于十月革命研究述评》(载《科学社会主义》，2017 年第 1 期)一文中指出，列宁以及布尔什维克党是十月革命胜利最关键的政治因素。列宁在十月革命前做了大量的理论工作，形成了较为成熟的“一国胜利论”、“帝国主义论”，契合了当时俄国社会的实际情况和人民的政治诉求。列宁在重要的危急关头把握住了武装起义的时机，亲自催促实现了攻打冬宫的军事行动。同时，布尔什维克党是一个有强大战斗力的政党。这个政党创造了苏维埃这一全新的民主形式，提出了满足广大劳动群众的政治口号，做了大量的统一战线工作，得到了工人、农民、士兵的支持。

左凤荣在《十月革命的百年省思》(载《科学社会主义》，2017 年第 1 期)一文中指出，布尔什维克勇于担责，改变了俄国历史进程，而俄国末代沙皇尼古拉二世是一个缺少见识又独断专行的人。俄国卷入第一次世界大战，加剧了俄国社会业已存在的危机，促使俄国发生了两次不同性质的革命：二月资产阶级革命和十月社会主义革命，改变了俄国历史的发展进程。二月革命之后，俄国成了世界上最自由的国家，但在解决国家面临的紧迫问题上并未达成共识，在各种危机频发、国家找不到出路的情况下，布尔什维克发动武装起义，夺取了政权。

邵丽英在《叙述创新与问题转换——俄国“十月革命”再思考》(载《俄罗斯研究》，2011 年第 3 期)一文中指出，十月革命的出现绝不是偶然事件，当时俄国社会提出了各种客观要求，这些要求汇集在一起，必然导致能满足这些要求的历史事件的出现，即使不是布尔什维克的十月革命出现，也会有别的政党发起的类似事件出现。当时的俄国社会究竟提出了哪些客观要求呢？二月革命后的俄国已经逐渐陷入了无政府的状态，没有了统一的国家和政府，没有任何正常的安全秩序，没有任何正常的经济生活，再这么下去全体人民都得饿死，或者是整个国家被敌对国占领。也就是说，当时最迫切的要求是结束无政府状态，建立一个新的国家、新的政府。

罗星在《制度危机与十月革命的历史起源》(载《“世界社会主义的历史与当代新发展”学术研讨会暨当代世界社会主义专业委员会 2017 年年会论文集》，第 149 页)一文中指出，旧制度不断延续的危机是革命发生的根源，革命不是被“制造”出来的，而是根源于当时的历史环境。当时，俄国工农大众迫切需要解决的是土地、面包、和平和自由，临时政府的执政虽然使得俄国社会有了充分的政治自由，但对于关系人民群众切身利益的前三件事情解决得不好，进而造成了执政过程中三次重大危机。布尔什维克党审时度势发动革命，创建了新型的社会制度，在革命胜利初期就通过了列宁草拟的《和平法令》和《土地法令》以及《被剥削劳动人民权利宣言》，解决了土地问题和和平问题，完成了二月革命没有完成的历史任务，赢得了民众的支持，从而为新制度的奠定提供了良好的基础。正如亨廷顿所言：“共产主义运动对现代政治的突出贡献，不是革除和摧毁现存制度，而是组建和创造新型的政治制度。共产主义的政治功能不是推翻权威而是弥补权威的真空。”

3. 资本主义国家忙于瓜分世界

李兴耕在《关于十月革命道路问题的若干思考》(载《科学社会主义》，2007 年第 4 期)一文中运用列宁的“一国胜利论”思想阐释十月革命爆发的必然性。他指出，马克思预测社会主义首先会在发达资本主义国家实现，然而列宁敏锐地捕捉到了时代的发展变化，创新性地提出一国建立社会主义的思想。资本主义进入帝国主义阶段以后，掀起了瓜分世界的狂潮，在帝国主义忙于战争的时候，俄国无产阶级便有机会在资本主义的薄弱环节寻求突破。

4. 正确的战略策略指明了前进道路

李景治在《论马克思列宁主义对十月革命的指导意义》(载《北京行政学院学报》，2017 年第 5 期)一文中指出，1917 年二月革命推翻了沙皇专制统治，建立了资产阶级临时政府，无产阶级社会主义革命提上了历史议程。如何看待资产阶级临时政府及其内外政策，要不要及时推进无产阶级社会主义革命，就成为布尔什维克党面临的首要任务。列宁发表了《论无产阶级在这次革命中的任务》等重要文章，全面回答了这些问题，提出应当及时推进社会主义革命，要做好武装起义的准备，以工农为主力军组织革命队伍，这些都为革命发展指明了前进道路。

(二) 性质

1. 建立在坚实理论基础上的一场必然革命

邢广程在《革命的根本问题就是政权问题——十月革命前后布尔什维克党在政权问题上的实践和思考》(载《俄罗斯中亚东欧研究》，2007 年第 6 期)一文中指出，十月革命的胜利绝不是偶然的。它是在列宁的发展了的马克思主义科学指导下取得成功的。我们可以举出三个重要的理论根据。第一，列宁发现了帝国主义时代资本主义经济政治发展不平衡的规律，对十月革命起到了巨大的指引作用。第二，从这一点出发，列宁认为社会主义有可能首先在少数甚至在单独一个国家取得胜利。列宁从当时的国际和国内局势出发明确指出，马克思和恩格斯关于社会主义不能在单独一个国家内胜利、社会主义只有经过无产阶级革命在一切先进资本主义国家同时成功才能取得胜利的思想需要更新和发展。第三，1917 年 1 月 9 日，列宁指出：“欧洲孕育着革命。”两个月之后，俄国就爆发了二月革命，随后在列宁领导下俄国又发生了十月革命。这充分证明了列宁的预见是科学的，十月革命是建立在坚实理论基础之上的，那种认为十月革命是一次没有理论准备的革命的观点是站不住脚的。

周尚文在《十月革命：是历史的误会还是历史的选择》(载《毛泽东邓小平理论研究》，

2017 年第 1 期)一文中指出，古今中外，任何一次重大历史事件的发生，固然有一定的偶然性，但都蕴含着必然性。不论革命或是政变，都会有风险，都有失败的可能，没有一次事变是在各种主客观条件均具备、有百分之百成功把握的时候才能发动的，尤其是在力量上未占优势，又要抓住时机在短期内组织一次起义，更是如此。发生在 1917 年俄国的两次革命，就其时代大背景来说，是资本主义进入垄断阶段面临诸多矛盾的产物，这些矛盾的集聚在俄国特别突出，使俄国成为世界资本主义体系中的薄弱一环，革命已经不可避免。此时，以马克思主义为指南的革命党有一个明确的纲领和正确灵活的战略策略，是取得革命胜利的关键。有了这样一个革命党，就有可能带领民众给旧政权致命的一击，创立一个无产阶级的新政权。因此，十月革命的胜利，绝不是什么历史的误会，而是一种历史的选择。

2. 具有由资产阶级民主革命向社会主义革命阶段过渡的性质

徐向梅在《究竟什么是十月革命道路——有关十月革命性质的探讨》(载《当代世界与社会主义》，2007 年第 6 期)一文中指出，彼得格勒武装起义的胜利并不意味着十月革命的结束。列宁甚至把从 1917 年 10 月 25 日到 1918 年 1 月 5 日解散立宪会议视为革命的第一个阶段，而在这个阶段，列宁认为革命还是资产阶级性质的，“因为当时我们所完成的任务就是把资产阶级民主革命进行到底，因为当时农民内部还没有发生阶级斗争”。不过列宁同时指出，这一阶段已经“超出了资产阶级革命的范围，为社会主义的、无产阶级的革命做了很多事情”。这样说来，将十月革命的性质直接界定为社会主义革命就过于简单了。也许分两个层次来阐释它更为准确，那就是，从根本目标上来看，是为了实现无产阶级掌握政权、用社会主义原则建设国家，从这个角度上说它具有社会主义革命性质；从具体目标上来看，是为了从资产阶级临时政府手中夺取并捍卫政权，实现广大人民对和平和土地的迫切要求，它的未来是在无产阶级和农民革命民主专政下为争取社会主义而斗争，从这个角度上说，它的性质还只是由资产阶级民主革命向社会主义革命阶段过渡。

余伟民在《1917 年俄国革命的两次转型》(载《探索与争鸣》，2017 年第 7 期)一文中指出，1917 年革命发生在 20 世纪初的俄国，就其客观内容而言，原本属于从 1905 年开始的、以推翻沙皇专制制度为使命的民主革命的范畴，是为俄国的资本主义现代化清除障碍、开辟道路的。临时政府的倒台和苏维埃政权的建立为结束社会危机创造了条件。如果俄国政局就此稳定下来，按预期召开立宪会议，转入和平的变革进程，那么，这场持续多年的革命也将到此结束，在清除政治障碍之后，俄国的现代化将在原有的基础上继续前进。但事实上，十月革命并没有停留在原来意义的俄国社会革命的范畴之内，布尔什维克掌握政权以后，革命随即被赋予新的含义。用列宁的话来说，布尔什维克不仅“比谁都更彻底地进行了资产阶级民主革命”，而且“自觉地、坚定地和一往直前地向着社会主义革命迈进”，“苏维埃制度就是由一种革命发展为另一种革命的显著的证明或表现之一”。

3. 是一场政治革命而非一场“政变”

俄罗斯政府前外长、前总理，俄联邦工商会会长 E. 普里马科夫在《十月革命的历史是不能改写的》(班婕译，载《俄罗斯研究》，2011 年第 3 期)一文中指出，苏联解体后，在俄罗斯的政治文献中，常常把 1917 年的十月革命称为“政变”。正确区分“革命”和“政变”，对正确理解俄罗斯历史发展道路有着非常重要的意义。他认为，革命与政变的区别就在于，革命提出和解决根本性的问题，改变财产的形式，破坏旧的权力和统治体系。革命必须要有利于革命的形势，就是社会下层不愿意再像以前那样生活，而上层也不可能再像以前那样进行统治。1917年的二月革命前，在俄国正是形成了这样的局势。尼古拉二世独裁统治时期社会状况的特点是：战争前线节节败退，沙皇政府高官们大肆贪污，政权上层荒淫无度，没有能力也没有意愿进行民主革新。在布尔什维克领导下完成的十月革命，标志着资本主义政权的终结，把银行、工厂、基础设施等转为国有，在原沙皇俄国的所有土地上广泛展开了激进的变革。数十万曾经在国内战争中取得胜利的人们，在革命的旗帜下继续战斗。可以把这一切都认为是上层的政变吗？答案只有一个：不可以。1917年十月，俄国爆发了真正的革命，这一事实与承认以非流血的方式（莫斯科除外）夺取政权是并不相悖的。这一事件不应与稍后爆发的国内流血战争相提并论。

周尚文在《十月革命：是历史的误会还是历史的选择》（载《毛泽东邓小平理论研究》，2017年第1期）一文中指出，就十月彼得格勒武装起义的性质而言，无疑是一次有组织有准备的政治革命，有革命所需要的社会氛围和群众基础，是列宁为首的布尔什维克目的明确、运筹帷幄、坚毅勇敢、公开发动的推翻旧政权的一次革命。但就起义事件进程来说，它具有突发性和某种隐秘性，没有经历长时期的大规模的群众运动乃至战争行动，伤亡人数很少，具有“政变”的某些特点。因此，似乎可以称之为是一次“政变式革命”。问题在于，不宜把这两种评价绝对化，无需刻意在概念上争论十月起义的性质，重要的是研究这一事件的动因和结果以及它对历史进程所造成的影响。

（三）影响

1. 解放了俄国各族劳动人民

吴恩远在《十月革命：必然性、历史意义和启迪》（载《世界历史》，1997年第5期）一文中指出，十月革命对俄国历史产生了深远影响。第一，十月革命使占俄国人口绝大多数的工人和农民第一次摆脱被奴役被剥削地位，成了国家政治生活的主人。在俄国及人类历史上第一次真正实现了社会公正、平等的原则。第二，保持了俄国国家独立和领土完整。第三，短期内使俄国成为世界工业强国，向实现现代化迈出坚实步伐。

陈之骅在《十月革命的必然性和历史意义》（载《史学理论研究》，2007年第4期）一文中指出，几百年来，俄国各族人民，首先是占人口大多数的劳动农民，在没有土地，没有政治权利，甚至没有人身自由的沙皇专制统治下挣扎呻吟。从19世纪初期开始的100年以来，俄国三代革命家为了推翻沙皇统治，振兴祖国，进行了艰苦卓绝的斗争。由于俄国资产阶级的软弱和它与贵族地主阶级的密切关系，彻底推翻沙皇制度和资产阶级统治的任务就历史地落到了第三代革命家——无产阶级革命家的肩上，十月革命的成功标志着俄国各族人民长达100年的反对沙皇和资产阶级革命的历史性胜利，同时为俄国开辟了通向社会主义的美好前景。

吴恩远在《再论十月革命开辟的人类历史新纪元》（载《马克思主义理论学科研究》，2017年第3期）一文中指出，十月革命保持了俄罗斯国家独立和领土完整。俄国在第一次世界大战中，在军事、政治和经济崩溃，领土被肢解，执政的资产阶级和地主联盟完全丧失能力的情况下，十月革命的胜利使民族国家得以保存。使占俄国人口大多数的工人和农民摆脱被奴役剥削的地位，成为国家的主人，同时加速了苏联的现代化进程，在短期内使俄国成为世界工业强国，向实现现代化迈出坚实步伐。

2. 改变了人类历史的进程

（1）标志着世界历史进入一个新时代

赵曜在《十月革命的世界历史意义》（载《科学社会主义》，2009 年第 6 期）一文中提出，发生在 1917 年的俄国十月革命，是 20 世纪人类历史上最伟大的事件。十月革命具有伟大的历史意义，它的直接成果就是出现了世界上第一个社会主义国家苏联。在十月革命的影响下，1918—1923 年，欧洲一些国家发生了无产阶级革命风暴，出现了 20 世纪第一次世界社会主义高潮。十月革命不仅冲击了帝国主义的中心，而且也打击了帝国主义的后方，促进了亚洲民族解放运动的高涨。在十月革命的影响下，马克思主义开始在中国传播，促进产生了中国共产党，中国共产党领导中国人民经过 28 年艰苦卓绝的斗争，于 1949 年取得了新民主主义革命的伟大胜利。

陈之骅在《十月革命的必然性和历史意义》（载《史学理论研究》，2007 年第 4 期）一文中指出，十月革命的胜利开创了世界社会主义运动的新阶段，是世界社会主义运动的一个历史性飞跃。科学社会主义自 19 世纪 40 年代诞生的 70 年间，世界各国的社会主义者为了实现这一美好的理想，进行了不屈不挠的斗争。从 1848—1849 年的欧洲革命风暴到巴黎公社的伟大创举，从各国群众性的无产阶级革命政党的建立到第一国际、第二国际的宣传和组织活动，世界社会主义运动不断发展壮大，社会主义思想日益深入人心。但是直到十月革命以前，社会主义始终只是作为意识形态和社会运动而存在。十月革命的胜利和苏维埃政权的建立使社会主义从理论变成了现实，使社会主义从一种运动变成了一种活生生的社会制度和政治实体。

（2）具有在理论上和实践上改变世界格局的“世界革命”意义

余伟民在《十月革命与 20 世纪——关于俄国十月革命世界历史意义的再思考》（载《探索与争鸣》，2008 年第 1 期）一文中指出，1917 年俄国十月革命对 20 世纪的世界历史进程产生了重大影响。他认为，十月革命具有理论和实践上改变世界格局的“世界革命”意义。

第一，十月革命深刻影响了早期资本主义世界体系的裂变和战后世界体系重组的走向。十月革命的发生改变了俄国社会的发展路径，同时也改变了世界体系裂变的向度和进程，布尔什维克党领导的苏维埃政权在制度建构上将自己与资本主义世界分离开来，开创了“建设社会主义国家”的实践。

第二，十月革命加速了民族解放运动的兴起和殖民体系的瓦解。俄国十月革命的发生及其后的社会主义实践对曾经是殖民地和半殖民地的落后国家产生了巨大的吸引力，“走俄国人的路”曾经被一些落后国家的革命者和革命政党看作争取民族解放、追求非资本主义发展方向的有效途径。十月革命开创的世界革命运动与民族解放运动的结合在很大程度上影响了 20 世纪非殖民化运动的进程和方向，在一定时期内使相当一部分新兴国家走上了类似苏联模式的社会主义道路。

第三，十月革命为 20 世纪的冷战格局奠定了制度和意识形态基础。冷战史表达的结构性矛盾不仅仅是一般意义上的国家利益竞争和国际关系中的霸权之争，更具实质性的是两种对抗性社会制度及其指导性意识形态的斗争。冷战格局的形成虽然是在第二次世界大战后，但造就这种格局的制度性分裂和意识形态对抗则起始于 20 世纪初的十月革命，即十月革命为起点的苏联社会主义制度的建构以及苏联为推进世界革命而组建的共产国际所发挥的组织和宣传作用。

3. 对中国的近现代社会和历史发展影响深远

(1) 使马克思主义成为新文化运动的主流思潮

黄楠森在《五四新文化运动的主要思潮与今日中国》(载《中国特色社会主义研究》,1999年第3期)一文中提出,自由主义是适应中国社会发展阶段的,有利于反对封建主义和发展资本主义,因而在五四新文化运动初期得到了中国人民,特别是革命知识分子的拥护,并成为主要的思潮,而且与科学并列成了五四新文化运动的旗帜。但是,有两个外来的因素阻碍了自由主义在中国的发展,使它无法取得最终的胜利。一个是帝国主义的侵略。帝国主义的侵略本来是自由主义得以输入中国的原因,但帝国主义并不需要独立的强大的自由主义的中国,只需要殖民地或半殖民地的中国。另一个因素是马克思主义在俄国的胜利。它向中国人民提供了另外一个榜样,即劳动人民的民主,或曰社会主义民主,马克思主义并不讳言社会主义民主就是无产阶级专政,这是很自然的,如果资本主义并不能彻底解放人民,而且弊端甚多,最终仍要走向社会主义,为什么不可以学习苏联的榜样呢?于是自由主义民主派发生了分化,一部分人接受了马克思主义,主张中国走社会主义道路,例如陈独秀、李大钊以及其他共产党人;一部分人仍坚持自由主义道路,如胡适等人;一部分人有鉴于资本主义的弊端,又不接受马克思主义,想另辟蹊径,以儒家思想为指导来解决现代中国问题,如梁漱溟等人。只有马克思主义派高举着五四新文化运动的大旗。他们在实践过程中放弃了立即实现社会主义的主张,找到了分两步实现社会主义的新民主主义道路,并在同国民党反动派和自由主义派的实际斗争和理论斗争中,在中外优秀传统文化的基础上,创造形成了民族的大众的科学的新民主主义文化。新民主主义就是当时的马克思主义,最终取得了全国性胜利,建立了中华人民共和国。

张艳国在《李大钊、瞿秋白对俄国道路的认识》(载《中国社会科学》,2016年第10期)一文中指出,李大钊和瞿秋白是新文化运动时期马克思主义和俄国道路的重要宣传家与理论家。他们运用唯物史观研究、阐释俄国道路,针对革命道路、革命手段和革命目标,俄国国情与革命和社会建设关系,群众、阶级、政党和国家之间关系,人类社会发展普遍规律,社会发展动力与革命主体,思想、意识和观念因素的社会作用等问题,展示了代表历史发展方向和时代水平的先进认识。

(2) 对中国共产党的成立起了重要作用

栾景河在《十月革命对中国社会发展进程的影响》(载《史学理论研究》,2007年第4期)一文中指出,中国共产党的诞生与中国革命的发展,首先得益于十月革命的影响。这也就是为什么我们坚持强调,中国共产党是马克思列宁主义和中国工人运动相结合的产物。随着马克思主义的传播及中国工人运动的蓬勃发展,世界革命的力量开始关注中国。

于沛在《十月革命和世界历史进程——纪念十月革命100周年》(载《史学理论研究》,2017年第3期)一文中指出,如果说1919年爆发的反帝反封建五四爱国运动是十月革命在中国的直接反映,那么1921年中国共产党的建立,则是十月革命对中国影响的集中体现。

任洁在《十月革命的遗产——再述十月革命对社会主义和人类发展的重大历史意义》(载《湖南师范大学社会科学学报》,2017年第5期)一文中指出,十月革命的胜利推翻了国际帝国主义的重要组成部分——俄国资产阶级的统治，这直接减轻了中国人民反帝斗争的压力。苏维埃政府成立后，对包括中国在内的被压迫民族采取平等、友好的政策，使被压迫民族更深切地体会到社会主义革命的伟大之处，从而增强了被压迫民族进行社会主义革命的信心和勇气。由于十月革命是马克思主义指导下的革命，所以十月革命的胜利促进了马克思主义在中国的广泛传播。1919 年 3 月，共产国际在莫斯科成立，列宁说："共产国际在民族和殖民地问题上的全部政策，主要应该是使各民族和各国的无产者和劳动群众为共同进行革命斗争、打倒地主和资产阶级而彼此接近起来。这是因为只有这种接近，才能保证战胜资本主义，如果没有这一胜利，便不能消灭民族压迫和不平等的现象。"根据这一政策，共产国际帮助中国的知识分子深入广泛传播马克思主义，一大批马克思主义理论著作与读物得以有计划地出版。在共产国际的指导下，列宁关于民族和殖民地问题理论迅速全面地传入中国。共产国际帮助中国的先进分子创建起中国共产党。而中国共产党的成立无疑是中国历史上开天辟地的大事件。

(3) 改变了中俄关系的性质

栾景河在《十月革命对中国社会发展进程的影响》(载《史学理论研究》，2007 年第 4 期)一文中指出，自近代以来，伴随着俄国资本主义的发展以及中国开始沦为半殖民地国家，沙皇俄国便开始与西方列强一道对中国进行政治和经济侵略，同时侵占中国大片领土。十月革命胜利后，苏维埃俄国工农政府在 1917 年 11 月，率先通过《告俄国和东方全体穆斯林劳动人民书》，宣告它将在平等、相互尊重和友好以及苏联各族人民声援并全面支持各被压迫民族的解放斗争的基础上，同东方各国建立关系。1919 年 7 月，苏维埃俄国工农政府发表的《对中国人民和中国南北政府的宣言》，不仅宣布废除与日本、中国和以前各协约国缔结的一切秘密条约，而且声明将沙皇政府独自从中国人民那里掠夺的或与日本、协约国共同掠夺的一切交还中国人民。虽然，宣言在两国现实交往中很难履行，但有一点是应当肯定的，那就是十月革命胜利后，苏联的对华政策是积极进步的。

(4) 对建设有中国特色社会主义的启示

秦正为在《十月革命的当代审视——兼论中国特色社会主义的重大历史意义》(载《南京师大学报(社会科学版)》，2008 年第 1 期)一文中指出，十月革命解决了社会主义由理论变为实践、东方落后国家的现代化和殖民地半殖民地民族解放的道路问题，遗留下了社会主义的模式建设、世界发展、政党建设和社会建设等基本问题。十月革命启示我们，社会主义必须首先和着重发展生产力，提高人民生活；社会主义必须进行模式创新，走出自己的特色；无产阶级政党必须加强自身建设，提高各种能力；社会主义必须是和谐社会与和谐世界的有机统一，走向人类大同，这些对探索中国特色社会主义道路都有极大启示。

许冲在《十月革命与中国特色社会主义话语的建构》(载《科学社会主义》，2016 年第 3 期)一文中指出，无论是作为纯粹的历史事件，抑或抽象的历史道路与精神，十月革命始终是世界社会主义运动史上至关重要的历史遗产。在促成中国特色社会主义话语体系的逐步建构中，十月革命在消解现实难题、塑造政党形象、协调党际关系、消解虚无主义等方面发挥了重要作用。

三、苏俄(联)早期的社会主义实践

(一) 道路模式的历史选择

1. 社会主义的历史定位决定了模式选择

毛立言在《社会主义的历史定位和模式选择》(载《马克思主义研究》,1999 年第 3 期)一文中提出,历史定位决定着模式选择,模式设定决定着社会主义的命运。列宁对革命胜利后的社会主义的内涵界定和历史定位问题还处在思考和探索之中。一方面,根据对俄国国情的分析,认识到在经济、政治和文化落后的俄国与西方发达资本主义国家不同,这就决定了其在革命胜利后,不能直接进入社会主义社会,而必须走迂回曲折的道路;另一方面,又希望各方面都很落后的俄国能够尽快直接向社会主义过渡,设想在小生产大量存在的情况下,采用产品分配代替贸易等措施,取消商品和货币,直接走向社会主义。由于特定环境因素诱致的"战时共产主义",强化并在体制和政策上凝结了列宁对现实中的社会主义历史定位超前的一面,导致了"军事共产主义"这一模式的出现。虽然这一体制对于粉碎敌人武装绞杀新生人民政权的企图产生了作用。但作为一种新型社会的模式,却带有浓厚的"乌托邦"色彩,表现出社会主义初期实践在模式选择上的幼稚性。

王荣阁在《跨越"卡夫丁峡谷"后的沉思》(载《社会主义研究》,1999 年第 2 期)一文中提出,十月革命的胜利使俄国首先跨越了"卡夫丁峡谷",二战后欧亚一系列国家也实现了跨越,但如何客观地认识跨越后国家的性质、任务、发展阶段和面临的问题,正确地选择社会发展模式,是各社会主义国家一直在探索的问题。传统社会主义模式是在试图解决上述矛盾和突围困境的过程中逐步形成的,始于十月革命后的列宁,成型于二三十年代的斯大林,流行于改革开放前的社会主义各国。其基本特征是经济上高度集中,政治上高度集权。形成的原因,一是巩固无产阶级政权的客观需要,二是教条地捍卫科学社会主义原则的必然,严峻的国际形势所迫也是一个因素。放弃战时共产主义政策,实施与马恩论证的社会主义相距甚远但更符合俄国国情的新经济政策,说明俄共已经认识到直接向社会主义过渡的不现实性,但并不证明对现实社会主义也有了清醒的认识,相反,他们仍然是按照科学社会主义的经典模式在俄国塑造未来的。新经济不是要放松国家对经济和政治生活的集中领导,它只是为实现进一步集中所采取的迂回策略。

2. 党内决策机制促成政策转变

左凤荣在《从决策角度看苏联新经济政策的产生与夭折》(载《科学社会主义》,2001 年第 4 期)一文中提出,列宁把苏俄的国内经济政策从"军事共产主义"转向"新经济政策",从决策角度看,不仅表明了列宁具有洞察事物本质的非凡能力,也与当时苏俄社会存在的民主气氛有关,社会方方面面对苏俄政府改变经济政策起了不小的推动作用。新经济政策时期是苏联经济最具活力、人民生活水平提高也最快的时期。而这一符合苏联国情的、被实践证明是有效的政策,其所以过早夭折,一个不可忽视的原因,则是决策体制的高度集中化。如果说在新经济政策实施之前,各种政策建议还能反映到决策层,并有可能被接受的话,那么在 1928—1929 年斯大林要"抛开"新经济政策之时,则没有了能对其施加影响的渠道,对斯大林不顾党的决议自行其事的行为，也没有制约机制。

3. 列宁的实用主义和愿意妥协的倾向

杰里·本特利、赫伯特·齐格勒在所著《新全球史》(魏凤莲等译，北京：北京大学出版社，2007年，第1049页)一书中指出，列宁意识到，有必要与那些具有使工业生产复苏能力的人讲和。面对经济瘫痪，1921年春天，他决定实行与激进的战时共产主义政策相反的政策。列宁表明了他的实用主义和愿意妥协的倾向，实行了新经济政策。这一政策暂时恢复了俄国的市场经济和一些私人企业。大的工业、银行以及运输和通信设施由国家控制，但是政府将一些小规模的企业(少于20个工人的企业)转交给私人所有。政府还允许农民以自由市场价格出售他们的剩余产品。新经济政策的其他特征还包括有活力的电气化项目的开发和培养技工、工程师的技术学校的建立。列宁没有看到新经济政策的成功，1924年，在忍受了三次中风之后，列宁逝世。他死后，布尔什维克领导人开始了令人痛苦的权力斗争。

4. 内在矛盾促成新经济政策转变

任晓伟在《列宁时期新经济政策的内在矛盾和苏联计划经济的确立》(载《陕西师范大学学报(哲学社会科学版)》，2004年第4期)一文中提出，20世纪20年代末苏联从新经济政策向计划经济的转变是社会主义发展史上的一个重大界标。新经济政策是一个充满矛盾的历史过程，在计划与市场这一表层矛盾的背后是旧的意识形态和新的历史实践以及政治和经济的冲突。在新经济政策时期，列宁对市场关系、商品经济规律在落后国家建设社会主义中作用的认识不断深化。然而，这一认识不可避免地与战时共产主义的计划遗产、传统的意识形态以及这一时期重新开始集中化的政治体制发生着结构性矛盾，即计划与市场的矛盾、意识形态与实践的矛盾、政治与经济的矛盾。新经济政策初期，上述矛盾间的平衡主要维系在两个因素上，一是在经历了“一战”、革命和内战后濒临崩溃的经济现实，这也是俄共能在“十大”上一致通过新经济政策的主要原因。二是列宁本人作为一个伟大的马克思主义理论家对在落后国家建设社会主义进程中利用资本主义的历史意义的深刻把握。

1924年后，随着经济的逐步恢复和列宁的去世，这些矛盾之间的对立也开始发展，并外化为党内一系列关于苏联前途与命运的重大理论争论和政治斗争。作为这些争论和斗争的产物，斯大林的“一国建成社会主义”理论代表了计划、旧的意识形态和集中化政治发展的方向，取消了经济中市场关系的发展，最终促使苏联走向了全面计划的道路。而这根本上又依赖于“一国建成社会主义”理论为计划经济的确立提供的两个历史前提。第一个前提是苏联彻底的民族主义目标，即在列宁关于经济政治化的思想基础上把工业化明确提了出来并作为全党的政治任务。第二个前提是通过社会主义“阶级斗争”尖锐化的理论为政治权力的进一步集中化提供了推动力。

在社会主义发展模式的这种多重转换中，意识形态扮演着首要的制度性作用。只有摆脱教条化的马克思主义，从马克思主义的理论源头和社会主义发展的时代高度重塑意识形态，才能为社会主义模式的转换，从而为社会主义从计划到市场的制度变迁提供新的合理性解释。

（二）政策内容与作用评析

1. 战时共产主义政策

(1) 战时共产主义政策在当时历史条件下是必要的

钱乘旦等在《世界现代化进程》(南京：南京大学出版社，1997 年，第 113—114 页)一书中指出，列宁在革命胜利后，一直在探讨苏联经济发展的道路。列宁认为，苏维埃政权必须把国民经济的命脉掌握在自己的手中，实行银行和大工业的国有化，组织社会主义生产，在全面电气化的基础上恢复和全面发展社会主义的物质基础，特别应优先发展燃料、冶金、机器和化学工业等重工业，以科学为依据制定国民经济发展计划，管理好经济。十月革命成功的第二天，新生的苏维埃政权立即宣布无偿没收所有房地产，收归国有。接着，一系列法令将其他经济主要部门及大型工厂予以没收。在列宁的提议下，政府开始制定国家电气化计划，并从 1918 年开始加以贯彻。但是，在国外武装力量干涉的严酷和特殊的情况下，列宁被迫暂时中断 1918 年制定的经济政策，提出“一切为了前线”的口号，实行“战时共产主义”政策。“战时共产主义”的主要内容是在大工业国有化已经完成之后实行中小企业国有化，全部工业为国防服务，实行高度集中化管理；实行严厉的粮食政策，即征集余粮；取消贸易和商品交换，有计划地分配商品，推行全面的配给制。“战时共产主义”是以激进的手段实现生产社会化和消费上的平均主义，这在经济受战争破坏、商品极其匮乏的条件下，应该说是必要的。

(2) 余粮收集制激化了农民阶级与城市工人阶级的矛盾

美国学者帕尔默在《现代世界史》(何兆武等译，北京：世界图书出版公司，2009 年，第 621—622 页)一书中指出，在社会政策中，布尔什维克最初没有一个长远的计划，而满足于某种原则和权宜之计的混合物，称之为“战时共产主义”。他们把一些最大的工业企业国有化，其余大部分企业交由工人委员会管理。紧迫的问题是筹集粮食，因为要通过任何正常的渠道取得粮食已经不可能了。当时的农民处境很像法国革命时的情况——货币已经没有用了，他们不是自己把粮食吃光，就是把它囤积在自己的庄园里。政府和城市工人的反应也像 1793 年的法国那样，新政府征收粮食，要农民定期“交纳”，并要求工会派出武装分队到农村以武力采办粮食。自然，有余粮的是那些大农场主，因而他得到了使人民挨饿的坏名声，阶级战争爆发了，这是一场疯狂、残酷和暴烈的战争。斗争的一方是农场主，他们害怕失掉的正是口粮和财产；另一方是城市人民，他们经常受到挨饿的农业工人的支持，因为农业工人已被饥饿逼得走投无路。于是，许多农民，特别是大农场主纷纷集合到那些反布尔什维克的政治首领的周围。

(3) 余粮收集制不是造成 1921 年春苏俄国内政治危机的根本原因

赵理富在《关于列宁余粮收集制两个问题的辨析》(载《湖北大学学报(哲学社会科学版)》，1999 年第 2 期)一文中提出，列宁领导布尔什维克党在国内战争时期推行余粮收集制是迫于战争环境的“痛苦的和可悲的必要”，而不是急于按预先设计好的方案迈向社会主义的自觉步骤，早在余粮收集制之前，列宁就提出了粮食税的思想。不能把造成 1921 年春苏俄国内政治危机的根本原因归咎于余粮收集制，它是苏俄无产阶级和资产阶级在 1917 年争夺政权的继续。

2. 新经济政策

(1) 关于粮食税

赵旭黎在《新经济政策前期苏联粮食政策负面效应与农民反抗》(载《俄罗斯研究》,2013年第3期)一文中指出,苏联新经济政策时期实施的粮食税政策减轻了农民负担,得到了农民的广泛支持。然而,在具体执行过程中(尤其在新经济政策前期)还存在许多缺憾,如粮食税的实物性和税率过高造成农民负担过重,粮食工作者使用强制和暴力手段征粮,以及工作能力低下、滥用职权等。这引起了苏联农民的不满和反抗,使刚刚好转的农民情绪又变坏和激化。农民的反抗形式各异,既有消极的方式,如抵制选举、写申诉书、拒不纳税,又有积极的方式,如骚动和暴动等。通过厘清新经济政策前期苏联粮食政策的负面效应与农民反抗这一问题,可以看到:尽管粮食税政策总体上是正确的,但作为一项为应对危机而在短时间内出台和推行的政策,还需要经过实践检验和不断修正才能渐趋成熟。

(2) 新经济政策的特点

郑异凡在《处于十字路口的1920年代——〈苏联史〉第三卷〈新经济政策的俄国〉的特色》(载《探索与争鸣》,2014年第4期)一文中指出,新经济政策对农民做了让步,允许农民缴纳一定的粮食税之后自由支配余粮。这样就导致粮食的自由买卖,于是布尔什维克从禁止自由贸易转变为承认商品货币市场机制。实施新经济政策是苏联历史上第一次经济改革,在经济领域取得了巨大成效,农业生产得到恢复,农民暴动基本上被消除了,财政币制改革尤为成功。然而在政治领域,布尔什维克党并没有采取相应的配套措施,没有实行政治体制的改革,为弥补对农民所做的让步,在政治领域反而加强控制。这在三个方面表现得非常突出:第一,打击宗教势力,特别是东正教。第二,驱逐不听话的知识分子,制造“哲学船事件”。第三,镇压其他社会主义政党。以上三项措施充分说明,布尔什维克在对农民做了让步之后,再也不想在其他方面后退让步了,他们要把对农民让步的损失在其他领域找补回来,加强对其他领域的控制,当然其所依靠的手段主要是强制、暴力和专政。

(3) 新经济政策的终止

陈爱茹在《废除还是坚持新经济政策——斯大林同以布哈林、李可夫为首的“右派”的争论》(载《俄罗斯东欧中亚研究》,2013年第2期)一文中指出,1927年秋,苏联出现了粮食收购危机。粮食收购危机对国家的政治、经济生活都产生了重大影响,开启了以斯大林为首的联共(布)中央多数派同以布哈林、李可夫为首的右倾反对派之间围绕国家发展道路问题展开的争论。在争论过程中,布哈林、李可夫等坚持要继续执行新经济政策,而以斯大林为首的联共(布)中央多数派看到,由于国内外形势发生的变化,继续执行新经济政策会放缓国家的工业化进程,可能导致联共(布)丧失国家领导权,主张通过农业集体化来保证工业化的完成。最后斯大林战胜了布哈林,苏联终止了新经济政策,开始了斯大林模式的社会主义建设时代。斯大林的社会主义建设模式的确立,除了斯大林在党内的特殊地位外,与当时的社会主义理论、当时的特殊经济环境都密不可分。更主要的是布哈林的理论自身存在缺陷,无法解决当时需要解决的迫切问题难以得到认同。

四、两次世界大战之间亚非拉民族民主运动

(一) 阶段、类型与特点

1. 阶段

黄正柏在《世界通史(现代卷)》(武汉：华中师范大学出版社，2006 年，第 84 页)一书中指出，两次世界大战之间的亚非拉民族民主运动，大致可分为两个阶段。1918—1928 年是第一次高潮，突出的事件有土耳其反帝革命和现代化改革，朝鲜“三一”起义，埃及反英民族运动，印度第一次非暴力不合作运动，中国的五四运动和两次国内革命战争，阿富汗阿马努拉国王领导的抗英战争和内部改革，20 年代伊拉克反英起义和叙利亚、黎巴嫩德鲁兹反法起义，伊朗战后初期的抗英起义，摩洛哥人民反对西班牙和法国殖民者的斗争，比属刚果的反帝“基班古”运动，20 年代巴西“普列斯特斯纵队”的长征，印度尼西亚反荷民族起义，尼加拉瓜桑地诺领导的反美游击战争等。第二个高潮发生在 30 年代，主要有越南安沛起义和义安——河静苏维埃运动、印度的非暴力不合作运动、中国的抗日民族解放斗争、印度尼西亚反对荷兰统治的“七省号”起义、古巴人民推翻马查多独裁统治的革命、埃及人民起义、墨西哥民主改革、埃塞俄比亚的抗意民族解放斗争、朝鲜祖国光复会成立及其所领导的人民阵线运动等。30 年代，由于法西斯侵略，一些国家的民族解放斗争以反对法西斯侵略为主要任务，而不是一般地反对任何西方殖民主义国家，他们的斗争成为世界反法西斯战争的一部分。

2. 类型

彭树智在《两次世界大战之间亚非拉民族民主运动的类型分析》(载《世界历史》，1987 年第 3 期)一文中指出，综观两次世界大战之间亚非拉的民族民主运动，从领导力量上看，大体上可分为以下五个类型。

第一个类型是以中国为代表的、无产阶级领导的民族民主革命运动。它集中反映了第一次世界大战和俄国十月革命后开始的民族民主革命的新的历史时期和总的趋势。中国无产阶级作为一支独立的政治力量登上民族民主革命的历史舞台，中国共产党把马克思主义的基本原理同中国革命实践相结合，进行了新民主主义革命。在新民主主义革命的过程中，逐步形成中国无产阶级的思想体系——毛泽东思想。属于这个类型的，还有越南、朝鲜的民族民主革命运动。

第二个类型是以土耳其为代表的、由民族资产阶级领导的民族民主革命运动。两次世界大战之间，民族资产阶级领导的民族民主运动是大量的、普遍的，但最有代表性的是土耳其的民族民主革命运动。土耳其之所以有代表性，首先在于凯末尔领导革命的结果建立了民族独立国家——土耳其共和国。这是两次世界大战之间亚非拉民族民主革命运动中建立起的唯一的真正意义上的民族独立国家，这是民族资产阶级能够领导民族民主革命运动取得胜利的标志。其次，土耳其革命后，土耳其政府还进行了十几年的民族化、世俗化和现代化改革，并取得了显著的效果。这些改革的意义，不仅在于它们的具体效果，更重要的在于它们提出并寻求解决民族独立国家面临的发展民族经济、变农业国为工业国的新历史课题。

最后，在革命和改革过程中，形成了土耳其民族资产阶级的思想体系——凯末尔主义。从这三点看，土耳其确有代表性。仅次于它的是印度的民族民主运动，埃及的华夫脱运动也属于这一类型。

第三个类型是以尼加拉瓜为代表的、由小资产阶级领导的民族民主革命运动。小资产阶级及其知识分子经常站在亚非拉革命运动的前列，小资产阶级的代表人物不但是革命运动的宣传者、组织者，而且在一定条件下能够成为革命的领导者，领导伊朗真盖尔运动的小资产阶级革命民主派就是一例，尼加拉瓜的桑地诺领导的抗美游击战争，则是它的突出代表。

第四个类型是爱国封建贵族领导的民族民主运动，属于这个类型的有两个国家。第一个是阿富汗的封建贵族知识分子及其政治代表组成的青年阿富汗派。这个爱国派别的政治纲领是实现国家完全独立、实现现代化改革和建立君主立宪国家。在阿富汗经济落后、既没有资产阶级、也没有无产阶级的情况下，青年阿富汗派举起民族民主旗帜，领导了 1919 年的抗英独立战争，接着又领导了 10 年的改革运动。第二个是以海尔·塞拉西一世为代表的青年埃塞俄比亚派。这个爱国的封建贵族政派也曾进行过政治、行政、军事、教育、社会和经济改革。但它最著称的业绩，是领导了埃塞俄比亚人民的抗意战争，从而以爱国封建贵族领导民族民主运动的独特类型而载入亚非现代史的篇章。

第五个类型是爱国部落酋长领导的民族民主运动，出现这个类型的条件在于三个相互联系的因素：经济发展特别落后、没有新的阶级和面临帝国主义的侵略。北非摩洛哥的阿布德·凯利姆领导的里夫部落人民反对西班牙和法国帝国主义的独立战争，为两次世界大战之间亚非拉民族民主运动增添了一个独特的类型。

3. 特点

黄正柏在《世界通史（现代卷）》（武汉：华中师范大学出版社，2006 年，第 83—84 页）一书中指出，两次世界大战之间的亚非拉民族民主运动，上承“亚洲的觉醒”，下启第二次世界大战以后民族解放运动的高潮，是现代世界历史的重要篇章。亚非拉民族民主运动仍然主要由民族资产阶级领导，或者受资产阶级思想影响的上层王公贵族领导，还有的由部落酋长领导，但一个最大的变化是有的国家形成了无产阶级领导的民族民主革命。在指导思想上，主要仍然是资产阶级民族主义，有的较为激进，有的相对保守，但显然比第一次世界大战前的民族主义更为成熟，并更加激进。一个重要的变化是，以前亚非拉民族主义主要受西方资产阶级政治理论的影响，现在开始受马克思主义和俄国革命的影响，如孙中山提出了“以俄为师”，“联俄、联共、扶助农工”的主张，印度国大党内以贾·尼赫鲁为首的新左派也提出了自己的主张。无产阶领导的民族民主革命则是在马克思主义理论指导下展开的，它超越了资产阶民族主义的范畴，注入了新的内容，有了新的方向。

在具体内容和形式上，有的主要是为争取或捍卫独立主权并反对本国的封建主义的武装斗争等大规模的群众性斗争，有的主要是旨在维护主权和独立，本国引向现代发展道路的经济、政治和社会改革。这种多样性主要是由各个不同国家的具体条件所造成的。

这一时期的民族民主运动在不同的国家发展很不平衡，但就一般而言，与以前相比也具有新的特点。第一，广泛性，不仅表现在更多的亚非拉国家发生了民族民主革命运动，地域范围更加广大，而且表现在斗争的社会参与更加广泛，更多的民族主义运动突破了上层改革的范围，民族资产阶级，乃至更为广大的工人、农民、小资产阶级，都被广泛地动员组织起来，在反帝反封建的目标下联合起来，形成规模更大、更具有全民族性的斗争。第二，发展的持续性。在这一时期中，亚非拉国家的民族民主革命运动从未间断，不仅在第一次世界大战后和1929年经济危机后两次出现高潮，在20年代西方国家的工人运动转入低潮后，亚非拉民族解放运动从总体上说仍在继续高涨。第三，从总体上看，发展到了更高的层次。资产阶级的民族民主运动的组织性、纲领性和群众性都加强了，比第一次世界大战前更趋激进。而无产阶级进行的民族民主革命，则具有更明确的纲领、更大的彻底性、更强的组织性和群众性，成为新型的民族民主革命运动。

徐煜在《20世纪亚非拉国家的民族主义及其对现代化进程的影响》（载《湖北师范学院学报（哲学社会科学版）》，2001年第4期）一文中指出，从形式上看，亚非拉民族主义运动以争取民族独立为主要内容，过去人们研究所关注的重点亦在其民族解放斗争的历程上。其实，20世纪的亚非拉民族运动从来就是由民族运动和民主运动两方面的内容所构成的，这些国家的人民在进行民族解放斗争的同时，也在进行着现代化道路的探索，反帝、反封建始终是亚非拉民族主义运动的任务。

林被甸在《现代亚非拉民族资产阶级的革命作用》（载《世界历史》，1985年第3期）一文中指出，亚非拉现代民族解放运动与近代时期相比，其变化是巨大的、深刻的，主要表现在三个方面：第一，改变了近代时期民族解放运动主要停留在下层人民的自发起义或资产阶级改良运动的局面，资产阶级的政治运动与下层人民运动更广泛地结合，逐渐发展为具有全民族规模的、有领导、有组织的形式，在不少国家进一步发展为资产阶级革命。19世纪末、20世纪初，东方各国民族资产阶级开始从改良走向革命，但在近代末期，资产阶级革命在东方仅刚刚兴起，亚非拉各国反帝反封建的民族民主革命的较大发展是在现代时期。第二，改变了近代时期东方各国资产阶级革命运动都以失败而告终的局面，民族资产阶级领导的民族民主革命开始转败为胜，亚非拉各国进入了纷纷取得独立和建立资产阶级民族国家的时期。一些国家还实行了资产阶级性质的改革，不同程度上改变了旧有的半殖民地半封建的社会经济结构。从第一次世界大战后建立土耳其共和国开始，60多年来，共有100多个国家摆脱帝国主义的殖民枷锁而成立了民族独立国家，完全改变了近代时期亚非地区政治地图的颜色。第三，工人阶级登上政治舞台，一些国家取得了新民主主义革命的伟大胜利。工人阶级领导的民族民主革命在亚非拉地区兴起。由于这些变化，使现代民族解放运动无论在广度或深度上都大大超越了近代而进入一个新的发展时期。

（二）重大运动

徐蓝在《世界近现代史1500—2007》（北京：高等教育出版社，2012年，第289页）一书中指出，在十月革命的感召之下，作为对西方殖民统治和侵略的一种回应，在亚洲大地上出现了中国人民继续进行民族民主革命、印度的非暴力不合作运动以及土耳其的凯末尔革命；与此同时，非洲的埃及，拉丁美洲的尼加拉瓜、墨西哥也出现了争取民族独立和推进民主的进步运动，形成战后第一次民族民主运动的高潮。两次世界大战之间的亚非拉民族民主运动的鲜明特点就是它的连续性。第一次世界大战后发生的欧洲无产阶级革命高潮，到1923年基本停止了，而亚非拉的革命运动则一直延续到第二次世界大战爆发后。

1. 土耳其资产阶级改革

曹顺仙在《世界文明史》(北京：北京理工大学出版社，2012年，第210—211页)一书中指出，被誉为"土耳其之父"的凯末尔为移植西方制度，对土耳其进行了风风火火的世俗化改革。1925年，土耳其获得国家独立和民族解放后，凯末尔政府立即制定新宪法，废除政教合一的制度，确立了共和体制，并在全国范围内开展了一场深刻的改革运动，土耳其社会从封建和宗教的束缚下解放出来。改革内容主要由世俗化运动、司法改革、解放妇女、文字改革等构成。1931年5月，凯末尔又提出了作为土耳其共和国立国纲领的六条根本意义的原则，这六条原则后来被总结为六大主义，即共和主义、民族主义、平民主义、革命主义、世俗主义和国家主义，写进了土耳其共和国新宪法第二条。这六大主义成了土耳其政府制定政策的理论基础和指导思想，是土耳其共和国的官方政治意识形态。这六大主义使土耳其的一系列改革走向深入。凯末尔改革是当时亚非欧民族国家独立与改革唯一成功的例子。凯末尔改革后，土耳其完全接受了西方的制度、观念，承认了西方的文明，并且用事实证明由此而给土耳其带来的力量和活力。因此，这个国家也就成了中东最西方化的国家。土耳其现代民族主义国家的建立在当时给穆斯林指出了一条道路——在民族主义的指引下建立现代化国家。尽管传统主义者对此表示怀疑和反对，但是现代主义者接受了这一选择，并使之成为时代潮流。在两次世界大战期间，以及第二次世界大战以后全球范围内的民族、民主解放运动浪潮中，现代主义者积极配合民族主义的反殖、反帝和反本地旧势力的斗争。

曹胜强、李世安在《世界通史教程：现代卷》(见齐涛主编：《世界通史教程》，济南：山东大学出版社，2009年，第85页)一书中指出，1922年10月，土耳其凯末尔政府同协约国签订了停战协定，1923年通过《洛桑和约》，该和约废除了《色佛尔条约》中的一些不平等约定，承认土耳其领土完整和国家独立，废除帝国主义治外法权、财政监督权和土耳具的军备限制等。《洛桑和约》的签订，是土耳其人民反帝斗争的重大胜利，沉重打击了帝国主义的殖民政策，在凡尔赛体系上打开了一个缺口。

彭树智在《现代民族主义运动史》(西安：西北大学出版社，1987年，第121页)一书中指出，总的来说，凯末尔革命沉重地打击了国际帝国主义，凯末尔的改革也是同时代大放异彩的改革运动。凯末尔革命成为两次世界大战之间民族资产阶级领导民族解放运动的典型。凯末尔改革第一次明确地提出并初步解决了民族独立国家面临的发展民族经济、以巩固政治独立的问题。凯末尔主义的理论和实践给以后民族解放运动带来了深远的影响。

2. 印度"非暴力不合作"运动

刘德斌在《国际关系史》(北京：高等教育出版社，2003年，第279页)一书中指出，甘地先后领导了三次重要的非暴力运动，即非暴力文明不服从运动(又称"食盐进军"1930年3月—1934年4月)、个人文明不服从运动(1940年10月—1941年12月)和"退出印度"运动(1942年8月8日—1944年5月24日)。在这些运动中，甘地都倡导以和平方式抵制政府、机关、法庭、学校以及采取总罢工、抵制英货、抗税等非暴力手段进行斗争。

曹胜强、李世安在《世界通史教程：现代卷》(见齐涛主编：《世界通史教程》，济南：山东大学出版社，2009年，第84页)一书中指出，甘地领导的两次非暴力不合作运动，唤起了印度人民的民族觉悟，沉重打击了英国的殖民统治，为印度独立奠定了基础。甘地的思想体系被称为“甘地主义”，它包括哲学、政治、经济和社会等方面的内容。甘地的哲学思想充满了神秘主义色彩，但他宣扬的“神就是真理和爱”有利于团结不同种姓、不同民族和不同信仰的人共同进行反英斗争。甘地政治思想的核心是印度自治，他主张的自治包括印度的独立，也包括独立后各地的分治，他认为实行自治的策略是“非暴力不合作”。非暴力与不合作是相辅相成、不可分割的，前者用来反对英国的殖民统治以迫使其让步，后者用来防范人民以暴力推翻现行的社会制度。

美国学者约翰·伊斯比斯特在《靠不住的诺言：贫穷和第三世界发展的背离》（蔡志海译，广州：广东人民出版社，2006 年，第 141—142 页）一书中指出，甘地的非暴力运动，被称为“非暴力不合作主义”，通常被错误地理解为是一种消极的策略，其实不然，这是一种非常积极的方式，它将整个世界的注意力聚焦于压迫者的暴力和非道义上。通过这种方式，可以借由使压迫者们感到羞耻并质疑他们所谓的善心，从而改变他们的行动。当甘地的追随者被英国野蛮地镇压时，他们没有以暴易暴，而是通过提供证据，将英国推到在伦理和道义上站不住脚的地步。假使这种斗争是军事性的，帝国主义在印度的统治可能会延续更长的时间，因为英国在军事上占有绝对的垄断地位。但是，甘地却成功地将这场战争转变为了对良知的拷问，就这一点来说，他和印度人民是成功的。

周巩固在《世界文明史》（西安：陕西师范大学出版社，2012 年，第 254 页）一书中指出，最终将印度引上独立道路的是“圣雄”甘地，以及他倡导的“非暴力不合作”运动。英国极不情愿放弃印度的心理是显而易见的，但“非暴力”策略蕴涵着丰富的政治内核，并顺应了时势，最终迫使英国放弃其百余年的殖民利益，接受了印度的独立要求。1915 年，甘地返回印度，用非凡的人格魅力集聚起广泛的民众支持，“非暴力”运动成为一股强大的社会力量。在某种程度上，它比“暴力”更为强大。第一，用“非暴力”的方式反殖民主义，带有无边的正义性。它是用西方的话语模式，用“民意”来伸张正义。第二，“非暴力”当中实际上隐含着经济上的“暴力”。因为英国殖民印度的主要目的是谋取经济利益，而甘地倡导的“停止支付盐税”、“不再购买英货”、“自给自足”等，恰恰是截其生利。第三，印度人在“非暴力”运动中表现出来的持久性和坚韧性，令英国殖民者震惊，使其意识到这样一种博弈会是一场得不偿失的持久战。第四，“非暴力”运动会逐渐赢得越来越多的国际认同，给已经渐次失势的大英帝国以额外的压力。

3. 中国“十四年抗战”

孙鸿在《论世界现代史教材民族解放运动的体系》（载《河北师范大学学报（社会科学版）》，1999 年第 3 期）一文中指出，如果说始于“九一八事变”的中国抗日斗争和埃塞俄比亚抗意战争是 20 世纪上半期民族解放运动重要组成部分的话，那么始自“七七事变”的中国人民伟大的全面抗日战争则具有更重大的国际意义。中国全面抗日战争的重要性不仅在于其反法西斯侵略的性质，在第二次世界大战中的重要地位，还在于中国人民通过浴血奋战，最终赢得了这场战争的伟大胜利，从而改变了中国历史的进程。战后，中国彻底摆脱了日本的侵略和奴役，收复了日本侵占中国的领土，成为联合国的常任理事国之一。及至中华人民共和国成立，中国根本上摆脱了帝国主义的束缚。因此，无论从何种角度看，中国的抗日战争都堪称 20 世纪上半期世界历史的重要内容，是这一时期民族解放运动的顶峰，同时也是第二次世界大战的重要篇章。

4. 埃及人民反英大起义

刘德斌在《国际关系史》(北京：高等教育出版社，2003 年，第 280 页)一书中指出，埃及本是奥斯曼土耳其的一个行省，1882 年被英国占领，第一次世界大战爆发后成为英国的保护国。战后，埃及人民要求独立，并成立以扎格鲁尔为首的华夫脱党。但是，在巴黎和会上，华夫脱党一无所获。英国则因埃及独立运动的高涨而加紧了对埃及人民的镇压。1919 年 3 月，埃及人民爆发了反对英国殖民统治的全民起义。英国大要谈判与镇压的两面手法，企图维持在埃及的特权。1921 年 12 月，埃及再次掀起反英浪潮。英国被迫宣布埃及独立。虽然埃及只得到表面的独立，英国仍控制着埃及，但埃及人民从未放弃反抗英国殖民统治的斗争。

曹胜强、李世安在《世界通史教程：现代卷》(见齐涛主编：《世界通史教程》，济南：山东大学出版社，2009 年，第 88 页)一书中指出，埃及人民反英大起义以埃及人民最终赢得独立而告终，这是埃及历史上的大事件，也是非洲乃至世界民族解放运动史上的光辉篇章。尽管 1923 年宪法存在很多问题，但它毕竟是埃及人民用生命和鲜血换来的，是埃及人民反英斗争产物，在埃及历史上具有重要意义。

5. 尼加拉瓜桑地诺抗美游击战争

彭树智在《现代民族主义运动史》(西安：西北大学出版社，1987 年，第 392、397 页)一书中指出，尼加拉瓜桑地诺领导的抗美游击战争是一次持续了 6 年之久的人民反帝革命战争。它不仅在拉丁美洲革命史上具有重要的意义，而且在世界现代民族解放运动史上占有重要的地位。桑地诺抗美游击战争为世界现代民族解放运动贡献出了小资产阶级革命民族主义思想体系和小资产阶级革命民族主义者领导的反帝斗争的新类型，是两次世界大战之间民族解放运动的一个新类型的代表。这种思想体系和抗美游击战争，为世界被压迫民族的反帝斗争，增添了光辉的篇章。

曹胜强、李世安在《世界通史教程(现代卷)》(见齐涛主编：《世界通史教程》，济南：山东大学出版社，2009 年，第 90 页)一书中指出，桑地诺领导的抗美革命战争，沉重打击了美国势力，将美国的军事力量最终逐出了国土，极大地激发了尼加拉瓜人民的民族情绪，鼓舞了拉美乃至世界其他国家受帝国主义奴役的人民的反帝斗争。

6. 墨西哥卡德纳斯改革

曹胜强、李世安在《世界通史教程(现代卷)》(见齐涛主编：《世界通史教程》，济南：山东大学出版社，2009 年，第 90—91 页)一书中指出，卡德纳斯改革是墨西哥现代史上有重大影响的事件，它是自 1910—1917 年资产阶级革命以来最激进的社会经济和政治改革运动，具有反帝反封建的进步性质。1910—1917 年，墨西哥进行了资产阶级革命，推翻了迪亚斯的反动独裁统治，但远未完成资产阶级民主革命的任务。一方面，封建大地产制依然盛行，严重阻碍着墨西哥生产力的进一步发展和社会进步；另一方面，外国垄断资本继续控制墨西哥的经济命脉。这两大弊端是墨西哥发展现代化的障碍。1934 年 7 月，墨西哥国民革命党左翼领袖卡德纳斯当选为墨西哥总统。他依靠人民群众的支持，顺应改革呼声日趋高涨的历史潮流，实行了资产阶级民主改革。改革主要包括以下五个方面的内容：第一，加速土地改革，发展农业经济；第二，实行工业国有化，扩大工人的民主权利；第三，改革政治体制，巩固资产阶级民主制；第四，积极推行文教改革；第五，坚决维护民族独立，反对法西斯的侵略政策。从卡德纳斯改革的内容来看，它是一场反帝反封建性质的改革运动。它打击了帝国主义在墨西哥的经济势力，初步扭转了墨西哥依赖外国资本的局面，促进了墨西哥经济的发展，使改革后的墨西哥成为拉美国家中发展速度最快的国家。改革对墨西哥的政治民主化也起了一定的积极作用，使墨西哥成为拉美最民主的国家。卡德纳斯改革还为亚非拉各国人民开展反对帝国主义控制与掠夺、维护民族权益的斗争作了榜样，提供了经验。

徐蓝在《世界近现代史 1500—2007》(北京：高等教育出版社，2012 年，第 302 页)一书中指出，卡德纳斯在 20 世纪 30 年代进行的一系列社会改革，是墨西哥民族资产阶级领导的反帝反封建的改革，也是护宪运动最辉煌的阶段，它打击了大地主和地方势力，削弱了大地产制和外资的垄断地位，使墨西哥的资本主义制度得到了巩固，极大地推动了墨西哥的经济发展。卡德纳斯的改革就其深度、广度和民主性而言，是同时代亚非拉民族民主运动所仅有的，并对其他拉美国家产生了很大影响。

7. 埃塞俄比亚抗击意大利侵略战争

彭树智在《现代民族主义运动史》(西安：西北大学出版社，1987 年，第 344—345 页)一书中指出，埃塞俄比亚抗击意大利侵略战争的失败和胜利的全过程，为现代民族解放运动的多类型性再一次提供了一个历史例证。它说明，即使在 20 世纪 30—40 年代，在特定的历史条件下，仍然会存在爱国封建主领导的、进步的、反对法西斯侵略的民族解放战争。从世界反法西斯战争总的结算中来估计它的历史作用，从整个反对国际帝国主义的民族解放运动中来评价它的历史地位，都可以得出这样的结论：埃塞俄比亚的抗击意大利侵略战争是爱国封建主领导的民族解放运动的又一类型的代表。

（三）对国际秩序影响

1. 形成第一次民族主义浪潮

美国学者斯塔夫里阿诺斯在《全球分裂·第三世界的历史进程(上册)》(迟越等译，北京：商务印书馆，1995 年，第 9 页)一书的序言中指出，实际上第三世界的革命浪潮是随着第一次世界大战而开始的，共分为两大阶段。第一次全球革命浪潮(1914—1939)，是被第一次世界大战和俄国革命所推动，第三世界变成全球性革命运动的中心，遍及亚非拉三大洲。

斯塔夫里阿诺斯在《全球通史：从史前史到 21 世纪(下册)》(董书慧等译，北京：北京大学出版社，2005 年，第 694 页)一书中指出，紧随第一次世界大战而来的殖民地地区的革命浪潮。虽然这些革命的根源可以追溯到 1914 年以前的那些年里，但却正是战争本身直接促进了革命。只是革命的最终结果各不相同：土耳其人达到了他们提出的大多数目标，而埃及人、伊拉克人、印度人和其他民族则只获得了宪法上的适度让步。这些起义拉开了第二次世界大战后 20 年中最终摧毁欧洲各帝国的大动乱的序幕。

徐蓝在《关于民族主义的若干历史思考》(载《史学理论研究》，1997 年第 3 期)一文中指出，第一次世界大战期间及其后，基于本民族经济的发展，在俄国十月革命的感召下，作为对西方统治与侵略的一种反应，现代民族主义以反帝反殖斗争争取民族解放运动的面貌在亚非拉广大地区普遍兴起，其斗争如火如荼，形成了 20 世纪第一次民族主义浪潮，极大地动摇了欧洲的殖民帝国。

罗运璇在《二十世纪民族主义与国际关系》(载《贵州民族学院学报(哲学社会科学版)》，

2001 年第 1 期)一文中指出，民族主义浪潮的第一次冲击解决了资本主义国家不平衡发展中的战争强权竞争问题。资本帝国主义政治表象下的民族主义以极为利己的战争形式表现出来，当极端战争甚至采取种族大屠杀的形式危害到人类生存时，激起更大范围的反战，要求民主的世界民族主义兴起。此时，民族主义有了一个主流意识，即全世界民族平等、平权、反对强力屠杀独霸政策，世界陆地、海洋为人民共有。

2. 对国际体系的冲击

徐蓝在《战争、国际关系体系与人类文明的发展》(载《史学理论研究》，2007 年第 3 期)一文中指出，第一次世界大战结束后，形成了凡尔赛—华盛顿体系。该体系一个突出的特点：它反映了 20 世纪的世界已经形成了一个息息相关的整体的现实，具有真正的世界性，社会主义革命和殖民地半殖民地的解放斗争对世界历史的整体发展产生了重要影响。殖民地人民高举起“民族自决”的旗帜，掀起了战后第一次民族解放运动的浪潮，使扩大到极限的欧洲殖民体系开始了不可逆转的解体过程。

赵立坤在《20 世纪民族主义浪潮试论》(载《湘潭大学学报(哲学社会科学版)》，1998 年第 1 期)一文中指出，世界联成一体是资本主义大工业的产物，而以民族独立、平等、互利、共同发展为宗旨的被压迫民族的民族主义代表了世界整体化发展的新阶段。随着整体化发展不断深入，被动卷入世界化过程的落后民族日益觉醒、力量壮大，必然要为生存权、发展权奋起抗争，于是形成“国家要解放，民族要独立”的民族主义浪潮，存在了几百年的殖民体系最终被荡涤干净，亚非拉民族国家作为 20 世纪民族主义的主体力量登上国际政治舞台，世界面貌为之一新。

美国学者杰里·本特利、赫伯特·齐格勒在《新全球史·文明的传承与交流》(魏凤莲等译，北京：北京大学出版社，2007 年，第 1062 页)一书中指出，欧洲帝国似乎仍然支配着全球关系，但是第一次世界大战使欧洲和美洲的势力范围开始出现裂痕。在殖民主义表象下，民族主义和反帝国主义运动聚集了许多力量。在战后年代里，抵制外国统治、民族统一的愿望比以前任何时候都更加强烈，尤其是印度和中国。当非洲人进行彻底摆脱帝国主义的殖民控制，建立独立国家的运动的时候，拉丁美洲国家的人们不得不努力摆脱独立后殖民主义——通常称为“新殖民主义”的间接影响。这些发展的根源在于世界大战所形成的全球性风暴，它动摇了那些已经建立的传统。

侯保龙在《20 世纪民族主义与国际秩序的变迁》(载《江南社会学院学报》，2001 年第 1 期)一文中指出，就 20 世纪的民族主义浪潮来讲，被压迫民族反抗压迫民族的民族主义在国际政治上就表现为民族独立或民族解放运动，其反抗民族歧视、民族剥削和压迫在一定程度上强烈冲击了不合理的国际秩序，并对旧的国际秩序向新的国际秩序转换发挥了重要作用，产生了深远影响。第一次世界大战后，确立了在凡尔赛—华盛顿体系基础上的国际秩序，彻底打破了维也纳国际秩序，动摇了西方列强的殖民体系，民族解放运动随之高涨。在俄国十月社会主义革命的影响下，兴起了独立的民族国家，如土耳其、伊拉克、埃及等多个国家。民族解放运动向广度和深度发展，给殖民体系以沉重打击，极大地动摇了欧洲殖民统治秩序。此即 20 世纪第一次民族主义浪潮。此次民族运动浪潮其性质是反封建、反殖民统治。

曹兴在《五次民族主义浪潮的发展规律及其影响》(载《广西民族研究》，2016 年第 4 期)一文中指出，随着欧洲各国实力的消长及亚非拉民族解放运动不断推进，世界从“伪和平”向

“真动荡”过渡，新一轮国际体系的解构与建构开始了。

3. 对殖民体系的冲击

余建华在《本世纪第一次民族主义浪潮的背景与特征》(载《史林》，1995 年第 1 期)一文中指出，这些民族独立运动相互配合，汇成一股强大的世界性革命洪流，猛烈冲击着国际帝国主义势力，给苏维埃俄国以有力支持，成为无产阶级社会主义世界革命的同盟军。该时期，各国民族主义者更加负责地相互激励、相互支援，促使各国运动在更大程度上的相互影响、相互呼应。各国独立运动除了沉重地打击国内封建、反动势力之外，还彼此配合，聚集成一股声势浩大的革命洪流，给国际帝国主义以极大的震撼，改变了殖民统治策略，如朝鲜“三一”运动后，日本帝国主义不得不将原先对朝鲜的“武断政治”改为“文治主义”。短短的1918—1924 年期间，英帝国主义犹如过街老鼠，先后遭到缅甸、阿富汗、伊朗、印度、土耳其、伊拉克、埃及等众多殖民地附属国人民的一致打击，此起彼伏的反殖斗争迫使这一老牌殖民帝国主义前窜后跳，首尾不能相顾，不得不承认阿富汗的完全独立，退出侵略土耳其的战争，改变对埃及的殖民统治手法。而土耳其凯末尔革命也牵制和分散了帝国主义对苏俄进行武装干涉的力量。阿富汗、土耳其两国与苏俄政府的友好建交，打破了国际帝国主义反动势力包围、孤立苏俄的计划。这均在客观上有利于保卫新生的苏维埃俄国，为世界无产阶级革命做出贡献。由于反对帝国主义是各国民族运动的共同目标，因此不管各国运动属于何种类型，采取何种斗争形式，都构成了当时无产阶级世界革命的一个重要组成部分。所以尽管各国民族运动的革命成果有大有小，但作为当时资本主义国家无产阶级革命的同盟者，表现了其顺应时代潮流的革命性和进步性。这也正是此次民族主义浪潮的世界意义之所在。

刘德斌在《国际关系史》(北京：高等教育出版社，2003 年，第 280—281 页)一书中指出，第一次世界大战后的民族解放运动，沉重地打击了帝国主义殖民统治，动摇了凡尔赛体系的基础。在这些国家和地区，革命已由自发转向自觉，且力量逐渐强大。亚非国家在政治独立的道路上寻求突破，为以后的经济独立、文化独立开辟战略性通道，从而在国际关系旧格局的内部冲破限制，成为国际关系中日益重要的力量。

余伟民在《世界通史・现代文明的发展与选择——20 世纪的世界史》(王斯德主编：《世界通史》(第三编)，上海：华东师范大学出版社，2009 年，第 212 页)一书中指出，20 世纪上半叶的民族解放运动的特点与意义是：无论从规模还是从结果上看，都表现出浪潮初起的特征，它的意义主要在于打开了殖民体系的缺口，展示出现代民族解放运动的内涵，为以后更大规模和更高层次的民族解放运动浪潮的兴起提供了范例、经验和教训。

郝时远在《20 世纪三次民族主义浪潮评析》(载《世界民族》，1996 年第 3 期)一文中指出，第一次世界大战的结束和苏联的建立，使东方殖民地、半殖民地的民族主义运动增加了新的推动力。民族解放运动与无产阶级革命相促发、相兼容而产生的历史合力，成为摧毁世界殖民主义体系的巨大力量。

畅征、刘青建在《发展中国家政治经济概论》(北京：中国人民大学出版社，2001 年，第 9 页)一书中指出，这个时期的民族解放运动不仅具有了更大的规模、更高的水平，而且具有了世界性、国际性。各殖民地、半殖民地国家的反抗斗争相互联系、相互支持，成为无产阶级世界革命的同盟军。特别是十月社会主义革命的胜利，建立了第一个社会主义国家之后，殖民地、半殖民地的民族解放运动得到了社会主义力量的有力支持。这时的民族解放运动，不仅打击了帝国主义，而且支援了社会主义国家的革命和建设。

曹胜强、李世安在《世界通史教程：现代卷》（见齐涛主编《世界通史教程》，济南：山东大学出版社，2009 年，第 81 页）一书中指出，当欧洲“革命圈”闪闪发光之时，亚非拉也奏响了“民族曲”，并在殖民地半殖民地国家震撼了帝国主义的后方。殖民地民族革命和西方革命如此大规模地结合。因此，可以说民族解放运动事实上已经成为无产阶级革命的同盟军。

教学设计

设计一：一颗子弹引发了世界大战？
——透视 20 世纪初欧洲大国的非理性外交

设计意图

第一次世界大战是世界历史的一件大事。关于大战爆发的原因，除了战前欧洲大国间秘密同盟体系的存在、帝国主义时代经济政治发展不平衡等因素外，欧洲各国领导人的决策也是第一次世界大战爆发的重要因素。本设计通过聚焦第一次世界大战中在国际关系上具有重大或决定性影响的大国当权人物的决策行动，以及他们对危机的处理方式，引导学生认识历史的发展不仅受客观、必然因素的影响，也会受到主观、偶然的因素的影响，后者甚至会决定历史的发展进程，促进学生在学习中感悟、理解历史的复杂性、丰富性和多样性，提升历史埋解与解释水平。

设计方案

一、引爆战争的火苗

教师讲述：1914 年 6 月 28 日是星期天。这天清晨，当弗朗茨·斐迪南大公偕夫人索菲·霍泰克出现在萨拉热窝火车站时，欧洲大陆还是一派和平的景象。然而，37 天之后，这里却燃起了战火。这个多事之夏爆发的冲突导致欧洲成为 6 500 万兵力厮杀的战场，三大帝国卷入其中，造成约 2 000 万士兵和平民死亡，2 100 万人受伤。正如美国历史学家弗里茨·斯特恩所说，它是“20 世纪所有灾难的开始，此后各种灾难便接踵而至了”。

材料呈现：

材料一　斐迪南大公遇刺的新闻引发骚动。不过，几乎没有危机的迹象。在维也纳，83 岁高龄的奥匈帝国皇帝弗朗茨·约瑟夫在听到这个消息后，似乎感到一丝愉快。……德国皇帝威廉二世在听到刺杀的消息后，立刻结束在挪威的航海度假，返回国内。他这样做，更多的是因为斐迪南大公是他的好朋友而不是因为他预见到了什么紧急情况。……沙皇尼古拉二世在他的游艇“史丹达号”上宣布为期 3 周的哀悼，此举是为了向被杀的大公表示敬意。除此之外，他没有兴趣做更多的安排。……刺杀也没有引起英国和法国的兴趣。……对大西洋对面的美国人来说，这不过是一个没听说过的人在一个没听说过的地点被刺杀的新闻，根本没什么重要意义。

——[美]梅尔：《一战秘史：鲜为人知的1914—1918》，何卫宁译，北京：新华出版社，2013年，第7—8页。

问题设计：面对作为第一次世界大战导火线的萨拉热窝事件，各国有何反应？

教师引导学生分析：各国表示震惊但没有太大的反响。一些大国认为这并不是一件什么了不起的事情，表现出波澜不惊甚至冷漠的态度。

材料呈现：

材料二 （斐迪南大公遇刺后）贝希托尔德（奥匈帝国外交部长）接受了康拉德（奥匈帝国参谋长）一直在鼓吹的理论：奥匈帝国在巴尔干半岛的势力最薄弱，如今已经浪费了许多好机会。他认为，未来几年好机会不多了。现在塞尔维亚变得越来越强大，俄国也在慢慢恢复国力，所以他和康拉德都决心绝不能让下一个好机会从手中滑落。……在斐迪南大公仅遇刺48小时后，他就呼吁给予"塞尔维亚一个决定性的最后清算"。

——[美]梅尔：《一战秘史：鲜为人知的1914—1918》，何卫宁译，北京：新华出版社，2013年，第14页。

问题设计：这次不被世人所重视的刺杀为何会成为第一次世界大战的导火线？

教师引导学生分析：奥匈帝国实力在不断衰退之中，此次刺杀恰好为其发动战争提供了借口，借以实现消除潜在威胁、提高帝国地位的目标。此后，参与的国家越来越多，战争不断升级，最后发展为世界大战。

二、推波助澜的德国

教师讲述：虽然奥匈帝国决策层下决心对塞尔维亚采取行动，但他们之间很难达成一致意见，不过他们有一点共识：他们必须在得到德国明确的援助承诺的情况下才能采取行动——奥匈帝国针对塞尔维亚的行动肯定会引起俄国的干涉，到时奥匈帝国肯定无法单独应对这一局势。由此可见，萨拉热窝事件能否和平解决，要取决德国的态度。萨拉热窝事件后，德国驻奥大使契尔什基劝告奥匈帝国保持冷静，必须考虑盟国和整个欧洲的局势，德国外交部次官齐默曼也主张慎重行事，对于塞尔维亚不要提出使其屈辱的要求，但这些相对温和的外交立场很快被德皇威廉二世否决。

材料呈现：

材料三 7月5日，威廉二世与奥匈驻德大使共进午餐……（威廉二世）向奥匈大使表示，奥匈在这次事件中可以得到德国全力的支持。而对于奥匈对塞尔维亚采取行动问题上，威廉二世又称不论奥匈要采取什么行动，都必须要抓紧时间，不能拖延。……7月6日，贝特曼-霍尔维格（德国首相）在指示中写道，德国将帮助奥匈拉拢保加利亚和罗马尼亚，而在奥塞关系问题上，"皇帝可以向奥皇保证，他将根据条约所规定的义务和传统的友谊，忠于奥匈"。这样，在危机一开始，德国就完全让出了对局势的控制权，任由奥匈采取行动。

——徐弃郁：《脆弱的崛起：大战略与德意志帝国的命运》，北京：新华出版社，2014年，第318—319页。

材料四 当德国决策者下决心为奥匈帝国提供无条件的支持时，他们认为，由于俄国尚未做好战争准备，它将不会在奥匈帝国与塞尔维亚发生武装冲突时进行干预；由于法国亦未做好战争准备，它将阻止俄国采取任何激烈的行动；由于英国长期奉行对欧洲大国间的争端保持中立的政策，它至少不会鼓励法国与俄国诉诸武力的行为。基于这些假设，德国决策者认为，奥匈帝国与塞尔维亚之间的冲突将能够保持局部化而不致演变为一场席卷欧洲大国的全面冲突。

——陈兼：《德国、英国与七月危机——关于国际危机处理的一项个案研究》，载《世界历史》，1990 年第 6 期

问题设计：德皇威廉二世和德国首相贝特曼对奥匈的行动持何种态度？他们基于什么考量做出这些决策？

教师引导学生分析：材料显示，威廉二世和贝特曼不仅给予奥匈充分的行动自由，而且某种意义上还鼓励奥匈向塞尔维亚开战。他们认为，法、俄未做好战争准备，而英国会在这场冲突中保持中立，法、俄自然就不会冒战争风险，这样一来奥塞战争就是一场局部化的战争，不会导致战争的全面爆发，德国也不会卷入。当然，在德国，并非每位决策者都乐观地认为俄国会放任奥匈帝国进攻塞尔维亚。许多档案文件也表明，德国当时已经意识到俄国不会让奥匈帝国在巴尔干为所欲为，却依然毫无保留地支持奥匈帝国的行为。

材料呈现：

材料五　德国之所以急于利用萨拉热窝事件开战，主要出于以下考虑：第一，通过几十年的发展，德国的经济军事实力有了大幅度提高，德国已经成为欧洲最强大的经济和军事力量。德国有能力进行一场针对法、俄的战争；第二，法国在普法战争后，军事实力明显提高。俄国在日俄战争后，军事力量也恢复很快。德国必须在法、俄两国做好充分的战争准备之前，摧毁其战争能力；第三，……德国认为，只要英国保持中立，德军可以用闪电战迅速打败法、俄集团。

——吴友法、邢来顺：《德国：从统一到分裂再到统一》，西安：三秦出版社，2005 年，第 131—132 页。

问题设计：德国为何坚持固有的政策继续支持奥匈帝国？

教师引导学生分析：在预计英国保持中立的情况下，德国对自身的战争实力充满自信，相信能轻易打败法、俄，从而进一步消除法、俄崛起对其构成的威胁。在德国强有力的支持下，奥匈帝国的决策者起草了一份条件颇为苛刻的最后通牒，其内容包括：塞尔维亚应停止一切反对奥匈的宣传，逮捕塞尔维亚民族主义分子，让奥地利代表参加对于萨拉热窝事件的调查等等。7 月 23 日，这一通牒的文本被送往塞尔维亚及欧洲各大国，答复的时限定为 48 小时，欧洲顿时陷入战争的紧张氛围之中。

三、毫不让步的俄、塞两国

教师讲述：7 月 25 日，在收到奥匈帝国最后通牒之后 48 小时后，塞尔维亚接受了 10 项要求中的一半。奥匈帝国驻塞尔维亚大使按照事先定下的程序，宣布塞尔维亚的答复是不能接受，立刻断绝与塞尔维亚的外交关系，双方宣布进行战争动员，俄国也宣布进入战争准备期。

材料呈现：

材料六　萨佐诺夫（俄国外交大臣）曾几何时也相信危机是可以通过和平的手段加以解决的。……在读过奥匈帝国的最后通牒的内容后……（萨佐诺夫认为）如此“谈判”之下，很

难有进一步的进展。……俄国战前动员的消息让这些希望烟消云散了。……沙皇敦促塞尔维亚人要“像狮子一样”去战斗，贝尔格莱德政府似乎不会对最后通牒有所屈服了。而且，在此期间，萨佐诺夫曾特别指示贝尔格莱德政府不要接受英国在其中的调解。……不管俄国的行动是否有必要，法国都从始至终地支持俄国在巴尔干地区做出的任何干预行为。

——[英]克里斯托弗·克拉克：《梦游者 1914 年，欧洲如何走向“一战”》，董莹等译，北京：中信出版社，2014 年，第 382 页。

问题设计：面对战争的危机，大国领导者是如何应对的？其后果如何？

教师引导学生分析：大国领导者试图以武力的手段谋求和平，他们都做了一些推波助澜的事，从而加速了欧洲坠入战争的泥潭。虽然他们中的一些人有良好的愿望，但实际情况总与他们的愿望相违背。一些有能力决定欧洲命运的人确实因做错了事而导致战争危机加剧，但是，另外一些人却因为没有做一些事而失去阻止战争爆发的机会。

四、态度游移的英国

教师讲述：萨拉热窝事件之后，英国外交部仍然对冲突局部化的前景持乐观态度，认为这不会导致大规模的冲突。但事件的发展逐渐脱离了英国的设想，特别是奥匈帝国最后通牒的出台，让英国意识到战争很可能一触即发。面对危机，英国外交大臣格雷设想了一个由英国等欧洲大国充当调停者、促使欧洲各大国坐到谈判桌旁来解决问题的方案。但四国调停的建议刚刚提出，奥匈帝国就宣布与塞尔维亚断绝外交关系，随后塞尔维亚政府下令全国动员，接着沙皇批准在俄国实行部分动员。面临这样的局面，格雷等英国决策者仍决心坚持其以调停来避免战争的政策。

材料呈现：

材料七　在一般情况下，英国政府的调停建议对于缓解危机局势也许是有益的。但是，在七月危机的特殊情势下，英国的建议作为一种外交姿态，却只能被德国与奥匈帝国当作英国将不会直接卷入冲突的进一步证据。

——陈兼：《德国、英国与七月危机——关于国际危机处理的一项个案研究》，载《世界历史》，1990 年第 6 期。

问题设计：英国此时的调停协商为何不利于危机的解决？

教师引导学生分析：德国对奥匈帝国提供无条件支持的重要前提之一是，他们认为英国在将来的战争中保持中立。英国决策者为争取危机和平解决的种种努力，只能更加坚定德国支持奥匈帝国的决心，导致危机进一步激化。正是因为英国对战争并不明朗的表态，使得德国朝着既定的策略越走越远。直到 7 月 30 日，德国才彻底了解英国对战争的明确态度：一旦法国卷入战争，英国就不能袖手旁观。德国当局得知这一信息后，首相贝特曼感到相当意外和震惊，并对德国取胜失去了信心。在这种情况下，德国一定程度上改变了策略，并对新的局势做了说明。

材料呈现：

材料八　德国首相贝特曼的电报

倘若奥地利拒绝任何调停，我们就面临着一场战争。在这场战争中，英国将反对我们，种种迹象表明意大利和罗马尼亚将与我们分道扬镳，我们两国将对付四国。由于英国持敌对态度，战争的主要重担便落在德国的肩上。……在这样的情况下，我们必须紧急而强有力地促使维也纳内阁考虑接受那些据说是附有种种体面条件的调停。

——[德]费舍尔：《争雄世界——德意志帝国1914—1918年战争目标政策》，何江等译，北京：商务印书馆，1987年，第77—78页。

问题设计：此时，德国为何要改变原有策略，力促和平？

教师引导学生分析：鉴于英国中立的条件不复存在，德国很难应付英、法、俄三国联合作战的局面。随着英国态度的明朗，德国与奥匈帝国也似乎接受了和平调解的建议，但是8月1日发自英国的两封电报却又改变了这一局面。第一封电报中说："格雷爵士（英国外交大臣）承诺如果我们不进攻法国，英国将保持中立，并且英国将保证法国不先进攻。"第二封电报中说："格雷爵士在内阁会议上提出，即使德国与俄国以及法国开战，英国也要保持中立。"突然间，德国从有三个敌人变成只有一个敌人，威廉二世松了口气，每个人都很快活。

英国的态度似乎一直模棱两可，正是英国的这种游移的态度，本来最有可能阻止大战爆发的国家没能阻止战争的发生。

五、盲目乐观的欧洲

材料呈现：

材料九　第一次世界大战之前，大多数欧洲人都没有想到这场战争的代价。历史学家詹姆斯·乔尔指出，在整个欧洲的"政府内外几乎没有人预计到这场旷日持久而且造成巨大破坏的世界大战"。德国总理特奥巴尔德·冯·贝特曼-霍尔维格预想的是"短暂的风暴"。英国外交大臣爱德华·格雷在1914年向下院保证："如果我们参战，我们所遭受的伤亡会很少，甚至比我们不参战也多不了多少。"

——[美]斯蒂芬·范·埃弗拉：《战争的原因》，何曜译，上海：上海人民出版社，2007年，第31页。

问题设计：各国领导者们为何认为这场战争是短暂而轻松的？

教师引导学生分析：这段材料反映当时欧洲列强的领导人对于战争的非理智心态。当时的欧洲政治精英和军事将领一样，都沉迷于推行军国主义和扩张帝国霸权，肆意煽动各自国内的狂热民族主义情绪。同时，他们被所谓"民意"所感染和裹胁，尽管也有不少人意识到"这场战争将演变为一场世界战争"（德国军事家小毛奇语），但更多的人抱有侥幸心理和赌徒思维，他们企图依靠"先进谋略"速战速决。在主要大国都已经高度工业化的背景下，各国决策者充满对本国高效动员战争资源的自信，却缺乏对工业化战争的惨烈破坏和可怕灾难的预见，即使有人意识到灾难的结局，他们也会对此采取选择性忽视。这些1914年的大国领导人犹如一群懵懵懂懂的梦游者，最终使整个欧洲卷入史无前例的浩劫。

教师指导学生小结：20世纪初，大国间的外交冲突和危机严重且频繁，而可供应对的策略并不多，似乎只有战争这一种解决模式，缺乏妥协缓冲机制和中止终战的可能——没有国联的外交控诉平台，没有联合国五大国协调的机制，也没有国际危机管控的成功经验和范例可供参照，国际治理机制还是一个空白。而战争一旦引爆，则"天然"地具有世界性，暴烈度前所未有。只有在历经了一次又一次大战，以及延续20世纪后五十年的冷战之后，痛定思痛，乱而后治，国际社会才深刻认识到国际治理和危机管控的必要，必须抛弃狭隘的民族主义、国家利己主义、强权外交至上，才能走向和谐共生、互利共赢的人类命运共同体新时代。

设计二：一战华工——一群不该被遗忘的中国人

设计意图

发生在欧洲的第一次世界大战通过各种途径影响中国，参加第一次世界大战的华工的贡献与悲苦命运不应被遗忘。本设计通过向学生呈现图文史料，以参加第一次世界大战的中国劳工命运为线索，引导学生体会并理解世界大战及国际形势变动对中国近代社会的历史性冲击，探究中国参加第一次世界大战的决策背景和复杂因素，认识近代中国人走向世界道路的曲折。培养学生的史料实证能力和时空观念，增强对大时代下小人物群体命运的同情理解，进而激发学生探究历史真相的求知欲望，感悟个人与时代、国运与全球大势的关联，培养家国情怀和国际意识。

设计方案

一、迟到百年的致敬

教师讲解： 2014 年是第一次世界大战爆发一百周年，英、法、美、德等第一次世界大战主要交战国都举行了一系列隆重的纪念活动。法国政府在第一次世界大战的战场遗址上建立了巨大的名为"纪念之环"的纪念碑，收录了 58 万名阵亡者名录，不分敌我，呼吁和平；在伦敦，英国女王伊丽莎白二世亲自向第一次世界大战阵亡将士纪念碑敬献花圈；整个欧洲，人们在 11 月的第 11 天的第 11 个小时中断一切活动，以纪念标志着第一次世界大战结束的枪声，象征实现了欧洲大家庭的民族和解和历史认同。在这一系列充满历史凝重感和和谐气氛的纪念活动中，有一则这样的新闻报道。

材料呈现：

材料一 据法新社报道，法国政府 26 日向一战华工致敬。法国国防部长勒德里安在华人聚居的巴黎十三区感谢一战华工为法国作出的贡献，他说："14 万华工中的每一个都阻止了法国走上灭亡之路。"

今年是第一次世界大战一百周年。26 日，在巴黎十三区一座公园里的一战华工纪念碑前，法国国防部长勒德里安表示，法国永远不能忘记那些在战壕、在后方、在工厂里支援法国军人的一战华工。1916 年 2 月，一战进入最疯狂阶段，法、英两国与中国签署引入 14 万名华工的协议。华工的任务不在于作战，主要是让他们顶替那些已经奔赴前线作战的法国工厂和作坊的男子。但事实上，有些华工进入了战壕，清扫和维修战壕。据指出，在来法的 14 万名中国劳工中，大部分来自中国北方，其中 2 万人死于一战，大约 3 000 名华人战后选择留在法国。

法国国防部与华裔融入法国促进会 26 日联合举办了纪念一战华工仪式。法国国防部长勒德里安说，"华工与法国军人一道并肩出现在前线，至今仍然是很少提及的一段重要的一战史”。他补充说，“在法国历史非常恐怖的这一时刻，华工的救助是决定性的”。勒德里安还表示，华工来到法国后，经历了不同的境况，但所有的华工都经历了非常严酷的工作条件。“他们住在破旧的房屋，与其他的劳动者分开来，挣一份少得可怜的工资。但他们为战争付出的努力不亚于他人。”

法新社报道说，中国驻法使馆邓励公使发表讲话说，感谢法国政府和法国人民对华工在一战的历史作用的承认和重视。

——范婷玉：《法国高规格纪念一战华工　高度认可华工贡献》，载“国际在线”网站，2014－11－27。

问题设计：当年怎么会有这么多中国人到了欧洲，参加了第一次世界大战？他们为何而去？又做了什么？

教师引导学生分析：一百年前的中国贫穷落后，国际地位低下，14万名中国劳工远赴欧洲参战绝非偶然，一定有着深刻的历史背景。在我们的历史教学中，虽然也讲到第一次世界大战，但并没有明确提到“一战华工”的史事。“一战华工”这群几乎被历史遗忘在欧洲的中国人，他们的人生际遇，连同背后所反映的时代环境、国家命运及历史的真相等疑问，值得我们去探究、理解和解释。

二、翻开历史的一页

教师讲述：1914年6月，国际形势风云突变，萨拉热窝刺杀案一下子点燃了巴尔干火药桶，很快导致了第一次世界大战全面爆发。这是一场史无前例的超大规模的战争，战争的爆发和主战场都远在欧洲大陆，当时中国人都称之为“欧战”。“欧战”离中国似乎很远，也很近，是否参战？参加哪一方？成为中国当时争论的焦点。

材料呈现：

材料二　围绕着中立还是加入协约国问题，中国内部出现了一场大的争论，对立双方在许多问题上存在着不同看法，要点如下：其一，谁能赢得战争？对战争形势的不同判断是双方歧见的基本原因。反对对德断交者认为，德国有取胜的希望。比较起来，更多的人相信，在美国站到协约国一边后，德国的失败是不可避免的。其二，出席和会是否对中国至关重要？反对者认为，出席和会对中国并无大助。副总统冯国璋便认为，列席和平大会，并不能遏止列强野心，即便中国有幸与会，也难保列强不图谋中国。赞成者自以使中国能出席处理战后重大事宜的和会为一极重要的目标。其三，强邻日本会有何种动作？对日本的担忧为争论双方所共有，只是看法迥异。反对者认为，日本之诡谋可畏。赞成者则认为，参战之后正可以借协约国之力，阻止日本今后进一步危害中国。其四，参战对于中国内政的影响如何？反对者担心，加入协约国后，中国在提供粮食军火方面不能不应其所求，但中国已自顾不暇，再协济他国，中国先有坐困之忧，万一发生内变，何以应对？赞成者认为，通过参战、对外战争可以达到整治内务的目的。经过激烈争论，总体而言，主张对德绝交的力量超过了主张中立的力量。

——侯中军：《1949年以来的中国与一战外交研究》，载《兰州学刊》，2015年第5期。

问题设计：参战？还是不参战？如参战，参加哪一方作战？这对于当时的中国来说是一个重大的考验。请同学们结合自己对近代史的了解，假设自己就是当时的决策者，发表自己的看法。

教师引导学生分析：第一次世界大战爆发之时，中国刚经历了辛亥革命政局的剧烈动荡。清朝统治刚刚结束，中华民国建立仅仅只有三年，袁世凯为首的北洋政权尚未巩固，内外交困，如何应对这场从未有过的世界规模大战，必定是一个棘手的问题。从以上材料可以看出，北洋政府在第一次世界大战爆发后，从一开始宣布中立，到尝试参加对德宣战，以及考虑争取参加战后和会，解决山东问题（从德占到日占），有过积极的外交努力。其出发点不能简单地断定是出于军阀政客（包括袁世凯）的私利，而给予否定评价。但是，伴随着国内政局动荡，参战问题几经转折，先是 1915 年袁世凯筹划复辟帝制，引发孙中山领导的革命党人在南方发动革命，到 1916 年帝制失败，袁世凯病亡；北洋军阀内部争斗不止，黎元洪与段祺瑞为首的府院（总统府、国务院）公开决裂、国会解散，再到张勋复辟等一幕幕丑剧，直到段祺瑞马厂誓师，重新掌权，最终于 1917 年 8 月 14 日正式对德宣战。北洋政府外交受困于内斗，更受制于日、美、英、德、法等列强对中国的争夺。日本一方面阻挠中国参战，同时又以英、日同盟为借口，早在 1914 年 8 月即对德宣战，9 月出兵占领山东，明目张胆地破坏北洋政府宣布的中立，实质目的在于为自己非法出兵占领山东、驱逐德国势力合法化。华工赴欧就是在这样一种复杂背景下发生的。

材料呈现：

材料三　第一次世界大战是一场现代化战争，战争的胜败不仅取决于战争本身，更取决于经济后盾及人力资源。特别是当战争进入相持阶段，所考验的就不仅仅是前线的战士，后方的生产能力和交通状况能否为前线提供有力的后备保障，也成为制胜的关键因素。

这一点在 1916 年体现得尤其明显。到 1916 年之时，一战已经进行了近两年，大批青壮年开赴前线，协约国后方生产劳动力严重匮乏，而战争还不知道何时结束，这让协约国方面深感压力。法国在大战发生前就已经人工匮乏，此时情形更为严重。英国昔日的傲慢态度也为绝望的情绪所代替，索姆河战役给英国造成巨大的人员伤亡，仅在 7 月份，也就是索姆河战役的第一个月，英军伤亡或失踪的人数竟达 18.7 万人之多。可以说，此时能否获得新的人力资源成为协约国对同盟国战争胜负与否的关键。

如何解决？英法在不得已的情况下，开始考虑从国外招募工人。

——吴琼：《一战华工：中国走向世界的先驱》，载《国际先驱导报》，2014－09－01。

问题设计：根据以上材料来看，英、法在中国招募大批华工的背景是什么？

教师引导学生分析：现代战争是以经济后盾和人力资源为基础的，第一次世界大战爆发之后，形势发展并没有如交战双方所想象的那样是一场速战速决的战争，而是很快进入了相持阶段。巨大的人员伤亡迫使英、法两国考虑从欧洲以外输入劳动力。从以上材料来看，华工赴法的客观原因是英、法需要大量劳动力。

材料呈现：

材料四　正是在这一情况下，法国公使康悌提出要招募华工到法做工。袁世凯总统府秘书长梁士诒随即提出派遣华工支援协约国的构想："明守中立，暗示参加，以工代兵"。

1916 年 1 月起，中、法双方开始就订立合同之事进行磋商。因为当时中国尚守"中立"，不便以政府名义直接交涉，中方便用惠民公司名义，由商人出面招募华工，法国由军部代表陶履德上校改称农学技师来华，代表法国签订合同，并在合同中极力避免参战字样，以免给德人以口实。经过几个月反复磋商，到5月14日，双方终于正式签订合同，并交外交部备案。英国的华工招募计划在1916年8月开始正式启动。

——吴琼：《一战华工：中国走向世界的先驱》，载《国际先驱导报》，2014-09-01。

问题设计：为什么华工赴欧以一个公司的名义招募派遣、而不是以北洋政府官方名义派出的？

教师引导学生分析：惠民公司是梁士诒等人牵头组建的，明显带有官方背景，但毕竟是“民营”的，以其出面招募工人，既可以实现参战的外交目标，又很巧妙地绕过了日本的阻挠，避开了与在中国仍然有相当实力的德国直接对抗。

材料呈现：

材料五 梁士诒提出了自己“以工代兵”的策略：

1. 中国财力、兵备不足以遣兵赴欧，如以工代兵，则中国可省海陆运输饷械之巨额费用，而参战工人，反得列国所给工资，中国政府不费分文，可获战胜后之种种权利。

2. 德国军械、潜艇，世无其匹，然以一德而抗全世界，战争经年，恐终为协约国所击败，故今日以工代兵，应助协约各国。

3. 在欧战以法国为最前线，法国壮丁既少，伤亡尤甚，则所需华工应以法国为最急，如派遣华工，应与法国签订优待公约。

4. 中国尚在中立时期，既不袒德，亦不应袒法，断不能由我政府与法政府直接交涉，只可由商人出名，代政府负责，于契约上亦不能有片言支字以工代兵，以免德国报复，及残害我国海外华侨。

——凤冈及门弟子谨编：《民国梁燕孙士诒先生年谱》，台北：台湾商务印书馆，1978年，第310页。

问题设计：梁士诒提出“以工代兵”策略的出发点是什么？对于当时的北洋政府来说是否可行呢？从以上材料来看，“一战华工”这一历史事件有什么特点？

教师引导学生分析：近代史上的北洋政府一向给人印象不佳，其内外政策不尽如人意的甚多，但并非一无是处。梁士诒的“以工代兵”外交建议，类似于北洋政府执政时期曾颁布过系列法令措施鼓励发展民族工业，主观动机和客观影响都有积极的一面。“一战华工”这一历史事件，是政府有外交考量、有组织的行为，具有主动性和政治性，完全不同于第二次鸦片战争以来沿海地区民众自发出洋谋生，更不同于被西方殖民者掠卖的“猪仔”式的华工。梁士诒(1869—1933)，为中华民国时期北洋政府交通、财政高级官员，旧交通系首领，是清末和民国初年一位非常活跃的重要政治人物，也是近现代史一位毁誉参半的历史人物。他基于对第一次世界大战结局和胜负的准确预测，权衡利弊，坚持主张中国应该参加协约国方面，介入战争；在清楚地认识到中国并无实力直接派兵出战的情况下，审时度势，不遗余力地推动“以工代兵”，积极协助法、英、俄等国招募华工赴欧参战，并竭力通过合同约定的方式保护华工及海外华侨华人的合法权益；他对这一大批中国人最终能走出国门、走向欧洲起到了关键作用。华工参战无疑为协约国的最后胜利做出了贡献，此举改变了中国消极中立的立场，“从众从强”为中国赢得了参加巴黎和会的机会，一定程度上提高了中国的国际地位，也对中外历史的发展产生了重要影响。梁士诒是发起华工赴欧参战的第一人，他的举动体现了同时代人少有的远见和胆识，有利于实现中国国家利益。

三、最后一名华工：小人物的大历史

教师讲述：华工在欧洲的遭遇如何？他们在战场上的表现如何？第一次世界大战期间的英国国防大臣、首相劳合·乔治在他的《战争回忆录》里写道，华工“个个强壮如牛，你会吃惊地发现有的华工夹起重达三四百磅的一大块木材或一捆卷铁板健步如飞，好像这些重物轻如普通的石块一般！”一旦法国海军码头需要外国劳工时，经过对不同国家的劳工的筛选之后，最后选择的往往还是华工。接下来，我们来看看被称为“最后一名华工”——朱桂生老人的传奇人生。

材料呈现：

材料六 朱桂生，1896年12月24日，生于江苏丹阳。他从小失去父母，受尽生活的煎熬。1916年，时年20岁，年轻力壮的朱桂生，得到招募华工赴欧的消息后就前去报名，通过体检后，被集中起来从上海登上邮船。不巧遇到大风，在大海上漂泊了五个多月，吃的是炒米，受尽千辛万苦。

时过多年，回忆起这段经历，朱桂生仍然记忆犹新：想不到去法兰西的路程，也是这么的艰难险阻。到了马赛港，分配到拉罗舍尔市兰斯区战地服务。朱桂生的劳工编号是27746，刺青在手臂上。他干过面粉厂、运送粮食弹药等工作。

1917年，中国政府对德国宣战，部分华工被英、法盟军直接拨入步兵、炮兵部队，同英国人、法国人并肩作战。战争结束后，很多同胞返回祖国家乡。他和十几个同胞，就在兰斯地区住了下来。

兰斯区是在拉罗舍尔市附近的一个小港口，在法国的西南面，面临大西洋的一个海港码头。此地风景优美，民风淳朴，朱桂生就在码头上找了份吊车司机的工作。1921年，他与当地法国姑娘巴蒂斯特相爱结婚，婚后育有一子二女。

1939年5月，战火烽烟又起，德国法西斯侵占了兰斯区。当年9月，朱桂生与儿子一起参军，再次成为一名无畏的战士。在部队，朱桂生从事后勤工作，负责部分马匹调度工作。

在残酷的战争岁月中，朱桂生的十九岁儿子不幸在舰船上发病身亡。家仇国恨，留下了永不磨灭的创伤。

二战结束后，朱桂生一家就一直住在兰斯区，也一直在兰斯码头工作。他先后当过司机、电工、冷冻库房工人，直到退休。朱桂生为人豪爽，性格开朗，经常到公园码头走动，总是乐于帮助别人，和邻居关系非常融洽。

今年(2002年)3月5日，老寿星不幸在家里去世。消息传出后，拉罗舍尔市报纸、西南报也发布消息、唁电表示哀悼，同时向他的亲属表示慰问。

——叶星球：《百岁老华工朱桂生辞世》，载《人民日报·海外版》，2002-05-09。

问题设计：“最后的华工”——朱桂生老人的百年人生可谓传奇，小人物有大历史。留居法国数十年，朱桂生凭借怎样的努力奋斗最终融入了法国社会？他的人生命运又是如何随着时代变迁和社会变革而演绎的？

教师引导学生分析：从第一次世界大战的华工到第二次世界大战的战士，再到战后的法籍华人，这位来自万里之遥的中国人经历了两次世界大战，劫后余生；尤为难得的是，他并不只是世界大战的幸存者和旁观者，而是有过战争经历的、战斗过的历史见证者。华工和千千万万海外华人一样，并不是一开始就得到西方国家政府和社会的认同，这些中国人身上所固有的勤劳、朴实和不懈奋斗的精神品质，以及道德良知和正义感，一点一点地在改变了西方人对中国人固有的歧视和偏见。

教师指导学生小结：“万般皆下品，唯有读书高”，中国儒家文化中有轻视劳动和劳动者的传统。劳工是社会下层，一批先进的中国人从华工群体中看到了劳工的力量和改造社会的必要。1918 年 11 月 16 日，北京大学校长、曾经赴欧近距离观察和接触过华工的蔡元培，做了《劳工神圣》的演说，提出要“认识劳工的价值”，并喊出了“劳工神圣”的口号。第一次世界大战结束后，巴黎和会上中国外交的力争和失败，以及由此而引发的五四运动，我们都能看到劳工的身影和他们初次登上历史舞台展示出的力量！

教学资源

资源 1:“预防性战争”

1900 年以后，德国国内越来越流行这样一种逻辑：预防性战争对于长期安全是必需的。首先是军界领导人一致认可这一观点，同时，随着德国在相对力量上达到顶峰的证据日益明显，文职领导层也开始接受需要这一场全面战争的观点。俄国一旦完成了其工业化进程，就会在实力上压倒德国。不仅如此，随着俄国军事力量的迅速集结和铁路系统的急剧加大，德国在 1917 年后将不再拥有赢得一场全面战争所需要的军事优势。德国领导人认为，国家想要生存，必须要进行战争，并且早打比晚打好，而这场战争应由德国率先打响。

——[美]戴尔·科普兰：《大战的起源》，黄福武译，北京：北京大学出版社，2008 年，第 84 页。

资源 2:“乌拉爱国主义”

1914 年 8 月，第一次世界大战全面爆发，德国除了极少数的和平主义者和革命左派，社会上下表现出异乎寻常的爱国激情。帝国议会各政党很快达成了“政治休战”，在 8 月 4 日批准政府的军事拨款后立刻宣布休会，而议会第一大党社会民主党议会党团在议案通过时则一致投了赞成票。鼓动民族仇恨的宣传随处可见，各类雷人的明信片很快铺满街头：“一枪干掉一个俄国佬！”“一刀捅死一个法国佬！”“一脚踩死一个英国佬！”民众踊跃报名参军、应征入伍。

在宣布战争令后，还能出现这样热闹的场面，将开战作为节日来庆祝，除了德国没有第二个国家。因此，后人称之为“乌拉爱国主义”。……“乌拉爱国主义”一词的正式出现是在魏玛共和国时期，是专门用以解释一战爆发后，德国人表现出的令人匪夷所思的“战争激情”的。的确，在过去的 200 年中，还没有一场战争的爆发会像一战这样带来狂风暴雨般震撼人心的欢呼。……只有一战的爆发得到了社会各阶层满怀热情的拥抱。大众舆论表现出的不是合乎常理的恐惧，而是与社会、心理和历史预期完全相反的兴奋。除了个别例子表明农民对战争狂热保持冷静之外，在边界地区和前线城市那些人员伤亡较大的地方，对战争也是欢迎的。还有一个令人惊讶的现象：不是德国的大资产阶级和贵族，而是中产阶级，特别是普通民众，包括年轻人，甚至工人欢迎战争。这是一种异常行为。

——徐健:《“乌拉爱国主义”:一战前德国社会心态的若干思考》,载《历史教学》(下半月刊),2017年第10期。

资源3:民族自决成为国际政治原则

民族自决原则在第一次世界大战前后得到了充分的发展和运用,具体表现为:一战前后列宁和威尔逊的民族自决思想的相继成熟;当时世界主要大国对民族自决原则的承认;苏俄民族自决原则的实践及东欧国家的参与和认同;一战后依照民族自决原则对欧洲版图的重新划分及在非欧洲世界产生的广泛反响。这表明,民族自决原则在一战后已被公认为一项基本的国际政治原则。得到公认的民族自决原则影响并改变了20世纪的世界版图,并于1945年被写入了《联合国宪章》,从而最终完成了从一项政治原则向国际法原则的转变。但过分夸大民族自决,又会导致种族歧视乃至仇杀。

——储昭根、于英红:《一战后民族自决原则的公认与效应》,载《世界民族》,2007年第4期。

资源4:难民的国际保护始于一战之后

国际社会开始有组织地帮助难民,是在第一次世界大战之后。1921年,国际联盟设立了“难民事务高级专员公署”,任命挪威人弗里德约夫·南森为难民事务高级专员,帮助俄国难民。1924年,南森的工作对象扩展到亚美尼亚难民;1928年,南森的工作又推进改革到亚述难民和土耳其难民。在此期间,南森发明了难民的临时身份证——“南森护照”,使得众多两手空空的难民借以得以国际社会的关照,为他们取得国际社会的法律保护提供了可能的依据。“南森护照”最重要的意义就在于为今后建立保护难民的国际法开创了先例。

——尹桂云:《论难民的国际保护》,载《社会科学》,1999年第8期。

资源5:德、法共编历史教科书的当代启示

历史教科书是世界各国学校历史教学活动中最重要的教学工具,承载着历史教育的核心资源。对于那些由于战争等原因而结下深重历史恩怨的国家,通过共同编撰历史教科书来促使年轻一代形成共通的历史观,消除偏见,从而逐步达成民众和国家间的政治和解,成为现代文明国家富有政治远见的选择。跨国共编教科书的概念在第一次世界大战后就被陆续提出。二战后,德、法两国针对共编历史教科书议题展开长期的交流,经历了近六十年的筹划,在两国政府和首脑的推动下,于2006—2011年出版了完整的三册历史教科书,并被两国中学采用,其过程和成果是跨国共编教科书的典范。

——李战胜、傅安洲:《德法共编历史教科书的当代启示》,载《国家教育行政学院学报》,2016年第11期。

资源6:当今世界仍然处于帝国主义时代(金融帝国主义时代)

李慎明强调,列宁明确称金融帝国主义“这个时代将延续多久,我们无法断言”,这一判断完全正确。有些人对列宁所说的帝国主义是腐朽、垂死的资本主义这一结论的诘难,就是把金融帝国主义这一时代看短了,从而得出了列宁所说过时的结论。其实,这不是列宁所做判断的过错，而是我们理解上的偏狭。当今时代无疑仍然处于金融帝国主义时代。尽管这一趋势在减弱，但仍然没有质的改变。金融帝国主义时代还可能会持续一个相当长的历史阶段。认为当今时代已是和平与发展时代，就是把金融帝国主义这一时代看轻了、看短了。当然，从一定意义上讲，这一时代的长短，也取决于世界各国人民特别是代表其根本利益的共产党人对这一时代的认识和与金融帝国主义合作、竞争、博弈本质上是较量的主观能动性的发挥。

——单超、贾嘉《纪念列宁〈帝国主义是资本主义的最高阶段〉创作100周年中俄学术研讨会综述》，载《世界社会主义研究》，2017年第1期。

资源7：十月革命影响毛泽东革命话语建构

马克思主义中国化的过程，既是马克思主义基本原理与中国具体实际、时代特征相结合的过程，也是通过话语建构掌握话语主动权的过程。新民主主义革命时期，毛泽东在建构中国革命话语过程中，既援用了马克思主义革命理论、借鉴了辛亥革命的经验教训、吸收了中国传统文化的精华，也充分运用了俄国十月革命的成功经验。借助十月革命，毛泽东诠释中国革命的条件与性质，探求中国革命的道路，展示中国革命的前景，使中国革命赢得了民众的理解、认同和支持，从而掌握了中国革命的话语权。

——陈金龙：《十月革命与毛泽东革命话语的建构》，载《现代哲学》，2012年第3期。

资源8："一国首先胜利论"激发了俄国革命者的革命首创精神

列宁提出社会主义革命"一国首先胜利论"，具有重大理论意义和实践意义。列宁的社会主义革命"一国首先胜利论"与马克思、恩格斯的"同时发生论"一脉相承，都认为一些国家的社会主义革命可能会发生并取得胜利。但是列宁所处的时代已发生变化，革命的主客观条件也不同了，因此他认为各国革命的发生会有先有后，并可能首先在一个或者几个国家获得胜利。列宁坚持与时俱进，在新的历史条件下丰富和发展了马克思主义，而不是背离了马克思主义。列宁的社会主义革命一国首先胜利论，为俄国革命政党提供了思想武装和理论指导。列宁解放了人们的思想，使全党能够全面、准确、与时俱进地理解马克思主义的革命理论，破除了对马克思主义革命理论的机械、僵化、形而上学的理解。列宁的社会主义革命一国首先胜利论，极大地鼓舞了布尔什维克党和广大人民群众，开创性地推进革命进程，满怀信心地夺取革命胜利。

——李景治：《论马克思列宁主义对十月革命的指导意义》，载《北京行政学院学报》，2017年第5期。

资源9：十月革命的胜利是历史辩证法的胜利

列宁在长期的革命实践中，深刻地理解马克思主义所揭示的社会生活的实践本质。马克思主义科学地说明了人的社会性本质，正确地阐述了社会实践是历史发展的动力，要立足于社会实践来理解人类历史。社会历史矛盾运动本身就是辩证的，历史辩证法是革命的辩证法。只有辩证唯物主义，才是战斗的、彻底的唯物主义。列宁继承并发展了马克思主义的实践观点，从马克思主义理论与俄国社会实践的结合上，强调辩证唯物主义的基本观是实践观点，实践是革命的，实践是人能动地改造世界的活动。列宁从实际出发，明确指出20世纪初的俄国，“已经到了这样一个历史关头：理论在变为实践，理论由实践赋予活力，由实践来修正，由实践来检验”。在俄国这样一个小商品生产占优势、小农生产者占绝大多数的国家里，社会主义革命应充分考虑到俄国的特殊性，如何将前资本主义的各种关系过渡到社会主义去，这不仅是理论问题，更是实践问题，实践出真知。……十月革命的胜利，是列宁主义的胜利，是历史辩证法的胜利。

——于沛：《十月革命和世界历史进程——纪念十月革命100周年》，载《史学理论研究》，2017年第3期。

资源10：俄国十月革命后苏联模式社会主义现代化道路所产生的导向作用

社会主义选择与俄国的现代化目标相结合，形成了苏联模式的社会主义现代化道路。在20世纪世界历史进程中，十月革命的开创性功能为东方落后国家的“非资本主义现代化”（实质是非西方模式发展道路）提供了一个范例。

俄国十月革命的发生及其后的社会主义实践对落后国家产生了巨大的吸引力，发挥了超越国界的导向作用。“走俄国人的路”，曾经被一些落后国家的革命者和革命政党当作争取民族解放、追求非资本主义发展方向的有效途径。而且，苏联主导的国际共产主义运动运用共产国际的革命网络，在一定阶段和一定程度上为这些国家提供了摆脱西方殖民统治、实现民族主义政治目标的外部条件。……至于这个范例本身是否成功，则取决于它在同西方模式的资本主义现代化道路的竞争中是否具有比较优势，以及这种发展模式在社会制度的建构上是否能提供优越于资本主义制度的社会公共产品，即在人的发展维度上克服资本主义社会的“异化”，真正实现人的自由、全面发展和社会的公平、正义。

——余伟民：《1917年俄国革命的两次转型》，载《探索与争鸣》，2017年第7期。

第二单元

现代化转型期的震荡

学术引领

一、现代化转型期的经济理论探索

(一) 亚当·斯密的古典经济理论

1.“经济自由主义”的基本主张

1776年,英国学者亚当·斯密在《国民财富的性质和原因的研究(下卷)》(郭大力等译,北京:商务印书馆,1972年,第25、27页)一书中阐述了被后人概括为“看不见的手”的市场调节机制和秩序原理,为经济自由主义奠定了理论基础。亚当·斯密从人性论角度对经济自由主义展开论证,他认为人都是从自己的利益出发来行事的;各个人都不断地努力为他自己所能支配的资本找到最有利的用途;人的行为受到一只看不见的手的指导,追求自己的利益,往往使他能比在真正出于本意的情况下更有效地促进社会的利益。

刘灿在《经济自由主义和国家干预:一个基于经济思想史的理论回顾》(载《福建论坛(人文社会科学版)》,2009年第12期)一文中认为,亚当·斯密的“看不见的手”一直被解释为市场力量,其核心是自由价格的作用调节着受自我利益驱动的经济活动者在完全竞争的市场中的行为,最后能够或无意中促进整个社会的福利和经济增长。亚当·斯密“看不见的手”的背后是他的个人主义和自由主义的哲学观,从方法论和哲学层面上看,斯密采纳的是新亚里士多德的自然主义观点,这种哲学观认为,这个世界上存在着一种自然秩序,它是人类关系的根基,上帝是自然秩序的设计者,甚至可能是自然秩序的实施者。在社会的自然秩序中,个人具有“自然的自由”去追逐他们的利益,这种自然自由涉及的是个人的自由和经济的自由,是从事自己个人事务的自由,它处在市场经济的社会中,在受到司法限制的环境中起作用。这种限制不是对贸易、讨价还价、制造、工资的限制,而是在更基本层面上的限制,即受到公正的限制。但如果政府企图指导私人如何运用他们的资本,那不仅是自寻烦恼地去注意最不需要注意的问题,而且这种规制几乎毫不例外地必定是无用的或有害的。

2. 经济自由主义的历史意义

对于这种经济思想的意义,王志伟在《论经济自由主义的意义与局限》(载《人民论坛(学术前沿)》,2015年第4期)一文中指出,在资本主义产生和迅速发展的历史条件下,由亚当·

斯密所创立的古典经济自由主义具有一定积极的历史意义。这主要表现在以下几个方面：第一，古典经济自由主义产生于封建社会末期、资本主义兴起之时，其反对封建专制和经济干预的主张具有推动社会进步的积极历史意义。第二，古典经济自由主义从人的自然要求角度，反对人身行为和精神活动方面的外在制度束缚，也具有追求人的解放、反对宗教压抑的积极意义。第三，古典经济自由主义相信人们在本质上具有相互协调自身利益而形成社会秩序的智慧和能力。这也是合乎他们崇尚自然规律思想的，也具有一定的合理性与正确性。第四，古典经济自由主义推动了资本主义生产力和经济社会的较快发展，其主张的自由市场秩序具有较前高得多的生产率，为资本主义社会发展提供了有力的经济基础和物质保证，也提供了文化发展的基础。

美国学者列奥·施特劳斯在《政治哲学史》(李天然等译，石家庄：河北人民出版社，1993年，第752页)一书中对亚当·斯密给予了比较高的评价。他认为，斯密的经济学连同他的伦理学、政治学构成了一个有机的学术体系，这套体系对现代自由资本主义制度做出解释，并为之辩护。唯其如此，斯密被尊为现代自由资本主义制度设计师。

李强在《自由主义》(北京：中国社会科学出版社，1998年，第84页)一书中指出，斯密主张一个国家最好的经济政策就是经济自由主义，即对私人经济活动不加干预，采取自由放任的态度。经济的发展、社会的繁荣绝非政府有意组织所能达到，而是追求自己利益的个人发挥其才智的结果。政府的职能仅仅在于提供必要的保障，使个人追求自己利益的行为有可靠的外部环境。政府绝不应该介入经济活动。斯密认为，试图以政府行为实行资源配置“恐不是人间智慧或知识所能做到的”。

3. 经济自由主义理论的困境

关于古典经济自由主义的局限性，王志伟在《论经济自由主义的意义与局限》(载《人民论坛(学术前沿)》，2015年第4期)一文中指出，第一，古典经济自由主义在促进资本主义经济社会发展的同时，也放任了社会收入分配的不公平，促进了“金钱至上”和“物质利益至上”观念的滋长与发展，以及阶级分化和差距的扩大，并将这些视为正当合理的、不可避免的结果予以接纳和维持。第二，古典经济自由主义的实践结果之一，是产生时间长度不一的周期性经济下跌或生产过剩的经济危机，甚至是像20世纪30年代那样的大规模深刻的经济萧条。经济危机出现的结果，不仅直接打击了资本主义经济运行本身，也造成了巨大的社会财富浪费。第三，古典经济自由主义最先出现在资本主义经济发展较早的国家，最受资本主义市场经济最先发达的英国等所推崇。其主要原因是：在国内，它最符合大企业、大垄断组织的利益，也最符合以此为基础的资本主义国家的利益；在国外，它最符合经济最发达、竞争力最强的国家的利益，如英国。第四，古典经济自由主义默认了原始资本主义的资产所有权现状，而不问其获取过程是否公平、合理，例如英国资本原始积累期间的“圈地运动”和殖民活动就是充满暴力掠夺的血腥历史。

(二) 凯恩斯主义

1. 凯恩斯主义产生的背景

凯恩斯认为传统的自由资本主义已经过时。王祖奇在《凯恩斯国家干预资本主义思想的产生与时代》(载《学术界》，2009年第6期)一文中指出，20世纪初，凯恩斯通过对第一次世界大战、资本主义经济危机、社会主义革命运动、科学技术的发展以及日益加强的世界经济联系等时代现象的观察与思考，使他认识到传统的自由资本主义在许多方面已经过时，需要进行历史性的变革，资本主义必须成为接受国家调节的、具有一定组织性的资本主义才能获得现代的生存。

(1) 第一次世界大战的打击

李强在《自由主义》(北京：中国社会科学出版社，1998 年，第 111 页)一书中指出，第一次世界大战既是对西方文明的严重冲击，也是对自由主义的冲击，第一次世界大战代表一个时代的结束，代表了许多自由主义理想的毁灭。第一次世界大战期间，凯恩斯作为英国财政部的官员直接参与了战争供应方面的管理工作，对大战的情况有较深的了解。大战的破坏和杀戮引起凯恩斯的强烈反感。

针对在巴黎和会上帝国主义的自私和激烈争夺，凯恩斯在《预言与劝说》(赵波等译，南京：江苏人民出版社，1997 年，第 5、23、31 页)一书中写道，如果获胜的法国同意大利滥用它们暂时得到的权力，试图摧毁德奥两国，那么它们终究自取其祸。他严厉批评战胜国索求大量的赔偿，"既不符合人类的性格，也不符合时代的精神"。其著作《和约的经济后果》则成为当时揭露传统资本主义自私、贪婪和腐朽本性以及声讨帝国主义战争与掠夺政策的响亮号角，曾被列宁多次提及和引用。显然，第一次世界大战深深打击了凯恩斯的传统信念，催生了他对传统资本主义的怀疑与批判。

(2) 俄国社会主义革命的影响

王祖奇在《凯恩斯国家干预资本主义思想的产生与时代》(载《学术界》，2009 年第 6 期)一文中提到，虽然凯恩斯反对无产阶级革命，但通过对苏维埃政权生机勃勃的社会实验的细心观察，凯恩斯发现苏俄充满了生气，这与他身边唯利是图的资本主义形成了鲜明的对比。

凯恩斯在《预言与劝说》(赵波等译，南京：江苏人民出版社，1997 年，第 191、291、292 页)一书中明确表示，他身边的资本主义这时所表现的则是绝对不信仰宗教，缺乏内聚力，没有几分热心公益的精神。而对于发生在俄国的新实验，他则表示，其可能潜藏着理想世界的萌芽。他自己如果是一个俄国人，会更愿意把自己的一份力量贡献给苏俄而不是沙俄。然后他进一步明确指出，资本主义也需要针对其与金钱有关的思想感情在头脑中进行一场革命。

(3) 战后欧洲不断加深的社会危机带来的反思

王祖奇在《凯恩斯国家干预资本主义思想的产生与时代》(载《学术界》，2009 年第 6 期)一文中提到，战后欧洲的经济一直不景气，特别是英国，陷入长达 10 多年的慢性萧条之中。通过对危机原因的探索，凯恩斯逐渐得出结论，即在自由资本主义机制下，私人垄断资本主义只能制造日益的不公，不可避免地会引起失业、生活水平下降和社会危机，而解决这种危机的唯一办法是只能加强国家对社会生活的干预和调节。

黄范章在《凯恩斯》(载《世界历史》，1982 年第 5 期)一文中提到，凯恩斯在 1923 年出版的《货币改革论》中提出，若没有一个稳定的经济，则"今日的个人主义的资本主义便不可能有效率，也不能够生存下去"，"政策的调节"对稳定经济有积极作用。不仅如此，他又在 1926 年发表《自由放任主义的终结》一文，宣告要"弃旧图新"。

(4) 科学技术发展与现实矛盾的冲突

凯恩斯在《预言与劝说》(赵波等译，355 页，南京：江苏人民出版社，1997)一书中提到，从 16 世纪起，科学和技术发明的伟大时代开始了，在 18 世纪后，这个势头日益强劲，而从 19 世纪初开始，更进入了鼎盛时期——煤炭、蒸汽、电力、石油、钢铁、橡胶、棉花，化学工业、自动机械、大规模生产的方法，无线电、印刷术，牛顿、达尔文和爱因斯坦，还有其他家喻户晓的人和物，成千上万，不可胜数。近十年来，在工业和运输方面的技术改进，其速度也是前所未有的。现在显而易见的是，尽管革命性的技术革新迄今主要发生在工业领域，但将很快冲击到农业方面。粮食生产效率的进步将与矿业、工业和运输业所取得的进步同样巨大。

王祖奇在《凯恩斯国家干预资本主义思想的产生与时代》(载《学术界》，2009 年第 6 期)一文中提到，现实中出现的却是英国及欧洲经济的长期不景气和社会动荡的加剧，这不能不引起凯恩斯的困惑：人类的生产能力越来越大，现实生活中却出现贫困、动荡和破坏的加剧。

凯恩斯在《预言与劝说》(赵波等译，南京：江苏人民出版社，1997 年，第 345 页)一书中指出，原因是传统资本主义的思想、习惯和成见并没有跟上物质进步的步伐。

(5) 国际经济一体化趋势的促进

凯恩斯在《预言与劝说》(赵波等译，南京：江苏人民出版社，1997 年，第 23、271 页)一书中明确指出，世界各国之间本身就是紧密相连的，和平和信心以及和谐一致的经济平衡，应该是唯一值得争取的目标。竞争性的货币贬值和竞争性的关税，只能造成相互的损害，而没有一个国家可以从中获益。

凯恩斯在《凯恩斯文集(第 1 卷)》(王利娜等译，北京：改革出版社，2000 年，第 205 页)一书中写道，不能忽略国际收支平衡，控制它的方式只是使它免于受盲目力量的影响。

基于此，王祖奇在《凯恩斯国家干预资本主义思想的产生与时代》(载《学术界》，2009 年第 6 期)一文中指出，世界一体化发展的趋势促使凯恩斯认识到，在国际范围内，资本主义也面临着改革的任务，即也必须建立某种程度上能够接受调节的资本主义关系制度。

(6) 1929—1933 年经济大危机的影响

张孝远在《关于国家干预主义和经济自由主义之间的关系、意义》(载《甘肃社会科学》，1998 年第 1 期)一文中指出，20 世纪 20 年代初，资本主义社会由自由资本主义阶段转入垄断资本主义阶段，这期间一味依靠市场机制的自发调节，已经愈来愈难以维持资本主义经济的均衡发展，难以在均衡遭到破坏的情况下有效地恢复均衡。西方资本主义国家 1929—1933 年的经济大危机以及随后而来的持续大萧条，就是其典型表现。这次空前严重的经济危机，也造成了传统资产阶级经济理论的破产。那种主张“自由放任”，那种认为“市场机制可以自发地保持资本主义经济的均衡发展”，那种在政策上极力反对“国家对经济进行干预”的经济自由主义理论，面对经济大危机却不能自圆其说。资本主义在经历了第一次经济大危机之后，经济处于大萧条状态，但国家垄断资本主义却由此得到了长足的发展。一方面，新古典学派不能解释资本主义的长期失业现象和危机之后的长期萧条；另一方面，垄断资产阶级的政府在解决失业问题的借口下，日益加紧对经济生活的干预，以保证金融寡头的垄断利润和在政治上的统治地位，从而冲击了传统经济理论，并导致其破产。恰在此时，凯恩斯的《就业、利息和货币通论》一书应运而生，提出了国家干预主义。

2. 凯恩斯主义的内涵

(1) 扩大政府职能

凯恩斯在《就业、利息和货币通论》(高鸿业译，北京：商务印书馆，1999 年，第 394 页)一书中提到，使消费倾向和投资诱导相互协调而引起的政府职能的扩大，是对个人权利的极大侵犯，但他要为这种政府职能的扩大进行辩护。他认为，政府职能的扩大不但是避免现存的经济制度被完全摧毁的唯一可行之道，而且也是使个人动力能成功地发生作用的前提条件。

(2) 充分就业与总需求管理

杨春学等在《国际金融危机与凯恩斯主义》(载《经济研究》，2009 年第 11 期)一文中指出，凯恩斯主义的核心思想一是对自由资本主义制度弊端的基本诊断，即资本主义经济社会的显著缺点在于不能提供充分就业，以及财富与所得之分配有欠公平合理。二是，要修补制度缺陷，政府就必须终结自由放任主义，采取积极的行动。这类行动的核心包括两个部分：运用积极的货币和财政政策，进行总需求管理，使经济走向充分就业的均衡；运用收入再分配政策，降低财富和收入的严重不均等程度，以扩大有效需求。

张建刚在《凯恩斯主义的理论缺陷及其新的发展》(载《经济问题》，2010 年第 3 期)一文中也指出，凯恩斯主义理论的核心是就业理论，而就业理论的逻辑起点是有效需求理论。凯恩斯认为，有效需求不足是资本主义未能实现充分就业的原因。凯恩斯的有效需求中的"需求"是总需求，而不是单个企业或单个行业的需求。总需求只有同总供给相等，才对实际就业量有效，因此，凯恩斯的有效需求是指总供给和总需求达到均衡时的总需求。凯恩斯认为有效需求决定了实际就业量，有效需求的大小决定了就业水平的高低。有效需求不足造成非自愿失业，达不到充分就业，出现"富裕中的贫困"的矛盾现象。

(3) 国家干预

胡代光在《西方经济学说的演变及其影响》(北京：北京大学出版社，1998 年，第 7 页)一书中提到，在政策上，凯恩斯反对"自由放任"，强调国家干预经济，国家要参与经济调节。所以有人说，凯恩斯的政策主张又回到重商主义那里去了。具体说来，凯恩斯提出了如下三个最重要政策：第一，政府预算的平衡应联系经济中的需求状况来加以评价(传统经济学总强调财政预算平衡的必要性和重要性)，如果在存在大规模失业的时候，那么预算应增加赤字，而不是降低。第二，降低实际工资或货币工资不会必然创造更多就业(这是传统经济学积极主张解决失业问题的办法)，而可能招致相反效果。第三，货币政策如不借助财政措施，则不可能终止大规模失业。

张建刚在《凯恩斯主义的理论缺陷及其新的发展》(载《经济问题》，2010 年第 3 期)一文中也提出，凯恩斯经济政策观点的核心是反对自由放任，主张国家干预及通过扩大政府职能来提高有效需求，有效需求是由消费需求和投资需求组成，刺激消费和投资就是刺激有效需求。在货币政策方面，他认为温和的通货膨胀无害，反而把它看作防止或缓和经济危机的手段。

(4) 总量分析

胡代光在《西方经济学说的演变及其影响》(北京：北京大学出版社，1998 年，第 6—7 页)一书中提到，在方法上，凯恩斯回到了重商主义研究的宏观经济问题，开创宏观经济的分析方法，即总量分析。他关心经济中的总量(总产量或国民收入总量、总消费、总投资、总就业等)行为活动，特别是总支出(投资支出、消费支出、政府支出)所产生的收入效应；他强调，决定经济活动水平的是投资部分。只有需求(特别是投资需求)增加了，才能刺激生产，增加生产。

3. 凯恩斯主义的影响

(1) 对传统经济学的突破

英国学者特伦斯·W.哈奇森在《经济学的革命与发展》(李小弥等译,北京:北京大学出版社,1992年,第362页)一书中从经济学发展的角度对凯恩斯主义进行了评价,他认为,凯恩斯主义对于重建整个经济学起了举足轻重的作用。

张建刚在《凯恩斯主义的理论缺陷及其新的发展》(载《经济问题》,2010年第3期)一文中则指出,凯恩斯主义对传统的经济学理论有了突破性的新观点和新见解:第一,明确承认经济危机确实存在。而传统经济学根据萨伊定律"供给恒等于需求",根本否认了普遍意义上的生产过剩经济危机。第二,确认经济危机不可能通过市场机制的自动调节而恢复均衡,因而主张采取强有力的政府干预,对危机进行紧急救治。传统经济学认为,经济只会出现局部失衡,资本主义市场机制具有很高的完善性和协调性,可以自动调节使经济运行重新恢复正常,因此主张自由放任,反对政府干预。第三,凯恩斯认为,经济危机的根源是有效需求不足,这一观点改变了资产阶级经济学家从经济外部寻找经济危机和经济周期原因的一贯传统。

(2) 对当时世界以及后世的影响

吴易风在《经济自由主义和国家干预主义论争的历史考察》(载《当代思潮》,2002年第2期)一文中明确指出,凯恩斯的就业通论是适应国家垄断资本主义发展的需要和30年代反危机的需要编制出来的。这一理论发表后,便为业已存在的国家垄断资本主义和政府的反危机措施提供了理论上的说法,并在实际上促进了国家垄断资本主义的进一步发展。正是由于凯恩斯的理论和政策符合垄断资本的利益,适合国家垄断资本的需要,因而受到统治阶级及其政治代表的青睐。凯恩斯经济学很快取代传统经济学的正统地位,并在一段较长的时期内成为西方国家制定经济政策的理论依据。第二次世界大战期间和战后,美、英等各主要资本主义国家的政府都把凯恩斯主义奉为国策,对市场经济进行干预。美国杜鲁门总统的特别经济咨文,英国、加拿大和澳大利亚关于就业政策的白皮书,美国1945年的莫莱充分就业法案和1946年的就业法,法国新宪法关于就业预算的规定等,是西方国家的政府纷纷奉行凯恩斯主义国家干预主义的例证。此后,50年代和60年代,主张国家干预主义的凯恩斯主义在西方经济学中独领风骚。

基于此,胡代光等在《凯恩斯主义的发展和演变》(北京:清华大学出版社,2004年,第25页)一书中指出,政府"有责任促进充分就业"的政策的提出,是资本主义国家经济政策史上一个重要的转折点,它标志着在凯恩斯的《就业、利息和货币通论》出版将近10年之后,凯恩斯理论终于成为资本主义国家经济政策的指导思想。如果说在30年代经济危机期间,一些资本主义国家的反危机措施(包括美国的"新政"在内)往往是一种应急的措施,还谈不上明显地以某一派经济学说作为理论基础的话,那么从这时起,以维持充分就业水平为主要政策目标的资本主义国家的经济政策开始作为一种经常性的政策被推行着,而且明确地以凯恩斯的理论和建议作为制定政策的理论依据。

美国学者狄拉德把凯恩斯的《就业、利息和货币通论》同亚当·斯密的《国富论》、马克思的《资本论》相提并论。他在《凯恩斯经济学》(陈彪如译,上海:上海人民出版社,1963年,第1页)一书中提到,亚当·斯密的著作是对重商主义的声讨,马克思的著作是对资本主义的尖锐批评，凯恩斯的著作是摒弃自由放任的基础。

（三）马克思主义经济学理论

1. 马克思主义经济学产生的背景

（1）思想来源

董建才在《马克思主义经济学的科学价值与历史地位》（载《东岳论丛》，2007 年第 6 期）一文中指出，马克思主义经济学行将诞生时，代表英国古典政治经济学最高成就的李嘉图学派已趋于瓦解，庸俗的资产阶级政治经济学逐步占据了主流地位。小资产阶级经济学、空想社会主义的经济思想亦相当活跃，马克思主义经济学就是同这些经济学思想派别相比较而存在、相斗争而发展的。马克思主义经济学所实现的政治经济学变革，就是在继承前人积极的经济思想成果基础上，在基本的立场、观点、方法上对资产阶级经济学和当时流行经济学思潮的全面变革和创新。

颜鹏飞在《马克思主义经济学史》（武汉：武汉大学出版社，1995 年，第 3、10 页）一书中则指出，空想社会主义及其经济学说就其内容和性质来说，反映了早期无产阶级的利益、愿望和要求，并且是作为资产阶级及其政治经济学体系的对立面或反对派出现的；他们对资本主义生产方式的有力批判，对前资本主义社会经济制度的探讨以及对未来理想社会的经济制度的天才猜测，对创建无产阶级政治经济学，尤其是广义政治经济学提供了颇富启迪的思想材料。因此，从这个意义上讲，它们的产生和发展过程构成了马克思主义尤其是科学社会主义、无产阶级经济学说的前史。另外，资产阶级古典经济学在特殊历史条件下，即无产阶级和资产阶级的矛盾斗争尚未充分发展的潜伏阶段，运用抽象分析方法，较为公正地、科学地研究了资本主义生产方式的内在联系和结构，在一定程度上揭示了资本主义生产、分配、交换和消费的规律、内在矛盾和运行机制，构筑了包括一系列重要经济概念、范畴、理论、规律在内的资本主义经济理论体系，因而也成为马克思经济学说的直接来源。

（2）社会根源

颜鹏飞在《马克思主义经济学史》（武汉：武汉大学出版社，1995 年，第 7、8 页）一书中认为，马克思主义及其经济学说是资本主义时代的产物，有其深刻的社会历史根源。19 世纪上半期的欧洲各主要资本主义国家已孕育着马克思主义及其经济学说的胚芽，究根寻源，尚处于上升时期的资本主义生产力是当之无愧的创造新生事物的历史的“产婆”，19 世纪欧洲产业革命和工人运动是马克思主义及其经济学说产生的社会或历史的、物质或经济的、政治或阶级的根源。产业革命使资本主义生产方式进入成熟阶段，较充分地展示了资本主义生产方式的本质、内在联系、矛盾冲突和发展趋势，为旨在揭示这一生产方式的内在矛盾运动规律的马克思经济学说创造了客观物质前提。由于欧洲三大革命运动的失败，因而在客观上也产生了对旨在科学阐释无产阶级贫困的根源、资本主义生产的秘密和社会主义取代资本主义的必然性的马克思经济学说的迫切需要，因为后者为前者推翻旧制度及建设新制度提供了强大的思想武器。

2. 马克思主义经济学的内涵

（1）马克思主义经济学的特征

赵玉琳在《马克思主义经济学特征新论》（载《经济纵横》，2010 年第 1 期）一文中认为，经典马克思主义经济学的实践性、历史观、人本位特征，都是马克思主义创始人确立经济理论体系的立论前提和理论基础，是科学的世界观和方法论；他们依据时代的迫切需要确定重大选题的思想方法，依据研究目的确定研究对象和研究路径的思维方法，依据历史与逻辑相统一的准则选用各种具体方法的思维方法，也是普遍适用的科学方法；他们揭示市场经济普遍规律和社会经济发展一般规律的研究结论，都是具有现实意义的科学理论。这三个方面表明，经典马克思主义经济学是具有普遍意义的科学。

李成勋在《马克思主义政治经济学的五大特征》(载《华南师范大学学报(社会科学版)》，2016 年第 5 期)一文中认为，马克思主义政治经济学以生产关系发展规律为研究对象，具有客观性；它以维护无产阶级和广大劳动人民利益为己任，具有阶级性；它以辩证唯物论和历史唯物论为研究方法，具有逻辑性；它与时俱进、不断创新和发展，具有开放性；它以共产主义及其历史必然性为论证目标，具有导向性。

(2) 马克思主义经济学的研究对象与基本框架

马克思在 1867 年出版的《资本论》序言(《马克思恩格斯文集(第 5 卷)》，中共中央马克思恩格斯列宁斯大林著作编译局译，北京：人民出版社，2009 年，第 8、210 页)中指出，他这本书要研究的是资本主义生产方式以及和它相适应的生产关系和交换关系。他指出，各种经济时代的区别，不在于生产什么，而在于怎样生产，用什么劳动资料生产。

胡代光在《西方经济学说的演变及其影响》(北京：北京大学出版社，1998 年，第 84 页)一书中指出，马克思并未研究单独的个人行为，而是直接研究各阶级行为。马克思的理论或许是宏观经济学的开端，但是马克思的宏观经济学体系本质上是不同于凯恩斯派和古典派的体系的。后者体系中的宏观单位是生产者和消费者，而这种重叠位置则未能说明本质。马克思体系的宏观单位不仅是生产者和消费者，而且也是工人和资本家。这后面两个集团是相互排斥的，他们的利益的基本冲突成为经济体系变化的推动力之一。

张宇在《论马克思主义经济学的本质与理论框架》(载《学习与探索》，2012 年第 3 期)一文中认为，马克思主义经济学是以唯物史观为基础，以无产阶级和人类解放为目的的经济学理论体系，其研究对象是一定的生产力和上层建筑条件下的生产关系的本质及其发展规律。马克思主义经济学的理论框架主要包括：关于社会经济发展的一般原理，关于资本主义经济的基本原理，关于社会主义经济的理论，关于世界经济的理论，关于前资本主义经济形态的理论以及关于经济发展的具体理论。

3. 马克思主义经济学的影响

(1) 奠定了社会主义经济理论基础

周肇光、梁德明在《论马克思主义经济学中的科学估计》(载《当代经济研究》，2001 年第 7 期)一文中提出，马克思主义经济学是研究生产关系发展和变化规律的一门科学，其创立和发展，是人类经济学史上的科学标志，是先进文化的代表。研究资本主义生产关系，就是要揭示资本主义产生、发展和灭亡的客观必然性。它是无产阶级国家用以指导社会主义革命和建设的重要理论依据。

林岗在《通过解决重大现实问题来发展马克思主义经济学》(载《学术月刊》，2011 年第 7 期)一文中也认为，马克思主义经济学是社会主义建设的思想源泉和理论指导，能够解释社会建设中存在的问题，并为问题的妥善解决提供理论支持、有力手段和有效途径。

(2) 成为苏联社会主义经济理论发展方向和基本路径的灯塔

秦正为在《斯大林的马克思主义观探析》(载《理论导刊》,2008 年第 5 期)一文中提到,斯大林的马克思主义观与斯大林的革命和建设实践紧密相连又相互区别,马克思主义观在其实践中形成,又对实践起着重要的指导作用。

沈宗武在《斯大林模式的现代省思》(昆明:云南人民出版社,2004 年,第 43—44、45—46 页)一书中指出,斯大林提出的建设社会主义的一系列方针政策,都是对马克思、恩格斯有关未来社会设想的一种实践形式。列宁逝世后,斯大林明确做出了苏联一国可以建成社会主义的论断。因此,为了建设并建成社会主义,斯大林等联共(布)领导人自然就会联想到马克思主义创始人关于未来社会的设想,开始构思快速提高生产力水平和实现生产资料所有制大变革的途径。快速推进工业化首先就是为了在工业实力上赶上并超过资本主义,使社会主义具有比资本主义更高的生产力水平;建立指令性计划经济体制就是为了有计划地组织社会生产,消除资本主义的竞争和无政府状态;推进全盘集体化就是为了消灭生产资料私有制,建立生产资料公有制;加强无产阶级专政就是为了消灭剥削阶级和国家,以为将来建成"自由人的联合体"创造条件。以上这些无疑是斯大林在苏联实践马克思、恩格斯关于未来社会设想的主要表现,也就是斯大林等联共(布)中央领导人理解和运用马克思主义的活的写照。

(3) 成为正确认识资本主义发展进程的强大思想武器

周肇光、梁德明在《论马克思主义经济学中的科学估计》(载《当代经济研究》,2001 年第 7 期)一文中提出,马克思主义经济学对资本主义生产方式的历史命运所做出的估计既是客观的也是科学的,因此,马克思主义经济学是正确认识资本主义发展进程的强大思想武器,也是人类知识结构的基础学科。

邱海平在《正确认识马克思的经济学理论与资本主义发展的关系——兼谈马克思的"丧钟论"与"扬弃论"的关系》(载《教学与研究》,2007 年第 7 期)一文中指出,马克思的经济学理论是关于资本主义发展的理论,一百多年来的资本主义发展,在一些最重要的方面证实了马克思对于资本主义的理论分析。同时,现代资本主义的变化并没有改变资本主义生产方式的内核,马克思在理论上所揭示的各种经济规律仍然会发生作用。

邱海平进一步指出,马克思在理论上论证了资本主义剩余价值规律和资本积累规律的作用,必然造成财富分配的两极分化,甚至可能引起社会革命。马克思的这个理论,不仅是对当时的英国资本主义经济现实的理论总结,而且也是对资本主义发展一般规律的理论概括。事实证明,马克思的这个理论是完全正确的。一百多年来,由于发达国家工人阶级有组织的斗争,以及世界社会主义国家的示范作用,当代发达国家无一例外地建立了社会福利制度(其实质是国民收入的再分配),从而在一定程度上缓解了收入分配的极化效应,极大地提高了无产阶级和广大公民的物质生活水平,从而避免了工人革命和社会危机的全面爆发。

董建才在《马克思主义经济学的科学价值与历史地位》(载《东岳论丛》,2007 年第 6 期)一文中提到,马克思主义经济学还客观辩证地指出了资本主义生产方式的历史进步性和历史局限性,揭示了资本主义必然走向衰亡、被新的社会形式所取代的历史趋势,从而打破了资产阶级经济学家关于资本主义永恒性的谎言。马克思主义经济学所揭示的资本主义生产方式发生、发展和必然灭亡的趋势,以历史事实为依据,建立在对资本主义经济运动规律的把握之上,已被此后一个半世纪的实践证明是科学的结论,虽然实际过程、表现形式比预想的更为漫长、曲折、多样,但历史发展的方向没有改变。

正如裴小革在《马克思主义政治经济学经济危机理论的历史作用》(载《学习与探索》,2016 年第 5 期)一文中所指出,马克思在《资本论》中创建发展的马克思主义政治经济学,实现了政治经济学史上的一次革命性变革,为研究经济危机问题提供了科学的理论依据和方法。在历史上,马克思主义政治经济学经济危机相关理论通过战胜地主、资产阶级和机会主义的各种思潮,通过世界社会主义运动,通过俄国十月社会主义革命的道路,通过全世界人民反法西斯战争的胜利,通过作为十月革命的继续和发展的中国革命的胜利,通过社会主义各国革命和建设事业的开展,而从西欧、欧美走向全世界,在全世界范围内对各国人民遏制经济危机斗争实践产生了巨大的科学指导作用。在现时代,各国马克思主义者把马克思主义普遍原理与各国革命具体实践相结合,必将谱写出马克思主义政治经济学经济危机相关理论科学指导世界各国遏制经济危机社会主义运动实践的崭新篇章。

二、1929—1933 年经济危机与世界局势的动荡

(一) 经济危机的爆发与扩散

1. 经济危机的爆发及其原因

刘绪贻、李存训在《美国通史(第 5 卷)》(北京: 人民出版社,2002 年,第 2—5 页)一书中指出,美国国内经济危机发生的原因有两个方面: 第一,国民生产的大幅度提高。在 20 世纪 20 年代,美国发生技术革命,无论工业还是农业日益使用半自动化、自动化的机器,工业管理水平也急剧提高。同时,美国还出现企业合并浪潮,不仅千百小公司被合并,许多大公司也纷纷联合成为规模更大的公司,这使得美国的生产社会化程度、劳动生产率、国民生产总值等急剧提高。第二,资本过剩,工农群众购买力严重不足。作为基本消费者的工农群众的收入过低,其中特别值得注意的是工业方面,由于新技术、新机器、新管理方法排挤了大批工人,工人就业总人数几乎没有增加,而且在业工人的平均工资 10 年来虽有升有降,但到 1929 年平均工资还低于 1920 年。加之,20 年代工商业资产阶级不仅由于技术革命和企业合并榨取更多剩余价值,而且通过修改税收法,大大降低了他们和高收入阶层的纳税负担。这种分配的极不平均,成为利润(也就是潜在资本)的部分越来越多,而作为工薪(也就是消费支出)的部分,却相应地减少,这大大加深了生产与消费之间的矛盾。在该矛盾的推动下,20 年代的商业资本家大规模地利用分期付款方式和骗人广告推销商品,这种大量预支购买力的趋势,促使 20 年代末美国资本主义基本矛盾更加尖锐。此外,由于资本积累和集中速度高,大量资本进入资本投机市场,加之当时社会风气特别鼓励人们发财致富,不仅大资本家进行疯狂投机活动,一般中等收入者和部分工人也争相购买股票,这种趋势,必然导致严重的金融危机。

美国学者斯塔夫里阿诺斯在《全球通史》(吴象婴等译,北京: 北京大学出版社,2012 年,第 696 页)一书中将经济危机原因概括为美国国内经济的不平衡,即工资落后于不断上升的生产率。此外,斯塔夫里阿诺斯还把关注点放在了国际贸易上,他指出,国际经济的不平衡与美国国内经济的不平衡一样严重。这种不平衡是在第一次世界大战后美国大规模的成为

债权国时发展起来的。美国在第一次世界大战后保持着贸易顺差，而且由于国内政治原因，保持高水平关税，这种顺差被逐步拉大。20世纪20年代，因不少国家支付战争债务，金钱源源不断地流入美国，使得美国的黄金储备量达到了世界黄金总供应量的一半。这种不平衡虽然一度被美国对外贷款、投资抵消，但是当必须偿还债务时，债务国不得不减少从美国进口商品，这加剧了美国国内生产过剩的状况。同时，有些国家拖欠债务，又加剧了美国金融的不稳定。

正如韩毅等在《对1929年世界经济大危机的反思》(载《史学理论研究》，2009年第1期)一文中总结的那样，关于美国30年代大危机出现的原因，国内外学者曾有过各种各样的解释：第一，资本主义制度根源说。马克思认为资本主义经济危机的实质是生产的相对过剩，这是由资本主义社会化大生产与生产资料资本主义私人占有制之间的矛盾所决定的。第二，有效需求不足说。英国著名经济学家凯恩斯是这种理论的主要代表人物。凯恩斯也承认经济危机就是生产的大量过剩，但他认为其根源并不在于资本主义制度，而是源于有效需求不足。第三，货币政策失误说。货币主义的代表人物米尔顿·弗里德曼认为，生产过剩的经济危机实际上是一种货币现象，资本主义经济之所以会发生周期性波动，主要是由于中央银行不规则地变动货币政策而造成的。第四，证券投机过热说。不少学者认为，20年代美国证券市场出现的投机狂热是导致30年代大危机的直接原因。

关于经济危机爆发的时间，刘绪贻、李存训在《美国通史(第5卷)》(北京：人民出版社，2002年，第7、10、11页)一书中指出，一般认为，1929—1933年经济危机是从1929年10月下旬股票市场崩溃开始的。这次崩溃是引起美国经济各个组成部分连锁性迅速解体的导火索。书中转引美国历史学家阿瑟·林克和威廉·卡顿所言："证券市场的崩溃，虽未立即彻底摧毁、但却严重动摇企业界的信心，削弱金融制度，减缓工业发展速度，而且紧缩美国海外购买与投资。这种减少国际市场美元开支的结果，实际上是挖国际经济的墙角，又在1931年造成欧洲严重金融危机。欧洲人对付这种危机的办法，只是采取一些最后摧毁了国际汇兑体系的政策。欧洲金融崩溃，又进一步造成美国银行的紧张，并加深工、商业萧条。"

张建华等在《世界现代史：1900—2000》(北京：北京师范大学出版社，2006年，第95页)一书中的观点与刘绪贻、李存训不谋而合。张建华等在书中指出，1929年10月24日，纽约股票交易市场抛售了300万股股票。人们称这一天为"黑色星期四"，纽约股票价格指数(1926年＝100)由1929年9月最高点的216，降到1932年6月低点的34。股票市场的崩溃、金融货币和信用危机引起大批银行倒闭。1931年，英国宣布放弃金本位，禁止黄金出口，英镑贬值近1/3。1931年11月，日本也放弃了金本位，56个国家先后宣布货币贬值，从此资本主义世界货币体系四分五裂，并使得经济危机不断扩散。

2. 经济危机的扩散

高德步等在《世界经济史》(北京：中国人民大学出版社，2001年，第324—328页)一书中阐述了经济危机扩散的三种国际传导机制，较好地解释了首先发生在美国的经济危机如何席卷了整个资本主义世界。

第一，利率传导机制。由于纽约股票市场价格的上升，国际资本涌向美国，其他国家不得不提高利率以保证本国黄金储备，最终美国也不得不提高贴现率来反对过度投机。然而，这种措施没有立即在证券市场上生效，紧俏的银根却使工商业更加脆弱，经济危机袭来，各国又纷纷降低再贴现率，可是利润没有因此提高，导致利率传导机制堵塞。

第二，价格传导机制。在价格传导的链条上，初级产品生产国是最薄弱的一环，而商品价格下跌带来的冲击首当其冲的又是这些国家，它们的出口收入和国家黄金储备受到了毁灭性的打击。不仅如此，在这些国家的生产领域，美国和欧洲的投资占重要比重，美、欧陷入困境后，它们获得新资金越发困难，外汇储备和黄金储备被迅速消耗。初级产品国家被迫相互竞争，低价卖出存货形成恶性竞争，这更加剧了国际市场上商品价格的下降。随着这些国家国际贸易收入的减少，在近代狭隘民族主义世界观支配下，对进出口进行控制的防御性的措施受到重视，这样，价格下跌得更厉害，各个国家从国际贸易中获利的都减少了，危机得以在全球扩散。

第三，汇率传导机制。危机爆发前金本位制运行平稳，各国汇率基本固定，但是当经济危机来临时，国内出现银行挤兑、国际市场的波动都加剧了各国保持汇率稳定的压力。各国纷纷利用他国货币兑换黄金以稳定本国汇率，于是部分国家率先放弃金本位防止本国黄金外流，却加速了仍维持金本位的国家的黄金迅速外流，最终也不得不放弃金本位制，而汇率的浮动也为通过货币贬值来获得出口商品价格优势打开了道路，进一步加剧了国际商战和世界市场的动荡。

（二）各国的经济危机对策与法西斯主义的崛起

1. 英国、美国、法国的经济危机对策

徐蓝在《世界近现代史（1500—2007）》（北京：高等教育出版社，2012 年，第 125—128 页）一书中指出，各资本主义国家应对经济危机采取了不同的选择。类似于英、美、法三国这样通过改革或有效措施稳定本国因危机而动荡的政局，这种应对危机的方式保护了资产阶级代议制，抑制了法西斯主义的发展。美国通过罗斯福新政，利用国家力量，局部调整了大资产阶级与劳动人民以及与中间阶级的关系；对资本实行一定程度的“管制”，一定程度上保障了劳动人民最低限度的生活水平，稳定了美国的局势。

徐蓝进一步指出，英国由于 20 年代工业资本更新的规模较小，故危机对英国工业生产的影响不如美、德、法那样严重。此外，英国也积极化解外贸萎缩对本国的冲击。由于贸易入超逐年增加，国际收支恶化，致使英镑地位的稳定性受到猛烈冲击。为防止黄金外流，1931 年，英国正式放弃了英镑金本位制度，将英帝国殖民地和与英国经济关系密切的国家组成英镑集团，彻底抛弃了实行多年的自由贸易政策，转而采取保护关税政策，把这种政策推广到整个英帝国，以特惠制保护英国市场。危机期间，英国政局稳定，保持了资产阶级代议制度。而法国在危机中工业减产，企业大量倒闭，失业严重，财政混乱，这导致了法国政局动荡，法西斯组织纷纷出现。为此，法国左翼三大政党——社会党、激进党和共产党实行了联合，组成人民阵线，并在 1936 年获得胜利，组成第一届人民阵线政府，进行社会改革，承认工人与资本家集体谈判权，军火工厂国有化，改组法兰西银行等，受到了广大群众的欢迎，最终保住了法国的资产阶级代议制。

2. 德国、日本的经济危机对策与法西斯主义的崛起

徐蓝在《世界近现代史（1500—2007）》（北京：高等教育出版社，2012 年，第 125—128 页）一书中特别强调，德国和日本处理危机的方式与英、美等国完全不同，它们在政治上丧失

了资产阶级代议制，在经济上，走国民经济军事化道路，寻求摆脱危机。在德国，经济危机到来后，纳粹党利用广大中下人民饱受失业和破产之苦，对现政权极端不满，有强烈改变现状的需求；同时积极寻求大资本家的支持，上台建立法西斯专政，并通过修筑高速公路、兴建飞机场、建造兵营等大规模公共工程，既解决了几百万人的就业问题，也为战争做好了准备工作。日本则采取加强国家政权与垄断资本的结合，逐步建立优先发展的战争经济体制，其重要表现是加强推行国民经济军事化，发展与军事和对外扩张有关的工业，从而使财阀与军阀进一步结合，形成"军财抱合"。政治上，日本军阀扼杀了政党内阁与政党政治，确立了法西斯专政。与英、法、美不同的处理危机方式，也最终决定了随后德、日的历史走向。

经济危机带来的动荡给法西斯主义的诞生提供了土壤，正如陈祥超在《意大利与20世纪的法西斯主义》(载《世界历史》，2001年第1期)一文中所说的，法西斯主义是20世纪初意大利陷入严重经济危机、在出现社会大动荡的情况下、统治阶级权势集团为了维护资产阶级统治笼络群众而采取的一种统治形式。陈祥超进一步指出，法西斯主义的内涵总的来说包括三个组成部分：煽起极端民族主义和国家主义的社会思潮与政治运动，奉行领袖主宰一切的个人专制独裁的政治制度，实行严密控制和血腥镇压的统治手段。

徐蓝在《第二次世界大战史研究的新进展》(载《历史研究》，2015年第4期)一文中指出，日本既是军国主义国家，也是法西斯国家。纵观日本国家的法西斯化过程，其主要特点是通过近代天皇制，自上而下地逐步实现国家的法西斯化。在日本，虽也有一定规模且流派众多的法西斯运动，但军部是法西斯化的核心力量。在很大程度上，日本军部起到德、意法西斯政党的作用；在军部自身法西斯化之后，作为法西斯主义的政治军事集团，军部与宫廷、官僚、财阀等权势集团相结合，依靠发动战争等外部事件的刺激，取得对国家政权的支配地位，逐步推进近代天皇制向法西斯体制演变。即是说，日本经历了先外后内(即先发动对外侵略战争)、上下结合(即利用下层激进法西斯运动暴力事件的压力，并借助天皇制意识形态)、自上而下实现法西斯化。它不是完全否定天皇制体制，而是以渐进方式，逐步将从属于君主立宪范畴的近代天皇制转向天皇制法西斯体制，保留了较多的传统形式和特征，但其国家政权在实质上已经法西斯化。

3. 苏联的经济危机对策

吴恩远在《苏联社会主义体制与20世纪30年代的世界经济危机》(载《世界历史》，2009年第3期)一文中指出，苏联首先确定了应对经济危机的战略决策：第一，充分利用世界经济危机这一时机发展国家经济；第二，引进资本主义的技术和科技人才；第三，保持经济独立。具体表现为：在外贸、金融等领域，针对资本主义国家试图转嫁危机的举措，苏联政府强调在对外贸易中要加强国家对外经济联系中的国家垄断原则，实行外汇垄断，取缔所有外汇和有价证券交易，并严打走私。其次，扩大出口粮食、木材、石油、矿石等产品，扩大工业化急需的设备和技术的进口。在此过程中，苏联积极吸收外国专家担任企业建设和组织工作的顾问，并派遣技术人员出国学习。

(三) 经济危机带来的动荡与转型

1. 愈演愈烈的国际商战

高德步等在《世界经济史》(北京：中国人民大学出版社，2001年，第344页)一书中指出，当大危机袭来的时候，各国为了自己的生存和民族利益，竞相采取关税战、倾销战、货币战等手段，争夺有限的世界市场，最终导致多边支付体系的崩溃和集团对抗、国际协调失败，愈演愈烈的商战成为了世界大战的序曲。国际商战的主要手段有以下四种：第一，关税战和倾销。英国在放弃自由贸易的同时，规定英联邦自治领地和殖民地商品仍可享受自由进出口或低关税优惠，组成帝国特惠制，事实上树立了英国广大范围的关税壁垒，等同于向其他国家宣布了以关税为武器，随后欧洲各国的关税壁垒逐年升高。第二，进出口配额制。法国率先实施大规模地使用进出口配额制，其他国家群起仿效。因为在大危机中，外国严重的和不可预期的通货贬值压力所导致的商品倾销，仅用关税已不足以保护本国产业，只有进出口配额才能保证严格限制进口并减少对国内生产的损害。数量限制比关税对国际贸易损害更大，它使价格机制失灵。第三，倾销。倾销是国际商战中重要的进攻性武器，例如日本轻纺工业依靠工人工资低、劳动时间长等条件造成的低成本优势，加上政府补贴、汇兑贬值、货运费用不合理的降低等条件，向外倾销。第四，货币战。货币战是在各国相继放弃金本位的形势下展开的。各国政府竞相实行货币贬值或降低汇率政策，以相对抬高别国商品价格，从而削弱对手的竞争能力。

高德步等进一步指出，各国的关税战、倾销战、货币战在外汇管制和双边协定的刺激下，很快演化成了集团对抗的方式。英联邦集团、美元集团、金集团等逐步形成，世界经济逐步丧失了使它们结合成一体的内聚力。面对国际商战，国际社会也曾进行过协调，比如1933年的世界经济会议，但终因分歧太大无疾而终。最终商战继续逐步升级，国际关系因而既复杂混乱，又波动频繁，到最后所有手段都用尽，仍不能解决矛盾，不得不诉诸战争，第二次世界大战的爆发也就不可避免了。

此外，韩毅等在《对1929年世界经济大危机的反思》（载《史学理论研究》，2009年第1期）一文中也提到，这次经济危机使国际市场的竞争更加激烈，资本主义各国之间对国际市场的争夺也愈演愈烈，以此为基础而产生的经济、政治和军事矛盾也在不断地激化，其结果最终导致了第二次世界大战的爆发。

2. 走向转型的国际经济秩序

经济危机将旧的经济秩序冲击得分崩离析的同时，也给建立新的秩序一个绝佳的时机。杨泽伟在《试论30年代经济危机对世界整体发展进程的影响》（载《世界历史》，1997年第1期）一文中指出，30年代经济危机标志着从恢复第一次世界大战前的世界经济旧秩序到筹建世界经济新秩序的转变。面对资本主义世界经济秩序被打破的20年代，各资本主义国家充满了恢复第一次世界大战前金融制度的幻想，各国政府都没有认识到世界进入以整体发展为根本特征的新阶段的巨大意义，回到第一次世界大战前的状态基本上意味着消除政府控制、重建自由放任主义的传统做法，恢复在第一次世界大战前已经在世界大部分地区建立起来的金本位制。但20年代，由于以英国为主导的资本主义世界经济体系已发生重大的变化，英国力量遭到了严重削弱，已不能再承担以前的责任了。到20年代中期，个别比较明智的经济学家就已意识到，欧洲再也不会恢复“正常”了。但他们当时还不知道该怎么办才好，只是等到30年代的经济危机彻底摧毁了资本主义货币体系，把20年代的恢复旧的经济秩序的种种幻想扫除干净之后，人们才重新进行有条不紊的思考，筹划建立新的经济秩序。后来的事实证明，这种方向是正确的，正所谓“不破不立”，从这一点来看，经济危机反而给资本主义经济带来了进步。

杨泽伟还指出,30年代经济危机标志着各国从单纯追求本国利益、采取以邻为壑的短视行为到国际政治经济合作的转变。自从相互依存、相互联系的世界整体形成以后,一个国家借助关税、货币贬值或外汇管制来改善自己的商品的地位时,它的贸易伙伴由此受到的损失有可能超过它自己的得益。以邻为壑的战术会引起报复,以致每个国家追逐其自身利益的行为反而以害己告终,然而在20年代各资本主义国家对此缺乏深刻的认识。因此,在当时国际经济关系中存在着严重的保护主义,各国高筑关税壁垒,采取以邻为壑的短视行为,这引起资本主义国家经济战,加深了世界经济危机。正是30年代经济危机开阔了各国领导人的视野,在第二次世界大战结束后,为了不再重犯两次大战期间的错误,各国选择了合作以代替分裂和对抗,在这种思想的主导下,国际货币基金组织和关税及贸易总协定成立与缔结。国际货币基金组织成立的主要目的是防止再次使用货币贬值作为残酷竞争的手段。关税及贸易总协定缔结的主要目的是"约束"协议各方的全部关税,并用多边协商办法减低现行税率。这种新的国际经济合作制度在防止重新出现第二次世界大战前竞争性贬值保护的恶性循环方面,执行得较为成功。

三、第二次世界大战与世界格局的巨变

(一) 战前的外交博弈

1. 英国、法国、德国的外交博弈

在走向第二次世界大战的历史进程中,英、法、美、苏等国对战争爆发所起的作用不容忽视,甚至可以说当德、意、日等法西斯国家在侵略计划上踌躇不前时,英、法、美、苏的行动往往"恰到好处"地将法西斯国家向战争方向"推着走"。这也是近年来第二次世界大战史研究的一个热点,其中争议最大的是绥靖主义。英国学者李德·哈特在《第二次世界大战战史》(钮先钟译,上海:上海人民出版社,2009年,第5页)一书中指出,希特勒和他的军事将领们在追求目标时是十分谨慎的,对于任何可能挑起全面冲突的步骤都感到非常焦虑。战后大量解密的德国档案显示出,德国人对于他们自己有无能力进行一次全面战争是深感怀疑的,在这种怀疑面前,英、法的绥靖主义恰恰给了他们前进的自信。绥靖主义使得德国在这场外交博弈中的获利超过了预期,鼓励了法西斯分子做更大的冒险和赌博。

关于绥靖主义形成的原因,徐蓝在《第二次世界大战史研究的新进展》(载《历史研究》,2015年第4期)一文中指出,学术界已经从最初的"祸水东引"、"避战求和"转向更深层次的探讨。实际上,绥靖政策形成原因十分复杂。仅从绥靖政策制定者英国来看,第一次世界大战后,英国国内弊病丛生、失业和罢工此起彼伏,使当政者极为担忧,因此他们极力要在意识形态和地缘政治上阻止"布尔什维克主义蔓延";第一次世界大战的极端残酷性所引起的战后英国和平主义和反战运动的盛行及其向绥靖化发展,是该政策能够出台并得以实施的民众与社会基础;30年代世界经济大萧条和各国以邻为壑的经济政策所造成的英国经济虚弱,以及当权者无视国际形势的日益恶化而一味削减国防开支,是绥靖政策形成的经济背景;力图在保住既得利益的前提下修正《凡尔赛条约》,以平复德国的不满,同时

通过英、德协调，形成英、德、法、意四大国主宰欧洲的局面并恢复欧洲均势，是英国当政者企图恢复19世纪那样的“欧洲协调”，以维持欧洲稳定与和平的真实反映；英国这一庞大帝国面临的全球战略困境，更是不可忽视的重要国际因素。法国的情况与英国十分类似，所以绥靖政策对于英、法而言亦是不得已而为之，这又是绥靖政策出现的历史必然性的表现了。

2. 苏联、德国的外交博弈

绥靖主义带来的恶果还表现在促使苏联在外交博弈中最终选择力避与德国爆发冲突，签订《苏德互不侵犯条约》。王哲在《试论三十年代苏联的“集体安全”政策——兼评〈苏德互不侵犯条约〉的签订》(载《史学集刊》，1995年第2期)一文中指出，1933年希特勒在德国建立法西斯政权，战争的危险进一步加深之时，苏联一改先前致力于签订双边互不侵犯和中立条约的主张，在对外关系中提出了新的主张，即集体安全政策，强调“集体安全不可分割”，指出任何一次军事冲突，即使范围是有限的，都会使很多国家卷进去，并有发展成世界大战的危险，主张建立集体安全体系。1933年，苏联进一步明确了集体安全主张，认为建立集体安全体系是防止战争、保障和平的有效手段，苏联有可能加入国际联盟，并同欧洲国际缔结区域性的共同防御侵略的协定。为此，苏联做出了诸多外交努力，其中最重要的环节就是与英国的谈判，但是英国方面在张伯伦的主导下，尽管把谈判之手伸向了苏联，但并非诚心诚意地要同苏联结盟，而是企图通过对苏联的谈判，一方面以“两线作战”的影子来吓唬德国人，迫使希特勒放弃战争，重新回到慕尼黑英德协商的轨道上来，在和德国的相互勾结中保住自己的霸权；另一方面，密谋一旦战争开始，应竭力使苏联卷入战争。正因为如此，张伯伦在英、法谈判中心猿意马，拖延观望，而且暗中和德国恢复外交接触和谈判。英国的这种态度令苏联的集体安全设想受到了巨大的挫折。而与此同时，苏联在和德国的接触中，获得了巨大的进展。尽管苏联在这个过程中是犹豫不决的，但是德国还是更加积极主动地抓紧了苏联，希特勒甚至亲自致电斯大林，申明德国与苏联缔约的诚意。而英国在外交上的种种表现，让苏联感到极端危险的情况是英、法和德、日结成反苏同盟的现实可能性，最终苏联放弃了30年代一贯的、积极的、进步的“集体安全政策”，选择与德国缔约。《苏德互不侵犯条约》为德国提供了暂时稳定的东线，为在西线的行动解决了后顾之忧。在这场外交博弈中，天平再次向着有利于法西斯国家的方向倾斜。

3. 太平洋战争前美国与日本的外交博弈

袁明在《国际关系史》(北京：北京大学出版社，2005年，第184页)一书中指出，1940年，日本的南进战略及其实施显然损害了美国的重大利益。为此，罗斯福政府的对日政策逐渐出现了变化。一方面，它逐步增加了对日本的经济压力。1940年1月，《日美通商航海条约》刚刚到期，美国政府便立即宣布不再续订，日本需凭许可证购买美国的武器、军需品、军事器材、石油和废钢铁。但是，美国政府并未完全放弃通过某种让步同日本达成妥协的企图，为此它不惜损害亚太地区的他国人民的利益。例如，就在罗斯福根据《加强国防法》决定日本需凭许可证购买美国的石油和废钢铁以后，1940年8月，美国输入日本的生铁、废钢铁达30万吨，等于上半年的总和。1940年，美国输入日本的汽油高达391万桶，比前一年超出214万桶。而1941年，美国又开始了和日本的秘密谈判，尽管美国国务卿赫尔在会谈时向日本大使野村吉三郎提出了保证领土完整和尊重主权、不干涉内政、机会均等和维持太平洋的现状等四项原则，但日本并不接受。到7月，日军又开进了印度支那南部，美国的态度才真正变得强硬起来，7月26日，罗斯福才下令冻结日本在美国的资产，8月1日，美国宣布完全停止对日本的石油供应。

尽管美国开始从经济上制裁日本，但是美、日谈判却一直没有终止，反而有升温的趋势。刘绪贻、李存训在《美国通史(第5卷)》(北京：人民出版社，2002年，第344—345页)一书中提到，由于1940年8月，多数日本海军将领不愿意冒险与美国作战，近卫内阁设法寻找一种办法：既可由日本占领印度支那南部，又可与美国维持和平。8月7日，近卫文麿建议与罗斯福总统亲自会晤，讨论解决紧张形势的办法，同时制定一份向南扩张的计划。美国虽然通过破译日本密电了解到这一计划，知道日本谈判建议不诚恳，但罗斯福总统为了推迟太平洋战争爆发的时间，还是于17日接见了日本外相野村。野村提到，中国问题得到解决，日本就从印度支那撤军，除非受到攻击，日本将不向南扩张或与苏作战。罗斯福对此十分高兴，准备立即同意与近卫文麿会晤。可是10月，由于近卫文麿希望继续与美国谈判，并要求陆军大臣东条英机满足美国提出的从中国撤军的要求，遭到东条英机坚决反对，近卫文麿辞职。天皇任命东条英机组阁后，东条英机同意继续与美国和谈，但是也取得天皇同意，若11月份仍无结果，就发动军事进攻。结果，美国也受到了来自英国与中国的巨大压力。最终，在这样的背景下，双方都无法退让，日本面临要么放弃几年来远东作战获得的一切利益，要么在经济上被慢慢扼杀。日本当然不会接受现实，12月1日，日本御前会议决定作战。

(二)第二次世界大战中的国际关系

1. 战争中的英、美博弈

在第二次世界大战中，英、美之间的外交博弈也从未停止。李昌新、黄世相在《论第二次世界大战期间的英美矛盾及其妥协》(载《世界历史》，2004年第6期)一文中指出，在政治利益方面，英、美首先围绕盟军指挥权问题激烈交锋。英、美首脑在阿卡迪亚会议上决定成立参谋长联席会议以协调盟军指挥，到1942年底，英国凭借英军是欧洲盟军主力，一直将战略主动权掌握在自己手中，并致力于将美国战车拉往有利于自己的地中海方向，可1943年以后，美军成了盟军主力，就牢牢控制了指挥权。具体而言，在远东地区，除了印度、缅甸和印度洋由英国负责外，美国负责整个太平洋的作战，从而排除了英国的介入。在中东，美国从1941年就派驻军事使团，直接插手防务，甚至提出由美国军人出任中东盟军总司令的要求，遭到英国反对后，竟形成了各自任命自己军队总司令的情况。美国还打着民族自决的旗号削弱英国。战争期间，美国大力宣扬反对殖民主义，批评英国，鼓励英国的殖民地独立，以肢解英国，甚至罗斯福亲自出马迫使英国在《大西洋宣言》中明确表示，尊重各民族自由选择赖以生存的政府形式的权利，丘吉尔事后将该条款解释为仅适用于从轴心国桎梏下解放的欧洲国家，但美国政府却决意将英国殖民地包括在内。

2. 战争中的美、法博弈

周乾在《二战期间美国对自由法国政策的演变》(载《安徽大学学报(哲学社会科学版)》，2000年第6期)一文中指出，美国与自由法国运动在摧毁纳粹暴政、重建欧洲和平问题上并无矛盾，然而自1941年12月至1944年夏，美国与自由法国运动的关系多次陷入危机，几乎处于破裂边缘。在1940年自由法国运动兴起之初，尽管美国人民与舆论同情和支持自由法国运动，然而美国政府却坚持以冷淡和轻蔑的态度对待戴高乐及其追随者。罗斯福继续承认和援助设在维希的法国贝当政府，戴高乐对美国政府的态度十分恼怒。直到1941年，美国国会通过租借法案，戴高乐致函美国驻开罗大使，同意美国充分使用自由法国在非洲的海军基地，美国正好有此需求，罗斯福才决定将“租借法案的利益扩大到自由法国”，美国才与自由法国建立正常联系。1941年12月，自由法国计划夺取维希法国控制的圣皮埃尔和密克隆岛，而美国却反对该计划，最终自由法国坚持行动，攻下两岛。1942年，英、美军队在法属北非登陆，在整个过程中，美国都极力阻止自由法国的势力介入，转而全力支持吉罗对北非的统治。周乾认为，美国在对法政策中表现出了强权政治和霸权主义。在第二次世界大战中，美国对外政策具有特定的战时目标和战后目标。战时目标就是以美国最小的代价，最为迅速地击败法西斯国家；战后目标则是建立以美国为中心的新的世界政治、经济秩序，全面扩张美国的全球利益。美国在第二次世界大战中，在制定和推行对外政策时，始终兼顾这两大目标，这就是第二次世界大战期间的美国对外政策具有反法西斯的民主性质和霸权主义的强权性质两重性的主要原因。

3. 战争中的英、美与苏联博弈

英、美与苏联的外交博弈则为冷战的爆发埋下了伏笔。胡舶在《苏美英三国在援助华沙起义问题上的分歧、斗争及其影响》(载《世界历史》，2014年第3期)一文中提到，1944年波兰华沙起义发生后，英、美与苏联的关系趋向紧张，特别是围绕使用乌克兰机场实施穿梭飞行援助华沙的问题，大国同盟间的关系几乎走到破裂的边缘。传统上，东欧为英国的势力范围。1944年下半年，随着苏军向前推进，东欧民族解放运动高涨，这使英国担心丧失对东欧的影响力，基于这种原因，英国对“波兰问题”特别关注。由于地缘政治的因素，美国对东欧事务向来不感兴趣，但是在美国境内有600多万波兰裔居民，从而使“波兰问题”从20世纪20年代起就成为美国政府必须关注的问题。而华沙起义的策划者和组织者之所以选择在此时起义，主要是想抢在“苏联人进城之前”解放华沙，抢先夺取首都，抢占政治制高点，以“主人”身份迎接苏军。因而苏联在起义爆发后，直到8月12日才公开表态，谴责华沙起义是波兰临时政府领导和指挥国家军进行的一场赌博和冒险，苏联不对起义负责，不对起义进行援助。1944年8月15日，英、美、苏围绕使用苏联机场援助华沙起义的问题展开了直接对抗。英、美派飞机向华沙空投武器后希望能降落在苏联机场，但苏联一直予以拒绝，英、美遂向苏联施压，但这并没有改变苏联对波兰的既定政策，反而引起了苏联的不满和反击。苏联在继续进行外交斗争的同时，还以实际行动抗衡英、美，盟国间关系日趋紧张。直至9月9日华沙起义已经明显失败时，苏联才转变态度，同意了英、美的请求。胡舶指出，第二次世界大战中，尽管反法西斯的共同利益高于一切，但起义触及了英、美、苏各自的利益。起义带有反法西斯性质，同时有亲西方的倾向，得到了英、美民意的广泛同情和支持，但起义具有反苏意图，这使英、美和苏联走向了紧张。尽管最后还是形成了三大盟国共同援助华沙起义的局面，使得盟国间的关系没有走向破裂，但是盟国间的关系多少还是出现了某些不可忽视的裂痕。这些裂痕为盟国间的继续合作蒙上了阴影，为盟国间未来关系的发展留下了隐患，为战后初期盟国间关系走向完全对抗埋下了伏笔，一定程度上加速了冷战的到来。

4. 反法西斯同盟的建立

张建华等在《世界现代史：1900—2000》(北京：北京师范大学出版社，2006 年，第 192—193 页)一书中指出，早在 20 世纪 30 年代，德、意、日三个法西斯国家陆续发动侵略战争之时，共产国际、苏联政府及其他有远见的政治家，都曾为集体安全做过重大努力，但主要由于英、法方面的阻碍，和平力量没能够联合起来。法国投降后，苏、美两国自身的危机感急剧上升。美国通过《租借法》等步骤，已在事实上与英国结成抗德联盟。但战争尚未打到美国头上，它还不急于直接参战，苏联则继续遵守《苏德互不侵犯条约》，只求推迟苏、德两国之间的战争和加强本国防御。1941 年 6 月，苏德战争爆发，德国把战争扩大到苏联，英、美两国也立即意识到援助苏联抵抗德国对于本国安全的现实意义。英、美等国纷纷开始给予苏联援助，于是开始逐渐形成反法西斯同盟。太平洋战争爆发后，反法西斯阵线迅速扩大。1942 年 1 月 1 日，苏、中、美、英等 26 个国家在华盛顿签署了《联合国家宣言》。至此，世界反法西斯同盟正式建立起来。反法西斯同盟是伴随着法西斯国家侵略范围的扩大而建立起来的。

胡德坤、关培凤在《中国在世界反法西斯联盟建立中的地位和作用》(载《世界历史》，2007 年第 3 期)一文中指出，中国在世界反法西斯同盟的建立过程中发挥了率先倡导与积极推动的作用。全面抗战爆发以后，1938 年 3 月 29 日至 4 月 1 日，国民党临时全国代表大会上通过了《抗战建国纲领》，吸纳了中国共产党和各界人士提出的联合世界各国共同抗日的主张。至此，中国正式确立了联络盟国、结盟抗日的外交方针，并在这一方针指导下展开了积极的外交活动。比如，继续争取国际联盟和九国公约组织的支持，争取英、美两国援华制日，争取苏联物资援助和敦促苏联对日作战。由于当时英、美、法等国正在忙于应付欧洲法西斯国家的扩张，对日本侵华采取绥靖政策，中国也进行了坚决抵制。日本占领海南岛后，南进的企图已昭然若揭，英、美、法在亚洲和太平洋的属地遭受严重威胁。中国政府利用这一时机，先后向英、美、法和苏联提出了合作方案。为推动合作计划的开展，中国外交部还训令驻英、法、美等国大使积极推动各驻在国赞成该合作方案。1940 年 9 月三国同盟订立后，中国政府又不失时机地开展了外交攻势，试图以中、美、英三国结盟来对抗日本。1940 年 10 月、11 月，蒋介石分别亲自接见了英国大使和美国大使，面交中、英、美三国进行经济、军事合作的方案。尽管这些努力都没有取得进展，但在世界反法西斯联盟成立之前，社会主义的苏联和英、法、美等资本主义国家，无疑都通过各自与中国的关系加深了认识，加强了联系，对后来世界反法西斯联盟能够容纳不同社会制度的国家而最终建立，起到了积极的推动作用。太平洋战争的爆发为中国政府一直倡导的结盟主张提供了实现的契机。战争爆发的当天上午，蒋介石召集中国国民党中央常务委员举行特别会议，决定对日正式宣战。在宣战以前，将中国对于此次战争所采取的政策事先通告美、英、苏各友邦，并征询其态度与主张。中国与其他国家间的密切联系与协商，加快了反法西斯联盟建立的步伐。

胡德坤、关培凤指出，中国不仅是世界上最早起来反抗法西斯侵略的国家，也不仅以持久抗战有力地支援了其他反法西斯战场，而且在倡导与推动世界反法西斯联盟的建立方面也做出了重大贡献，这是世界反法西斯联盟之所以能在太平洋战争爆发后不到一个月的时间里迅速建立起来的重要原因，也是 1942 年 1 月 1 日反法西斯国家发表《联合国家宣言》

时，中国成为与美、英、苏比肩的四大国的重要原因。

（三）对第二次世界大战的反思

1. 由敌对走向避免冲突的思考

黄正柏在《阿登纳的欧洲联合政策及早期实施——兼谈德国对二战的反思》（载《世界历史》，1997 年第 1 期）一文中指出，就德国而言，自 19 世纪以来，特别是两次世界大战的历史，给欧洲人这样的印象，即德国的复兴就是欧洲的战争和灾难，因此战后各国对德国的复兴无不心怀疑惧。最为突出和具有代表性的是法国对于美国扶持联邦德国的政策的多方阻挠，并顽强地推行其压制、分割和削弱联邦德国的政策。直到东西方冷战成了压倒一切的问题，法国才修改政策，但仍对联邦德国的复兴疑虑重重，设法加以制约。在这种情况下，联邦德国要谋求复兴，就必须坚决地摒弃德意志民族主义的旗帜，而纳入欧洲联合的框架。联邦德国在欧洲联合和一体化的框架中寻求恢复和发展，既可防止危害极大的德意志旧式民族主义，也可消除人们对德国重新为害的恐惧，建立起对德的信任，创造出有利于德国恢复和发展的外部环境，达到实际的德国民族利益和目标。正是基于对于第二次世界大战的反思，联邦德国在战后才成为了欧洲联合主要推动者和积极参加者。

黄正柏进一步指出，就整个欧洲而言，经 20 世纪上半期的两次以欧洲为主战场的世界大战，特别是第二次世界大战的历史说明，几个世纪以来形成和发展的欧洲民族国家至上的思想，走向了极端，造成了欧洲自身的多次自相残杀和地位的衰落。对于普通民众而言，经历了第二次世界大战，许多欧洲人心中对主权的民族国家的迷信偶像受到了严重冲击，传统的民族主义力量遭到了削弱。这种大战引起的欧洲人心理状态的变化，成为战后欧洲联合运动蓬勃兴起的重要的深层原因。建立一个联合的欧洲，也是欧洲人对第二次世界大战进行深刻反思之后得出的结论。

胡德坤、韩永利在《第二次世界大战与战后世界和平》（载《武汉大学学报（哲学社会科学版）》，2004 年第 4 期）一文中指出，人类在第二次世界大战中付出的空前代价，使对外扩张战争与国家利益追求的传统联系受到挑战。在战争条件下迅猛发展起来的军事科技和原子弹的问世，更使人们认识到，未来的世界大战中将没有真正获得利益的胜者，尽量避免武力冲突发展成为世界大战是人类战争观念史上的革命性转变。第二次世界大战中反法西斯盟国首脑的战争理念、战后总体思考和规划，战后半个世纪在国际关系中负有重大安全责任的国家和国家集团的战略选择、实际政策运行及其调整都说明了这一点。这种观念的转变为人类内部由对抗走向联合提供了思想基础。

2. 对资本主义运行机制的思考

徐蓝在《世界历史发展进程中的第二次世界大战》（载《世界历史》，2010 年第 5 期）一文中指出，在资本主义国家中，不仅社会主义的思想广泛传播，社会主义的因素也在增长，其中的一个重要表现就是对资本主义社会进行改革。实际上，早在第二次世界大战之前，苏联就成为资本主义世界的一面镜子，“它为整个资本主义世界都要经受的改造提供了样板”。这一点，在 30 年代经济大危机爆发后表现得十分明显。大萧条肆虐于资本主义国家之时，正是苏联的第一个五年计划取得成功之日。一时之间，“计划”一词不仅成为西方世界最时髦的名词，并且被不自觉地模仿与学习，于是西方各国都出现了对经济实行国家调控与计划管理的因素,并纷纷开始实行新的公民社会保障制度。第二次世界大战之后,随着科技进步和高科技的发展,资本主义国家继续进行以市场经济为基础、以强化国家干预为核心、以建立较为完整的社会保障体系为特点的调整和改革,如联邦德国的社会市场经济,日本的"计划式"改革,英国和法国的国有化政策,美国的新政式改革,北欧国家的社会民主党政府的以"福利国家"为特征的社会改革,澳大利亚和新西兰进行的教育、卫生、社会保障和劳资关系方面的改革,等等。尽管这些改革仍然是在资本主义的框架下进行的,并没有改变资本主义的本质,但是通过国家对经济生活的调控和进一步完善社会福利制度,改善了这些国家的民生,促进了社会民主的发展,比较有效地缓解了阶级矛盾和社会矛盾。

四、战后初期的世界局势

(一) 大国的新博弈

美国学者斯塔夫里阿诺斯在《全球通史》(吴象婴等译,北京:北京大学出版社,2012 年,第 724 页)一书中指出,第二次世界大战彻底削弱了欧洲的全球霸权,德国纳粹和日本军国主义对欧洲和亚洲旧秩序的破坏很大。在战争中,德国人几乎侵占了整个欧洲大陆,日本人则几乎侵占了整个东亚和东南亚。但是随着 1945 年日本和德国的迅速崩溃,欧洲和亚洲两个具有极为重要的经济和战略价值的地区陷入权力真空,连同意识形态方面的原因,导致了冷战的爆发,即对这些真空地带的争夺,苏、美两国开始了新的博弈。

1. 苏联的立场

袁明在《国际关系史》(北京:北京大学出版社,2005 年,第 132 页)一书中指出,在雅尔塔会议中,斯大林在规划战后远东的秩序时不仅想收回俄国在 1904—1905 年日俄战争中失去的领土,并且想扩大苏联在中国东北的势力和影响。德黑兰会议上,斯大林初步谈到了他的这些要求。1944 年 12 月 14 日,斯大林在接见美国驻苏联大使哈里曼时进一步指出,苏联希望租旅顺港和大连港,租借中东铁路和连接大连的南端铁路,外蒙古的现状(保持外蒙古作为一个独立的实体的地位)得到承认,收回库页岛南部及千岛群岛。

正如张盛发在《雅尔塔体制的形成与苏联势力范围的确立》(载《历史研究》,2000 年第 1 期)一文中指出的那样,雅尔塔体制既然给予苏联划定的势力范围,同时也就对苏联构成了某种约束,这种约束就是不能觊觎和染指势力范围以外的地区。而从环俄罗斯安全带的牢固程度而言,它的薄弱之处就是在苏联的西南部边界(靠近近东)。西南部边界以外的海峡、地中海和波斯湾正是苏联外出大西洋和印度洋的必经之地,在那里建立军事基地和谋求领土扩张,是苏联还在与希特勒德国合作时期就梦寐以求的目标。恰恰在这一点上,雅尔塔体制没有满足苏联的需求,所以在海峡、地中海和波斯湾地区开辟苏联势力范围就成了苏联在战争末期和战后初期努力的方向。后来,苏联同美国等西方国家发生的土耳其海峡危机和伊朗危机,正是苏联试图在西南部边境建立势力范围的结果,而这两场近东危机恰恰是冷战酝酿期间的重要事件。

2. 美国的立场

张盛发在《雅尔塔体制的形成与苏联势力范围的确立》(载《历史研究》,2000 年第 1 期)一文中指出,主要反映大国意志和愿望的雅尔塔体制,实际上是两类不同国家既想在人类发展进程中确立自己的社会制度和价值观念的主观意志和又要维护战后合作的共同愿望的矛盾反映,是妥协和折中的产物。它确立了苏联和西方(主要是美国)在战后欧洲和世界的优势地位和作用,为战后美苏两极格局的形成奠定了基础。罗斯福的"四警"制①虽然不断地强调集体安全,但他清醒地认识到势力范围和大国政治仍不可避免,美国在战后肯定会和其他国家发生冲突。罗斯福认为,美国与苏联发生严重的政策冲突时,中国将毫无疑问地站在美国一边。在对英关系上,中、美两国有共同的利益基础,就是瓦解大英帝国的殖民体系。因此,与中国合作,美国就可保证在与英、苏的对抗中占上风。中国是美国玩弄大国政治的重要砝码。

在这场博弈中,美国凭借其强大的经济实力,在与苏联进行外交和政治争夺的同时,还将自己的国家利益体现在了战后经济秩序的安排中。在 1944 年布雷顿森林体系建立之后,美国很快提出多边自由贸易的主张。舒建中在《关贸总协定的建立与美国对外政策》(载《世界历史》,1999 年第 2 期)一文中指出,美国既有其迫切的现实需要,也有其雄厚的实力基础,将重塑中的国际经济秩序打上明显的美国利益烙印。第一,美国为维持战时扩张了的生产和就业水平,保持战后的持续繁荣,需要广阔的国外市场和贸易扩张。第二,第二次世界大战期间,美国经济实力大为增强,成为世界上唯一具有经济优势和经济扩张能力的国家,突出地表现在美国成为世界上最大的债权国,国际收支大量顺差和拥有巨额黄金外汇储备,充分具备了推行自由贸易的实力。而其他国家的贸易保护措施,特别是英联邦集团的帝国特惠制,无疑是自由贸易的巨大障碍。为确保美国经济利益的实现,多边自由贸易计划应运而生,且在战争期间就开始了初步尝试。多边自由贸易的主张经过伦敦会议、纽约会议、日内瓦会议等的商讨,最后形成了关贸总协定。

(二) 国际秩序的重塑

1. 政治秩序的重塑

第一次世界大战后建立起来的国际秩序未能有效地调解国际冲突,且该秩序本身也被第二次世界大战冲击得支离破碎,所以在第二次世界大战末期和战后初期,鉴于旧的国际秩序的种种弊端,盟国在建立新的国际秩序的过程中进行了种种改进。王建朗在《浅议二战后国际秩序设计的几个特点》(载《近代史研究》,2013 年第 6 期)一文中指出,战后国际秩序呈现出的一大特点就是建立了强有力的国际组织,而这正是鉴于过去国际联盟软弱无力的状况所进行的改进。第二次世界大战后期,盟国各方面都出现了建立强有力国际组织的呼声,期望新的国际组织权力大于国际联盟,效率高于国际联盟,而联合国在这两点上都有了较大的改进。《联合国宪章》赋予了联合国在调配使用各国武装力量方面拥有了比国际联盟大得

① "四警"制:1943 年罗斯福于德黑兰会议后强调:"英国、苏联、中国、美利坚合众国及其盟国代表了全世界 3/4 以上的人口,只要这四个军事大国团结一致,决心维护和平,就不会出现一个侵略国再次发动世界大战的可能。"这就是的"四警察"思想,这一思想成为后来确定联合国安理会常任理事国的基础。

多的权力，在表决程序上，分别采用三分之二票和简单多数票通过，无需像国际联盟一样需要全体会员国的同意，并建立了安全理事会这样一个核心机构，被全权赋予维护世界和平的职责。

徐蓝在《世界大战、集体安全与人类文明的进步》(载《世界历史》，2015 年第 4 期)一文中指出，联合国所代表的集体安全机制有助于各国的友好相处，减少敌对冲突的可能性，这就缓解了各国的军备压力，并努力通过深化合作增加彼此的信任，从而有助于增进地区乃至世界的和平与稳定，使集体安全获得可持续发展。这是经过 20 世纪的两次世界大战之后人类文明的巨大进步，它反映了历经战乱的人类正在做出正确的选择：较量、敌对、冲突、战争将趋于缓和，和平、发展、合作、共赢将日居主流。这正是人类社会进一步走向成熟的标志。

王建朗在《浅议二战后国际秩序设计的几个特点》(载《近代史研究》，2013 年第 6 期)一文中还指出，战后国际秩序呈现出大国的核心作用与弱小民族的权益保障并存的特点。两次大战之间的国际旧格局之所以脆弱，是因为未能形成影响战争与和平的核心力量。在当时的大国中，美国因国内孤立主义盛行未加入国际联盟，苏联因体制独特，难以见容于其他大国，德、日则谋求推翻这一秩序；剩下来的英、法两国已无法承担起维护现存秩序的重任。因此，一旦德、日崛起，世界大战实无可避免。所以第二次世界大战留给人民的教训是，大国必须在维护世界秩序中发挥核心作用。第二次世界大战中，中、美、英、苏是战时对轴心国作战的主要国家，承担了最大牺牲，自然这四强应该在战后继续发挥主导作用(后来加上法国)。正如联合国的设计者所设想的那样五大国被赋予了“世界警察”的职责，它们可以对将危及世界和平的事件予以干涉。另一方面，联合国也更为重视和保护中小国家及弱小民族的主权与利益。第二次世界大战不仅使德、意、日受到沉重打击，也对英、法主导的旧的殖民体系形成了冲击。联合国所提出的自治和自决原则很大程度上影响了世界面貌的改变。它为战后的非殖民化发出的信号提供了合法性，促进了世界的非殖民化进程。战后十余年间，世界范围内民族解放运动的兴起与此导向不无关系。

美国学者斯塔夫里阿诺斯在《全球通史》(吴象婴等译，北京：北京大学出版社，2012 年，第 724 页)一书中提到，1945 年以后，殖民地人民进行了卓有成效的革命，这与 1918 年以后帝国权力的强化形成了鲜明对照。20 年内，欧洲幅员辽阔的各个帝国几乎全部消失。因此，在战后不久，全球就开始了两个最显著的进程——殖民地革命和冷战。

徐蓝在《第二次世界大战史研究的新进展》(载《历史研究》，2015 年第 4 期)一文中认为，第二次世界大战彻底打破了主要依靠欧洲列强之间力量平衡所建立并在欧洲主导之下的旧国际秩序，代之而起的是以美国、苏联、英国、中国等战胜国建立并为其主导的新国际秩序，包括以下重要内容：第一，从组织、思想、社会等各方面消灭德国纳粹暴政和日本军国主义，绝不允许其死灰复燃。第二，重新划定了德、日、意等法西斯国家的疆界及被其占领地区的归属和边界。第三，建立联合国组织，维持国际和平安全。第四，对德、日、意的殖民地和国际联盟的委任统治地实行国际托管计划，提倡和平、民主、独立原则。第五，建立战后国际经济秩序，通过建立国际货币基金组织、世界银行和关贸总协定三大国际经济组织，规范、调节世界金融、投资和贸易。所以徐蓝进一步指出，主要由战胜国建立的战后国际秩序，尽管仍然存在大国强权政治的烙印，但是这一国际秩序具有很大的历史进步性。

它第一次将苏联和美国两种不同社会制度国家之间的和平共处原则正式纳入国际关系，成为战后国际秩序的有机组成部分，这就使战后世界维持了整体和平状态，它所提倡的和平、民主、独立原则，不仅推动了非殖民化进程，而且决定了战后世界和平与发展的主潮流。

2. 经济秩序的重塑

胡德坤、韩永利在《第二次世界大战与战后世界和平》(载《武汉大学学报(哲学社会科学版)》,2004 年第 4 期)一文中指出，第二次世界大战促进了世界经济构架的革命性改变。从第二次世界大战发生的根源来看，导致世界战争的根本因素就是帝国主义对殖民地势力范围的分割及其所形成的国际构架。表面的世界资本主义发展的整体性和实际的殖民势力范围分割状况极大地阻隔了世界范围内商贸、金融自由流动的空间，极大地限制了世界市场的扩大，限制了世界经济的进一步发展。由于第一次世界大战后世界帝国主义殖民体系仍然得以维持，世界整体发展进程受到严重的阻碍，其结果终于酿成 20 世纪 30 年代的世界性的经济大危机。而第二次世界大战的结局则促使了资本主义完成从国家垄断到跨国垄断的历程，加速了殖民体系的崩溃和发展中国家的兴起，改变了原有帝国主义列强殖民势力范围的分割局面，促进了世界经济一体化和全球化的进程，这是推动世界生产力发展的历史性进步。

徐蓝在《试论第二次世界大战后国际秩序的建立与发展》(载《世界历史》,2003 年第 6 期)一文中指出，战后国际经济秩序的建立主要是在以美、英为首的西方国家的主导下，建立了以国际货币基金组织、世界银行和关税与贸易总协定为三大支柱的国际经济秩序结构，即布雷顿森林体系。两次世界大战使维持世界经济发展的货币金融关系和贸易关系一片混乱。然而，正是战争的血的教训，才使各国取得了这样的共识：传统的孤立主义和保护主义的经济政策，必将导致世界经济再次走进死胡同，只有国际间的经济合作，才是促进世界经济繁荣从而维护世界和平的必由之路。因此为了恢复世界经济的有序发展，美国凭借其军事、政治和经济的绝对优势，试图从金融、投资、贸易三个方面重建国际经济秩序。在金融方面，重建国际货币制度，以维持汇率的稳定和国际收支的平衡；在投资方面，以鼓励对外投资、筹措资金来促进战后经济的复苏和发展；在贸易方面，以扭转日益盛行的高关税贸易保护主义和歧视性的贸易政策来促进国际贸易的自由化。于是，在经过美、英等国的艰苦谈判之后，1944 年 7 月，在美国的提议下召开了布雷顿森林会议(即联合国家货币与金融会议),与会 44 个国家的代表签署了《国际货币基金组织协定》和《国际复兴与开发银行协定》,并于 1945 年建立了国际货币基金组织(IMF)和国际复兴开发银行，即世界银行。

徐蓝进一步指出，世界贸易组织作为一个独立于联合国系统之外的、常设性、永久性的国际组织，标志着第二次世界大战以后建立的多边贸易体制迈进了“世界贸易法”的新里程，并用事实肯定了世界贸易组织作为“世界贸易法”的主导地位。尽管它仍然未能完全摆脱贸易大国的控制，并面临全球发展的各种新问题，但是它仍然能够通过对世界经济贸易的法制化的协调与协商管理，通过开放、公平、无扭曲的综合国力的竞争，逐步达到它建立的初衷：保证不同经济制度国家劳动者的充分就业，促进人们的实际收入稳定增长，提高民众的生活水平，并通过全球资源的最佳配置实现世界经济的可持续发展。

教学设计

设计一：世界市场中的“世界大战”

设计意图

20世纪30年代前半期，资本主义各国为走出1929—1933年经济危机带来的困境，纷纷采取各种措施向他国转嫁危机，国际商战就是在这样的背景下爆发的。经济摩擦加剧了政治冲突，各国之间的矛盾在各种国际协调机制用尽后仍无法解决，只能诉诸战争。因此，国际商战是经济危机加速、第二次世界大战爆发的重要因素。本设计通过对国际商战的原因、过程、表现形式、影响等方面的分析，使学生了解经济危机对国际市场的影响，思考经济危机与第二次世界大战爆发之间的联系，引导学生结合同一时期政治、经济等不同方面历史因素，多角度地探究和解释历史现象，提升学生历史解释的水平。

设计方案

一、国际市场烽烟四起

材料呈现：

材料一 1937—1938年，农业国对工业国的关税，匈牙利由31.8%增至42.6%，保加利亚由75%增至90%，西班牙由62.7%增至75.5%，罗马尼亚由48.5%增至55%；工业国对农业国的关税，德国由27%增至82.5%，法国由19.1%增至53%，意大利由24%增至66%，捷克斯洛伐克从36.3%增至84%。

——高德步、工珏：《世界经济史》，北京：中国人民大学出版社，2001年，第344页。

问题设计： 20世纪30年代资本主义世界市场上出现了哪些怪现象？为何会出现这些现象？

教师引导学生分析： 1929—1933年经济危机发生的主要原因是资本主义制度的基本矛盾导致的生产过剩，因而各国出现了大量的滞销商品。为了扩大商品的销量以缓解危机，一部分国家率先采取贸易保护主义措施，提高关税以阻止外国商品涌入，让本国商品获得优势，以此向他国转嫁危机。这样的措施遭到其他国家的报复，于是各国纷纷提高关税，经济冲突不断加剧。

材料呈现：

材料二 倾销是国际商战中重要的进攻性武器。日本……利用倾销向世界推销纺织品。日本轻纺工业依靠工人工资低、劳动时间长等条件造成的低成本优势，加上政府补贴、汇兑贬值、货运费用不合理的降低等，向外倾销。……几年光景，英国在其主要的棉纺制品海外市场迅速溃败。面对日本的疯狂倾销，各国群其而攻之。印度从1930年起不断增加专门对日本的差额关税，三年之间，对英、日税率的差额从5%扩大到50%。许多国家都实施了以日本为目标的贸易抵制措施。英国在整个殖民地范围内实施棉布和人造丝限额进口制。

——高德步、王珏编著:《世界经济史》,北京:中国人民大学出版社,2001年,第345页。

材料三 (1931年)英国脱离金本位制,英镑贬值30%,这对于用黄金、美元和其他未贬值货币计算的进口品和出口品的世界价格都施加了下跌的压力……但是货币贬值使英国成为第一个在工业生产方面超过1929年水平的大国,英镑贬值后英国经济复苏,注重国内经济的罗斯福也使美元贬值,试图提高国内价格。1933年4月,1英镑兑换3.75美元,5月兑换3.85美元,8月美元同英镑的比价已到4.5美元兑换1英镑……美国的贬值措施加剧了国际金融市场的动荡……日元在英镑跌价后,立即贬值。在军费开支大规模增加的支持下,日本银行发行的纸币从1.2亿日元增加到10亿日元。随着外汇贬值,日本的对外倾销取得了新的进展。例如,日本在荷属东印度的进口额中所占比例,由1930年的12%提高到1933年的31%,迫使该地区采取贸易保护措施。

——高德步、王珏编著:《世界经济史》,北京:中国人民大学出版社,2001年,第347页。

问题设计: 除了提高关税,在经济冲突中,资本主义国家之间还采取了哪些措施来打击对手?

教师引导学生分析: 商品倾销、货币贬值等手段的大规模使用,贸易报复演变成了国际商战,这对世界经济产生了极大的消极影响。以货币贬值为例,1931年前后英镑、日元贬值、1933年美元贬值,都是各国政府使用货币贬值的手段以期达到相对抬高别国商品价格,相对降低本国商品价格的目的,即在其他国家不进行货币贬值的情况下,相同单位别国货币可以购买更多货币贬值国的商品,以此刺激本国总需求和出口。但当各国相继实行货币贬值之后,这种措施对本国而言很快变得无用,但国际经济体系却因此被破坏而失去了自我调节的能力,国际经济形势进一步恶化,进而形成了一个危险的恶性循环,即"商战—国际经济体系被破坏—经济形势恶化、各国转嫁危机—商战",于是国际商战不断加剧,并开始出现集团对抗的趋势。

二、集团对抗愈演愈烈

材料呈现:

材料四 法国等西欧国家以及美国,出于各自的考虑,都曾在一段时间中坚持金本位制,并且组成了所谓的"金集团",与以英国为首的"非金集团"相对抗。

英国在放弃金本位以后纠集各自治领以及欧、亚、拉美的一些财政上与英国关系密切的国家,组成了"英镑集团"。参加国的货币与英镑保持固定比价,参加国间的贸易以英镑结算。英国在国际金融市场和货币市场上的竞争能力和地位因此得到了加强。为了与之抗衡,美国也联合拉美的一些国家组成了"美元集团"。美元集团还设立了20亿美元的外汇基金,以防英镑集团进一步降低英镑对美元的汇价。

——袁明:《国际关系史》,北京:北京大学出版社,2005年,第132页。

问题设计: 由国际商战引发的集团对抗现象说明了什么问题?

教师引导学生分析: 商战不仅仅使世界经济失去了内聚力,商战的消极影响也绝不仅仅表现在经济领域，其对政治领域的影响也相当深远。国际商战与集团对抗极大地破坏了各国之间的政治互信，大国各自为政，并极力将与自己关系紧密的小国集合在一起，与他国对抗。比如，英国纠集各自治领以及欧、亚、拉美的一些财政上与英国关系密切的国家，组成了“英镑集团”，美国联合拉美的一些国家组成了“美元集团”。这些集团不仅仅是经济层面的，也往往是政治集团。政治互信被破坏殆尽后，经济对抗迟早会演变成政治上的对抗。

三、国际协调终成泡影

材料呈现：

材料五　(1933年召开的国际经济会议上)关于稳定货币，英国主要关心的是怎样才能提高价格。……随着美元脱离金本位，稳定货币的焦点集中在美元的稳定上，但是罗斯福很快就表明了立场。他认为，只图暂时地、多半是人为地稳定少数大国的汇率，纯属似是而非的谬论。……也就是说美国无意缔结国际协定。稳定货币的计划破产了。

——高德步、王珏：《世界经济史》，北京：中国人民大学出版社，2001年，第350页。

材料六　1936年9月25日，美、英、法三国各自发表了内容大致相同的声明，后来被称之为《三方货币稳定协议》。美、英两国在声明中同意法国“重新调整其货币”，并且三国一致同意为改善国际贸易环境而努力。……需要指出的是，三方协议并非真正意义上的协定，它只是三方同时发表的接受法郎适度贬值、承诺相互合作来降低汇率波动的声明。三方协议没有要求为支持其他国家的货币提供信贷援助，是一个没有执行机制的“君子协定”。

——谈谭：《从“货币战”到“有限合作”：1933—1936年美英法三国货币外交》，载《世界历史》，2009年第6期。

问题设计：为何两次国际会议对国际商战的协调均告失败？

教师引导学生分析：各主要国家都只为自己利益着想，并非真心实意地参与协调。从经济层面而言，由于经济危机的冲击引发了国际经济秩序的逐步崩溃，其中一个重要的原因是旧的国际经济秩序无法适应新形势的发展，几次对旧秩序进行小修小补的经济会议，是难以从根本上解决问题的。更为值得关注的是，从政治层面上讲，国际商战和集团对抗极大地破坏了各国之间的政治互信，而政治互信是国际协商能够取得实质性进展的基础，因而国际协商最终难以达成协议，到最后所有手段都用尽，各国仍不能解决矛盾，不得不付诸战争，第二次世界大战也就不可避免了。

教师指导学生小结：20世纪30年代前半期，资本主义各国为走出1929—1933年经济危机带来的困境，纷纷采取各种措施向他国转嫁危机，国际商战就是在这样的背景下爆发的。经济摩擦加剧了政治冲突，各国之间的矛盾在各种国际协调机制用尽后仍无法解决，只能诉诸战争，因此，国际商战是经济危机加速第二次世界大战爆发的重要因素。

设计二：金本位制的崩溃

设计意图

1929—1933年经济危机爆发时，资本主义国际货币体系是金本位制，金本位制自身的一些特点使得它不仅成为经济危机传导的纽带，并严重阻碍了各国的经济合作。第二次世界大战后，正是在放弃金本位制的基础上建立新的国际货币体系——布雷顿森林体系，为国际经济合作扫清了障碍。本设计通过对20世纪世界各国对金本位制由坚持到放弃过程的分析，使学生理解经济危机在带来经济、政治方面巨大冲击的同时，还提供了世界经济秩序新陈代谢的良好契机，提升学生运用唯物史观分析历史现象的方法与能力。

设计方案

一、19世纪末20世纪初的国际货币体系——金本位制

材料呈现：

材料一 英国在18世纪就已经基本采用了金本位制，但直到1879年金本位制才真正成为国际性质的货币体系——当时几乎所有的主要工业化国家以及一部分外围的农业国，都纷纷选择了金本位制：法国在19世纪20年代中期放弃金银复本位制而改用单一金本位制；德国在1871年普法战争后法国赔款的支持下，于1897年放弃原先的银本位制而启用金本位制；1879年美国也恢复了在内战期间曾一度终止兑现的金本位制；至于亚洲的另一个重要国家——日本，则是在中国甲午赔款的基础上，全面向金本位制转型。国际货币体系由此进入了长达35年的金本位鼎盛时期。

——陆寒寅：《再议金本位制和30年代大危机：起因、扩散和复苏》，载《复旦学报(社会科学版)》，2008年第1期。

材料二 战前经典的国际金本位制包含六条重要的游戏规则：(1)固定的官方黄金价格，或者说是“金平价”，在这个价格上本币能与黄金自由兑换；(2)黄金能够自由输出入，经常账户和资本账户的划转与交易也不受任何的限制；(3)所有银行券和铸币由做有标记的国家黄金储备来支持，存款货币的长期增长则依赖于金矿储备的可得性……在这六条规则中，一般人们对前三条——即黄金可以自由兑换和国际套利——比较熟悉，这是在实行金本位制的国家中被明文规定和自动执行的。

——陆寒寅：《再议金本位制和30年代大危机：起因、扩散和复苏》，载《复旦学报(社会科学版)》，2008年第1期。

问题设计：结合材料，请大家思考，金本位制得以稳定的基础是什么？金本位制的运行有何特点？

教师引导学生分析：金本位制是以黄金为本位币的货币制度。在金本位制下，每单位的货币价值等同于若干重量的黄金；当不同国家使用金本位时，国家之间的汇率由它们各自货币的金含量之比来决定。根据材料二，黄金的自由兑换，自由输出入，黄金储备的可得性等金本位制运行的重要规则都建立在黄金的自由流动之上，也就是说只有黄金自由流动，金本位制才能够稳定。金本位制下各国汇率相对固定，消除了汇率波动的不确定性，有利于世界贸易的进行。黄金自由发挥世界货币的职能，调节国际收支，促进了资本主义世界经济的繁荣和发展。

二、金本位制与大萧条的扩散

材料三 一旦一个国家选择了金本位制，那么货币当局(中央银行、财政部或商业银行)

高于一切的政策就是：无论是为了国内还是国际的目的，在面临黄金的需求给有限的黄金准备带来压力的情况下，努力保持金属货币支付或本币对黄金的可兑换性。货币当局不得不主要依靠自身的努力来保护可兑换性，而很少愿意与其他货币当局合作。因此，……国际货币政策必须依据各自的货币当局保持它们的本币和黄金之间固定联系的努力之和来定义。

——[英]彼得·马赛厄斯、悉尼·波拉德主编：《剑桥欧洲经济史·第八卷　工业经济：经济政策和社会政策的发展》，王宏伟、钟和等译，北京：经济科学出版社，2004年，第206页。

材料四　事实上，大萧条期间没有一个实行金本位制的国家能够幸免于难，而其中最主要的传导纽带就是金本位制本身。就单个国家内部而言，金本位制与大萧条之间存在两条基本的连接线路：首先，由于工业化国家的整体性需求下降，直接导致均衡价格的走低；其次，为了人为维持住金本位制，执政当局就不得不有意地压低物价。这两个机制共同运行的结果就是国民产出总量均衡点的下一个危机的来临，甚至加深。只要一个国家还在实行金本位制，那么就无法避免这种受制于货币总量约束的危机。

——陆寒寅：《再议金本位制和30年代大危机：起因、扩散和复苏》，载《复旦学报(社会科学版)》，2008年第1期。

问题设计：根据材料三、材料四，分析在经济危机的冲击下，金本位制的运行出现了什么问题？

教师引导学生分析：在经济危机时，商品输出减少，资金外逃严重，引起黄金大量外流；各国纷纷限制黄金流动，黄金不能在各国间自由转移，维持金币本位制的基础条件逐渐遭到破坏，国际货币体系的稳定性也就失去了保证。各国在金本位制下必须努力保持金属货币支付或本币对黄金的可兑换性，并以此作为本国经济部门的一项非常重要的任务。在国际黄金供给有限的情况下，各国首先采取的方法是从他国兑换黄金来维持本国的黄金储备，于是实行金本位制的各国为了维持本国黄金储备不得不限制黄金自由流动。这种维持金本位制看似自然而然的措施，却形成了各国纷纷以邻为壑的局面。金本位制成为了各国加强经济合作、克服经济危机的天然障碍。

问题设计：金本位制成为大萧条传递的纽带说明了什么问题？

教师引导学生分析：金本位制对大萧条的传递是金本位制弊端的集中体现，即各国为了稳定本国货币采取措施必然影响他国，且阻碍国际合作。这说明，金本位制已经不能适应经济危机冲击下的世界经济的要求，而且由于金本位制对经济危机的传导，只有一两个国家废除金本位制，也无法从根本上解决问题，以金本位制为核心的国际货币体系走到了崩溃的边缘。

三、放弃金本位，消除经济合作障碍

材料呈现：

材料五　30年代经济危机标志着从恢复一战前的世界经济旧秩序到筹建世界经济新秩序的转变。面对资本主义世界经济被打破的20年代，各资本主义国家充满了恢复一战前金融制度的幻想……并恢复在战前已经在世界大部分地区建立起来的金本位。各国(特别

是英国)都非常希望使汇率回到战前的固定平价系统中来。到1927年,大部分国家都恢复了固定平价。他们认为固定平价有利于世界贸易的更快增长。但20年代,由于以英国为主导的资本主义世界经济体系已发生重大的变化,英国力量遭到了严重削弱,已不能再承担以前的责任了。到20年代中期,个别比较明智的经济学家就已意识到,欧洲再也不会恢复正常了。但他们当时还不知道该怎么办才好,只是等到30年代的经济危机彻底摧毁了资本主义货币体系,把20年代恢复旧的经济秩序的种种幻想扫除干净之后,人们才重新进行有条不紊的思考、筹划建立新的经济秩序。

——杨泽伟:《试论30年代经济危机对世界整体发展进程的影响》,载《世界历史》,1997年第1期。

问题设计:经济危机为金本位制的废除提供了怎样的契机?

教师引导学生分析:第一次世界大战的冲击,就已经动摇了金本位制作为国际货币体系,但是那时大多数国家并未真正认识到金本位制已经不适应当前的国际经济情况了,并一直试图努力恢复第一次世界大战前的金本位制,对金本位制抱有很多不切实际的幻想。直至1929—1933年经济危机使得金本位制的弊端暴露无遗,并且各国难以继续坚持金本位制,各国才纷纷开始思考建立新的经济秩序的可能。由于金本位制的局限性,使得其在客观上成为30年代经济危机中各国单纯追求本国利益、采取以邻为壑的短视行为的内在因素。经济危机的历史证明,一个国家借助关税、货币贬值或外汇管制来改善自己的商品的地位时,它的贸易伙伴由此受到的损失有可能超过它自己的得益,以邻为壑的战术会引起报复,以致每个国家追逐其自身利益的行为反而以害己告终。

材料呈现:

材料六 1943年—1944年,英美经过多次讨论谈判,商定了充满妥协的方案(布雷顿森林体系)。第一,在汇率上兼顾了稳定性与灵活性。……第二,在帮助会员调节国际收支平衡上,英国向美国让步,英国和美国都认为,当某个国家因为临时性的投机干扰,或周期性和短期性的经济失衡造成国际收支不平衡时,为了整个系统的稳定,应该给予这个国家必要的帮助。第三,双方同意取消贸易和外汇管制。……为了预防资本流动对一国收支的扰乱,在某种情况下,特别是当一种货币被确定为稀缺货币时,成员国可以对这种货币实行差别性的外汇管制。

——高德步、王珏:《世界经济史》,北京:中国人民大学出版社,2001年,第383页。

问题设计:经济危机后的世界需要一个怎样的世界货币体系?

教师引导学生分析:要想克服日益形成一个整体的世界经济遇到的种种难题,各国必须走向广泛的经济合作,建立一个能够加强各国在经济领域合作的世界货币体系,这是相互依存、相互联系的世界整体形成的一个重要方面。

教师指导学生小结:正是30年代经济危机中金本位制的崩溃,给了各国领导人一个重新思考的机会,各国逐渐选择了以合作代替分裂和对抗。这样的发展形势也使得各国最终完全摒弃了阻碍各国经济合作的金本位制,布雷顿森林体系正是在这样的背景下诞生的。在该体系中,强调成员国应相互协调,在发生经济失衡的时候相互之间给予必要的帮助,以防止危机的扩大和蔓延,这体现了合作代替分裂和对抗的精神。在这样的精神指导下,国际货币基金组织的成立和关税与贸易总协定的签署，与布雷顿森林体系一道，使世界向着加强合作的方向迈进。

教学资源

资源1：亚当·斯密理论的阶级本性

斯密所说的人性，不过是资产者的阶级本性。他所说的利己心和利己主义，不过是资产者的利己心和利己主义。斯密的错误显然在于把属于特定阶级或社会集团的人看作具有不变本性的一般的人，把特定阶级或社会集团的本性看作一般人的不变本性。然而，斯密建立在人性论上的自然自由制度的思想，在当时是有其历史进步意义的。这一思想反映年轻的资产阶级对自己的力量充满信心，不像重商主义者那样，认为年幼的资产阶级必须依靠国家的支持，也不像配第那样认为从幼年正在成长为青年的资产阶级在感到自身力量的同时又感到还要有外部力量的支持，而是认为封建君主制国家已经成为资本主义生产方式进一步发展的障碍。斯密从理论上表达了年轻的资产阶级的这样一种信念：没有封建君主制国家的干预，自己可以更好地管好自己的事务。支持这一信念的，就是“一只看不见的手”，就是相信市场机制可以自行调节资本主义经济。也就是说，斯密相信，资本主义经济受客观的经济规律支配，而不以君主或国家的经济政策为转移。斯密的自然自由制度的实质，是要求人们公开地承认社会应服从资本主义生产的规律，服从管理这种生产的人的统治，也就是要求使资产阶级取得不受限制和干涉的统治。

——吴易风：《经济自由主义和国家干预主义论争的历史考察》，载《当代思潮》，2002年第2期。

资源2：经济自由主义的缺陷

经济自由主义赖以存在和延续其生命力的基本出发点在于其对人性的认识。从人性的自然要求来说，希望自己的思想和行为自由无可厚非。但作为一种意识形态，作为一种指导经济活动和经济秩序的基本思想，从古典自由主义产生起，就带有了强烈的资产阶级色彩和烙印。所以，经济自由主义从其产生至今，基本未能褪去资本主义的烙印。那就是，经济自由主义所片面强调的以私有制为基础的个人主义立场和对个体利益的追求。对封建主义私有制来说，资本主义私有制及其展开经济活动的自由市场经济秩序具有明显的效率优势，有利于更多的社会经济利益，所以，资本主义战胜了封建制度，并且在较短的时间内（从历史的长度看）创造了无与伦比的经济发展的奇迹。这正是资产阶级对资本主义自由市场经济秩序引以为傲的理由。

资产阶级视野的狭窄性就在于，他们将资产阶级的立场和眼光当作所有人的立场和眼光，将资本主义制度看作永世长存的、最合理的经济制度，将自由市场经济秩序看作最有效率、最符合所有人的自由要求和利益要求的经济模式与机制。于是，在这种僵化和故步自封的意识下，经济自由主义的经济秩序就总是被看作最理想的经济秩序。

但是，历史的发展永不停歇，经济自由主义的缺陷和局限性越来越充分地暴露出来。先是19世纪到20世纪30年代资本主义国家不断出现的周期性经济危机对古典经济自由主义缺陷的暴露,后是进入21世纪后资本主义国家所遭遇的世界性金融危机和经济危机。

——王志伟:《论经济自由主义的意义与局限》,载《人民论坛(学术前沿)》,2015年第4期。

资源3:马克思运用世界历史的眼光来研究经济学

马克思在研究世界历史发展的原因、动力和后果的基础上,运用世界历史的眼光来研究经济学,明确看到了工业较发达的国家向工业较不发达的国家所展示的未来道路主要有两条,即自发地实现工业化和被工业发达国家以殖民化的方式被迫工业化,也客观地认识到世界历史的发展,使资本主义发展成为一个"中心"与"外围"相对立的世界体系。马克思对后一条道路的资本主义世界性扩张作了分析,明确提出了发达资本主义国家殖民化方式的两个方面主要表现:一是在"原始积累"时期,发达国家对殖民地进行公开抢掠,强行把它们拖入资本主义的发展轨道;二是发达国家把落后国家强行拖入资本主义发展轨道以后,对它们进行殖民式的剥削和掠夺,而殖民式剥削和掠夺的主要途径则是对外贸易和资本输出。

——张雷声:《经济全球化视阈中马克思主义经济学的发展》,载《马克思主义研究》,2016年第1期。

资源4:经济危机引发美国人民道德信念的崩溃

大萧条最严重的社会影响,是美国人民道德与信念发生动摇。精神消沉比经济萧条更严重。……1932年,当胡佛夫人请求人们"对那些偶遇不幸的人友好和亲善时",她得到的只是嘲笑。胡佛总统要求喜剧演员逗人们嬉笑,但部分笑话是针对他的。比如,当一个喜剧配角说"企业正在取得进展"时,喜剧演员问道:"胡佛死了吗?"

人们道德信念崩溃的例证是很多的。伯利恒钢铁公司的查尔斯·施瓦布说:"我担心每个人都心怀忧惧。"失业的人已失去活力,闲暇成为痛苦。青年人无所适从,而且麻木不仁,认为再也不会找到工作,人们失去自力更生的意志。一个宾夕法尼亚失业者写信给该州州长吉福特·肖平说:"我再也不能忍受了!"1933年,有40个有经验的速记员在失业至少1年以后被召回工作岗位,但他们在雇主面前听口授时,情绪老是稳定不下来。精神医生报道,人们的心理健康恶化。1929年,1万人中只有14个人自杀,1930年增至15.7人,1931年增至16.8人,1932年达17.4人。

——刘绪贻、李存训:《美国通史(第五卷)》,北京:人民出版社,2006年,第20页。

资料5:《东京宪章》第5条规定的东京审判管辖权的重要定义

以下之一或数项行为,在本法庭管辖范围内属犯罪,对此应负个人责任:

a. 反和平罪:即策划、准备、开始或公开宣战的或未经宣战的侵略战争,或是违反国际法、条约、协定或誓约的战争,或是参与未达成任何前述行为的共同计划或共谋;

b. 常规的战争罪犯:即违反战争法或惯例;

c. 反人道罪:即战前或战时犯有杀人、灭绝、奴役、驱逐和其他非人道的行为,或是任何基于政治或种族理由实施与之相关的迫害行为,无论是否违反所犯行为发生地的国内法,皆属本法庭管辖范围内的犯罪行为。参与策划或施行共同计划或共谋,以犯有任何上述罪行的领导者、组织者、煽动者和同谋者,为任何人在执行上述计划犯有的一切行为负责。

——[美]约翰·W.道尔:《拥抱战败:第二次世界大战后的日本》,胡博译,北京:生活·读书·新知三联书店,2008年,第436页。

资料6:日本战败的数据

在战败国日本,用了几年时间才计算出普遍认可的这次失败的战争所花费的代价。

经常被引用的军队死亡人数,截至投降时大约是174万,这一数字可能相对准确。另一方面,一旦计入在空袭中死亡的平民人数,评估数字就相当混乱了。如果将1945年8月15日之后日本本土以外与战争相关的军队和平民死亡数字计算在内的话,情形就会变得更加不明朗。日本战后的历届政府,都倾向于对此棘手问题采取回避态度。总计可能至少270万军人和平民死于战争,大约相当于日本1941年7400万人口总数的3%到4%。另有数百万人受伤、患病或营养不良。1945年,接近450万的复员士兵被认定为伤病,最终大约有30万人领到了伤残抚恤金。

对物质损失所做的大清算显示,同盟国对日本本土的海战和空袭,毁灭了日本整个国家大约1/4的财富。其中包括4/5的船只,1/3的机器设备,1/4的运输工具和机动车辆。麦克阿瑟将军的"SCAP"(SCAP是盟军最高司令部的首字母缩写,通常指代麦克阿瑟的司令部)机关将全部代价估价得更高,1946年初的计算是,日本损失了总体财富的1/3,以及全部潜在收入的1/3到1/2。农村的生活水平大致相当于战前水平的65%,城镇生活水平则降到了35%。

——[美]约翰·W.道尔:《拥抱战败:第二次世界大战后的日本》,胡博译,北京:生活·读书·新知三联书店,2008年,第13—15页。

资源7:丘吉尔和斯大林瓜分巴尔干半岛

温斯顿·丘吉尔首相和共产党总书记约瑟夫·斯大林于1944年10月9日晚在莫斯科会晤。丘吉尔留下了以下绘声绘色的描述,讲述了两人当时是如何将巴尔干半岛划分为英国和苏联的势力范围的。

看来是谈正事的时候了,于是我说:"让我们开始处理我们在巴尔干半岛的事吧。你们的军队在罗马尼亚和保加利亚。我们在那里有利益、使团和代理商。我们别在小问题上相互误解。就英国和苏联而言,你们在罗马尼亚有90%的优势,我们在希腊有90%的决定权,在南斯拉夫我们各占一半,你看怎样?"翻译在译这些话时,我将这种划分写在了半张纸上:

罗马尼亚

苏联:90%

其他国家:10%

希腊

英国(和美国一道):90%

俄国:10%

南斯拉夫:50%—50%

匈牙利:50%—50%

保加利亚

苏联：75%

其他国家：25%

我将这张纸推给了当时正在听翻译的斯大林。稍微停了一会儿，他拿起蓝色的铅笔，在纸上打了一个大勾，又将它推还给我们。事情就这样定下来了，确定它的时间还没有写它的时间长……

此后是一段长时间的寂静。写着铅笔字的纸就放在桌子中间。过了一会儿，我说："我们以这种简便的方式处理关系到数百万人命运的这些问题，是不是觉得有点玩世不恭？我们把这张纸烧了吧。""不，你留着它吧。"斯大林说。

——[美]斯塔夫里阿诺斯：《全球通史》，吴象婴等译，北京：北京大学出版社，2012年，第751页。

资源8：国际联盟基础的脆弱和机制上的漏洞与问题，未能阻止第二次世界大战的爆发

作为世界上第一个由主权国家组成的常设国际组织，国际联盟是国际政治和国际法的重要体现，是各国希望通过集体安全来维护和平，用协商和仲裁方式解决国际争端的理念的继续实践。它第一次将集体安全的理念制度化，在推进国际社会有序发展，维护中小国家正当权益，促进国际和平与合作等方面所做的有益工作，对集体安全机制的运作与发展具有重要影响。但是，国联盟约所规定的集体安全机制存在着严重漏洞。其一，盟约对"侵略"和"侵略者"的含义并未做出明确规定，这就不仅给侵略者以可乘之机，也使操纵国联的列强可以对条文做出任意解释；其二，盟约规定对侵略者实行制裁，却未规定制裁的具体措施；其三，盟约规定代表大会和行政院的决议需全体大会一致通过才能成立，这就使任何一个会员国都拥有否决权，都可以阻挠关于制裁侵略的决议的通过。另外，国联并不具有真正的普遍性和权威性，美国始终不是它的成员，苏联长期被拒之门外，法西斯国家日本、德国和意大利相继退出，不受约束，从而使集体安全有名无实。

国联基础的脆弱和机制上的漏洞与问题在20世纪20年代的和平时期是不容易被辨明的。但是，当20世纪30年代，以日本发动侵略中国的"九一八事变"为标志的法西斯国家对外侵略扩张开始后，国联的所谓集体安全的软弱性就暴露无遗了。例如，当日本已经侵占了中国东北后，国联既不谴责日本是侵略者，也不援助中国，只是通过了一个偏袒日本，但要求保持"门户开放"和"国际共管"的李顿报告书，以致后来担任英国首相的温斯顿·丘吉尔在其回忆录中对此评论道："正当世界局势非常需要国际联盟的活力和力量的时候，国际联盟在道义上的权威却显出缺乏任何实质的支持。"其后，当1935年意大利发动了侵略阿比西尼亚(今埃塞俄比亚)的战争、1936年纳粹德国和法西斯意大利武装干涉西班牙内战、1937年7月7日日本发动全面侵华战争、1938年德国吞并奥地利和肢解捷克斯洛伐克、1939年德国灭亡捷克斯洛伐克并发动对波兰的侵略战争时，国联的集体安全原则都未能发挥作用，国联盟约均沦为一纸空文。以国联为代表的集体安全体系彻底失败。

——徐蓝：《世界大战、集体安全与人类文明的进步》，载《世界历史》，2015年第4期。

资源 9：第二次世界大战与欧洲联合运动的兴起

真正对战后欧洲联合进程产生了重要影响的应该是在抵抗运动和盟国中出现的联合思想及运动。各国的抵抗运动都十分关注战后欧洲的命运，希望战后的欧洲有别于一战后的欧洲，能够联合起来，使战争的悲剧不再重演。在占领国和未占领国，在抵抗运动和流亡政府中，都出现了对欧洲联合的探索和追求。

各国在伦敦的流亡政府都很关心战后欧洲的安排，认为有必要联合起来。于是，比利时人与荷兰人之间开始进行关税同盟的谈判；希腊人与南斯拉夫人签订了协议；波兰人与捷克人也建立了协调委员会。比利时流亡政府的外交大臣保罗—亨利·斯巴克则希望比利时、荷兰和法国，以及三国的殖民帝国进行经济、政治和军事的联合。而波兰政府总理西科尔斯基将军和捷克斯洛伐克、挪威、比利时、荷兰、卢森堡、希腊、南斯拉夫以及自由法国的政府都进行了接触，建议在地区性联邦的基础上成立一个安定和自由的欧洲共同体。

第二次世界大战对欧洲联合运动的推动无疑也是原因之一。残酷惨烈的二战促使欧洲人对民族国家和战争的反思达到了空前的程度，直接催生了欧洲联合的许多思想和理论，使“越来越多的人接受了欧洲联合的思想，从而为战后欧洲一体化的启动奠定了坚实的民意基础和社会基础”。另一方面，欧洲人在战争期间就进行了欧洲联合的实践活动，战争结束后又陆续在军事、外交、经济和政治等方面尝试开展合作，把欧洲联合运动推向了高潮，并且以建立煤钢共同体为开端，开始了欧洲一体化的漫漫征程。

——姜南：《第二次世界大战与欧洲联合运动的兴起》，载《世界历史》，2015 年第 4 期。

资源 10：从对日空战看中、美相互战略支持

中国作为世界反法西斯同盟的主要成员国之一，在与盟国共同抗击法西斯侵略的过程中，既得益于同盟国家的援助，也为同盟国家提供了不可或缺的战略支持。就对日空战而言，1941 年 6 月苏联卫国战争爆发后，苏联因忙于对德作战，对华支援减少。随着太平洋战争的爆发，面对共同的侵略者日本，中、美结为同盟，开始了军事上的密切合作。尽管作为同盟的中、美两国国力相差悬殊，但双方的军事合作并不仅仅是一种简单的援助与被援助关系，更有基于共同战略利益和各自优势的彼此照应，体现了互为战略支持的合作关系，中、美相互的战略支持不仅对中国战场而且对整个太平洋战场至关重要。

——袁成毅：《从对日空战看中美相互战略支持》，载《历史研究》，2015 年第 4 期。

第三单元

现代化转型期的探索

学术引领

一、苏联社会主义现代化模式的探索

（一）斯大林模式出现的背景

1. 国内开始出现复杂的社会危机

沈宗武在《斯大林模式的现代省思》（昆明：云南人民出版社，2004 年，第 34—38 页）一书中指出，1928—1929 年，粮食收购危机引发出新的经济矛盾，国内经济矛盾不断激化。粮食收购危机不仅是城市缺粮的危机，而且是国家工业化的危机。新经济政策时期，苏联工业全面复苏，基本上恢复到战前水平。但即使如此，苏联的工业仍然是一种极落后的工业。从当时形势看，有三个原因迫使苏联领导人必须迅速实现工业现代化：第一，创造强大的国防工业，防范未来的战争；第二，崇高的共产主义理想与苏联落后的经济基础存在巨大差距，理想与现实的不和谐构成对革命者莫大的讥讽；第三，俄罗斯民族振兴和民族精神也促使每个俄国人都以实现现代化赶超西方为己任，革命者更应如此，迅速工业化遂成为当时苏联国内社会生活的主题。尤其是在十月革命缔造了社会主义先进政治制度之后，这种向现代化进军、建成社会主义经济基础的紧迫感更是与日俱增。然而，工业化的进程却由于粮食危机的发生而遇到了巨大困难，在粮食危机的阴影之下，眼看工业化的希望就要化为泡影。苏联的工业化与粮食危机这种奇妙联系有着特殊原因。当时，苏联政府征购粮食的目的有两个：一是向城市供粮；一是用以出口创汇，购取必要的工业设备。在那时，出口粮食换取工业化设备的任务是压倒一切的经济事务，以至于在城市非常缺粮的情况下，苏联依然坚持出口一定量的粮食。斯大林坚持创建集体农庄以克服眼前危机，他坚持要出口一定量的粮食，大量进口工业设备，快速实现工业化，这既保证了工业化目标的迅速实现，又能够跨越眼前困境，最终能使苏联战胜外敌。如此的"政治动员令"，不仅具有逻辑上的首尾一致，而且符合当时形势的要求，极具说服力，最终获得了多数的支持。

2. 战争阴影笼罩全国

沈宗武在《试论斯大林模式产生的深层社会原因》（载《重庆社会科学》，2000 年第 4 期）一文中指出，整个 20 世纪前半叶是战争与革命的时代，国际社会上战争阴云密布，欧洲革

命风起云涌。在这样的大环境下，初生的苏联为了巩固政权，就只有争取高速实现现代化。当时国际社会的主题是战争与革命，苏联国内社会生活的主题则是备战与高速工业化。

关于战争正在临近的判断基本上是联共(布)党中央一致的认识，包括托洛茨基在内的反对派主要成员都认同这一看法。1925 年 1 月，斯大林(《斯大林全集》(第 7 卷)，中共中央马克思恩格斯列宁斯大林著作编译局译，北京：人民出版社，1955 年，第 13—14 页)就指出，整个欧洲都在重新准备力量和重新布置力量，国际形势已经开始起根本的变化，战争的前提日益成熟，战争的爆发不可避免(当然不是明天，不是今天，而是在几年以后)。那时，托洛茨基(《托洛茨基言论(下册)》，中共中央马恩列斯著作编译局编，北京：生活·读书·新知三联书店，1979 年，第 796 页)也提到，世界战争的危险正在增长，英国正准备发动反苏战争。

3. 俄国经济落后以及历史文化传统的影响

郑异凡在《一代兴亡，从头评说》(载《俄罗斯研究》，2004 年第 3 期)一文中指出，斯大林模式的最主要成因是"它重蹈俄国历史传统的老路"，打着保卫社会主义的旗号，极大地照搬并强化俄国历史上的"成功经验"。它所追求的战略目标、政治手法、经济途径，同彼得大帝等沙皇的做法极其相似。斯大林是"强国主义者"，他成功地把苏联经济转变为备战经济，这使得苏联在德国突然袭击后能够迅速转入战时状态。

徐天新在《历史漩涡中的斯大林》(载《探索与争鸣》，2014 年第 9 期)一文中指出，十月革命前的俄国是一个政治、经济发展落后的大国，群众期待有好沙皇带领他们实现村社式的平等王国。此外，俄国有传统的救世使命感，希望建成军事强国，推进世界革命，拯救世界，这一传统文化始终影响着这段历史的走向。斯大林一方面受俄国客观条件限制，另一方面又利用这一客观形势有计划、有谋略地推行自己的方针政策。

陆南泉在《斯大林模式究竟是怎样形成的》(载《探索与争鸣》，2010 年第 2 期)一文中也指出，当世界资本主义进入垄断阶段以后，列宁还一再称俄国是"军事封建帝国主义"，是"军事官僚式的帝国"。在经济上，在十月革命前，俄国的资本主义经济还带有浓厚的封建关系。这就是说，俄国虽已进入垄断资本主义即帝国主义阶段，但在经济与政治方面仍保留着浓厚的封建传统的特点。俄国的资本主义在相当的程度上是在封建主义体制中运行的。正如列宁所说的，俄国的"现代资本帝国主义可以说是被前资本主义关系的密网紧紧缠绕着"。斯大林所继承的俄国历史传统，最主要的是沙皇的集权与扩张。

4. 斯大林的个人品性特点

陆南泉等在《苏联兴亡史论》(北京：人民出版社，2002 年，第 427 页)一书中指出，斯大林作为党和国家的领导人，他最大的优势在于遇到问题时能把握局势，拿出办法。同时，他最大的缺陷在于思维方式中缺少辩证法精神和创新意识，存在严重的形而上学、片面性和绝对性的倾向。他像列宁一样对与革命目标具有强烈的执著精神，但是在灵活性以及采用"迂回方式"接近目标的本领方面，他远不及列宁。他实现的方式是搞"强力推进"，真所谓"逢山开路，遇水架桥"。他对于在一个经济文化落后的国家里建设社会主义的困难估计不足，不是把社会主义建设看成一个不断探索、不断发展的过程，而是把某一特殊时期采取的路线、方针和政策固定化、神圣化，上升为社会主义的基本规律和普遍原则加以坚持，不许别人提出异议。斯大林模式的许多弊病正源于此。

徐天新在《历史漩涡中的斯大林》(载《探索与争鸣》,2014 年第 9 期)一文中指出,斯大林意志刚毅,行动坚定,目标明确,办事务实,组织能力强,善于凭借手中的权力做他想做的事。他权力欲强,性格粗暴,个人独断专行,暴力色彩浓重,造成苏联法制的破坏。作为最高领导人,斯大林的这些性格特征给这段历史和建设模式烙上明显的个人印记。

(二) 斯大林模式的形成过程及特点

1. 斯大林模式形成的过程

(1) 初步确立

沈宗武在《斯大林模式的现代省思》(昆明: 云南人民出版社,2004 年,第 25—26 页)一书中指出,在列宁逝世后的数年内,苏联仍继续实行新经济政策,并取得了一定的成绩。但是,随着形势的转变,新经济政策开始越来越不能满足国家迅速工业化的要求,而且还滋生出一些严重的社会问题,如粮食收购危机和富农、城市资产阶级的破坏活动等等。于是,国内外问题互相交织,对苏维埃政权的生存构成了严峻的威胁。在此形势下,以斯大林为首的苏联领导人采取了一些措施,如强行征粮和强迫富农迁移等,力图使国家摆脱困境,以达到巩固政权和启动工业化的目的。这些措施的执行起到了一些积极作用,使迫在眉睫的社会危机得到一定程度的缓解,同时也引发了国家经济、政治路线的转变。由此,苏联开始朝着放弃新经济政策和创建斯大林模式的方向发展。强行征粮办法的实行,是苏联迈出"抛弃"新经济政策的第一步,虽然此时苏联仍未做出停止实行新经济政策的决定。1929 年 12 月,在布哈林派被彻底击败后,斯大林宣布,"退却"已经结束,必须进行"全面反攻"。他说:"当它(指新经济政策)不再为社会主义事业服务的时候,我们就把它抛开。"这是对农业集体化和快速工业化路线正确性的全面认定,是创建斯大林模式的政治宣言,同时意味着新经济政策的终止。

陆南泉在《斯大林模式究竟是怎样形成的》(载《探索与争鸣》,2010 年第 2 期)一文中也有相似的论述,并且指出,斯大林模式又回到了"军事共产主义"向社会主义"直接过渡"的方式上来了。

(2) 完全确立

郑异凡在《斯大林模式的来龙去脉》(载《探索与争鸣》,2009 年第 2 期)一文中指出,斯大林恢复了被列宁否定的军事共产主义体制。第一,实行农业全盘集体化,不仅消灭了"富农",而且消灭了全体小生产者——农民,剥夺了农民的土地、农具、牲口,剥夺了农民生产经营的独立自主权,其第一个苦果就是 1932—1933 年饿死几百万人的大饥荒。第二,取消市场机制,实行指令性计划,实行超高速度的重工业化、军事工业化。这种做法使苏联成为军事强国,但是也造成居民日用消费品的严重短缺,农业、轻工业和重工业的比例严重失衡,结果在 30 年代形成了高度集中的、指令性的、军事动员型的计划经济体制。

沈宗武在《斯大林模式的现代省思》(昆明: 云南人民出版社,2004 年,第 30—31 页)一书中指出,1936 年苏联颁布新宪法,全面确认了高度集中的经济、政治、文化体制。新宪法以法律形式承认了高度集中的政治体制的合法性,也确认了生产资料所有制结构和以部门为主的经济管理体制的正确性。新宪法还明确规定了人民的选举权利,以宪法的形式认可了人民选举制度。至此，斯大林模式基本上得到了全面确立。

2. 斯大林模式的特点

徐天新在《历史漩涡中的斯大林》(载《探索与争鸣》，2014 年第 9 期)一文中认为，斯大林模式在 30 年代最终确立了，斯大林模式包含三个层面，第一个层面是 1936 年宪法所规定的体制；第二个层面是联共(布)党纲党章所规定的体制——这时的党纲仍然是 1919 年八大通过的军事共产主义性质的党纲；第三个层面是不成文的规定，即斯大林个人行为所体现的体制。这三个层面有机地组成一体，构成斯大林的社会主义建设体制。

(1) 建立比较单一的生产资料公有制

沈宗武在《斯大林模式的现代省思》(昆明：云南人民出版社，2004 年，第 137、138—139 页)一书中提出，斯大林模式从一开始就带上了高度集中的特征。在斯大林执政时期，全民所有制和集体所有制在国民经济中占有极高的比例，两者都是社会主义公有制的主要形式，它们的出现使苏联实现了所有制的大变革。在斯大林关于"自上而下的革命"的倡导下，苏联工农业各部门均迅速在短期内实现了所有制变革，到 1937 年，私有经济已经几乎被完全消灭。在工业上，第一、二个五年计划顺利完成后，创建下了一大批国营大工厂。随着工业化的快速进展，原先的城市资本主义工商业逐渐萎缩，并最终消失殆尽，整个苏联工业几乎成了清一色的社会主义公有经济。

沈志华在《新经济政策与苏联农业集体化道路》(北京：中国社会科学出版，1994 年，第 419 页)一书中就指出，苏联在农业方面，原先的"小生产者的海洋"已转变为大批的集体农庄。到 1931 年 3 月 10 日，苏联主要谷物区集体化的水平已达 74%，到该年 6 月，中央宣布主要谷物区农户集体化水平已达 80%以上，再到 1934 年 7 月 1 日，全苏农户集体化水平达到 71.6%，耕地集体化水平达到了 88.5%。

(2) 运用指令性计划管理工业生产

斯大林(《斯大林全集(第 10 卷)》，中央编译局译，北京：人民出版社，1955 年，第 280 页)提到，苏联的计划不是臆想的计划，不是想当然的计划，而是指令性计划，这种计划各领导机关都必须执行，这种计划能决定苏联经济在全国范围内将来发展的方向。苏联经济学家希林斯基在《苏联国民经济的计划化》(彭炜森译，上海：作家书屋，1952 年，第 112 页)一书中更明确提出，计划草案经过详细的与全面的审查以后，便提交政府批准，经政府批准的国民经济计划，便获得强制执行的法律效力。

沈宗武在《斯大林模式的现代省思》(昆明：云南人民出版社，2004 年，第 142—143 页)一书中认为，苏联工业指令性经济计划具有如下两个鲜明特色：第一，指令性计划是强制执行的，经济计划一旦制定就具有法律的效力。第二，在整个城市工业经济体系内，指令性计划调节是国家内部经济活动的主要手段，市场调节不被认可。后者被认为是资本主义经济的东西，是存在于资本主义向社会主义过渡时期的事物，为社会主义社会所不容。当时，苏联全社会虽然允许生活消费用品交换的存在，但是这并不等于对商品经济的认可，除了农村仅有的集市贸易而外，其他市场调节皆为计划经济排斥。这样，社会经济生活几乎就完全处在指令性计划范围之内，工业生产和分配则完全是通过指令性计划进行调节的。

(3) 建立起排斥市场调节的流通和分配体制

沈宗武在《斯大林模式的现代省思》(昆明：云南人民出版社，2004 年，第 152 页)一书中认为，斯大林执政时期，在工业品的流通方面，国家对生产资料实行了排斥市场调节的供应体制；在农产品的收购方面，国家对集体农庄和个体农户实行义务交售制，还可以通过机器拖拉机站获得集体农庄交付的实物报酬，国营农场生产的农产品本身就是归国家所有的；在消费品的流通方面，主要实行由国家统一定价的商品零售(经常被称为"有组织的市场")；在分配方面，国有工业企业和国营农场、机器拖拉机站的工人获得国家支付的工资，可以凭票或货币通过国营商店或者合作供销社购买必要的生活用品，集体农庄庄员则按照劳动一日累计量领取劳动报酬。

这样做的结果就如苏联科学院经济研究所在其所编《苏联社会主义经济史(第四卷)》(马文奇译，北京：生活·读书·新知三联书店，1982 年，第 569 页)一书中提到的，自废除商品配给制、建立社会主义商业系统后，集体农庄的市场在苏联社会主义商业体系所占的比例大大地降低了。1933—1934 年，集体农庄市场的商品流转额占全国商品流转额的 1/5，到 1937 年，集体农庄市场的商品流转额整整下降了约 1/3。

(三) 斯大林模式的评价

1. 立足于马克思主义理论进行评价

陆南泉在《扬弃斯大林模式　坚持走中国特色社会主义光明大道》(载《探索与争鸣》，2009 年第 2 期)一文中指出，不论从政治还是从经济上看，斯大林模式与马克思主义经典作家设想的前景相距甚远，它不可能到达科学社会主义的彼岸。

颜鹏飞在《马克思主义经济学史》(武汉：武汉大学出版社，1995 年，第 207、209 页)一书中指出，社会主义公有制模式体现经济体制的性质，也是社会主义经济的基础，它消除了人剥削人以及资本主义社会中生产者与生产资料相对立的现象，这在所有制发展史上是一种历史的巨大进步。但是，斯大林不顾生产力实际发展水平，一味追求排斥非公有制经济成分的单一的高层次的公有制。加上斯大林计划经济模式的特点是党领导的国家作为经济活动的主体，直接全面地进行干预和调节，并且是排斥市场调节的单一指令性计划调节，并辅之以用行政办法管理经济的中央集权的管理体系，因而堵塞了探索正确运用计划调节的道路。

高放在《社会主义模式的反思与展望》(载《理论视野》，2009 年第 7 期)一文中则认为，斯大林搞的不是高度集权，而是"过度集权"。这里一字之差，天壤之别，过度集权在任何时候都是违背马克思主义的。苏联模式除了过度集权以外，还有严重的教条主义错误，例如否定社会主义可以实行市场经济。

沈宗武在《斯大林模式的现代省思》(昆明：云南人民出版社，2004 年，第 45—46 页)一书中指出，斯大林等人发动工业化运动以积极提高生产力水平；发起集体化运动以争取提高生产的协作化程度；对社会经济生活进行计划和调整以克服生产的无政府状态；巩固和发展无产阶级政权以防止资产阶级的复辟，无疑都是对马克思主义的正确理解和合理运用，都是符合马克思主义基本精神的。然而，在当时苏联比较落后的经济文化条件下，斯大林等领导人过分偏重于发展重工业尤其是军事工业；创建纯粹指令性的计划经济体制；通过暴力发起并进行生产资料所有制的大变革等等，则显然都包含对马克思主义的教条主义运用和形而上学曲解的成分。因为马克思、恩格斯认为，人类历史的发展是自然史过程，生产资料所有制的大变革应该是以生产方式的革命为前提的，他们反对在建立了社会公有制度后运用暴力解决农民问题，而这些正确思想在斯大林模式的形成过程中都没有获得较好的贯彻。

2. 立足于现代化角度进行评价

沈宗武在《斯大林模式重评——必要性、方法及其他》（载《马克思主义研究》，2003 年第 1 期）一文中指出，苏联实行斯大林模式后，以十多年时间就初步实现了现代化，成为欧洲第一、世界第二的工业强国。凭借这一成就，斯大林模式在当时对全世界发生了巨大的影响。在很长时期内，斯大林模式长期被很多落后国家的人民当作振兴国家和民族的样板，被认为是落后国家赶超西方发达国家的一种普遍有效的“后发先进”的现代化模式。斯大林模式作为一种由国家对经济活动进行全面干预的“后发先进”现代化模式，对于广大落后国家的现代化进程的确具有相当大的借鉴意义。从客观效果上说，斯大林模式对于苏联快速推进现代化，锻造强大的工业基础，缔造先进的科学文化水平，构筑稳固的国防基础，推进社会向城市化发展等方面都起到了卓有成就的作用。因此，把斯大林模式当作落后国家快速实现现代化的一种发展途径，将其放在人类社会现代化的进程上进行审视的做法是恰当的。他同时指出，从现代化的角度看，十月革命胜利后，新生的苏俄（苏联）虽然拥有现代化的政治制度——社会主义政治制度，但其他一些重要的现代化参数，如工业化程度、城市化程度、群众普遍的文化水平、人的意识的革新等却仍然处于现代化以前的行列。

左凤荣在《科学地认识斯大林与斯大林模式》（载《国际政治研究》，2006 年第 1 期）一文中指出，俄罗斯通讯院士萨哈罗夫认为，到了 20 世纪 30 年代末，苏联确实成了世界上能够生产各种类型的、最现代的工业品的三四个国家之一，但是苏联的现代化进程具有片面性的特点。30 年代，苏联经济具有“兵营”的面貌，经济完全军事化、完全从属于军备生产的势头开始加强。苏联领导人在脱离了社会文化和共同文明的情况下只是重复西方先进国家的技术成就和一些组织形式，这就奠定了后来国家落后的基础。沙金、卢布科夫等人则认为，苏联的工业化极大地改变了苏联社会的面貌。在头几个五年计划期间，苏联就从进口机器设备的国家变成了生产机器设备的国家，而且正是工业化为国家建立了强大的军事工业潜力，使得苏联人民经受住了卫国战争的复杂的历史考验。但工业化另一方面的结果是，工业税使得农村的生活水平下降，大量的集体农庄亏损，农业的增长速度普遍下降，产生并加深了工业和农业、城市和农村发展中的比例失调现象。

张盛发在《关于第一次世界大战的若干思考——写在一战爆发 100 周年之际》（载《俄罗斯东欧中亚研究》，2015 年第 1 期）一文中指出，斯大林体制的苏联确实也曾创造过自己的辉煌：它由一个带有中等水平的资本主义国家变成了一个经济规模和综合实力名列前茅的超级大国，并在冷战中与另一个超级大国美国全面对抗和对峙，与之共同构造出一种两极世界的独特格局。它战胜了法西斯德国的侵略，捍卫了国家独立和民族尊严；把一国社会主义拓展为世界社会主义阵营；使许多国家把“苏联的今天”当作“自己的明天”。但是，斯大林体制不能与时俱进地顺应历史发展的潮流，无法解决苏联社会所面临的问题和困难，随着时间的推移，它耗尽了所有的潜力而走到了尽头，成为苏联解体的根本原因。

二、罗斯福新政

（一）罗斯福新政的背景

1. 世界性的经济危机对美国的沉重打击

（1）美国的主要经济指标下降

美国学者马克·C. 卡恩斯、约翰·A. 加勒迪在《美国通史》（吴金平等译，济南：山东画报出版社，2008年，第587、590页）一书中指出，1929年10月24日起，美国股票价格开始螺旋下降，美国的繁荣时期结束了。汽车产量从1929年的450万辆下降到1932年的110万辆，1930年超过1 300家银行关门，之后的两年内又有超过3 700家倒闭。当纽约市合众国银行在1930年12月宣布破产时，40万储户发现他们的储蓄被冻结了。每一项经济指标都反映了经济的衰退，新投资从1929年的10亿美元下降到1932年的1亿美元；国民收入在同样短的时期内从超过80亿美元下降到50亿美元。

美国学者威廉·J. 本内特在《美国通史（下）》（刘军等译，南昌：江西人民出版社，2009年，第88页）一书中也提到，1929年，失业率只有极低的3%，1930年，无业人数并不比20年代更糟糕——失业率只有9%；但是，到了1931年，失业人数上升至800万，占劳动力人口的16%，大恐慌开始在美国蔓延。到了1932年，失业率上升到24%这一最高点，1 200万人失去了工作。

何顺果在《美国史通论》（上海：学林出版社，2001年，第268页）一书中指出，美国农业在这次大危机中更是雪上加霜，虽然1932年农产量实际上比1929年提高了，但农产品价格却下降了56%，以致当年工农业产品的平均价格的比率只有100∶58。由于农产品价格下降，农民实际收入也逐渐减少，在1929—1932年期间，农场年平均收入从962美元减少至288美元。工商业所受的打击也很沉重，1929年全美国公司的利润大约是100亿美元，而1932年时不但没有赚钱，反而亏损了近13亿美元。

（2）美国劳动人民日益贫困

美国学者威廉·曼彻斯特在《光荣与梦想》（广州外国语学院美英问题研究室翻译组译，北京：商务印书馆，1978年，第25页）一书中提到，在经济大萧条来临时，许多中产阶级也变成了没落户：夜间敲门讨饭者可能是几个月或一年前在银行里爽快地签发过你的贷款，或者在你所读的报纸上写过社论，或者是某家房地产公司副经理。

马克·C. 卡恩斯、约翰·A. 加勒迪在《美国通史》（吴金平等译，济南：山东画报出版社，2008年，第590、592、593页）一书中就提到，1932年，波士顿有超过4.06万个家庭依靠救济生活（1929年是7 400个家庭）；在芝加哥，有70万人失业，占整个劳动力大军的40%。1932年春天，随着经济逐渐探底，成千上万的美国人面临饿死的境地。在费城，人们连续11天领不到一点救济款，几百个家庭靠变质面包、稀薄汤水和别人丢弃的残羹剩饭维持生命。在全国，只有大约四分之一的失业人员得到公共援助。很多人无家可归，他们常常聚居在用包装箱、生锈的铁皮和从沼泽地、垃圾堆和其他荒地里捡来的类似垃圾建造起来的破烂飘摇的社区里。人们开始称这些地方为“胡佛村”。成千上万的流浪者游荡在乡村，乞讨和寻觅食物。

同时，食品价格下跌厉害，农民们只好将谷物作燃料来烧。而当收入减少时，人们不得不减少购买相对较贵的食品，如水果、肉和奶制品。大萧条从很多方面影响了失业者的家庭，它造成了出生率的急剧下降，从1920年的2.77%下降到30年代初期的1.84%，这是美国历史上最低的出生率。

2. 遭遇共产主义与法西斯主义的双重冲击

(1)“美国梦”的破碎

赵修义在《危机不仅仅是经济的，也是社会的和观念的：解读20世纪二三十年代的美国大萧条与罗斯福新政》(载《探索与争鸣》，2009年第9期)一文中强调，长期的失业、普遍的贫困使得美国人的观念发生了变化。几代人心驰神往的“成功”神话，日渐失去了光泽。粗犷的个人主义失去了说服力，被讽刺为“衣衫褴褛的个人主义”，接受的人数大为减少。而那些关于美国生活的许诺，被证明不过是一种宣传或者是语词的暴政。除了一部分人，尤其是中老年人顽强地坚守古老的传统，苦干、节俭和个人进取之外，相当一部分公众开始把贫困和失业归咎于社会或经济体制，进而走向激进主义——游行、抗议、骚乱，或者是到那些大商店行窃。而胡佛派麦克阿瑟对失业退伍军人的镇压，则引起了更大的社会对抗，出现了大规模的工人抗争：罢工，有组织地夺取食物，高举着“工作或者工资”、“不要饿死——起来战斗”等口号的示威、抗税；同时，还有农民的有组织的反抗。

威廉·曼彻斯特在《光荣与梦想》(广州外国语学院美英问题研究室翻译组译，北京：商务印书馆，1978年，第56、57、58页)一书中指出，当时的小学生在歌谣中唱道：“梅隆拉响汽笛，胡佛敲起钟，华尔街发出信号，美国往地狱冲!”这比较形象地概括了当时的社会局面。面对着社会的动荡不安，垄断资产阶级忧心忡忡。当时哈佛商学院的院长查尔斯·施瓦布就感叹地说：“资本主义正经受考验，西方文明前途如何，取决于这次考验的结果。”埃尔默·戴维斯甚至说：“为利润而生产的制度已经死亡。”

(2) 共产主义思潮的泛起以及法西斯主义的冲击

何顺果在《美国史通论》(上海：学林出版社，2001年，第274—275页)一书中指出，在激进派的鼓动下，于危机前成立的城市失业理事会，在各地发动了一列示威和游行。1930年二三月份，他们先后冲击费城、洛杉矶、纽约等市政厅，其中有的还提出更激进的口号：必须夺取政权，建立工农共和国。3月6日，在共产党和工会统一同盟组织下，失业工人举行全国性示威，参加人数不下125万，其要求包括失业救济、失业保险等，中心口号为：“不要饿死——起来战斗!”这年7月，在芝加哥召开的工人代表会议上，成立了全国失业理事会，失业保险、以工代赈、免费入学等，被确定为该理事会的斗争目标。在失业理事会领导下，分别于1931、1932年组织了两次向华盛顿的“饥饿进军”。

威廉·J.本内特在《美国通史(下)》(刘军等译，南昌：江西人民出版社，2009年，第94页)一书中提到，1932年大选之年的形势十分危急，几千名著名作家和知识分子公开呼吁共产主义。畅销小说《了不起的盖茨比》的作者菲茨杰拉德渴望“发生一场革命”，其他接受马克思主义思想的著名作家也给美国的思想环境造成一种强烈的左翼倾向。

马克·C.卡恩斯、约翰·A.加勒迪在《美国通史》(吴金平等译，济南：山东画报出版社，2008年，第593页)一书中提到，共产党在农民和产业工人中的追随者不多，但相当一部分知识分子受到20年代思潮的影响，对共产主义强调经济计划和全民动员去达到社会目标的思想反应积极。甚至连“爆竹桶”幽默家威尔·罗杰斯也被苏联没有严重的失业现象的报道所打动。“条条道路通莫斯科!”专爱揭丑闻的新闻记者林肯·斯蒂芬斯写道。

另外,此时还要注意到法西斯主义的兴起对美国社会的冲击,英国学者霍布斯鲍姆在《极端的年代》(郑明萱译,南京: 江苏人民出版社,1999 年,第 155 页)一书中就提到,经济的萧条使得法西斯主义变成世界性的运动,成为世界一大威胁。随风而逝的不只是和平、社会的安全以及经济体系,甚至连作为 19 世纪自由资本主义社会基石的政治制度和价值观也日暮途穷,当时美国国内已出现法西斯的苗头。

刘绪贻、李存训在《美国通史(第 5 卷)》(北京: 人民出版社,2002 年,第 61 页)一书中指出,1932 年 9 月在亚特兰大成立了美国法西斯协会和黑衣社,接着又出现银衣社、白衣社、褐衣社、“民兵团”、民族主义党等右翼组织。哥伦比亚大学校长尼古拉斯·M. 巴特勒公开对学生赞美极权主义制度;堪萨斯州长艾尔弗雷德·兰登声称宁可实行独裁统治也不可让国家瘫痪;国会议员小汉密尔顿·菲什说,如果不在现制度下实行独裁,人民就要改革这个制度;共和党参议员戴维·A. 里德认为,如果美国什么时候需要一个墨索里尼,那就是现在。这是一些法西斯主义的星星之火。

3. 胡佛决策的失败

刘绪贻、李存训在《美国通史(第 5 卷)》(北京: 人民出版社,2002 年,“引言”第 2 页)一书中指出,1929—1933 年美国经济大危机是不能再仅靠市场的自我调节得到解决的,美国如果要避免共产主义或法西斯主义,就必须由联邦政府直接干预社会经济生活,但是胡佛总统的生活经历限制了他对这一规律的认识。他顽固地反对联邦政府直接干预社会经济生活,即使被迫干预,他的社会达尔文主义思想也使他的干预不能沿着改善工农群众政治经济处境、提高广大人民群众购买力的方向发展,因而使经济危机日益加深,广大人民群众日益不满。这样,比较关心工农群众、积极提倡公营廉价电力,并因经济危机逐渐升级而日益主张政府(包括联邦政府)直接干预社会经济生活以帮助危机受害者的纽约州州长富兰克林·罗斯福,便成为大多数美国人民愿意委以重任的政治家。1932 年,他先后击败民主党内和共和党的自由放任主义者、那些拥护过时的一般垄断资本主义甚至社会达尔文主义的人,接替胡佛,当选为美国总统。

何顺果在《美国史通论》(上海: 学林出版社,2001 年,第 272—273、276 页)一书中指出,胡佛声称“作为一个国家,我们必须防止我们的人民之中那些确有困难的人挨饿受冻”,但又不允许联邦政府直接出面予以救济,只强调由私人慈善机构去解决问题。他虽然提出对各州的公共工程提供联邦补贴,但又坚决主张和维护传统的预算收支平衡的原则,以避免联邦政府出现财政赤字,并一再运用总统否决权来阻止有关法案的通过。总之,在整个反危机过程中,他常常不得不用自己的一只手,去收回他另一只手所给予的东西,以致使自己的某些责任和承诺变成一纸空文。然而,胡佛反危机政策的失败,既不在其经验和能力的不足,也不在其根本不想努力去克服这种危机,而在于其政治信仰和经济思想的问题。事实上,他始终相信自由贸易、自由企业和自由发展的思想,根深蒂固地主张和奉行“自由放任”的政策,而根本不愿以政府权力去干预经济。正是这种僵硬的思想和政策,终于导致其反危机政策在 1932 年归于完全失败。美国选民对胡佛已经失望,他在需要政府采取有力措施来处理危机的时候,他却死抱住自由主义和不干预主义的传统不放,以致丧失了处理经济危机的大好时机，使危机一天一天地蔓延。

4. 新政顺利实施的因素

(1) 罗斯福的个人魅力与努力

马克·C. 卡恩斯、约翰·A. 加勒迪在《美国通史》(吴金平等译，济南：山东画报出版社，2008年，第594—595、598页)一书中指出，罗斯福获得提名主要归因于他任州长时的出色表现。在他的管理下，纽约州在为有需要人士提供救济方面为全国带了头，还实施了令人印象深刻的养老金计划、失业保险以及环境保护和公共电力工程等。富兰克林·罗斯福提供了重振美国人民的活力，他的就职演说使这个国家恢复了信心，同时激励它行动起来。"我们唯一要恐惧的事情是恐惧本身。国家要求我们采取行动，而且现在立刻行动起来。我毫不犹豫地担当起领导这支伟大人民队伍的任务。"他在简单的演讲中不时加入这样的话语，演讲结尾是坚定的承诺："假如国会无法做到，我不会逃避降临到我身上的职责。我将从国会那里要求仅存的一种手段来解决危机——那就是使用广泛的行政权力来抗击危机。"演说俘获了美国人民的心。

刘绪贻、李存训在《美国通史(第5卷)》(北京：人民出版社，2002年，第215—218页)一书中认为，从罗斯福的成长经历看，他被培养成一个十分热心政治、积极赞成对资本主义进行改革、克服其弊病，并通过抑制资本、扶助工农以维护资本主义制度的新型民主党人。这是必然促成他实行"新政"的生活背景。此外，罗斯福不仅具有实行"新政"的愿望，他还具有实行"新政"的优越条件：一是他看到了资本主义基本矛盾的后果：生产过剩和工农群众购买力不足，危机此时已发展到仅靠市场机制不能挽救的地步，必须由国家进行积极干预，由此他才积极提倡和实行"新政"以挽救资本主义。二是除认识到挽救资本主义的必要性和迫切性以外，罗斯福资产阶级人道主义的思想感情，也推动他实行"新政"。他反对美国社会重视制度甚于重视人，把劳动当成货物或商品，他认为在美国唯一真正值得宝贵的，是自然资源和人民群众。三是除实行"新政"的认识和感情外，罗斯福还具有实行"新政"的能力。从根本上说，罗斯福及其"新政"得到支持，是由于适应时代要求，比起其他资产阶级政治人物及其政策较有利于大多数美国人。实行"新政"需要大胆创新，罗斯福及其政府这样的实例是很多的。如他们第一次顶着垄断资本的反抗规定了对华尔街的管治，他们顶着保守派和农产品加工业者的反抗，把巨额款项分配给数以百万计的生产主要农业品的农户，他们不理保守势力和企业界反对，一次拨款50亿美元计划使500万人就业，他们帮助广大工人群众组织工会与资方抗衡，他们打破惯例使国会在立法方面唯自己的马首是瞻，他们为全国小额银行存款保险等等。

何顺果在《美国史通论》(上海：学林出版社，2001年，第278—280页)一书中指出，罗斯福还为自己设置了一个"智囊团"，其组成人员是总统的重要顾问，但又不属于政府官员之列，这在美国史上是一大创举。这些智囊人物有几大特点：第一，均有较高的学位和学问；第二，均有丰富的社会工作经验；第三，均倾向于对经济实行国家干预。因此他们是罗斯福"新政"的有力支持者，对"新政"的提出和实验都起了重要作用。

(2) 保存资本主义民主制度的迫切需要

刘绪贻、李存训在《美国通史(第5卷)》(北京：人民出版社，2002年，第62—63页)一书中认为，美国社会自进入垄断资本主义时代以来，它的基本矛盾和生产无政府状态到30年代初已发展到极端尖锐的程度,非改变生产关系不可。胡佛及其政府既不愿改变生产关系,又想把现行经济制度继续下去,结果危机程度愈益加深,美国垄断资本主义社会更加濒于解体。如果再不改弦更张,形势必将更险恶。这就使大多数美国人认识到,再让这种一方面生产大量过剩、一方面千千万万人民饥寒交迫,一方面银行库存约100亿美元、一方面许多城市因通货不足不得不发行小额临时纸币的经济制度继续下去,是既不应该也不可能的。要克服这种经济危机,挽救美国的垄断资本主义制度,就必须反对胡佛自由放任、至少基本上是自由放任的政策,实行某种变革。至于学习苏联,实行共产主义革命,彻底改变生产关系,有不少人向往,不少人议论,但是不仅资产阶级学者,就是美国共产党主席威廉·Z.福斯特,也认为客观条件还不具备。因此,要变革,只能在资本主义制度范围之内进行改革,也就是由垄断资产阶级政府直接干预社会经济生活。如前所说,当时美国虽有极少数人提到美国需要一个墨索里尼,实行法西斯主义。但是,由于美国自建国以来具有较深厚的民主自由传统;经济基础较德、意、日等国雄厚,垄断资产阶级认为还不必孤注一掷;美国垄断资产阶级不像德国垄断资产阶级那样面临迫切的无产阶级革命危机;美国中产阶级与农场主不像德国的中产阶级和地主那样倾向于垄断资产阶级极右翼;美国垄断资产阶级不像德、意、日垄断资产阶级那样迫切要求重新瓜分世界,等等,大多数人还不能接受法西斯式的国家对社会经济生活的独裁干预。

美国学者杜蒙德在《现代美国:1896—1946年》(宋岳亭译,北京:商务印书馆,1984年,第465页)一书中提到,1928年大选时,共和党正得人心,柯立芝政府副总统查尔斯·G.道斯就因为人们认为其"具有法西斯倾向"而得不到共和党提名。这样,剩下的一条变革之路,就只能是在保存资产阶级民主的前提下,舍弃自由放任政策,又让国家直接干预社会经济生活,局部改变生产关系。这就是1932年大选罗斯福大胜胡佛并在就任总统后实行"新政"的基本原因。从此,美国正式进入了富兰克林·罗斯福时代。

(二)罗斯福新政的特点

1. 政府通过立法获得大规模干预经济生活的权力

何顺果在《美国史通论》(上海:学林出版社,2001年,第278页)一书中指出,罗斯福知道,为了取得成功、战胜危机,仅有人民的信任和支持是不够的,还必须有对付危机的有力手段,这就是高度集中的权力,以便这个国家像"一支训练有素的"军队一样行动。为此,他在就职演说中在一般地说明了克服危机的措施后表示:"我将向国会要求应付紧急状况的最后手段,这就是对紧急状况作战的广泛的行政权力,像我们真正遭到外敌侵略时所赋予我的权力一样大。"

美国学者布鲁斯·阿克曼在《我们人民:宪法变革的原动力》(孙文恺译,北京:法律出版社,2003年,第295页)一书中指出,如果说谁是现代积极干预国家的奠基人,那是富兰克林·罗斯福而不是詹姆斯·麦迪逊;如果说有哪个议会是积极干预国家的创建者,那是新政国会而不是费城制宪会议。

美国学者凯斯·R.孙斯坦在《自由市场与社会正义》(金朝武等译,北京:中国政法大学出版社,2002年,第474页)一书中也认为,罗斯福新政导致了美国原有宪法结构的实质性变革。

美国学者布鲁斯·阿克曼在《我们人民：宪法变革的原动力》(孙文恺译，北京：法律出版社，2003年，第2页)一书中总结道，罗斯福新政作为美国宪法史上三个主要的宪法政治时期之一，国家宏观调控权合法性的获得才能够使美国从传统的自由放任主义向积极干预经济的国家过渡。

2. 美国借鉴计划经济的管理机制调节经济

郝承敦在《西方向东方借鉴的发轫——论罗斯福“新政”中的“计划经济”》(载《当代世界与社会主义》，2009年第6期)一文中提到，根据农业调整法的计划，美国在1933年将1 000多万英亩成熟待摘的棉花耕掉，同时缩减小麦耕地800万英亩、玉米耕地900万英亩。另外，由政府收购屠宰猪620万只、牛2 300万头、羊500万只。宰掉以后当肥料或造肥皂，罗斯福称之为“计划生育”。面对混乱不堪、无序竞争的美国经济，罗斯福政府大胆借鉴计划经济的管理机制，进行经济改革，从而使美国经济得到了恢复和发展。从理论上来讲，罗斯福在其新政改革中推行计划经济是资本主义矛盾发展的必然要求。

苏联学者H. H. 雅科夫列夫在《轮椅总统——罗斯福》(宋竹音等译，北京：北京出版社，1987年，第189—191页)一书中提到，《全国工业复兴法》在国会讨论时引起了激烈的争论。F. 布里顿在众议院叫嚷:“国会审议的立法草案比苏俄现行的任何法律更加布尔什维克化。”J. 马丁也认为，“我们在走莫斯科的路”。对此，罗斯福指出:“我坦白地告诉你们，这(指《农业调整法》)是一条尚未有人走过的新路，但我也可以同样真心地说，前所未有的局面要求试行拯救农业的新办法。”

资本主义是通过生产的社会化而促使生产力高速发展的，但是，郝承敦在《西方向东方借鉴的发轫——论罗斯福“新政”中的“计划经济”》(载《当代世界与社会主义》，2009年第6期)一文中提到，生产的社会化和资本主义私人占有制是相矛盾的。这一矛盾导致了下述现象的发生：首先是单个工厂生产的有组织、有计划和整个社会生产的无政府状态的矛盾。这一矛盾不可避免地导致了资本主义生产的恶性循环，从而使得资本主义生产成为周期性的。罗斯福的新政就试图解决这一矛盾。但是，无论在自由资本主义或一般垄断资本主义时代，资本主义国家的生产都呈现出无政府状态，因此不可能实现计划经济。罗斯福新政改革时期的计划经济并不是真正意义上的计划经济，它只是当今资本主义计划经济的原始状态。但是，新政改革毕竟是开了资本主义计划经济的先河。

(三) 罗斯福新政的影响

1. 引起美国社会结构和上层建筑的剧烈变化

刘绪贻、李存训在《美国通史(第5卷)》(北京：人民出版社，2002年，“引言”第6—7页)一书中指出，富兰克林·罗斯福时代，美国社会经历过大萧条磨炼，通过实行“新政”迅速而大规模地由一般垄断资本主义国家向国家垄断资本主义国家过渡，又在第二次世界大战中，和全世界人民一道，打垮了最反动、最沙文主义的军事国家垄断资本主义国家，不但挽救了美国濒于崩溃的资本主义制度，还为整个资本主义世界进入“新政”式国家垄断资本主义阶段奠定了牢固的基础。这种经济基础的转变，自然会引起美国社会结构和上层建筑的剧烈变化。社会结构的变化，主要表现在人口的增减、构成与分布方面，表现在家庭结构、产业结构和公民社会地位的变化方面。上层建筑的变化非常复杂，其中政治制度的变化主要表现为：三权分立制中总统与行政部门权力的显著扩大；联邦制由二元联邦主义转变为合作联邦主义；政党制中两大党由地区性政党转变为全国性政党，民主党更成为一个带改良主义色彩的资产阶级政党，共和党则倾向于保守。

关于罗斯福新政对美国的影响，何顺果在《美国史通论》（上海：学林出版社，2001 年，第 291—294 页）一书中指出，罗斯福政府通过缓慢的通货膨胀或政府的积极经济干预，以实现经济复兴和充分就业；通过社会保障及收入的再分配，来改革资本主义的结构；通过创办政府事业或公共工程，来修正从前的自由企业体制。同时，罗斯福企图把福利国家政策硬加在资本主义的基础上，以此来建立一个比以前更为公正的社会。为了实现这些制度化的剧变，就必须在某种程度上改变美国固有的权力结构，赋予总统和政府部门更大的权力。其结果是：国家从此成为经济的发动机和企业的创立者。为了实施“新政”，不得不对这种传统的权力结构进行调整，以适应处理紧急事务和危机的需要：罗斯福通过向国会提出特别咨文、写信等方式，把过去破例向国会提出立法草案的做法变成了一种经常性行政活动，从而扩大了总统的立法职能；为了创办和管理新建的大量国家事业或公共工程，罗斯福不得不临时增设许多新的独立机构和附属机构，从而扩大了政府的行政职能。结果，罗斯福总统作为行政首脑的职能，大大超过了历史上的任何一位总统。与此相对应，立法部门和司法部门的权力受到削弱，“三权鼎立”的格局第一次面临失衡。受总统和行政权力扩大影响的，还有作为美国基本制度的联邦制。按美国宪法，在参议院的组成问题上实行“州权平等”的原则，在中央和地方权力划分问题上，凡没有明确列为中央行使的权力，均须保留给地方政府和人民，各州可以独立行使权力而不受侵犯。但在罗斯福时代，由于联邦权力急剧膨胀，从前属于州权范围的一些权力，如教育、卫生、社会福利、工业管制、劳资关系等，均受到总统和联邦政府的干预。这样，在地方和中央权力关系问题上，就由一种所谓的“合作联邦制”，取代了传统的“二元联邦制”。但在联邦和地方“合作”之时，实际上拨款和政策制定之权均在联邦，而州和地方政府只有执行和管理之权，甚至在州权范围内也有了联邦插手的现象。

另外，马克·C. 卡恩斯、约翰·A. 加勒迪在《美国通史》（吴金平等译，济南：山东画报出版社，2008 年，第 610 页）一书中还指出，罗斯福特别喜欢建立新的机构处理特殊问题，此举极大地增强和扩充了联邦官僚机构，间接地增加了游说者的影响，使得联邦政府更难监控政府活动。他对宪法限制行政权力的藐视态度（他认为此举在国家紧急情况下必要的），开启了增加总统威望和权威的趋势，以致行政、立法和司法部门之间的平衡受到了威胁。总体说来，新政有积极的影响。到 1939 年，美国人已决定接受联邦政府应承担国家福利的责任并采取一切必要的措施解决特殊问题的观念。由于新政的决策，许多原先美国生活中没有管制的领域受到联邦当局的管制：证券交易、农产品价格和生产、劳工关系、老年津贴、救济贫困等。如果说新政没有结束萧条，它确实引起了一些变革——至少目前——已经阻止了后来的经济衰退演变成灾难。

2. 对资本主义世界产生了深远的影响

刘绪贻、李存训在《美国通史（第 5 卷）（北京：人民出版社，2002 年，第 204—208、209 页）一书中指出，卓有成效的新政改革对资本主义世界产生了深远的影响。加拿大理查德·伯内特政府 1935 年开始的改革就被称为伯内特的新政。1935—1937 年比利时国民统一政府的改革被反对派谴责为“盲目抄袭美国的新政”。1936—1937 年法国人民阵线政府初期的改革被称为法国的"新政"。1933年,英国职工代表大会通过决议,敦促英国政府效法罗斯福实行新政。美国第二次世界大战后在日本推行的民主改革也被认为"在精神上和实质上,是富兰克林·罗斯福'新政'时代的产物"。由上所述,足见罗斯福新政不但通过大力加强垄断资本主义向国家垄断资本主义转变延长了美国垄断资本主义的生命,还为其他主要资本主义国家提供了样板,帮助它们通过同样途径延长垄断资本主义生命。这就是说,罗斯福新政的历史地位,是为资本主义世界探索出一条延长垄断资本主义生命的唯一可行途径,即大力发展非法西斯式的、走所谓"福利国家"道路的国家垄断资本主义——罗斯福"新政"式的国家垄断资本主义。

苏联学者M.C.德拉基列夫在《国家垄断资本主义:共性与特点》(黄苏等译,北京:商务印书馆,1982年,第236、238页)一书中明确指出,现在在许多西方国家,国家垄断的经济计划化体系已经形成或正在形成,这种体系在确定一定的国民经济比例、编制和实现全国性经济计划的基础上,把当前的调节与协调经济发展远景的企图结合。英国、荷兰、比利时、挪威和其他一系列资本主义国家经济计划化都得到了巨大发展。

教学设计

设计一:从"小政府"到"大政府"——罗斯福新政中美国政府职能的转变

设计意图

罗斯福新政对美国说来是一场极为深刻的改革,它是美国历史发展的重要里程碑。本设计从政府职能的角度,分析新政促成美国从"小政府"到"大政府"的转变,从政府尽量少管事的观念向多管事转变。通过史料引导学生理解,这种转变不仅体现在具体措施上,而是在根本观念上的转变,是自由主义关于国家的理论的一次深刻变革。从而认识新政对美国影响的深刻性,理解任何一次改革实践总是与理论、观念并行的,丰富学生对新政价值的理解与解释。

一、美国联邦"小政府"的建立

1. 美国建国之初遇到的危机

材料呈现:

材料一 1785年7月25日,北非阿尔及尔海盗劫获美国商船"玛利亚号"和"多芬号",将115名船员劫为人质,勒赎66万美元,当时派去谈判的美国特使只带去4万美元。"玛利亚号"和"多芬号"船只上的船员被羁押了十年,到1795年才最终赎回人质。

——刘博庆:《美国历史上第一次海外作战》,载《唐山师范学院学报》,2014年第6期

问题设计: 独立前后的美国经常受到海盗的困扰。美国商船"玛利亚号"和"多芬号"被劫十年后才得以解救的原因很复杂,请从政府财政的角度分析其原因。

教师引导学生分析: 刚刚独立的美国实行邦联制,政府没有权力进行征税来缴纳赎金,

解救被劫的船员。所以，在美国建国之初，既没有强大的海军，也无充足的财政，只能定期向海盗“纳贡”，以换取海上贸易的平安。在这种情况下，建立一个强有力的联邦政府显得非常迫切，美国1787年宪法的制定，使之变为可能。但即便这样，受自由主义影响的美国建国元勋一直持有“小政府”的理念，其中最主要的代表人物是托马斯·杰斐逊，他们秉承“最好的政府就是管得最少的政府”的理念，让联邦政府尽可能地成为一个“小政府”。

2. 联邦“小政府”的特点

材料呈现：

材料二 建国之初，当汉密尔顿提出建立“国家银行的计划”时，杰斐逊曾强烈反对：“我认为，宪法的基础在于，‘所有未授予合众国、也未禁止各州行使的权力，保留给各州行使，或保留给人民行使之’（第12条修正案）。如果越过权限一步，也就绕过了国会，这就是攫取了无限的权力，结果将使滥用权力的势头无法遏制。”

——陈志杰：《托马斯·杰斐逊：美国悖论的化身》，载《天津师范大学学报（社会科学版）》，2015年第5期

问题设计：杰斐逊为什么反对国家银行计划？他的理由是什么？

教师引导学生分析：杰斐逊认为国家银行计划是违反宪法的，他认为这样会开启滥用权力的闸门。美国赖以立国的传统政治理论以杰斐逊思想为主导，都是建立在对“国家”的不信任上，立足于尽量缩小联邦政府的规模，限制政府的权力，特别是在政府的开支上，国会代表纳税人监督甚严。在政府与私人的关系上，立足点主要站在私人立场反对政府干预。

3. “小政府”遇到的尴尬和危机

教师讲述：但是实际上，美国联邦政府从一建立开始，政府的权力就在不断地扩大。1803年，拿破仑以1 500万美元的价格将整个路易斯安那地区出售给美国，这给当时的美国政府出了个难题。

材料呈现：

材料三 买还是不买？

杰斐逊起初考虑提出一条修正案。他写道：“这一（土地出售）协议必须首先提交国会两院审议，因为两院在这方面有重要职责。我想他们会保证履行自己对国家的职责——签署这一协议，以争取到这一重大的利益，所谓机不可失，时不再来。但我想他们必须向全国呼吁在《宪法》中增加一条，认可之前没有授权的一条。目前《宪法》没有赋予政府控制外国国土的权力，更没有将外国纳入联邦的权力。”

——陈志杰：《托马斯·杰斐逊：美国悖论的化身》，载《天津师范大学学报（社会科学版）》，2015年第5期

问题设计：杰斐逊为什么提出要拟订一条宪法修改案？在这笔巨额交易面前，美国联邦政府应该如何处理？

教师引导学生分析：杰斐逊认为，这样一桩大的土地买卖一定要符合宪法，因此主张拟订一条宪法修改案。但实际上，当美国谈判代表从巴黎传来消息，催促其马上签署协议、否则拿破仑可能会改变主意时，迫于实际需要，杰斐逊和他的共和党同僚们将正常的程序暂时搁置，而根据汉密尔顿“默示权力”的原则，最终完成了这笔金额巨大的交易，使美国得到了半个大陆。杰斐逊的现实主义外交战胜了他的限制政府权力的思想。如果说这仅仅是建国

之初考验“小政府”的戏剧性事件，随着时间的推移，“小政府”思维越来越受到严峻的考验，“杰斐逊主义”甚至变成了“杰斐逊困惑”。

材料呈现：

材料四 胡佛的失败和失去

胡佛声称，“作为一个国家，我们必须防止我们的人民之中那些确有困难的人挨饿受冻”，但又不允许联邦政府直接出面予以救济，只强调由私人慈善机构去解决问题。他虽然提出对各州的公共工程提供联邦补贴，但又坚决主张和维护传统的预算收支平衡的原则，以避免联邦政府出现财政赤字，并一再运用总统否决权来阻止有关法案的通过。总之，在整个反危机过程中，他常常不得不用自己的一只手，去收回他另一只手所给予的东西，以致使自己的某些责任和承诺变成一纸空文。

——何顺果：《美国史通论》，上海：学林出版社，2001 年，第 272—273、276 页。

问题设计： 面对经济大危机，胡佛反危机的政策为何失败？

教师引导学生分析： 胡佛反危机政策的失败，既不在其经验和能力的不足，也不在其根本不想努力去克服这种危机，而在于其政治信仰和经济思想的问题。事实上，他始终相信自由贸易、自由企业和自由发展的思想，根深蒂固地主张和奉行“自由放任”的政策，而根本不愿以政府权力去干预经济。美国选民对胡佛已经失望，他在需要政府采取有力措施来处理危机的时候，却死抱住自由主义和不干预主义的传统不放，以致丧失了经济危机的大好时机，使危机一天天地蔓延。正是这种僵硬的思想和政策，终于导致其反危机政策在 1932 年归于完全失败。

二、从“小政府”到“大政府”——罗斯福新政

教师讲述： 面对经济大危机，“小政府”迎来了他的新主人。比较关心工农群众、积极提倡公营廉价电力，并因经济危机逐渐升级而日益主张政府（包括联邦政府）直接干预社会经济生活以帮助危机受害者的纽约州州长富兰克林·罗斯福，便成为大多数美国人民愿意委以重任的政治家。1932 年，他先后击败民主党内和共和党的自由放任主义者、那些拥护过时的一般垄断资本主义甚至社会达尔文主义的人，接替胡佛当选为美国总统。他主持的新政改革了美国政府的职能。

1. 国家理论的深刻变革：保证人民免于匮乏

材料呈现：

材料五 罗斯福提出“四大自由”

在我们试图寻求安全的未来世界，我们期待一个建立在四大自由基础上的世界。这四大自由是：

第一，在世界上的任何地方都有言论和表达自由。

第二，在世界上的任何地方都有宗教信仰自由。

第三，在世界上的任何地方都有免于匮乏的自由。用世界性的术语来说意味着每个国家都可以为其国民提供一个健康的和平时期的生活。

第四，在世界上的任何地方都有免于恐惧的自由。用世界性的术语来说，意味着全世界范围内的裁军，而且裁军将变成一种趋势达到某种程度以至于任何国家都无法用武力侵犯

其邻国。

——[美]戴安娜·拉维奇编:《美国读本:感动过一个国家的文字》,林本椿等译,北京:生活·读书·新知三联书店,1995年,第661页。

问题设计:法国文学家和政治思想家、近代自由主义的奠基者之一邦雅曼·贡斯当提出“人身自由、宗教自由、言论自由和财产享用自由”,这是旧的“四大自由”。对照旧的“四大自由”,罗斯福的新“四大自由”有何创新之处?

教师引导学生分析:罗斯福第一次在基本人权中注入了“经济正义”的因素。“免于匮乏”的观念是对自由放任的思想基础——社会达尔文主义的一次重大修正,而把追求社会平等作为一项原则。从罗斯福本人到他的“新政”谋士们都认为,一个关心群众福祉但犯错误的政府比一个漠视人民疾苦却无所作为的政府好,对美国人自由的威胁主要来自私人财团而不是国家。过去认为在自由竞争的条件下,“适者生存”是天经地义的;新的观念认为,在一个这样富有的社会中还有赤贫现象是不合理的,是非正义的。消灭这种不合理现象应是政府和社会的目标。有劳动能力的人应有就业的权利;没有劳动能力或失去劳动机会的人应有得到救济的权利。过去救济工作是从基督教的道德良心出发的私人行为,政府没有济贫的任务,现在对公民来说是应得的权利,对政府来说是用法律固定下来的义务。从此以后社会福利进入了政府经常性的政策。

2. 提供“社会安全”(或称“社会保障”)

材料呈现:

材料六 罗斯福说:“在早先的日子里,安全保障也是通过家庭成员之间的互相依靠和小居民点内各个家庭之间的互相依靠而取得的。大规模社会和有组织行业的复杂情况,使得这种简单的安全保障方法不再适用。因此,我们被迫通过政府来运用整个民族的积极关心来增进每个人的安全保障。”

——关在汉编译:《罗斯福选集》,北京:商务印书馆,1982年,第58页。

材料七 1941年1月11日,罗斯福主张“所有的人”,都有权“从事有益的工作和获得酬报”,“保障自己和家庭在生活上过得去”,“拥有体面家宅”,“享有充分医疗照顾和有机会获得并保障健康身体的权利”,“享受充分保障不必在经济上担心老、病、事故和失业的权利”,“获得良好的教育”。他宣称“没有经济上的独立和安全,就不存在真正的个人自由”,“贫困的人不是自由的人,饥饿和失业的人们正是创造独裁国家的原料”。

——黄安年:《富兰克林·罗斯福和1935年社会保障法》,载《世界历史》,1993年第5期。

问题设计:罗斯福认为传统的“安全保障”出现了什么问题?他的对策是什么?

教师引导学生分析:罗斯福认为,传统的“安全保障”无法保障人民在经济上的独立和安全,与发财的机会相比,广大的普通人所追求的更重要的是生活安全。“新政”的一系列立法,诸如失业救济、最低工资、养老保险以及医疗保险等等,都是这一观念的体现。罗斯福政府第一次以保护债务者为己任,通过一系列立法,由联邦储备银行保证储户在银行破产时能得到一定数量的存款偿还。特别是通过《房主贷款法》,规定以房产做抵押品的房产主无力偿还欠款时,可以其抵押品转借由政府担保的国债,从而使许多人保住了住房。从罗斯福新政起,一般靠劳动工资为生的人结束了一夜之间失去终身积蓄或因还不起购房贷款利息而流落街头的噩梦。

3. 政府成为调整劳资关系的中介者

材料呈现：

材料八 （罗斯福新政期间）涉及“调整”劳资关系的立法，包括“全国工业复兴法”第七条、“瓦格纳法”以及“工资工时法”。它表明工人有权组织和参加工会，工人的代表有权与资本家进行涉及工人利益的集体谈判，表明资产阶级政府“给了”工人以一定的政治权利；而关于最低工资和最高工时的规定，则又在一定程度上保障了工人的经济利益和劳动极限。在美国历史上，由国会通过此种内容的法案，并经总统签署生效，最高法院亦不得不承认，实属罕见。

——刘达永：《罗斯福“新政”时期劳工立法的实质》，载《四川师院学报》，1984年第2期。

问题设计：罗斯福政府调整劳资关系立法有什么作用？政府的角色发生了怎样的转变？

教师引导学生分析：在当时的实际意义是政府出面说服资本家向劳工让步。政府的作用从主要维护有产者的利益转变为劳资之间的调解者，或者说是各种利益集团的协调者。政府常常在某个时期、某个方面同某一部分资本家处于对立地位，而要依靠强大的工会的力量和金融、经济手段与资本家争利；在另一个时期又向资本家让步。例如1933年6月通过的《全国工业复兴法》就是妥协的产物，该法以放宽反托拉斯法为条件，取得资方同意，规定了最低工资、最高工时、工人集体谈判的合法权利等保护劳工的条款，劳动者的社会地位也得到进一步承认。在罗斯福“新政”的后期，任何为社会福利集资的团体必然有工会代表参加，于是工会不再是一种反社会的、革命的和激进的力量，而纳入了体制内，这从根本上改变了美国工人运动的性质，从此，美国的工会成为民主党的主要支柱之一。

教师指导学生小结：罗斯福“新政”的实施，使联邦政府的职和权都空前集中。政府的强制权从在实践中的必要性发展到在理论上得到认可。从本质上说，“新政”是在西方资本主义高度发达，其政治制度、市场规范、法治传统都经过几百年的磨炼，臻于成熟的历史阶段产生的。那时自由放任经济所释放出来的生产效率已经盛极而衰、弊病百出。在效率与平等的此起彼伏的矛盾中解决平等问题已经刻不容缓，罗斯福所做的一切都是致力于挽救和巩固资本主义制度，并且获得了成功。

设计二：斯大林模式的来龙去脉

设计意图

斯大林模式是影响苏联历史发展的重要经济、政治发展模式，认识斯大林模式的来龙去脉，有助于学生理解斯大林模式产生、发展的原因。本设计引导学生辨析“苏联模式”和“斯大林模式”，理解我国的改革对苏联的做法既有否定批判的一面，也有肯定继承的一面。进而从战时共产主义政策、新经济政策的产生、发展及变化的原因，分析斯大林模式产生的历史原因、国际原因及个人因素，从而理解斯大林模式形成的原因是多方面的，只有从历史的角度去考察，方能透过现象看本质。

一、“斯大林模式”概念辨析

1. “苏联模式”和“斯大林模式”的辨析

材料呈现：

材料一　在苏联存在的70多年里，一共有过两种基本模式，也就是说，“苏联模式”包含两种基本模式：一种是军事共产主义模式，它被列宁所否定，斯大林模式是这一模式的延续；另一种是列宁的新经济政策模式，它被斯大林所推翻。

——郑异凡：《斯大林模式的来龙去脉》，载《探索与争鸣》，2009年第2期。

问题设计：归纳以上材料的观点，为什么要区分“苏联模式”和“斯大林模式”？

教师引导学生分析：材料认为，“苏联模式”和“斯大林模式”并不完全是一回事。苏联模式包含斯大林模式，而斯大林模式并不完全等于苏联模式。区分苏联模式和斯大林模式是很有必要的，因为我国的改革对苏联的做法既有否定批判的一面，也有肯定继承的东西。我们否定了“斯大林模式”，同时也继承苏联某些好的东西，并予以发展。例如我国继承了新经济政策中运用市场机制，多种经济成分并存，互相促进，共同繁荣的做法，并且最后发展成作为一个体系的社会主义市场经济，我们没有把洗澡水同小孩一起泼掉。

2. 斯大林模式是不是“马克思主义式”的？

材料呈现：

材料二　如果用最简单的语言来概括斯大林模式的主要特征，那么不妨可以做这样的表述：所有制上的国有化和准国有化(集体化)；经济和政治运行机制上的高度集中化；经济管理和社会生活管理上的中央计划化；管理手段上的行政命令化；工业发展道路上的重工业化。

——李宗禹等：《斯大林模式研究》，北京：中央编译出版社，1999年，第429页。

材料三　从政治上说，在马克思、恩格斯看来，无产阶级在夺取政权后，近期目标是发展民主，使无产阶级与广大劳动群众成为国家和社会的真正主人。而长远的目标是，运用无产阶级国家的权力，消灭阶级与阶级对立存在的条件，使得社会成为“每个人的自由发展是一切人自由发展的条件”的“联合体”，这也是马克思、恩格斯的社会理想。从所有制说，马克思主义的基本理论是：取代资本主义的新的社会主义生产方式将是实现劳动者与生产资料所有权的统一，它是“联合起来的社会个人所有制”。马克思认为，这种所有制具有以下两个方面相互密切相关的本质内涵：一是劳动者集体共同占有和使用生产资料，任何个人均无权分割生产资料；二是在用于集体劳动的生产资料中，每个劳动者都享有一定的生产资料所有权。这就是“在自由联合的劳动条件下”实现劳动者与生产资料所有权相统一的具体形式。

——陆南泉：《斯大林模式究竟是怎样形成的》，载《探索与争鸣》，2010年第2期。

问题设计：根据以上两则材料分析，斯大林模式与马克思、恩格斯所设想的社会主义是一致的吗？

教师引导学生分析：标榜着马克思主义的斯大林模式具有“兵营式共产主义”的特点，与马克思、恩格斯所设想的理想社会是不一致的，不论从政治还是从经济上看，斯大林模式与马克思主义经典作家设想的前景相距甚远，有原则区别。斯大林模式在生产资料广泛、彻底公有化基础上实行政治权力和经济权力最大的硬性集中;社会实践划一,不考虑地方条件的多样性、群众利益的分散性以及精神、智力领域不可避免的、有益于发展的多元化;经济过程行政命令式的管理方法,忽视价值规律;注重粗放式经济增长,极力追求数量和有损于质量的标准等等,这些都与马克思、恩格斯的理想和理论相去甚远。

二、“否定之否定”

1. 初识共产主义:第一个“军事共产主义”模式

材料呈现:

材料四 我们犯了错误:决定直接过渡到共产主义的生产和分配。当时我们决定,农民将遵照粮食征收制(又译作“余粮收集制”)交出我们所需数量的粮食,我们则把这些粮食分配给各工厂,这样,我们就是实行共产主义的生产和分配了。不能说我们就是这么明确具体地给自己描绘了这样的计划,但是我们差不多就是根据这种精神行事的。

——列宁:《列宁选集》(第3版第4卷),中央编译局,北京:人民出版社,1995年,第574页。

问题设计:根据以上材料中列宁的检讨,说说战时共产主义政策采取了哪些措施?列宁为什么说“我们犯了错误”?

教师引导学生分析:依据材料并结合所学知识,我们可以知道,十月革命胜利后,苏俄实行的第一个模式是“军事共产主义”模式,应该说这是布尔什维克党对共产主义最初步的认识与实践。这个模式把全国变成一个大军营,把全国的生产和消费统统集中到国家手里,取消商品买卖,取缔市场,大家过着低水平的平均主义的军事共产主义生活,党内外均实行战斗命令制。有学者认为,这并不全是战争环境使然,而是当时的苏俄领导想通过这种“简捷”的办法直接过渡到共产主义社会。实行这种模式,几乎收走了农民的全部粮食,而不仅仅是余粮。这种做法引发农民的严重不满和坚决反抗,以至于在国内战争后期,农民暴动蜂起,出现所谓“小国内战争”。由于当时实际上抓不了生产,无论工业生产还是农业生产都无法满足人民的需要,工人也因长期缺衣少食而不满,一些工业城市罢工频发,最后酿成喀琅施塔得兵变,使苏维埃政权面临生死存亡的危险境地。所以列宁说,苏维埃政权遭遇到成立以来最危险的政治经济危机。

面对严酷的现实,为拯救苏维埃政权,1921年春,布尔什维克党放弃军事共产主义模式,实行以粮食税为开端的新经济政策。这是马克思主义经典著作中根本没有提及的崭新的社会主义建设模式,其特点是在社会主义建设中引入市场机制,恢复并运用市场、商品、货币关系、价值规律等一向被看作“资本主义”的东西,这是社会主义观的重大突破。但是新经济政策的实施并非一帆风顺。

2. 让新经济政策“见鬼去”

材料呈现:

材料五 党内一直存在一股强大的反对新经济政策的力量,他们认为实行新经济政策在城市培育了“耐普曼”(做买卖的商人),在农村复活了“富农”(善于经营的富裕农民),是向资本主义倒退,是搞资本主义。有人为此痛哭流涕,有人因此退党。

——郑异凡:《斯大林模式的来龙去脉》,载《探索与争鸣》,2009年第2期。

材料六 虽然列宁一再指出军事共产主义时期的不少政策超过了限度，多次加以批判性的总结，但应看到，俄共(布)领导层和一般党员干部中仍有不少人把这个时期实行的那套高度集中的、用行政命令的、排斥商品货币关系的经济体制视为长期有效的。这也是以斯大林为首的新领导下决心取消新经济政策，向军事共产主义政策回归的一个不可忽视的因素。

——陆南泉：《斯大林模式究竟是怎样形成的》，载《探索与争鸣》，2010 年第 2 期。

问题设计：结合所学知识，说说新经济政策的实质是什么？新经济政策实行的阻力有哪些？

教师引导学生分析：新经济政策允许贸易自由，允许私人经商，实行引进外资的租让制，在农村允许租佃土地、使用雇工，鼓励农民发家致富。新经济政策的实质是允许市场关系的存在。新经济政策的实施并非一帆风顺，反对者主张维护社会主义的纯洁性，要求限制以至消灭耐普曼和"富农"，打击城乡资本主义势力，用计划原则取代市场机制，很多人仍然认为，军事共产主义体制是一个长期有效的体制。经过系列斗争后，斯大林取得了全面的胜利，于是宣布让新经济政策"见鬼去"。

材料七 1924 年 1 月列宁去世后在苏联党内发生的三次大论战：关于列宁主义的大争论；关于一国能否建成社会主义的大争论与关于如何建设社会主义的大争论。不论从理论方面，还是从权力斗争方面看，这场大论战都可以被看作斯大林模式的准备阶段。随着斯大林在理论、政治与组织三条战线上都获得了胜利，这为他抛弃新经济政策，建立斯大林模式提供了基础性条件。

——陆南泉：《斯大林模式究竟是怎样形成的》，载《探索与争鸣》，2010 年第 2 期。

问题设计：苏联党内论战为斯大林模式的实施提供了怎样的基础？

教师引导学生分析：有学者认为，20 世纪 20 年代苏联党内三次大的论战，均以斯大林的胜利而告终，这就为斯大林模式奠定了理论、政治与组织基础。学者们普遍认为，此后的农业全盘集体化、超高速工业化与政治大清洗三大社会运动，是构成斯大林模式的三大社会支柱，也是形成斯大林模式的主要因素。所以，放弃新经济政策开始斯大林模式，既是苏联当时对社会主义理论认识不足的产物，也是政治现实的产物。

三、为什么是"斯大林模式"？

材料呈现：

材料八 俄国是一个有 370 年沙皇专制统治传统的国家，没有建立起资产阶级议会制度，没有民主共和国的传统。文盲占总人数的 80%，群众中有一种十分浓厚的、落后的小农思想，骨子里有着很深厚的尊君意识，这股庞大的力量足以营造起一个高度集权的政治体制。

斯大林模式的形成与当时的国际环境有着直接关系。苏联进行一国社会主义建设时，处于世界资本主义包围之中，不得不用特殊的方式发展自己、壮大自己。

——孙利国：《新世纪以来中国对"斯大林模式"研究综述》，载《中共党史研究》，2011 年第 2 期。

材料九 不少学者认为，坚毅、刚强和政治敏感反映了斯大林个人品性的一个方面；而粗暴任性、强烈的权力欲，冷酷无情、崇尚暴力，主观片面、妒贤嫉能和孤僻，是反映斯大林个人品性的另一个方面。斯大林是苏联历史上一个十分重要的人物，也是十分复杂的人物，因此，他的个人品性对斯大林体制模式形成所产生的影响也表现在很多方面。

——陆南泉：《斯大林模式究竟是怎样形成的》，载《探索与争鸣》，2010 年第 2 期。

问题设计： 以上材料从哪些方面分析了斯大林模式形成的原因？你如何看待？

教师引导学生分析： 以上材料从历史原因、国际原因和个人因素等方面分析了斯大林模斯形成的原因，它的形成是多种因素综合作用的结果。

从历史方面来讲，由于落后于西方国家，要“赶超”，而实现“赶超”最好的办法，就是以高度集中的模式运作，再加上苏联缺乏民主传统，从而使得家长制、长官意志、个人崇拜等成为天经地义的事情。当时即使不出现斯大林，也会有别人成为拥有至高无上权力的统治者。

从国际社会来讲，当时国际社会的主题是战争与革命，苏联国内社会生活的主题则是备战与高速工业化。在经济上，斯大林模式的高速工业化，集中资金、资源、人力搞国防重工业的做法，对于备战起到重要的作用；在政治上，出于备战的需要，其高度集权的性质越发被推向高峰；在文化意识形态上，战争的威慑激发出全面的危机意识，政治干预学术的做法也就不断升级，乃至形成高度集中的文化意识形态领导机制。

从个人原因来讲，斯大林个人品性对斯大林模式特点的产生也有重大影响。斯大林的粗暴使他容易犯滥用权力、破坏法制等错误，从而使政治体制中的这一弊端不断发展。斯大林的独断专行，不仅表现在领导工作方面，并且在对很多学科的命运问题上，毫不犹豫地扮演了最高仲裁者的角色，比如遗传学、语言学、社会主义政治经济学等。

同时，斯大林还不顾苏联的实际情况，非常教条地对待马克思主义关于商品经济的论述，无视列宁等人的社会主义实践，而是积极地主张取消商业。在斯大林看来，资本主义的根就“藏在商品生产里”，也正是这个原因，斯大林急于结束新经济政策，搞农业全盘集体化，尽快消灭小生产者。就这样，斯大林在工业化与农业集体化过程中，坚持要消灭商品货币关系，坚持产品经济观，以此理论为基础，一步步地建立起了高度集中的指令性计划经济体制。这个体制的特点可简单归结为：管理权限的高度集中化；管理方法的高度行政化。

教师指导学生小结： 综上所述，斯大林模式的形成，其原因是多方面的，既有历史的，也有现实的；既有社会因素，又有个人因素。我们在分析历史现象的原因时，要学会运用唯物史观多角度地看问题。

教学资源

资源 1：从自由与平等的博弈角度去理解罗斯福新政

20 世纪资本主义的第一次调整是在资本主义面临前所未有的大危机，苏联社会主义经济建设蒸蒸日上的世界形势下开始的，因此调整中社会目标放在了突出的位置。“‘新政’的意义远远超过经济领域，也超过一般的改良运动，不论其提出者是自觉还是不自觉，它造成了资本主义的一次深刻变革，或者可以说是一次再生”从经济角度上看，“新政”改变了国家资本主义“守夜人”的角色，开启了国家干涉经济的模式。但是，更深刻的变革在于理念的变化。罗斯福在其就职演说中，把传统的信教自由、言论自由、出版自由和集会结社自由，改为新的“四大自由”——信仰自由、言论自由、免于匮乏的自由和免于恐惧的自由。这就在自由之中加入了社会平等和经济正义的元素,这是对19世纪末20世纪初在欧洲和美国盛行的自由放任的自由主义、弱肉强食的社会达尔文主义的重要修正。事后,罗斯福在谈到"新政"时说:"为了永远纠正我们经济制度中的严重缺点,我们依靠的是旧民主秩序的新应用。"这里,"新"的涵义之一,就是国家通过养老金制度、失业保险制度和对无谋生能力者提供救济,限定被雇佣者的最低工资,承认工人组织工会和集体谈判的权利等社会立法,实现平等和公正对自由放任的抑制。这次调整,使19世纪经典意义上的自由资本主义发生变化,自由主义中注入了平等和公正的元素,自由主义演变成"新自由主义",自由与平等之间有了一个平衡。

——许平:《自由与平等的博弈:解读20世纪资本主义的三次调整》,载《历史教学》,2006年第5期。

资源2:"罗斯福新政"是美国进步主义传统的产物

从思想渊源上说,"罗斯福新政"是美国进步主义传统的产物。进步主义传统形成于20世纪初美国工业社会来临之际,是大工业时代新中产阶级的价值观。所谓进步主义,是指美国人相信社会不断进步、人能促使社会进步的一种乐观主义的基本价值理念。它相信资本主义的弊端完全可以通过改革来克服,可以在资本主义的制度框架内完善资本主义,不断推进社会进步。同时,进步主义主张政府干预社会经济生活,制约垄断,管制竞争,通过自上而下的改革,重新实现个人自由、机会均等的"美国梦",达成中产阶级工业社会的民主。在大危机、大萧条的30年代,美国面临选择:是继续推行传统的自由放任政策,还是推翻资本主义私有制,实行苏联式的社会主义公有制。汤因比曾说,1931年这一年有一个突出的特点,就是全世界的男男女女都在坦率地讨论西方社会制度垮台的可能性。在资本主义制度的危机面前,罗斯福站在进步主义立场上,代表中产阶级引导美国人民作出了第三种选择。"罗斯福新政"是一种强调国家干预与改革的新自由主义。"新政"承续进步主义运动的改革精神,强化国家作为社会经济管理者和仲裁人的身份,实现了福利国家的重大制度创新。"新政"以后的政府已经从社会经济单纯的管理者和仲裁人,上升为社会福利的保证人,即"保证人国家",也就是由政府来保证人民有一个最低限度的生活标准。同时,"新政"既反对经济寡头的垄断,要求调整生产结构,合理分配社会财富;又对强大的金融势力和大公司在经济发展中的作用采取现实态度,不因担心它们滥用权力而取缔大公司。罗斯福以进步主义的原则为基础,建立了政府与企业之间的契约关系,实现了公众利益与个人利益的统一,即在保护大多数人利益的同时,也保护个人主义,使所有人都在参与中得到安全。因此,"罗斯福新政"体现了进步主义改革哲学,反映了变革中的自由主义思潮。

——周穗明:《当代资本主义发展与自由主义的两次转型——当前欧美经济政治回归新自由主义主流》,载《国际经济评论》,2001年第Z3期。

资源3:罗斯福新政为美国西部经济崛起奠定基础

联邦政府重新塑造西部景观最宏伟的壮举堪称西部大规模水利工程和电力设施的开发和建设。其中最著名的三大工程为科罗拉多河上的胡佛水坝、密苏里河上的佩克堡大坝和哥伦比亚河上的大古力大坝。大古力大坝建于1933年至1942年,是新政时期最大的公共工程建筑，由公共工程署投资 6 300 万美元，华盛顿州投资 37.7 万美元建设。这些大型水利工程发挥了多方面重要作用。第一，为西部广大城乡提供了充沛而廉价的能源供应。如大古力水坝，发电能力为 6 465 兆瓦，是当时美国最大的水力发电设施。便于长途输送的水电动力，推动了从斯波坎到洛杉矶、奥斯汀等诸多城市的工业发展，也使偏僻农村的电力配给事业得到普及。美国农村用电农户，在 1925 年只有 3.2%，1930 年有 10%，而到 1950 年则飙升至超过 90%。第二，为西部城市和常年干旱的农田提供水源和灌溉。如胡佛水坝不但通过 259 英里的河渠管道向洛杉矶输送水源，推动了该市的崛起，每年还可向上游的犹他、科罗拉多、新墨西哥和怀俄明州提供 750 万英亩—英尺灌溉水，向下游的加利福尼亚、内华达和亚利桑那州提供 850 万英亩—英尺灌溉水[英亩—英尺(acre-feet)，灌溉水量单位，相当于 1 英亩地 1 英尺深的水量，即 43 560 立方英尺或 1 233.5 立方米]，使原来的荒芜之地变为绿洲。第三，为西部镁、铝加工，原子能，飞机制造，合成橡胶工业等新兴军事工业提供能源。以铝的生产为例，二战时期美国生产用于制造飞机的铝所需的能源，有三分之一来自大古力水坝所产生的电能。此外，大古力水坝还为位于华盛顿州东南汉福德的美国第一座核反应堆生产用于制造原子弹的钚提供了所需的电力。杜鲁门总统曾高度评价哥伦比亚河上的水电工程，认为这些设施对美国取得第二次世界大战胜利作用巨大，不可或缺。他说："如果没有大古力水坝和博纳维尔大坝，美国几乎不可能赢得这场战争。"

——邱建群：《论罗斯福新政与美国西部经济的崛起》，《辽宁大学学报(哲学社会科学版)》，2016 年第 1 期。

资源 4：苏联模式在回应当时的世界性挑战中发挥过重要作用

其一，苏联的计划经济实验推动了西方国家向有宏观调控的现代市场经济过渡。20 世纪 30 年代席卷资本主义世界的经济危机暴露了没有宏观调控的市场经济的弊端，当西方世界在大危机的泥淖中倍受折磨时，实行计划经济的苏联一枝独秀，成为沙漠中的一片绿洲。英国历史学家艾瑞克·霍布斯鲍姆说：当年，"非共产主义的政治家和知识分子曾排着队去莫斯科探寻'计划'的秘密"。战后，西方国家普遍过渡到了有宏观调控的市场经济。

其二，苏联模式是反法西斯的有效模式。德国法西斯是利用 20 世纪 30 年代大危机造成的大失业上台的，而苏联则有效地防止了 30 年代的大失业，从而提供了可以防止法西斯上台的经验。当法西斯挑起的战争成为人类主要的威胁时，苏联集中人力、物力发展重工业，为反法西斯战争的胜利奠定了物质基础。

其三，苏联模式开辟了一条落后国家走向工业化和现代化的新道路，即社会主义现代化道路。到二战结束时，苏联成为后起而又成功地实现现代化的唯一典范。这可以说明为什么在二战以后，不仅一批国家走上了社会主义道路，纷纷学习苏联模式，而且许多新独立的发展中国家也纷纷借鉴苏联模式。

——孙代尧：《苏联模式的历史解读》，载《北京党史》，2013 年第 4 期。

资源 5：苏联社会主义模式的辉煌与遗憾

十月革命胜利 60 多年后的苏联，已变成了一个拥有 2.65 亿人口的城市化和工业化的国家。按照诸如人均寿命、热量摄入量、识字率等现代生活标准，苏联都赶上了发达国家水平。它是许多科学技术领域的领头羊，从航空航天技术到稀有金属、无焊缝铁轨焊接机、眼科医疗设备等等，都达到世界领先水平。苏联艺术家和运动员也是世界一流的。苏联缔造了华约组织，在军事上与以美国为首的北约组织堪称势均力敌。苏联成为20世纪"两极世界"的一极。从"帝国主义链条上最薄弱的环节"到"世界一极"，俄国只用了短暂的60年，创造这辉煌一页靠的就是苏联社会主义模式。苏联解体后，无论人们为此是叫好或是惋惜，都不能不承认社会主义制度的巨大后发优势。然而人们检讨苏联模式的弊端时不能不发现，这一模式的形成发展走了一条由社会主义的"战时体制"蜕变为霸权主义的大国崛起之路，因而依然没能摆脱彼得大帝强国方式的窠臼和沙俄帝国衰亡的命运。苏联解体使俄罗斯沦落到世界二流国家的地步，不过它作为"世界多强之一"的地位尚在，有了苏联时代留下的物质文化基础和历史教训，俄罗斯重新崛起将不会太远。

——苏戎安：《十月革命：东方大国崛起的序幕》，载《社会科学研究》，2008年第6期。

资源6：世界现代化发展视野下的斯大林模式

就斯大林模式本质而言，它是在俄国近代社会转型过程中，为回应以西方文明为基础的西方现代化挑战，而以动员型经济为基础，以工业化为核心……的现代化模式。……

从现代化的角度看，十月革命胜利后，新生的苏俄（苏联）虽然拥有现代化的政治制度——社会主义政治制度，但其他一些重要的现代化"参数"，如工业化程度、城市化程度、群众普遍的文化水平、人的意识的革新等仍然处于现代化以前的水平。苏联的现代化进程不仅肩负着如此沉重的任务，而且还面临着来自国内外敌人的双重威胁。在这种形势下，斯大林模式的实行使苏联摆脱了众多不利因素的制约，快速推进了工业化，尤其在实现生产方式的变革、推进城市化进程和巩固国防方面取得了明显的进展。动员型经济是苏联现代化的基础，它的特点是具有高度集中的管理体制，经济任务严格服从于政治目的……在社会经济落后的条件下，由农业国家向工业国家的快速转变需要调动所有的力量，不仅仅是社会的经济力量，还有精神力量。

不可否认，斯大林模式是落后国家赶超西方发达国家的一种普遍有效的"后发先进"的现代化模式。苏联实行这一模式后，以10多年时间就初步实现了经济上的现代化，即工业化，成为欧洲第一、世界第二的工业强国。凭借这一成就，苏联模式在当时对全世界产生了巨大的影响。在很长时期内，斯大林模式被很多落后国家的人民当作振兴国家和民族的样板。

——陈怡：《斯大林模式与执政党的现代化》，载《探索与争鸣》，2009年第12期。

资源7：落后国家的工业化与斯大林模式的内在联系

斯大林模式所要解决的历史问题，就是落后国家的快速工业化。不管赞成还是否定，人们都承认斯大林模式推动了苏联的快速工业化。但是，很多人没有看到工业化在斯大林模式中的核心地位，忽视了落后国家的工业化与斯大林模式的内在联系。

在新经济政策实行过程中，农村出现两极分化，富农阶层控制着剩余的粮食，拒绝购买高价的工业产品，苏联出现粮食收购危机。一方面城市缺乏粮食，没有粮食出口换取工业设备，另一方面工业品卖不出去而积压在仓库里。工业与农业两大部门之间产品交换出现断裂。在这种情况下，新经济政策已经无法完成苏联快速工业化这一历史任务。1929 年，斯大林以铁腕结束新经济政策，实行快速工业化和全盘集体化，形成了现在所说的斯大林模式。而几乎与此同时，资本主义发生大危机，国际形势骤然紧张，战争威胁加剧，这也让苏联领导人感觉到超高速工业化的迫切性。

因此，斯大林模式中的公有制和计划经济是为超高速工业化服务的。在没有外部援助的情况下，为了获得重工业化积累的资金，只能通过压低整个社会的消费水平，并通过计划经济，把有限的资源集中起来统一地、合比例地发展基础工业和战略工业部门。现代大工业体系也不可能建立在传统农业的基础上，为了从农业获得工业积累的资金，为了工业产品和农业产品的循环，农村的集体所有制也就是一个必然的选择。

斯大林模式是为实施一种优先发展重工业、迅速实现国家工业化的赶超战略服务的制度，它把社会主义运动与落后民族的工业化有机地结合起来，推动落后国家工业化，是超越资本主义的制度创新。经过两个五年计划，苏联成为世界第二大工业国，为卫国战争的胜利打下了坚实的物质基础。斯大林模式承担起了它的历史使命。

——梁孝：《发在斯大林模式、工业化和边缘国家的社会主义》，载《管理学刊》，2012 年第 2 期。

资源 8：罗斯福实行新政的有利条件

首先……美国是一个移民国家，没有封建主义的传统。独立战争后建立了比较完备的资产阶级民主政治体制，经过南北战争又取缔了奴隶制度，进一步打击了旧的传统势力。国内虽也有些法西斯组织和活动，但成不了大气候。

其次，美国有改革、改良的传统。特别是在 19 世纪末和 20 世纪初，正当从自由资本主义向垄断资本主义转型的时期，美国兴起了一场影响广泛、历时很长(1890—1914)的“进步主义”运动。这场运动的锋芒，主要针对资本主义早期出现的问题。运动的动力是广大人民对制度中所暴露出黑暗现象的不满和斗争。运动的方式是通过新闻媒体、文学艺术，大力揭露社会黑暗面，大造舆论，推动国会和州、市、县议会立法，通过政府执行，革除那些最突出的弊端。……进步主义运动虽然只是消除了资本主义某些突出弊端，并没有触动垄断资本主义的根本，但它开了改革的先河，为日后“新政”的大规模改革打下了一定的基础。

再次，美国毕竟国土辽阔，资源丰富，气候良好，地理环境优越，得天独厚，在长期的和平条件下积累了大量财富，在第一次世界大战中又发了大财，家底很厚。因此虽然遭到了危机毁灭性的打击，但没有到山穷水尽的地步。广大人民虽然非常不满，但大多数人对原有制度没有到绝望的地步。虽然有些激进派提出要“夺取政权”，要向俄国学习，“建立工农共和国”，但总体上革命的条件并不成熟，多数人希望通过在原有制度下的改革来摆脱危机。

正是在这样的情况下，罗斯福“新政”进行了另一种性质的探索，对资本主义进行了一次大规模的改革，并取得了成功。

——陈启懋：《罗斯福“新政”是现代资本主义的开端》，载《美国研究》，2006 年第 5 期。

资源 9:《全国工业复兴法》在美国宪法史上的意义与挫折

作为罗斯福新政初期最重要的法律,1933 年的《全国工业复兴法》……有两层意义:首先,它授予了总统管理全国经济的权力;其次,它将原属于国会的许多立法权转移到了总统手中。然而,在 1935 年的"巴拿马炼油公司诉瑞安"案和"谢克特家禽公司诉美国"案中,《全国工业复兴法》的主要部分被联邦最高法院裁定为违宪。

在"巴拿马炼油公司诉瑞安"案中,法院裁定《全国工业复兴法》第 9 条第 3 款违宪,因为该条款非法授予总统立法权。具体而言,该条款规定,在州际贸易中,当石油产量超过州的限额,总统可以禁止该州的石油输出。法院认为,这个授权法仅有授权的内容,因而是无效的;国会并未说明总统应否行使、在什么样的情形、什么样的条件下行使他的禁止权,即《全国工业复兴法》未为指导总统确定是否禁止石油输出提供任何标准。在"谢克特家禽公司诉美国"案中,法院宣布全国复兴管理局为纽约州大都会区颁布的《活禽法》违宪。因为根据《全国工业复兴法》的授权,联邦政府可以"为工商业制定公平竞争的规则"。作为《全国工业复兴法》执法机构的全国复兴管理局制定了几百个行政规章,《活禽法》就是其中之一。首席大法官休斯认为,《全国工业复兴法》授权总统颁布工业方面的"不正当竞争条例",构成了立法权的过度授予,因为该法对可以颁布的条例的内容未加以界定。一向支持新政立法的卡多佐大法官也认为,"不正当竞争条例"不是为了防止欺诈、欺骗或不正当的贸易行为,而是要设法促进工业领域的健全与繁荣。这些条例实际上涵盖工业调控的全部领域:"这属于漫无边际的授权。如此大规模的授权是不能容许的。"……美国联邦最高法院根据禁止授权原则宣布《全国工业复兴法》的主要部分违宪也是其宪法史上的第一次……何况,到 1935 年时,《全国工业复兴法》的运作事实上已陷入困境,"谢克特家禽公司诉美国"案的判决实际上给罗斯福留了一个面子,使他不至于在该法完全失败之后才将其取消。

——陈承堂:《宏观调控权是怎样生成的——基于罗斯福新政的考察》,载《中外法学》,2011 年第 5 期。

资源 10:罗斯福新政的"宪法革命"

1935 年 5 月 27 日是美国宪法史上的所谓"黑色星期一"。当天,最高法院作出了不利于富兰克林·罗斯福政府的三项重要判决,其中包括 9 名大法官一致同意推翻新政经济复苏计划的核心立法《全国工业复兴法》。5 月 31 日,罗斯福在记者招待会上批评法院剥夺了联邦政府应对紧急问题的权力。他说:"我们被划到过时的州际商业定义中去了。"1936 年,最高法院又接二连三地作出了反对新政的判决。是年,罗斯福在总统大选中以压倒性多数获得连任。1937 年 2 月 5 日,他向最高法院宣战,提出了法院改组法案,使美国政界为之震惊。同年,最高法院在一系列重大判决中转而支持新政立法,使危及美国法院体制的宪法危机宣告结束。史称:"使九人得救的及时转向"。在当时和此后很多美国宪法学家和历史学家看来,最高法院对宪法授予政府的权力所作的正统解释与新政改革发生了冲突,法院在政治压力下不得不从对抗转向认同,从而使美国宪法的有关法理原则及其应用在 1937 年发生了重大变化。他们把这些变化视为新政"宪法革命"。

——韩铁:《关于罗斯福时代新政"宪法革命"的几点浅见》,载《世界历史》,2006 第 4 期。

第四单元

冷战及世界格局的新变化

学术引领

一、冷战与世界格局的内涵

(一) 冷战的内涵

1. 美苏之间的进攻性遏制

挪威学者文安立在《全球冷战——美苏对第三世界的干涉与当代世界的形成》(牛可等译,北京:世界图书出版公司,2014 年,第 19 页)一书中指出,“冷战”是乔治·奥威尔在 1945 年首次使用的,用以对苏联和美国各自的世界观、信条和社会结构,对双方之间即将来临的未予以宣战的战争状态发出悲叹。到 50 年代,“冷战”变成了一个表示美国人对他们和苏联之间的战争状态的概念:没有宣战的进攻性遏制。

美国学者弗兰克·W. 萨克雷、约翰·E. 芬德林在《世界大历史:1900 至反恐战争》(冯志军译,北京:新世界出版社,2014 年,第 217 页)一书中指出,冷战的特点在于,一方是美国和其盟友,另一方是苏联和其支持者,二者之间紧张竞争。冷战时期的竞争触及了人类活动的方方面面,影响并在许多情况下推动了政治、经济、外交、文化和技术的发展。尽管有几次险些动武,但两个主要对手之间的敌意从未升级为直接的武装冲突。

2. 两大阵营间战争与和平并存状态

王帆在《关于冷战起源的几种解释》(载《外交学院学报》,2000 年第 2 期)一文中指出,冷战是第二次世界大战之后苏联为首的社会主义阵营和以美国为首的资本主义阵营全面对抗的一种现象,这种对抗除了直接的大规模军事冲突之外,还涉及政治、军事、经济和意识形态等一切领域,是一种埋藏着战争危机的和平状态,也是一种以和平形态表现的战争。

3. 美苏间遏制与反遏制状态

刘金质在《冷战史(1945—1991)》(北京:世界知识出版社,2002 年,第 9 页)一书中指出,冷战是美国和苏联争夺全球利益和世界影响的斗争,也是它们遏制反遏制斗争所形成的两国关系和整个战后国际关系的一种状态,是 1947 年至 1991 年的一种国际体系。冷战既是一种相互作用的政策,又是这种政策的实施所造成的国际关系状态。冷战是除了美苏直接军事冲突和使用核武器以外的一切手段的斗争,涉及政治、经济、军事、意识形态和宣传等各个领域，其一般特点是以军备竞赛、外交斗争、经济压力、意识形态对立、宣传攻击、间谍战等途径，造成国际的紧张局势和国家之间的互相敌视和仇恨。

（二）世界格局和两极格局的内涵

1. 世界格局的内涵

世界格局就是在一定时期内的国际格局。徐蓝在《20世纪国际格局的演变——一种宏观论述》（载《历史教学》，2013年第20期）一文中指出，国际格局是指在一定的历史时期内，在国际关系中起到举足轻重作用的主要行为体，如国家或国家集团，所形成的一种相互联系、相互制约、相互作用的相对稳定的结构状态和局面。大国和大国集团的力量对比是国际格局的基本结构和基本内核，决定着国际关系的基本内容，如战争与和平、和平与发展，等等。构成国际格局的要素有三个：第一，行为主体。即存在于国际关系中具有举足轻重作用的国家或国家集团，或称为战略力量，它们是相对独立的力量中心，是构成国际格局的最基本要素，具有决定国际重大问题的能力和维持这种重大影响力的资源，也就是我们通常所说的"极"。第二，行为主体之间的相互战略关系。这些行为主体彼此之间发生相当程度的交往，并形成相互之间的战略关系。第三，行为主体之间具有相对稳定的关系结构。

国际格局是指特定时空下，相关行为主体的主观意识作用所产生的客观互动态势。崔立如在《多极格局与中美关系的新平衡》（载《国际关系研究》，2017年第4期）一文中指出，我们通常讲"国际格局"或"战略格局"，既指特定时空下的客观状态，也指因相关行为体的主观意识作用所产生的互动态势。也可以讲，所谓"国际格局"，包含了客观状态和主观意识两方面内容的表述方式。正因为如此，中国学者在讨论某一时期的国际格局时，往往会有很大的分歧，或有不同的表述方式，见仁见智，各持一说。相对于我们经常讲的国际形势，国际格局一般具有相对更大的稳定性，即一种国际格局在形成之后不会马上发生剧烈变化。迄今，在英语的表述中似乎还没有找到一个与"格局"完全对应的词汇。在西方国际关系理论中，结构现实主义所谓的"国际结构"，大概是与中国学界所讲的"国际格局"最接近的概念。但比较而言，国际结构的含义要简明得多，其核心就是权力分配。或者讲，国际结构主要是大国间的权力平衡。

2. 两极格局的内涵

徐蓝在《20世纪国际格局的演变——一种宏观论述》（载《历史教学》，2013年第20期）一文中指出，随着冷战的发展，形成了分别以美苏为首的两大集团，两极格局也逐渐定型。

在政治上，美苏分别形成了对立的两极思维模式。1947年3月12日，杜鲁门主义出台。杜鲁门把世界政治分为自由民主和极权主义两个对立的营垒，不指名地将苏联称为"极权政体"，宣布美国将支持和帮助世界上所有抵抗"共产主义威胁"的力量，因此"杜鲁门主义"便成为美国对苏联进行冷战的重要标识，不仅使其意识形态味道十分浓烈，而且标志着美国越来越以两极思维来看待这个世界。1947年9月，苏联主持成立了欧洲九国共产党和工人党情报局，同时提出世界已经分裂为帝国主义反民主阵营和反帝国主义的民主阵营的"两大阵营"理论，苏联对世界政治的两极看法也正式确立。

在经济上，美苏分别形成了两大集团。1947年6月。美国帮助欧洲复兴的"马歇尔计划的提出，在两极格局的形成中起到了极为关键的作用。以市场经济为基础的马歇尔计划与以计划经济为基础的经济互助委员会的对立，标志着分别以美苏为首的两大经济集团的对立。

在地缘政治上，美苏划定了东西方地理界线。以1949年9月和10月德意志联邦共和国和德意志民主共和国的相继成立为标志，欧洲冷战对峙的经济、政治和地理界线基本落定。

在军事上，成立了分别以美苏为首的两大军事集团。以美国为首的北大西洋公约组织和以苏联为首的华沙条约组织成立，两个武装集团在欧洲大陆的中心地带相互怒目而视。

徐蓝在文章中进一步指出，这个两极格局是不对称和不完全的。首先，美国和它的伙伴国实际上比苏联集团强大，在两国对立的整个历史时期中，冷战对苏联的伤害程度远甚于苏联对美国的伤害程度。其次，即使在冷战最高潮的年代里，两极格局也未能完全囊括所有的国家和地区，使两极格局多多少少受到了牵制与限制。

二、冷战爆发的原因

关于冷战爆发的原因，梅尔文·莱夫勒在《冷战是如何开始的?》(陈谦等译，《国际冷战史研究》，上海：华东师范大学出版社，2004年，第103—111页)一书中，从五个方面分析了冷战的起源：第一，国际体系及与之相关的大国间均势问题的发展变化；第二，意识形态之间的对抗；第三，原子能革命和核武器的出现；第四，全球范围内非殖民化的发展，以及因此而引起的革命民族主义对于现存国际秩序的挑战；第五，作为国际行为“机制”构成因素之一的领导人的个人作用问题。除此外，还有其他学者从不同的角度分析了冷战爆发的原因。

(一) 美国因素

王帆在《关于冷战起源的几种解释》(载《外交学院学报》，2000年第2期)一文中指出，冷战起源的第一责任者是美国。从行为上看美国是发动者，是主动一方，而苏联是被动一方，在美国推出杜鲁门主义之前，苏联尚未有明确的针对美国的全球霸权政策；从实力上也可以证实，美国的实力达到了世界巅峰，而苏联的实力因二战大受损失，在实力决定对外政策这一根本前提下，苏联在局部地区可能采取进攻性策略，却不可能挑起与美国全面对抗的冷战；从政策上，美国的对外政策的出发点是建立在苏联可能形成的制度上和战略上的长远威胁的基础之上的，美国在二战后政策的全球性也必然把苏联作为其最大的威胁和阻力。

(二) 苏联因素

邓峰在《冷战起源研究的国际渊流与发展》(载《社会科学战线》，2012年第12期)一文中归纳指出，美国历史学家盖迪斯重点强调苏联应该为冷战的爆发承担主要责任，他认为二战产生了两个特别不同的冷战帝国，不过他突出强调苏联通过地区扩张来实现对国家安全利益的需求，这种动机既与俄国历史有关，又和苏联的意识形态休戚相关，因为它受到俄罗斯传统的民族主义和斯大林带有浓厚意识形态色彩的极权主义的双重驱动。与之形成鲜明对照的是，美国这个帝国反映了美利坚民族的民主传统，并且允许在宗主国和其仆从国之间实施多边给予和索取。与此同时，斯大林使用军事力量把苏联的意志强加于被占领的东欧人民身上，而华盛顿却和其西欧盟友举行谈判，在分歧之上达成一定的妥协，并且主要在其伙伴国同意的情况下扩大它的影响。因此，根据盖迪斯的看法，苏维埃帝国是两个冷战帝国中更危险、更不稳定的帝国，对冷战的爆发负有更直接的责任。此外，盖迪斯还强调，苏联领导人斯大林在个性方面具有的“专制、多疑和自恋倾向”的特征，在冷战起源中发挥了重要的作用。

（三）美苏矛盾

徐蓝在《试论冷战的爆发与两极格局的形成》（载《首都师范大学学报》，2000 年第 2 期）一文中指出，在战后国际形势的大背景下，在美苏的战略相互对立、社会制度和意识形态存在巨大差异、两国根深蒂固的互不信任、战争期间出现的矛盾，以及各自的国内政治等多种因素的作用下，双方在具体实施雅尔塔体系各项协定的过程中，就必然会在许多重要问题上产生重大的分歧与对抗。于是，冷战就在美苏之间的不断的逐渐强硬的敌对互动之中爆发了。

樊百玉在《作为结果的冷战——在冷战起源中探讨冷战的本质》（载《南京政治学院学报》，2009 年第 3 期）一文中指出，美苏对抗从根本上说是美国的全球扩张战略与苏联的保障国家安全战略之间矛盾的不可调和，这种冲突不仅推动了冷战的到来，而且是冷战的原动力，是冷战最为本质的东西。与以往国际对抗不同的是，美苏冷战格局的形成还是人类社会在应对现代性矛盾和危机的过程中，依据不同的政治理念追求不同的发展目标时所产生的制度性裂变的结果。在社会主义和资本主义这两种道路的选择中，每一种制度都有一个支配性的力量中心，每一种力量又都具有世界性的影响力，这样，冷战就不可避免地有浓重的意识形态的特点。但是，冷战的本质首先并不在于对立双方关于各自的制度孰优孰劣的竞争，而是扩张中的权力之争，只是由于国家制度作为权力的属性，自然就成为权力对立的载体，两者不能割裂开来。

杰克逊·J. 斯皮瓦格尔《西方文明简史》（董仲瑜译，北京：北京大学出版社，2010 年，第 763 页）一书中指出，许多西方人将苏联的政策理解为一个世界性的共产主义阴谋的一部分。从苏联的角度来看西方的政策，尤其是美国的政策，是一种全球性的资本主义扩张，用列宁的术语来说的话，就是经济帝国主义。苏联的外交部长莫洛托夫称美国人为“贪得无厌的帝国主义者”或“冒险家集团的战争贩子”。1946 年 5 月，在对一群美国听众演讲时，英国前首相丘吉尔宣称“一道铁幕”已经在“欧洲大陆上缓缓落下”，将德国和欧洲分隔为两个敌对阵营，斯大林将丘吉尔的讲话称为“发出与苏联作战的号召”。在世界历史上最具破坏力的战争结束之后，仅仅几个月，世界看起来又一次深深地分裂了。

（四）英国诱因

黄亚红在《试论英国冷战政策的形成》（载《世界历史》，1996 年第 3 期）一文中指出，早在战争后期，英国的决策机构就已经开始设计战后政策的蓝图，初步确定了争取美援、对付潜在的苏联威胁的对外政策基调。战后，工党艾德礼政府面对不断升级的英苏利益冲突，出于国家安全的考虑，承继并发展了保守党战后对外政策的构想，并最终在 1946 年中形成了“联美反苏”的冷战政策。英国工党政府在 1946 年上半年已制订出冷战政策，其基本点是：抵抗苏联的势力扩张，确保英帝国的利益和国家安全不受苏联的威胁；拉拢美国结成亲密的联盟，弥补英国本身力量的不足，让美国为英国的战后目标服务。在同一时期，美国政策才刚刚开始从在英苏间中立到和英国结盟对苏"遏制"的转型，这个转型到 1947 年 3 月"杜鲁门主义"的出笼才完成。所以，英国决不是盲目追随美国政策的"小伙伴"，它不仅有独立的冷战政策，而且还能积极地把它付诸实践。美国加入冷战后，由于其实力雄厚，很快取得了反苏阵营的领导权，但不能因此就否认英国的主动作用。冷战全面爆发后，英国最终把美国纳入了对英国安全和利益的保护网中，使英国平安地度过了战后的几个危险年头，重新立足于世界。

（五）亚洲诱因

余伟民在《事与愿违：战后初期美苏如何从合作走向对抗》（载《历史教学问题》，2016 年第 1 期）一文中指出，二战后期美苏主导下构建的"雅尔塔体系"为战后形成美苏合作的"新型大国关系"提供了历史机遇。雅尔塔体系的基础是大国利益的重合与战略协调，但美苏国家制度和意识形态的异质性使双方的战略目标很快发生冲突，其诱发因素之一是苏联在东北亚势力范围的布局中因其在北朝鲜和中国东北建立亲苏政权的需要而激活"世界革命"机制。朝鲜半岛的分裂和中国革命的胜利"溢出"了雅尔塔体系，一个并非事先"计划"的局部性变动导致美苏走向全球性对抗。

三、冷战的进程

（一）三阶段说

沈志华在《中苏关系史研究与俄国档案利用》（载《社会科学》，2014 年第 8 期）一文中，指出 1947 年春夏至 1949 年底是冷战的初期，其范围限于欧洲，而内容则是以美苏之间的对抗为核心；1950 年初至 60 年代末是冷战的中期，其范围扩展到全球，社会主义阵营已经在欧亚大陆连成一片，而资本主义阵营则构造了太平洋—印度洋—地中海—大西洋包围圈，同时，双方争夺非洲和拉丁美洲的角力也开始升温；70 年代初至 90 年代初是冷战的后期，社会主义阵营出现了大分裂、大改组，不结盟运动方兴未艾，中国退出原来意义上的冷战，而美苏争夺则在缓和对话与军备竞赛中愈演愈烈，并最终导致苏联败北，冷战结束。

（二）五阶段说

刘金质把冷战划分为开始、扩展、缓和、再现、结束五个阶段。刘金质在《冷战史（1945—1991）》（北京：世界知识出版社，2002 年）一书的目录中，按照时间顺序叙述冷战：1945—1949 年冷战的开始；1950—1962 年冷战的扩展；1963—1979 年冷战中的缓和；1980—1984 年冷战的再现；1985—1991 年冷战的结束。

（三）十一阶段说

美国学者沃尔特·拉费伯尔在《美国、俄国和冷战》（牛可等译，北京：世界图书出版公司北京公司，2014 年）一书中把冷战分十一个阶段：1941—1945 年，铁幕落下；1946—1948 年，冷战宣言，一个胡桃的两半；1948—1950 年，别样的世界；1950—1951 年，朝鲜战争：为了亚洲也为了欧洲；1951—1953 年，新问题和新面孔；1954—1957 年，苏伊士运河的东西两边；1957—1962 年，新边疆和老难题；1962—1966 年，东南亚及其他地方；1966—1976 年，新的遏制：缓和之兴衰；1977—1989 年，从冷战到老式战争：里根和戈尔巴乔夫；1989—1993 年，新的世界秩序，还是分裂的时代。

四、冷战时期的国际关系

（一）基本特点

徐天新在《冷战前期的大国关系（1945—1972）》（载《国际政治科学》，2008 年第 3 期）一文中指出了冷战时期国际关系的特点：第一，“战”与“冷”这一相互矛盾的两个方面都表现得十分突出，但又彼此制约。大国间的矛盾斗争在意识形态色彩下，在核战争威胁下，凸显了你死我活的尖锐性质。而危机的一再被化解，冲突的不断遭限制，更是前所未有的。但是，这一相互矛盾的两个方面并非简单地此消彼长，而是有多种组合，它使大国关系显得非常复杂与特殊，也使历史发展极其曲折和艰难。第二，“战”是基本的，但“冷”也不可或缺，有着非同一般的意义。大国间的矛盾斗争不仅给世界带来动荡不安，而且也限制了一些冲突的升级，防止了核大战的爆发，给人们带来了某种希望。在冷战中，战争从不断扩大逐渐转向缩小，并与新科技革命、全球化发展一起构成了人类历史发展的转折点。第三，美苏两极以及以美苏为首的两大对立阵营的实力是不对称的，这极大地影响了大国关系的走向。苏联全力发展自己的核力量，但军事力量的强大并未从根本上解决问题，美苏之间实力的不对称性始终是存在的。美国处于强势地位，对苏联多采取包围遏制或主动进攻政策。处于劣势的苏联则不时利用其军事力量挑起事端、制造危机，以期改变被动处境。第四，美苏关系决定着冷战的基本走向，但其他大国特别是中国也反过来影响美苏关系。中美发生军事冲突、冷战扩展到亚洲，使美苏冷战对峙具有了真正的世界规模。亚洲爆发的冷战时期最激烈的武装冲突，直接影响着大国关系的演变。中苏美三角关系的战略调整，更是整个冷战态势和走向中最重要的因素之一。

余伟民在《“冷战”的起源与终结——世界历史的视角》（载《史学集刊》，2013 年第 1 期）一文中指出，冷战格局是第二次世界大战后确立的一种“二元两极”为特征的世界体系——国际体系复合结构。所谓“二元”，是指这一阶段的世界发生了横向的结构性分裂，这种分裂与此前（16 世纪以来）发生的纵向的发展性断层不同，它不是人类文明进化中因现代化进程的时序差异而自然形成的梯次结构，而是人类社会在应对现代性矛盾和危机过程中依据不同的政治理念而追求不同的发展目标所导致的制度性裂变，这种裂变导致的对抗在世界体系层面展开。所谓“两极”，是指因制度性裂变而形成的两大国家集团各有一个支配性的力量中心，而且两者都具有世界性的影响力，从而构成了国际体系层面“两个世界”的对峙。所以，冷战史表达的结构性矛盾不仅仅是一般意义上的国家利益竞争和国际关系中的霸权之争，更具实质性的是两种对抗性社会制度及其指导性意识形态的斗争。

（二）冷战时期的美苏关系

1. 美苏关系的历程

美苏关系分为冷战、缓和、激烈对抗三个阶段。张也白在《评八十年代美苏关系的发展》（载《美国研究》，1987 年第 3 期）一文中指出，第二次世界大战以来，美苏关系的发展大致可分为三个时期：从战后至 60 年代末是冷战时期；60 年代末至 70 年代末是“缓和”时期；80 年代，美苏关系出现激烈的对抗局面。

时殷弘在《美苏冷战史：机理、特征和意义》（载《南开学报（哲学社会科学版）》，2005 年第 3 期）一文中指出，广义地说，冷战时期囊括了冷战形成后的全部美苏关系历程。从 40 年代末到 1953 年 3 月斯大林去世，美苏两国处于最紧张和最僵硬的全面对抗之中，彼此间几乎毫无谋求谈判解决争端的认真尝试，而且其中一国直接参加、另一国间接参加了在朝鲜半岛的热战。1953 年起，到 60 年代初，双方关系经历了一段局部缓和，然后由于 1956 年匈牙利事件以及包括柏林危机在内的一系列政治冲突而重新紧张。1962 年古巴导弹危机使这段时间里交替使用外交和武力威胁的心理战达到了顶点，随后双方关系进入了持续 10 余年的相对缓和状态。这一缓和的主要特征在于欧洲局势渐趋正常（特别是中欧和东欧的领土界线与国际政治现状大体得到西方的正式认可），战略军备控制谈判取得显著进展，美国正式承认苏联的超级大国地位。70 代后期开始，两国关系再度重新紧张，其原因主要在于苏联在亚非两洲进行频繁的直接或间接军事干涉，连同美国在越南战争失败后扩展海外军事、政治义务的倾向重新显著抬头。1985 年戈尔巴乔夫担任苏联最高领导后，苏联及其东欧盟国内部发生剧烈变动，与此相应，苏联迅速丧失了同美国抗衡和竞争的意愿与能力。1991 年苏联的瓦解为美苏冷战，也为全部美苏关系的历史画上了句号。

2. 美苏关系发展的特点

（1）以对抗为主

倪孝铨在《美苏关系：从对抗到合作》（载《苏联东欧问题》，1991 年第 3 期）一文中指出，对抗一直是战后美苏关系的主要特征，冷战的 40 多年时间里，美苏双方在局部问题上曾寻求过妥协与合作并达成过某些协议，双方关系也曾出现过缓和，但是这一切并没有改变美苏关系以对抗为主的特征。美苏对抗的根源既有国家利益的冲突，也有意识形态的对立。国家利益的冲突是造成美苏对抗的根本原因，而意识形态的对立则加深了这种对抗的程度。戈尔巴乔夫上台以后，主要由于苏联对内和对外政策的变化，美苏在国家利益方面的冲突大大减少，双方在意识形态方面的对立也逐渐减弱，这一切导致了美苏关系的重大变化。

（2）有攻有守

杨铮在《战后美苏关系的演变》（载《外交学院学报》，1990 年第 4 期）一文中指出，战后美苏紧张对峙关系有其独有的特点，即在导弹林立的欧洲，40 年无战事，美苏危机事件 20 余次，却从未迎头相撞。美苏态势有攻有守，似战非战，似和非和。美苏 40 多年关系，“紧张多于缓和，对峙多于合作，怀疑多于信任，军事手段多于政治经济手段”。70 年代初的缓和带来的是苏联大举南下的事实。里根上台采取了不信任苏联的态度，一度出现“新冷战”。1981 年，美苏先后在日内瓦举行关于欧洲中导问题谈判，尽管双方抛出不少方案，但因双方无诚意而搁浅。1983年，美国在欧洲部署潘兴导弹，苏联退出谈判，并在民主德国和捷克部署导弹。美苏关系吃紧。“欧洲导弹年”刚过两年，戈尔巴乔夫与里根在日内瓦会谈，美苏对话热潮开始。

(3) 和平共处

美国学者约翰·刘易斯·加迪斯在《长和平——冷战史考察》(潘亚玲译，上海：上海人民出版社，2011年，第314—316页)一书中指出，尽管冷战初期双方言辞的敌对程度无可比拟，但苏联和美国却成功地和平共处到20世纪80年代初，没有发生任何形式的重大军事对抗。冷战，连同其中的对抗、焦虑和无可置疑的危险，创造了20世纪众所周知的大国关系中最长期的稳定；它现在可与整个现代史上最长的大国稳定期相媲美。我们可能会相互争论，是否可以合理地将称之为“和平”？

刘颖在《论20世世纪80年代中后期美苏关系的新缓和》(载《江汉论坛》，2003年第3期)一文中指出，综观第二次世界大战后的美苏冷战史，冷战与对抗是美苏关系的基本特征，但缓和与对话的现象也曾多次发生。从80年代中期开始，由于国际环境和美苏两国国内经济政治的巨大变化，美苏双方调整政策，两国首脑频繁会晤，在裁减军备、解决地区热点问题等领域达成了一系列协议，美苏关系又呈现新缓和的局面和特点。

3. 美苏关系的机理

时殷弘在《美苏冷战史：机理、特征和意义》(载《南开学报(哲学社会科学版)》，2005年第3期)一文中指出，从一定意义上说，美苏两个超级大国的兴起和它们之间的冷战是现代世界历史的必然。在这历史演进过程中，就国际体系构造而言，冷战自19世纪期间开始，并且愈益加速的国际权势分布的极化趋势。人口、经济技术、自然资源和地缘政治等几大方面的要素作为深层原因，两次世界大战作为极其有力和急剧的催化剂，造就了几个世纪里世界政治的头等重大事态之一，那就是现代国际体系传统中心欧洲的权势迅速衰落，“侧翼大国”美苏的权势勃然兴盛。另一方面，美苏冷战还在相当大程度上孕育于十月革命到第二次世界大战的美苏关系史：从列宁对威尔逊，到斯大林对罗斯福，日后美苏冷战的一个基本动因——社会制度和意识形态(包括国际政治观)的摩擦、抵触和对立都显得至关紧要，尽管它们并非唯一的动因，而且并不总是排斥两国在一些具体问题上达成妥协和进行协调，甚至形成对世界命运头等重要的战时同盟。然而，意识形态的对立与基本地缘政治环境中的超级大国利益竞争等因素结合在一起，决定性地促成了美苏冷战。

4. 美苏关系的性质

时殷弘在《美苏冷战史：机理、特征和意义》(载《南开学报(哲学社会科学版)》，2005年第3期)一文中指出，美苏冷战对抗有四大基本性质。第一在于其地缘政治和地缘战略特征，第二在于其非常强烈的意识形态色彩，第三是贯彻始终和不断翻新的美苏军备竞赛，最后是冷战的自我控制机制，它们使得美苏无论怎样对抗和争斗，都不至于在彼此间爆发热战。

(三) 冷战时期的中苏关系

1. 中苏关系发展的阶段性

中苏关系呈现大喜大悲的两阶段。孔寒冰在《中苏关系史的特点及其研究现状评析》

(载《俄罗斯研究》,2004 年第 2 期)一文中指出,从 1949 年 10 月中华人民共和国成立到 1991 年 12 月苏联解体,世界上两个最大的社会主义国家之间非同一般的大喜大悲的关系整整持续了 43 年:

所谓大喜,是指两国关系刚一确立时定位极高,好得至少在表面上几乎已经无可复加。中华人民共和国成立前夕,1949 年 6 月 30 日,毛泽东在为纪念中国共产党成立 28 周年而写的《论人民民主专政》一文中专门论证了即将诞生的新中国要全方位地站在苏联一边,即所谓的"一边倒"政策。他说:"一边倒,是孙中山的四十年经验和共产党的二十八年经验教给我们的,深知欲达到胜利和巩固胜利,必须一边倒。积四十年和二十八年的经验,中国不是倒向帝国主义一边,就是倒向社会主义一边,绝无例外。骑墙是不行的,第三条道路是没有的。"所以,"走俄国人的路——这就是结论"。此后不久,斯大林 7 月 27 日在欢迎秘密访问莫斯科的刘少奇的宴会上也动情地讲:"我们(中、苏)两兄弟之间的友好是最重要的,对世界革命是具有重大意义的。斯大林在世,我们两国人民应该是团结的,斯大林不在世了,仍然应该是团结的。团结就是力量!我们之间的团结,是与世界革命和人类命运息息相关的,是具有重大意义的。"正是彼此认作兄弟,当成一家人,中华人民共和国刚刚建立,毛泽东就不远万里亲赴莫斯科,将他认为最能体现兄弟之情的大黄芽、白菜、萝卜、大葱和梨等中国北方的土特产作为斯大林 70 诞辰的贺礼。也是在这次访问中,《中苏友好同盟互助条约》诞生了,两国之间的"蜜月"关系开始了,并且一直持续到 50 年代中期。

所谓大悲,则是指 50 年代中期以后,先是中苏两党就一些国际共产主义运动的重大理论问题发生分歧,后是中苏两国关系不断恶化并导致双方兵戎相见。中国共产党认为,1956 年召开的苏共第二十次代表大会是走向修正主义的第一步,因为在那次大会上,苏共领导借口所谓反对个人迷信全盘否定斯大林,而且提出所谓和平过渡到社会主义的议会道路,这是一个重大的原则错误。此后到 1960 年 4 月召开的苏共第二十二次代表大会,苏共领导的修正主义路线已经系统化了。苏联党则认为,"如果说民族主义分子从前把自己的观点伪装起来,并不得不按中国革命运动的历史任务行事的话,那么中国人民在苏联和其他兄弟国家帮助下在恢复时期和第一个五年计划期间取得了巨大成就之后,中共内部的民族主义分子就决定公开实现他们的大国主义和民族主义观点"。分歧进一步发展便波及了国家关系,苏联中断与中国的一切经济合作项目,接着两国边境接连发生小规模冲突,最后双方军队于 1969 年在珍宝岛交火,中苏关系也随之到了最低点。两国在经济上毫不往来,在政治上相互攻击,在军事上重兵对峙,在外交上各自为政,这种局面一直持续到 80 年代中期。

2. 中苏同盟的建立

李潜虞在《试论中苏同盟形成与破裂的共同因素》(载《社科纵横》,2014 年第 4 期)一文中指出了中苏同盟建立的四个方面的原因。

(1) 意识形态与中苏同盟的建立

在新中国建立的过程中,在意识形态上得到苏联的认可与支持对于中国共产党至关重要,来自革命理论发源地的认同将极大地增加新生政权的合法性,增强中国共产党领导人的自信。同时,中国在意识形态上也对苏联给予了支持,中国共产党赞成苏联提出的"两个阵营"的理论,不再特别强调自己提出的"中间地带"的理论。建国以后,中国大规模出版列宁和斯大林的著作,这些良性的互动都促进了中苏联盟的形成。

(2) 地缘关系与中苏同盟的建立

地理上的接近会对国家是否采取联盟行为造成影响。一方面，当一个相对较弱的国家与一个强国毗邻的时候，这个国家可能认为身边的强国实在让人无力抗拒，因此只能选择与这个强国结盟。另一方面，一个国家近在咫尺，另一个国家远在天边，尽管它们采取了相同的行动，但人们感受到的威胁是截然不同的。当毗邻的国家采取敌视行动时，人们感受到的威胁会更大，从而不得不采取针锋相对的对抗措施，两国关系也就会迅速恶化。苏联与中国有 7 300 公里的边境线，苏联与中国这种地理上的接近，既促使中国同苏联结成同盟。中苏结盟也就成了中华人民共和国解决由于地理接近所带来的国家安全问题的一个有效途径。

(3) 援助与中苏同盟的建立

援助对于中苏同盟来说也起到了促进作用。中国迫切需要苏联的援助。中国共产党接手的是一个烂摊子，中国的国民经济千疮百孔，而美国对中华人民共和国实行军事威胁和经济封锁，这都使得中国必须获得来自国外的援助才能巩固新生的共和国。

(4) "渗透"与中苏同盟的建立

"渗透"是西方国际政治理论当中的一个专门术语。依据外国学者的定义，渗透是"一个国家内部的政治体制为另一个国家所操控"，而渗透至少有三种形式：第一，公务员的忠诚分裂，可能运用他们的影响使该国与别国关系更为密切；第二，游说者使用各种手段，改变有关潜在盟友的公共认知和决策；第三，用对外宣传来改变精英和大众的态度。对于 20 世纪 50 至 60 年代的中苏关系而言，渗透可以指两国之间的人员交往和一国对另一国意识形态和思想文化的接纳。中国共产党的很多高级干部在解放前就曾经留学苏联，深受苏联思想文化的影响。在整个中国革命的进程中，中国共产党始终与苏联保持着千丝万缕的联系。中华人民共和国建立前，中国共产党的各项工作已经渗透着苏联的色彩，这必然促使中国与苏联结成同盟。

3. 中苏同盟破裂的原因

(1) 美国的楔子战略促进中苏同盟破裂

凌胜利在《分而制胜：冷战时期美国的楔子战略》(载《当代亚太》，2016 年第 1 期)一文中指出，冷战期间，美国通过深思熟虑的战略决策，确立了遏制这一大战略，楔子战略作为遏制战略的重要组成部分，发挥了重要作用。针对中苏同盟，美国主要采用强制性手段施压，具体表现为核威慑和经济施压。中美敌对的情况下，美国分化中苏同盟的楔子战略阻力较大，只能采用"以压促变"的强制性楔子策略。美国不断对华施压加剧了中苏同盟的内在矛盾，促进了中苏同盟分裂。

(2) 中国独立自主需求是中苏同盟破裂的核心原因

孙泽学、唐年新在《中苏同盟破裂根源探析》(载《华中师范大学学报(人文社会科学版)》，2002 年第 5 期)一文中指出，1964 年毛泽东在一次会议上讲，中苏分歧就是从苏联对中国实行大国沙文主义时开始的。苏联领导人搞大国沙文主义，这是中苏关系的核心问题，是要害所在。这个问题不解决，我们跟苏联之间的纠纷是一天也不会停止的。中华民族从来就没有向人屈服过。我们现在是一个社会主义国家，当然更不能向任何外国屈服，即使对最强大的帝国主义国家美国，我们也没有低过头。对苏联也是一样，我们绝不屈膝称臣。我们争的也不是居人之上，而是平等的地位。

唐世平等在《理解国际安全战略中的“系统效应”——以中苏同盟破裂的多重影响为例》（载《世界经济与政治》，2013 年第 8 期）一文中指出，对中国来说，中苏同盟破裂造成的最直接、立即和意图性的效应就是获得了在内政和外交上的自主性，从而使得中国领导人有能力根据自己的理解和意志来制定和执行国家的（内外）战略。

（3）两国在社会主义建设道路探索上的趋同与背离

孙泽学、唐年新在《中苏同盟破裂根源探析》（载《华中师范大学学报（人文社会科学版）》，2002 年第 5 期）一文中指出，赫鲁晓夫执政时期，中苏同盟关系经历了从友好到破裂的大转折。在他执政前期，中苏同盟关系不断升温，双方的亲密合作达于顶点。但从苏共二十大开始，中苏间产生裂痕，到 60 年代初发生中苏大论战而走向对抗，导致中苏同盟名存实亡。这一结局的出现，与两国各自探索建设社会主义道路而引起的内政趋同与背离有着直接的联系。

（4）意识形态的分歧与中苏同盟破裂

李潜虞在《试论中苏同盟形成与破裂的共同因素》（载《社科纵横》，2014 年第 4 期）一文中指出，中苏在意识形态上的分歧是中苏同盟破裂的重要原因之一，但这种分歧并不是说中苏两国中的某一个国家发生了政治变动，从一个社会主义国家变成了一个资本主义国家，因此发生了争论。我们现在已经认识到，在中苏两国从大辩论逐步走到兵戎相见的过程中，不管当时中苏两国互相给对方贴上了怎样的政治标签，中苏两国始终都是社会主义国家，而两个同质国家之间关于意识形态的争论却足以破坏两国之间的联盟，这是因为意识形态是一个国家统治合法性的重要来源，而当这种意识形态的解释权掌握在其他国家手里的时候，这个国家就会感到自身受到了严重的威胁。

孙泽学、唐年新在《中苏同盟破裂根源探析》（载《华中师范大学学报（人文社会科学版）》，2002 年第 5 期）一文中指出，由于苏中两党对待斯大林的态度殊异，对国际共产主义理论的不同观点，致使分歧无法弥合。1960 年 4 月至 1963 年 3 月，两党在多次国际会议场合爆发激烈争执，在大论战前进行了四个回合的交锋。中苏大论战使两党关系势成水火，统一的社会主义阵营瓦解，两国关系走到破裂的边缘，中苏同盟名存实亡。

（四）冷战时期的中美关系

1. 中美关系的历程

（1）基本特点

高放在《中美关系的历史回顾——简评〈从对峙走向缓和：冷战时期中美关系再探讨〉》（载《理论前沿》，2001 年第 7 期）一文中指出，50 多年来，中美两国之间充满了变化多端、曲折复杂的关系。大体上是美国推行霸权主义、从遏制中国到渗透中国，中国反霸权主义、争平等合作的关系。其中有过两次热战对抗和两次濒临战争（即 1955 年和 1958 年的台湾海峡战争危机）；有过长期的冷战对峙与缓和谈判；还有过 1979 年中美正式建立邦交以来的和平共处，其中又含有从冷和平到温和平、再到热和平的反复循环变化以及和平演变与反和平演变的和战（和平战争）。

（2）演变阶段

倪世雄在《结构性互动：中美关系 60 年》（载《美国问题研究》，2010 年第 2 期）一文中指出，中华人民共和国成立以来的60年，是中美关系全面发展的60年，之所以叫做全面发展，是因为在此期间中美关系历经了侵略、战争、盟友、冷战、伙伴、竞争对手的冷热不同的各种类型的双边关系，不仅在国家层面有着许多方面的接触，在市民社会层面也有着比19世纪更深入的交往。两国关系中你来我往、聚散离合的历史表明，虽然两国在许多方面存在分歧，但两国没有绝对不可调和的矛盾。

2. 中美的对峙

(1) 中美对峙关系的原因

周桂银在《中美敌对的根源与标志——评〈敌对与冲突的由来〉》(载《美国研究》，1996年第3期)一文中总结和归纳了时殷弘教授在《敌对与冲突的由来》中关于中美敌对关系的四个原因：

第一，中美敌对具有深刻的历史根源。杜鲁门政府对中华人民共和国的政策是40年代中后期美国"扶蒋反共"政策的继续，而"扶蒋反共"政策则源于美国在中国民主主义革命和世界政治的发展中逐渐定形的对中国共产党的态度。事实上，自中国共产党诞生以来，除中国全面抗日战争时期以外，美国对中共的态度一直是敌视和反对，它不能容忍中国人民用革命方式冲击美国在华利益和势力，也不能容忍共产党在中国这样一个东方大国取得胜利。现实是历史的继续，是历史合乎逻辑的发展结果。

第二，杜鲁门政府摆脱国民党的尝试与其对中华人民共和国态度之间并无因果联系。杜鲁门政府试图"甩掉包袱"只是证明了其"扶蒋反共"政策的破产和对国民党政权腐败无能的绝望，并不能因此而得出摆脱蒋介石政权就是想中华人民共和国和解的结论。这是两个没有因果联系的问题，是美国东亚政策和对华政策的两个侧面。在朝鲜战争爆发前的一年半时间里，美国政府对中华人民共和国实行的是全方位的敌视政策：排除对话，不予外交承认，组织孤立中华人民共和国的国际阵线，想方设法地加剧中华人民共和国的经济困难，包括严厉限制对华贸易，制定和推行对华遏制政策，并将其作为在东亚遏制共产主义的重大环节。美国的上述政策行为是中美对抗形成的根本原因，它们既出于多种利益的权衡，也出于意识形态和情感的驱使。美国敌视中华人民共和国的具体政策行为出现于1949年夏秋之交，因而成为中美敌对的标志。中美在朝鲜的冲突是这种敌对的必然升级。

第三，体现在美国国家安全委员会第68号文件(NSC-68)中的美国全球战略观念的变化，是中美走向敌对的决定性因素。该文件是美国在第二次世界大战后从现实主义的遏制战略转向全球主义的遏制战略，并继而走上黩武道路的标志，它赋予了遏制中国以一种同美国总体利益密切相关的广泛意义，同时也为遏制中国提供了一种更强的心理保证——美国可能用军事手段在远东推行遏制政策，而不损害美国在其他地区的战略能力。这就彻底打消了美国决策者的顾虑，从而为杜鲁门政府出兵朝鲜和武装干涉台湾提供了政策铺垫。

第四，中国共产党对美国的敌对态度也是导致中美对抗的一个不可忽视的重要原因。中国共产党以及中华人民共和国之敌视美国，是对美国"扶蒋反共"政策的必然反应，也是作为共产党领导下的中华人民共和国在冷战时代在对外政策方向上顺理成章的选择。

(2) 对峙时期美国对中国的外交行为

白建才在《20世纪50年代美国对中国的隐蔽行动》(载《陕西师范大学学报(哲学社会科学版)》，2015年第3期)一文指出，20世纪50年代，美国为破坏中苏关系，削弱苏联和中华人民共和国的力量和影响，对中国实施了包括准军事行动和隐蔽的政治战、经济战、宣传战在内的全面隐蔽行动。其中准军事行动主要有：支持逃窜到缅甸的国民党残余势力袭击中国西南地区；支持西藏叛乱武装；支持台湾国民党残余势力对中国大陆的袭击骚扰。隐蔽的政治战主要有：破坏中苏关系；煽动支持达赖出逃；阻止恢复中国在联合国的合法席位。隐蔽的经济战主要表现在：美国在对中国实施公开的经济封锁、贸易管制的同时，秘密成立巴黎统筹委员会中国委员会，拉拢其他国家也对中国实施贸易管制。隐蔽的宣传战主要是以台湾为基地，与国民党军情部门密切合作，对中国大陆进行广播宣传和空投宣传品。

白建才继续指出，20 世纪 50 年代，美国对中国的隐蔽行动是美国对华政策的重要组成部分，也是美国冷战遏制大棋局中的重要一环。这一时期，美国为破坏中苏关系，削弱苏联和中国的力量和影响，依据其遏制大战略及隐蔽行动等战略，由中情局、国务院、国防部等多部门共同参与，对中国实施了包括隐蔽的政治战、经济战、宣传战和准军事行动在内的全面的隐蔽行动，其激烈程度超过了对苏联的隐蔽行动，同时也是整个冷战期间美国对中国实施隐蔽行动最频繁、最激烈的时期。虽然这一时期，美国对中国隐蔽行动的目标由于主客观原因难以实现，但使达赖等西藏叛乱势力得以外逃并长期从事分裂祖国的活动，使中国对外经济关系的结构发生了根本性的转换，使台湾蒋介石政府的影响有所恢复，并延缓了联合国恢复中华人民共和国的合法席位，进一步恶化了中美关系，对中国的长远发展造成了一定影响。

3. 中美关系的缓和

(1) 中苏矛盾推动中美关系缓和

栗广在《1969—1972 年中美关系缓和进程中的苏联因素》(载《党史研究与教学》，2010 年第 4 期)一文中指出，20 世纪 60 年代末、70 年代初，在中美两国对外战略调整中，苏联因素有着首要的、决定性的作用。正如基辛格在回忆录中所言，“北京和华盛顿正是对苏联力量有一种共同的关切才走到一起的”。如果不是苏联在对外关系中所表现出咄咄逼人的样子，那么要实现中美关系正常化虽然不能说不可能，但至少会向后推迟一段时间。在中美苏互动的过程中，苏联方面在主观上也相当害怕中美联合，因此在中美试图走近的过程中采取了一些措施力图使中美保持距离；但是随着其在与美国争霸中实力的增强而在国际上的所作所为以及苏联领导人对局势判断错误，在客观上又对中美关系的解冻起到了助推的作用。由此，中国基本上实现了联美抗苏的战略意图，在 20 世纪 70 年代乃至 80 年代的对外交往中始终处于主动有利的地位。

(2) 美国国务院推动中美关系缓和

张静在《从积极推动到保守谨慎——美国国务院在中美关系缓和中的角色(1969—1972)》(载《中共党史研究》，2013 年第 2 期)一文中指出，在缓和对华关系的初期，美国国务院为白宫提供了有关恢复大使级会谈、放松对华管制、逐步从台湾撤军等富有建设性的政策选项，契合了白宫的政治需要。国务院方面还较早地察觉到中苏冲突的重大战略机遇，为中美苏三角关系的建构提出了战略性的建议。

(3) 中美关系的缓和受世界局势影响

刘建飞在《中美关系缓和中的世界因素》(载《哈尔滨工业大学学报(社会科学版)》，2002 年第 4 期)一文中指出，联合国是促使美国改变对华政策的重要力量，民族解放运动是推动中美关系改变的世界潮流，多极化是重塑中美关系的国际大背景，和平与发展是影响中美关系的时代主题。联合国、民族解放运动、多极化、和平与发展的时代主题在20世纪70年代初中美关系缓和过程中都直接或间接地发挥了不可忽视的作用。它们不仅构成了中美关系发展的国际大背景，而且还推动了美国对华政策的调整。如果没有这些世界因素的作用，假设时间倒流50年，很难想象中美关系会出现70年代初那样的局面。中美关系缓和的历史给后人的一个重要启示就是，发展中美关系是符合世界潮流的，也是符合世界人民的根本利益的；而破坏中美关系不仅违背中美两国人民和世界人民的利益，也是违背世界潮流的。

(4) 中美关系的缓和受国内国际局势的影响

李潜虞在《中美关系缓和的多角度分析》(载《前沿》，2011年第4期)一文中指出，从中国安全环境与安全战略的变化、中国国内政治状况、国内国际三个层次的博弈、领导人个性四个方面分析了中美缓和的背景。一个国家之所以会对外交战略进行重大的修改，必然是因为该国所面临的安全环境发生了重要变化，两个夙敌能够走到一起，必然是两者之间有了共同的利益。在20世纪70年代，苏联是中美两国要共同对付的敌人，苏联的威胁促成了中美关系的缓和。毛泽东的危机意识只是将苏联的威胁突出出来。人的意识不可能平白无故地产生，它的形成必然来自现实，意识只是对现实有所放大和缩小。不同的人对苏联威胁的敏感程度可能有所差别，但是通过对历史事实的分析可以看出，当时苏联对中国的威胁是确实存在的，这是促成中美关系缓和的实质原因。而中国国内的政治状况以及国内国际两个层次上的艰难博弈只是为中美关系的缓和创造了有利的或不利的条件，或者说是构成了中美关系缓和与停滞的历史语境。

五、冷战的影响

(一) 积极影响

1. 促进第三世界成长

余伟民在《"冷战"的起源与终结》(载《史学集刊》，2013年第1期)一文中指出，冷战格局对于推动世界体系的重构具有正面的历史作用，主要是加速了殖民体系的瓦解，为原殖民地国家和其他受制于西方的落后国家走上独立自主的现代化道路提供了来自"社会主义阵营"的支持和援助。也是在这个意义上，战后国际政治中的"第三世界"其实是东西方冷战的产物。

文安立在《全球冷战——美苏对第三世界的干涉与当代世界的形成》(牛可等译，北京：世界图书出版公司，2014年，第20、408页)一书中指出，美国和苏联的干涉主义在很大程度上塑造了第三世界各国的政治、社会和文化变迁的国际和国内框架。如果没有冷战，非洲、亚洲也许还有拉丁美洲，都将完全不同于今日之状况。冷战最重要的方面既非军事也非战略，而且也不是以欧洲为中心，而是它与第三世界的政治和社会发展相关联的方面，虽然非殖民化和第三世界激进化这两个过程本身并非冷战的产物，但却以各种后来变得至关重要的方式深受冷战的影响，从而塑造了我们今天所知世界的大部分地区。

2. 促进世界和平的发展

白建才在《再论冷战的后果与影响》(载《史学理论研究》,2011 年第 4 期)一文中指出,第二次世界大战后欧亚的传统大国或战败或衰落,世界形成了分别以美苏两个超级大国为首的两极格局。此时只有这两个超级大国有能力发动世界大战,如果发生世界大战,必然是在以美苏为首的两大阵营之间进行的。但鉴于两次世界大战造成的巨大灾难和沉痛教训,鉴于核武器的出现和迅速发展,美苏两国谁也不愿意再挑起一场新的世界大战,导致两国的同归于尽乃至人类的毁灭,竭力避免发生直接军事冲突已经成为双方领导人心照不宣的潜规则,这就维持了世界的相对和平的局面。

3. 促进经济全球化的发展

叶江在《冷战、美国霸权与全球化——冷战史研究新视角》(载《华东师范大学学报(哲学社会科学版)》,2002 年第 6 期)一文中指出,冷战对全球化的影响主要在于:冷战所造成的两极对峙国际政治格局和经济上的两个平行市场,促使相互对抗的东西方两大集团都高度地加强各自内部的协调,而这种两大集团内部的高度协调却在分割世界的同时又对世界市场的一体化产生直接的影响。第一,出于稳定西方体系内部的需要,西方集团在美国的领导下努力地改造资本主义体制;第二,为了保证西方阵营内部的团结,美国及其战时的西方盟国在冷战开始之后就迅速地改变了处理战败国的政策,不仅不再在经济上削弱和政治上压制德国和日本,反而竭力帮助它们,使之能成为西方阵营中和谐的力量;第三,冷战环境中西方集团的内部协调还对第三世界的形成具有举足轻重的影响,并促使第三世界融入以西方集团为主体的资本主义世界体系;第四,虽然以苏联为首的东方集团的内部协调是以脱离资本主义经济世界为导向的,并由此而引起资本主义和社会主义阵营之间的尖锐对立,但是实际上社会主义阵营的东欧各国甚至苏联本身却始终未能真正摆脱资本主义世界体系,即运用政治手段建立与资本主义平行的社会主义市场“没有能使这些国家改变以半外围的方式参与全球经济”。

4. 促进各国观念的转变

文安立在《全球冷战——美苏对第三世界的干涉与当代世界的形成》(牛可等译,北京:世界图书出版公司,2014 年,第 419 页)一书中指出,如果说从冷战中我们能得到什么重要教益的话,那就是:单边军事干涉对谁都没有好处,而开放国界、文化交流以及公平的经济贸易,对所有人都有利。这并非一种和平主义的观点——我坚信在受到攻击的情况下,人有权自卫。在一个意识形态越来越多样化的世界上,在一个我们因交往而越来越紧密地联系在一起的世界上,解决日益加剧的冲突的唯一办法,只能是在承认多样性的同时促进交流,同时在必要的情况下通过多边行动对灾难性事件加以预防。冷战仍然是一个令人警醒的例子。它告诉我们,如果我们不采取上述路线,如果我们听凭奉行全球干涉主义政权的摆布,世界将会是什么样子。

(二) 消极影响

1. 使社会主义事业受挫

刘祖熙、杨华在《冷战对东欧的深重影响》(载《世界知识》,1990 年第 4 期)一文中指出,东西方冷战和苏联的压力,加剧了东欧国家的内部矛盾,促使东欧各国形势急剧变化。经过激烈的政治、经济变动之后，东欧国家完全按照苏联模式，确立了政治上一党高度集权、经济上全面计划管理的苏联式社会主义体制。尽管这种体制在一定的时期、一定的限度之内仍然可以使社会经济得到一定程度的发展，但是它毕竟同东欧国家的历史传统和现实情况不适应，不能保证社会的长期稳定和经济的持续发展。加之，这种苏联模式的政治、经济体制是在苏联的压力和干预下强加给东欧国家的，东欧各国人民感情上难以接受。而东欧国家被纳入苏联操纵的"大家庭"之后，外交上不能不对苏联亦步亦趋，步步紧跟。

2. 造成东北亚局势紧张

罗珍在《美苏"冷战"对战后东北亚政局的影响》（载《求是学刊》，1998 年第 2 期）一文中指出，战后伊始，由于美苏盟友关系没有结束，因而两国在东北亚地区依据雅尔塔协议行使自己的职权。随着冷战的开始，美苏两国逐渐将自己所管辖范围视为自己的势力范围。朝鲜半岛南北政权的成立及其分别倒向美苏、中华人民共和国的建立及同苏联结盟，标志着美苏冷战在东北亚地区的升级。朝鲜战争使美国快速完成了在亚洲地区"遏制以苏联为首的社会主义阵营扩张"的战略部署，这使东北亚地区的国家彻底加入到战后形成的相对抗的美苏两大阵营之中，因此可以说，战后初期美苏冷战直接影响着东北亚地区的政局变动。

3. 给世界造成巨大损失

沃尔特·拉费伯尔在《美国、俄国和冷战》（牛可等译，北京：世界图书出版公司，2014 年，第 1 页）一书中指出，冷战使美国付出了 8 万亿美元的国防支出，失去了近 10 万美国年青男女的生命；麦卡锡时代的政治迫害损害了其他许多人的事业与生活；冷战还使全美国陷入东南亚和中美洲的恐怖冲突中；冷战又在 20 世纪 80 年代引发了 50 年来最为严重的经济萧条。在发展中世界，到处发生血腥的冲突，在这里，美国人和苏联人——更多情况下是它们各自的代理人——相互残杀，在朝鲜半岛、越南、中东、中美洲和阿富汗以及其他地方的战场上，共有数以百万计的人丧命。

4. 妨碍国际关系的缓和

刘金质在《冷战史（1945—1991）》（北京：世界知识出版社，2002 年，第 1505—1508 页）一书中提出，冷战的影响将会在相当长的时间内起作用，影响各国领导人的思维和国家决策，妨碍人民之间的互相理解和友好往来。第一，冷战时期构筑的国际结构和行为规则将依然主导国际关系的发展和国际政治运作；第二，冷战思维严重影响国际行为体的决策和政策；第三，核武器的出现和不断完善，建立在核威慑基础上的核战略均势维护了核恐怖下的和平；第四，冷战掩盖的民族、宗教和地区矛盾日益显露，冲突相继爆发，这就给美国进行广泛的干涉提供了机会。

六、苏联解体与冷战的结束

（一）苏联解体的原因

1. 国内因素

朱秀芳在《从国家体制看苏联解体的深层原因》（载《探索与争鸣》，2007 年第 6 期）一文中指出，国家的联邦制与实际管理中的过度集权体制之间的矛盾与冲突及其苏联宪法存在的法理缺憾，是苏联这个联邦制国家解体的深层原因。中央过度集权与法理上的分权制存在着矛盾，各联盟主体感觉不到宪法规定给自己的权利，现实与法规存在很大的差距。由于联盟中央领导人存在违背法理之处，不得不采取高压政策，甚至严厉镇压反对者，从而使各加盟共和国和中央的关系始终处于弹簧状态：中央强硬，共和国就软些；中央一放松，共和国就谋求分立。在苏联时期，这种集权和分权的斗争，或者说控制与反控制的斗争一直存在，在一定条件下，长期积累的不满就会像火山般爆发。

陆南泉在《对斯大林模式的再思考》(载《当代世界社会主义问题》，2007 年第 3 期）一文中指出，斯大林模式不仅丧失了推进社会经济发展的动力，而且成了社会经济发展的主要阻力。斯大林模式的弊端带有制度性与根本性的特点，它走进了死胡同。斯大林模式的问题与矛盾日积月累，最后积重难返，使危机总爆发，苏联及东欧各国人民对其丧失了信任。换言之，当这些国家的人民看到世界发展的现实情况，发现自己的国家大大落后了，除了生出屈辱感外，要继续前进、振兴自己的国家，那就只好抛弃斯大林模式，寻觅另一种社会发展道路。也正是这个原因，苏联、东欧各国在发生剧变后，无一例外地都宣布彻底与斯大林模式决裂，朝着经济市场化、政治民主化方向转轨。

2. 国际因素

罗肇鸿在《苏联解体及其对世界经济与政治格局的影响》(载《世界经济与政治》，1992 年第 10 期）一文中指出，苏联的演变直至解体，外部因素起了一定作用，表现为在外部的政治压力、思想意识和文化的渗透扮演了重要的角色。不过，这些都是诱因，不是变化的根源。苏联垮台的深刻原因就在于同资本主义的经济竞赛中吃了大败仗，值得注意的有以下三点：被功能逐渐衰竭的经济体制拖垮；被军备竞赛压垮；被政治动乱和民族危机的浪潮冲垮。

李慎明在《居安思危——苏共亡党的历史教训》(载李慎明主编：《历史的风——中国学者论苏联解体和对苏联历史的评价》，北京：人民出版社，2007 年，第 64—67 页）一文中指出，戈尔巴乔夫上台后，大力鼓吹所谓的“国际政治新思维”。这就在国际范围内根本抹杀了社会主义和资本主义、无产阶级与资产阶级之间还依然存在着严峻斗争的事实。他的政治表态很快就传达到西方社会。美国和西方国家加强了“和平演变”的攻势，利用大众传媒，大举进行意识形态渗透。美国和西方国家利用经济贸易、技术援助，诱导苏联的改革朝着西方期望的方向发展。西方的吹捧和收买是戈尔巴乔夫彻底背叛苏联社会主义事业的原动力之一。美国和西方国家利用所谓“人权”问题干涉苏联内政，支持和扶植苏联社会内部的反对势力。

（二）苏联解体的影响

1. 对世界政治变化的影响

郗润昌在《苏联解体的原因及对世界政治的影响》(载《和平与发展》，1992 年第 3 期）一文指出，苏联解体对世界政治的影响是全局性的，主要表现为以下几点：第一，苏联的解体进一步确立了美国在从旧格局终结到新格局形成的过渡时期中唯一超级大国的突出地位。第二，苏联解体进一步刺激了美国企图构筑“单极世界”的政治欲望，从而更加剧了美欧以及美日之间，尤其是美国同欧共体之间争地位、求影响的矛盾与斗争。第三，从国际安全方面讲，苏联的解体，一方面使美苏两大国的矛盾消解，从而使原来意义上的世界大战成为不可能；另一方面，又使原苏联及其一些毗邻地区成为新的不稳定地区。

2. 对资本主义世界的影响

赵曜在《苏联解体及解体后20年世界格局的变化——〈苏联解体我的解读〉序言》（载《科学社会主义》，2012年第3期）一文中指出，苏联剧变以后，世界社会主义跌入谷底，西方敌对势力欢呼雀跃，利令智昏，弹冠相庆，竭力鼓吹马克思主义"过时论"、"陈旧论"，资本主义"再生论"、"永恒论"，社会主义"失败论"、"终结论"，高奏贝多芬的《欢乐颂》交响曲，把它看成是史诗般的、始料未及的"解放"和"胜利"。但是，苏联剧变后的20年，世界格局发生重大变化，这种变化不是向着有利于资本主义，而是向着不利于资本主义的方向发展。世界格局的变化主要表现在三个方面：第一，世界资本主义遭受重创。重创来自两个事件。第一件是2001年发生的9.11事件。第二件就是2008年9月，以美国华尔街第四大投资银行雷曼公司破产倒闭为标志，由次贷危机引发的全美和全球的金融海啸，虚拟经济又影响实体经济，出现全球性金融危机和经济危机。这次经济危机后再次掀起学习和研究马克思主义热潮。再一个是动摇了人们对资本主义的信心。在这次危机中，人们认识到资本主义危机是一种制度危机，除德国模式表现稍好外，其余各种模式都一落千丈。这一条对未来资本主义的变革具有根本性意义。第二，新兴国家异军突起。新兴国家的崛起，极大而深刻地改变了世界格局和国际经济形势，标志着"后殖民主义"时代走向终结，世界权力加速向新兴国家转移。第三，社会主义的回升和中国的崛起。中国的崛起，极大地提高了中国的国际地位和扩大了中国在国际事务中的影响。

3. 苏联解体对社会主义世界的影响

荣植在《苏联解体对国际政治、经济的影响》（载《国际技术经济研究学报》，1992年第2期）一文中指出，苏联解体使战后40余年来的美苏两极对抗消失了，出现了新的政治经济形式。从政治上说，苏联曾是第一个社会主义国家，苏联领导人关于社会主义的理论和实践对世界各国追求进步的人民有很大影响。现在苏联崩溃、瓦解了，这就迫使人们对苏联领导人关于社会主义的理论和实践重新进行了一些探讨。

4. 对国际格局变化的影响

苏联解体促使世界格局由两极格局演变为塔式结构。陈文学在《苏联解体对国际政治的影响》（载《国际政治研究》，1992年第4期）一文中指出，苏联的解体使国际格局从两极向"一超、三中心、五大力量的塔式结构"转换。苏联解体，使美国成了世界上唯一的超级大国，世上无任何其他国家能在政治、军事、经济上与之全面抗衡。唯一的超级大国美国即会从这一概念出发，安排世界秩序、决定和处理国际事务，这种情势必将给国际政治的发展打上深深的烙印。在打破两极以军事对抗为主的旧秩序后，经济成为国际生活的最重点内容。国家力量的竞争将从军事转向经济。美国、欧洲共同体、日本现在成了世界经济的三大中心。三者既合作又竞争，共同决定国际经济生活的主流。当然，从综合国力来考察，国际社会仍然存在着美国、中国、欧共体（包括英、法、德等）、俄罗斯、日本等五大力量。俄罗斯虽然不及昔日的苏联，但它承继了苏联的主要军事政治经济遗产，实力仍然可观——它成了安理会常任理事国之一。俄罗斯1990年国民生产总值能占原苏联的58.7%，拥有，80%的原苏联核力量，拥有原苏联66.3%的军队规模。俄罗斯在其结束经济转变后，会在国际上发挥重要作用。这种“一超、三中心、五大力量的塔式结构”显示了主要大国在世界上的地位。

5. 对民族解放运动的影响

孙恪勤在《苏联解体对世界民族主义问题的影响》(载《东欧中亚研究》,1994 年第 5 期)一文指出,苏联解体后,原苏联、东欧地区的民族主义运动不断发展,并迅速向中欧、东南欧、西亚和中亚地区蔓延,进而影响到全世界,形成一个以原苏联、东欧地区为中心,从中欧到中亚为强地震带,进而波及世界其他地区的世界性民族主义运动高潮。

教学设计

设计一:给和平一个机会——古巴导弹危机中的大国恐惧与理性

设计意图

古巴导弹危机是冷战期间美苏之间的一次核危机事件,让世界与核战争擦肩而过。本设计以大国的责任意识和外交理性为教学立意,引导学生对古巴导弹危机的基本史实进行梳理,理解在核威胁下大国的外交理性与克制,认识国际关系中大国应该具备一定的畏惧感和责任意识。本设计以事件发生的时间为经,以事件发生的空间为纬,构筑学生的时空观念,突出历史细节,用多元材料提升学生的读历史、看历史、悟历史的思维能力。

设计方案

材料呈现:

材料一

古巴导弹危机

——文安立:《全球冷战——美苏对第三世界的干涉与当代世界的形成》,牛可等译,北京:世界图书出版公司,2014 年,第 159 页。

问题设计: 这幅漫画上的人分别是谁? 反映的是哪一历史事件?

教师引导学生分析: 这是一幅大家都非常熟悉的历史场景,漫画反映的是美苏古巴导弹危机——苏联称这一事件为“加勒比海危机”。漫画上的赫鲁晓夫和肯尼迪在比拼腕力,眼神犀利地看着对方,恨不得除之而后快;两人的座椅都很特殊,是两枚核弹,手指都指向了引爆的按钮。1962 年 10 月 14 日到 10 月 28 日,美苏之间的核对抗,让整个世界都战栗了,全世界都在担忧着超级大国的对抗可能带来的世界末日。

一、加勒比海风云四起

教师讲述： 1962年的10月是让全世界人民都屏住呼吸的日子，全球都密切关注着加勒比海的古巴，这里可能会引爆毁灭世界的战争。

材料呈现：

材料二 1962年10月14日，美国U-2侦察机从古巴上空飞过，拍摄了大量清晰的照片。1962年10月15日，美国确认了苏联在古巴部署了导弹，修建发射基地，并且还有核武器。1962年10月16日，约翰·肯尼迪总统召集其主要顾问组成国家安全委员会执行委员会（以下简称执委会），商讨对策。1962年10月22日肯尼迪向美国和全世界发表广播讲话，通告了苏联在古巴部署核导弹的事实，宣布武装封锁古巴，要求苏联在联合国的监督下撤走已经部署在古巴的进攻性武器。1962年10月23日，苏联政府发表声明，表示仍要按苏古协议继续使用武器"援助"古巴，"坚决拒绝"美国的拦截，对美国的威胁"将进行最激烈的回击"。1962年10月24日，在68个空军中队和8艘航空母舰护卫下，由90艘军舰组成的美国庞大舰队出动了。1962年10月28日，苏联接受了肯尼迪的要求，撤走了导弹。

——刘金质：《冷战史（1945—1991）》，北京：世界知识出版社，2003年，第527—537页。

问题设计： 根据材料归纳美国对苏交涉的步骤。

教师引导学生分析： 在这一事件中，美国对苏交涉的步骤有：第一步，确认苏联的确在古巴部署了核武器以及正在修建军事基地；第二步，进行舆论宣传，向全世界宣布苏联的举措；第三步，武装封锁古巴并要求苏联撤出；第四步，当苏联拒绝美国的要求时，美国出动庞大舰队。在美国强硬的态度和强大的军事实力面前，苏联撤退了。在古巴危机发生之时，人类与全球核战争爆发只有一步之遥，全球为之战栗。美国、苏联在古巴到底是如何博弈的？古巴又是如何自处的？我们走进古巴导弹危机的细节中探寻，历史会给我们提供哪些解释呢？

二、布弹古巴，布局世界

教师讲述： 在前面呈现的史实中，我们只看到了美国与苏联的激烈交锋，古巴是这两个大国交锋的战场，为什么古巴会成为大国交锋的重要焦点？

问题设计： 请同学们结合地理、历史、政治三个学科的相关知识，从地缘政治的角度分析古巴成为战场的原因。

教师引导学生分析： 古巴是加勒比海上的一个岛国，距离美国最近的领土只有90海里，古巴对美国来说有极重要的地缘作用。古巴在1959年卡斯特罗建立新政权后，逐渐与美国交恶，美国对古巴采取了政治孤立、军事包围和经济封锁的侵略政策，甚至直接策动暗杀和组织武装入侵[①]。古巴逐渐走向社会主义阵营，日益靠向苏联，并且寻求苏联的帮助。

---

① "猪湾事件"，或称吉隆滩之战，是1961年4月17日，在美国中央情报局的协助下，逃亡美国的古巴人在古巴西南海岸猪湾，向菲德尔·卡斯特罗领导的古巴革命政府发动的一次失败的入侵。

这就大大溢出了美国的“门罗主义”[1]和“泛美军事体系”。

材料呈现：

材料三 赫鲁晓夫把导弹运进古巴的真正意图既不在于保护古巴免受美国的侵略，也不是为了向美国施加压力以求得柏林问题的尽快解决，乃在于谋求所谓的战略均势，解决苏联的核劣势问题，实现苏联与美国平起平坐、共同主宰国际事务的夙愿。

——赵学功：《古巴导弹危机与20世纪60年代的美苏关系》，载《史学月刊》，2003年第10期。

材料四 赫鲁晓夫希望能够以苏联从古巴撤出导弹为交易筹码，换取美国从土耳其的基地中撤离木星导弹。

——[美]梅尔文·P.莱弗勒：《人心之争：美国、苏联与冷战》，孙闵欣等译，上海：华东师范大学出版社，2012年，第135页。

材料五 苏联要在古巴配置中程和中远程导弹，是想同时达到两大目的。一个是阻遏他们所担心的美国对古巴的入侵，以捍卫西半球这唯一的“社会主义”政权。另一个是加强当时仍然很弱的苏联核威慑力量，以阻遏美国对苏联自身的可能袭击。

——[美]雷蒙德·加特霍夫：《冷战史：遏制与共存备忘录》，伍牛等译，北京：新华出版社，2003年，第164页。

问题设计：针对以上三种关于苏联在古巴部署导弹原因分析的角度，选择其中一个角度进行论述。

教师引导学生分析：角度一认为，在美苏关系从战时合作进入冷战后，美国的军事力量仍处于绝对优势。但是，1957年苏联洲际导弹和人造卫星的发射成功，赫鲁晓夫声称苏联已经把美国甩到后面了。美国人普遍认为，苏联的军事力量在飞速发展，尤其是在远程导弹方面已领先美国，苏联的导弹直接威胁美国的安全。但是实际情况并不如此，如果苏联把导弹部署在古巴，可以大大提高第一次打击的能力。这些导弹的射程可以覆盖整个北美大陆，并且可以绕过美国的导弹警报系统，出其不意地发动进攻。因此，把导弹安装在古巴，有助于扭转美苏两国导弹数量和攻击时间上的不平衡，抵消美国的战略优势。

角度二认为，苏联在古巴部署导弹是为了苏联在欧洲的安全。土耳其和苏联接壤，美国在土耳其部署了木星导弹，就如同在苏联的家门口设置了定时炸弹，苏联的国土安全不能得到保障。苏联和美国之间隔了一个太平洋，而古巴和美国之间的最短距离只有90英里，这就是地缘政治的规划和部署。

角度三认为，第二次世界大战后的欧洲出现了8个社会主义国家，亚洲也有4个社会主义国家，在美洲只有古巴高举社会主义旗帜，古巴又离美国那么近，所以古巴对于苏联的战略意义不言而喻：既能推进社会主义事业又能很好的监视和威慑美国。

三、给和平一个机会

教师讲述：无论美苏双方是基于自身安全还是全球战略，抑或是国家的欲望，制造了这

---

[1] “门罗主义”，美国的一项外交政策，美国提出欧洲列强不应再殖民美洲，或涉足美国与墨西哥等美洲国家之主权相关事务。而对于欧洲各国之间的争端，或各国与其美洲殖民地之间的战事，美国保持中立。相关战事若发生于美洲，美国将视为具敌意之行为。

一场核危机，都让世界惶恐。那么，苏联在最后关头是出于何种原因及时妥协？美国缘何没有第一时间就进行军事打击？肯尼迪和赫鲁晓夫最后为什么双双按下停止键？我们继续走进古巴导弹危机现场。

材料呈现：

材料六 10月25日，最高苏维埃主席团一致同意，这场危机不应当朝着一个“沸点”发展。这场大国之争的游戏还得继续玩下去。我们双方应当采取谨慎且节制的态度，为这场危机寻求一个理智的解决方案。赫鲁晓夫希望能够以苏联从古巴撤出导弹为交易筹码，换取美国从土耳其的基地中撤离木星导弹。

——[美]梅尔文·P.莱弗勒：《人心之争：美国、苏联与冷战》，孙闵欣等译，上海：华东师范大学出版社，2012年，第135页。

材料七 我想，总统先生，您不免也会对世界的命运存有一丝忧虑吧？（赫鲁晓夫1961年10月26日给肯尼迪的信。）

——[美]梅尔文·P.莱弗勒：《人心之争：美国、苏联与冷战》，孙闵欣等译，上海：华东师范大学出版社，2012年，第134页。

材料八 核战争对大家都是危险的，这一因素对危机局势的克制潜力超过了军事力量对比和威慑力量对比的任何计算标准。肯尼迪总统宁愿做出某些让步以求达成谈判解决，也不愿利用当时的压倒优势发动一场核战争。

——[美]雷蒙德·加特霍夫：《冷战史：遏制与共存备忘录》，伍牛等译，北京：新华出版社，2003年，第178页。

问题设计：根据材料并结合所学知识，分析古巴导弹危机最终和平解决的原因。

教师引导学生分析：这场核危机能和平的结束，的确是多种因素合力的结果。这其中包括了美国实力的扼制作用，以及苏联已经取得了自己想要的结果，即美国承诺从土耳其撤出木星导弹。同时，两国领导人都认识到核战争没有赢家，表明了美苏两个超级大国在重大事件面前的自我克制。可能正是赫鲁晓夫和肯尼迪心中的那一点点忧虑，美国和苏联作为世界强国、大国，心中有那么一点点的恐惧，世界和平才有了机会。危机给当时的美苏对峙带来缓和的机会，美苏之间建立了热线联系；1963年，美苏签署《限制核试验条约》，虽然这个条约没有能真正限制美苏的核试验。

教师指导学生小结：古巴导弹危机结束了，但核威胁却越来越大。在核威胁一直没有消退的今天，所有掌握核武器或拥有重器的国家都应有恐惧、能容忍、会换位、知妥协、明责任。如果所有的大国和强国都能做到：为了拯救全世界，我们必须撤退！世界才真正有机会和平。

设计二：没有宽容就没有未来——柏林墙的故事

设计意图

柏林墙是冷战的象征，曾是横亘在东西柏林、联邦德国与民主德国、东西方之间的一道有形城墙和无形鸿沟。柏林墙的修建和倒塌反映了冷战的起落，有形墙体的修建推动联邦德国与民主德国之间竖起无形的墙体，但是，有形墙体的倒塌并没有推动联邦德国与民主德国人心的快速统一。本设计从社会生活史的角度来反映宏大历史事件，用细节材料来展现普通人的生活场景，构建学生对历史的理解。以自由、良知、宽容为教学立意，引导学生围绕柏林墙发生的故事，认识自由、良知、宽容的世界才是更值得期待的未来。

设计方案：

教师讲述：一个城市的一半用蜿蜒的墙体与另一半隔开，这是冷战时代一座特殊的城市——柏林，这堵墙有一个响亮的名字——柏林墙。

1961年8月12日到13日夜间，民主德国出动约5 000名边防警察、5 000名人民警察、4 500名企业卫队队员，堵住了所有通往西柏林的大小道路，柏林墙由此竖起。到1989年11月9日最终开放，柏林墙一共存在了28年零3个月。在这28年多的时间里，柏林"一墙、两城、两国"，柏林人民进入了"大墙时代"，无数的普通人围绕大墙演绎了一幕幕人生故事。

第一幕：越过高墙寻自由

材料呈现：

材料一 从1949年10月至1961年8月，民主德国的出逃人数为269万（另有数据说是350万人），占其人口的八分之一，其中150万人是从西柏林出逃，大部分外逃人员是专家、熟练工人与青年人。

——孟钟捷、霍仁龙主编：《地图上的德国史》，上海：东方出版社，2016年，第203页。

问题设计：根据材料和所学知识分析苏联和民主德国用一堵有形的墙来分割东西柏林的原因。

教师引导学生分析：第二次世界大战后德国和柏林都被美、英、法、苏四国分区占领。随着美苏冷战的加剧，1949年，美英法占领区合并为德意志联邦共和国，称为联邦德国。苏联占领区建立德意志民主共和国，称为民主德国。而同为四国占领区的柏林也分割为西柏林和东柏林，整个柏林成为了坐落在德意志民主共和国境内的一个孤岛。随着时间的推移，民主德国和苏联发现西柏林成为了民主德国移民寻求到西方的通道，民主德国人只要搭乘地铁到西柏林任何一个车站下车，然后申请移民即可，于是出现了民主德国人向西迁移潮。民主德国修建柏林墙的原因是防止人口出逃，特别是优质人才的出逃。但是更重要的是，经由西柏林的人力流失，威胁到民主德国的生存，也威胁到苏联的势力。民主德国和苏联领导人认为，如果不采取有效措施，不需要几年，整个民主德国就会垮台，将对赫鲁晓夫刻意要强化的苏联势力范围造成灾祸性打击。为了保护民主德国，也为了打击联邦德国和西方的关系，柏林墙应时而修。

柏林墙的修建一定程度上堵塞了出逃之风，但是并未有让所有的人都止住自由的脚步。在1961年后，仍然有96万人想尽一切办法离开民主德国，在这堵墙两侧演绎了各种人生悲喜剧，从东边眺望西边，从东边跳到西边，是那个时候不少人每天坚持的事业。

材料呈现：

材料二 在柏林墙刚完成的那一年，由于墙体还不是很坚固，有人就想出了办法：开重型车辆直接撞墙，冲进西柏林。1961年，这类事件多达14起。逃亡者要面对的不仅仅是高墙，还有来自军队和警察的密集射击。一个叫布鲁希克的东德人和他的同伙用大客车冲击柏林墙，但是他们的行动从一开始就被发现了。军队和警察从多个方向向客车密集射击，客车起火燃烧，弹痕累累！还好，客车质量过硬，不但没有熄火，还在布鲁希克良好的驾驶下奋勇加速，一声巨响，柏林墙被撞开了一个大缺口，整个客车冲进了西柏林！欢呼的人群拥上来迎接，却被眼前的景象震惊了，驾驶座上的布鲁希克身中19弹，他是用生命的最后意志坚持加速，冲向柏林墙的。当客车冲进西柏林的那一刻，布鲁希克停止了呼吸。

——李英：《柏林墙倒塌目击记》，载《炎黄春秋》，2009年第11期。

问题设计： 根据故事并结合所学知识，分析穿越柏林墙可能遇到的障碍。从布鲁希克之死，你能得出什么认识？

教师引导学生分析： 民主德国人穿越柏林墙时会遇到重重障碍，如柏林墙本身以及驻守的武装力量等。布鲁希克用自己的死为其他人换得了生的机会。死也要出逃，这才是布鲁希克最想表达的。有形的墙，无形的墙，甚至死亡都没能阻挡住民主德国人出逃的渴望。从布鲁希克的死亡我们看出，有不少东西是比生命更加重要的。那个时候，为了逃到西边去，东边的人智计百出，有钻栏杆的，有自己制造潜水艇的，有用时一年挖地道的，有跳楼的，各种方式都为了达成同一个目的。有不少人如布鲁希克一样在穿越中付出了生命的代价，据统计，死于柏林墙下的民主德国逃亡者为136人（也有数据显示是264人），其中30岁以下的年轻人有112人。[①] 对于很多普通的德国人来说，柏林墙所代表的并不是诸如东西方冷战、对立、分裂这样的政治大概念，而是数以千百计的小人物悲壮而辛酸的传奇，这些小人物用非凡的智慧和勇气，甚至用自己的生命，为盛产童话的德国再添新的童话，这个新童话的名字，叫做“不自由，毋宁死”。

第二幕：枪声响处求良知

教师讲述： 有想尽一切方法穿越的，就有想尽一切方法阻止穿越的，在柏林墙值守的民主德国士兵就是这样一群同样悲壮的群体。他们在阻止同胞穿越的时候履行了职责，在开枪射杀的同时也考验了自己的良知。

材料呈现：

材料三 1984年12月1日凌晨3点15分。5号哨塔上，下士维格和亨里奇值守，突然，他听到一阵刺耳的警报声，有人要逃跑。维格斥逃亡者并喝令亨里奇跑向边界巡逻带加以制止，一边从哨塔上对逃亡者的背后进行短暂的连射，想吓住逃亡者。但逃亡者不为所动，乘着这工夫又跑一好远，并顺利将梯子靠在界墙上准备攀登。亨里奇倚在墙上，从大约110米开外对逃亡者连续射发了25颗子弹，维格从大约150米开外的哨塔上同样对他连续射击了27次。虽然两人瞄准的都是腿部，但他们心里都清楚逃亡者有可能在这种连续射击下身亡。但此时已经顾不得那么多了！他们必须要阻止这次逃亡，否则就是失职，甚至面临被惩罚的后果。逃亡者被射中左膝盖与背部，摔了下来。两位士兵将受伤者带回后墙，但对于如何施救束手无策。此时四周无人，还有两个小时才到换防时间，而士兵不得擅离职守！

---

① 孟钟捷、霍仁龙主编《地图上的德国史》，北京：东方出版社，2016年，第203页。

在超过了两个小时之后，逃亡者被送到了最近的医院，于6点20分死亡。

——雷磊：《执法者如何看待法律》，载《中国党政干部论坛》，2014年第5期。

问题设计：材料三中逃亡者因何而死？你认为，下士维格和亨里奇要为此负责吗？

教师引导学生分析：逃亡者在逃亡中先被击中，后又从墙体上摔下来，又没有及时就医，最后死亡。下士维格和亨里奇是否要负责？这是一个两难的话题，负责与不负责都有相对比较充分的理由。这个案件在后来德国统一之后，展开了多番的审判，一直辩护到德国最高法院，成为了一个典型的案例。

材料呈现：

材料四 无罪辩护：被告方（也就是射击手）的辩护理由是原民主德国在1982年3月25日的《边境法》（以下简称《边境法》）第26条、第27条第2款使用武器阻止正在发生或者继续进行的根据实际情况被认定为犯罪行为的行为属正当行为。

有罪辩护：被告的行为也不能因为是执行了命令而被宽容。遵照命令应该是瞄准腿部进行单一射击。被告的行为逾越了他们在执行命令中所允许的尺度，为的是通过连续射击提高击中逃跑者并阻止其逃离边境的机会。在此过程中前民主德国对于组织公民出逃的经济和政治的利益明显超越了公民的生命。

——钟汉威、刘林：《德国联邦最高法院刑法判决39卷第1页起（柏林墙射击手）BGHSt39,1》，载《中德法学论坛（第10辑）》，北京：法律出版社，2013年，第309—324页。

教师引导学生分析：这个案件持续发酵成一个现象，一方面，它先后经柏林地区法院、联邦最高法院、联邦宪法法院审理，直至欧洲人权法院做出终审裁决，共经过了四级诉讼；另一方面，它不仅导致两位"射手"被判犯共同杀人罪（缓刑），而且还引发了"蝴蝶效应"——三位原民主德国政府高级官员同样被带到了柏林地区法院的被告席上。这个案件在长时间的辩护和审判过程中已经超出了一般法律的法律审理的范畴，和政治、公正的法、道德、内心的良知等联系起来。

在逃亡和阻止逃亡的斗争中，有许多人成功逃到了联邦德国。到了联邦德国后的他们就真的完全逃离了柏林墙吗？我们接着说故事。

第三幕：相融相合需宽容

教师讲述：1989年11月9日，柏林墙倒塌，使民主德国人有了过上好日子的指望。许多年过去了，迁居联邦德国的数百万民主德国人和原住的联邦德国人一样了吗？民主德国人、联邦德国人相融相合为单一的德国人了吗？

材料呈现：

材料五 博格，一个普通的德国30岁青年，他正好代表了两德统一的成功。柏林墙倒塌的时候他刚刚10岁，和父母生活在民主德国。后来他进入大学主修经济，毕业之后到汉堡做生意，跑过印度和南非，现在供职于杜伊斯堡一家效益很好的公司，他打算夏天去地中海做航海旅行。但是，他从不在公司同事面前透露自己出生在东德的事实，他说："即使在今天，这个字眼（东德）仍然包含着数不尽的言外之意，会让我的西德同胞浮想联翩。"

——俞天颖：《柏林墙：一堵墙的两个世界》，载《世界知识》，2009年第17期。

问题设计：博格的隐私是什么？他为什么要隐瞒？

教师引导学生分析：博格出生于民主德国，他也许出于保护隐私，也许是不得已的一种策略，但是不管出于什么，都只能说明统一后的德国东西方之间的确还是有距离的。有数据显示，在1999年的时候，德国西部失业率为10%，东部为18%。青年的失业率，东部25岁以下的青年为18%，西部为9%。东部青年失业率高于西部，并非企业对东部青年有歧视，而是由于原民主德国职业培训不足，以及原民主德国青年就业的一些优惠政策被取消。西部84%的人支持民主的概念，但只有47%的人对民主的现实状况感到满意；东部有71%的人支持民主概念，但仅22%的人感到满意。西部约27%，东部达42%的人要求建立一个强有力的国家。① 德国统一后，东西部青年的生活条件和行为方式在很大程度上正彼此融为一体，但他们对政府、政治和社会的看法仍然存在差异。这些差异是由于40年间两个德国不同的政治制度造成的，也许还有一些地域或经济的原因，要弥合这些差异需要一个较长的过程。

材料呈现：

材料六　一开始，那些来自东部的人受到张开双臂的欢迎。可是，一旦兴高采烈的情绪消散以及现实摆在面前，西部德国人认识到，东部德国人将与他们争夺就业机会，接着，为了争取和支持前德意志民主共和国，巨额金钱从他们的口袋中源源不断地流了出去。可是，他们所有的人都听说，作为回报，东部的人抱怨自己的生活是多么艰难，这时情况便开始变得乏味起来。从西部德国人的观点来看，有一种感觉认为，我们为了把这个国家从战争的废墟中拯救出来，奋斗了40年，但东部那些人期待自己的生活在一夜之间发生改变。

——[美]克里斯廷·图米：《看不见的新柏林墙》，朱雅文译，载《国外社会科学文摘》，2005年第9期。

问题设计：根据材料，概括原联邦德国人与原民主德国的人对现状是否满意，并分析原因。

教师引导学生分析：原联邦德国人民不满意，他们觉得就业压力更大，收入更少，原民主德国人民的不感激。原民主德国人民也不满意，因为生活更加困难，就业艰难，收入不稳定，原联邦德国人民的别样眼神等。怀旧之情在原民主德国人民中蔓延，假如柏林墙没有被推倒，原民主德国人民认为自己的生活一点也不会比现在差。原联邦德国人民和民主德国人民在购物时走进不同商场，吸烟时选择不同的品牌，报摊前挑拣不一样的报纸，投票时支持不一样的政党。看得更仔细一点，原联邦德国人民和民主德国人民之间的区别就更明显，同样的工作，后者的工资比前者低。

教师指导学生小结：看到高墙起看到高墙倒，柏林墙的修建几乎是一夜之间完成，德国用了28年才推到了这堵有形的墙。从柏林墙倒塌以来，柏林每天都在重建。城市重建用砖瓦水泥，日新月异，几年时间柏林似乎又完整了，德国又完整统一了。那无形的柏林墙何时能真正倒塌？柏林人的心，德国人的心何时能完整统一？它的重建又需要经历哪些更多的历史机遇呢？人心上的墙，不是用砖瓦水泥就能重建的。精神上的重建，最需要的建材，应该是宽容和耐心。

---

① 瑞茨特：《德国统一10年东西部青年的趋同与差异》，张丽霞译，载《中国青年研究》，2000年第4期。

教学资源

资源1：战后美国的马歇尔计划

美国政府为恢复欧洲共同体而做出的努力，对于所有希望看到这一点的人来说，都是非常清晰的。然后，我们必须面对一个事实那就是，尽管我们在努力，但是，并非所有的欧洲国家都已能够在它们本属于的这个共同体内自由选择立场。因此，我们的复兴计划的地理范围，仅限于那些可以自由地根据其民族传统和民族利益而行动的国家。如果对这种局势有什么疑问，请看一下目前的欧洲大陆地图，就可以从中找到答案。

——[美]丹尼斯·舍曼等：《世界文明史》，王娜等译，北京：中国人民大学出版社，2012年，第607页。

资源2：美国的"全球主义"观与冷战的爆发

由于日本对珍珠港的袭击，"大陆主义"的诸多不足给美国人上了痛苦而又突然的一课。在政府内外的舆论塑造中产生了一种新的"全球主义"共识，取代了孤立主义。这一新的认识认为，美国战后首要利益现在不仅在于保证西半球的安全，还在保重东半球免遭单一的潜在的敌对大国的控制。

——[美]约翰·刘易斯·加迪斯：《长和平——冷战史考察》，潘亚玲译，上海人民出版社，2011年，第23页。

资源3：苏联的文化冷战

苏联的"文化冷战"就是借助大众传播媒介展开两个向度的宣传攻势，一是塑造与宣传苏维埃文化，颂扬社会主义制度，以此赢得民心。二是发动反美宣传，通过揭露美国的阴暗面，形成对敌阵营的负面认知，以此反衬社会主义的优越性和苏联行为的正当性。1949年4月1日，根据联共(布)中央宣传鼓动部的安排与部署，苏联作家协会拟定了加强反美宣传的草案。主要从以下几个方面来实施：第一，保证文艺作品的出版，创作剧本、电影脚本和小说来揭露美国生活方式。第二，从1949年到1950年，出版10到15本有苏联采购委员会、贸易代表处、塔斯社等机构的工作人员，以及到过美国的文化活动家、工程师所撰写的旨在揭露美国生活方式与展现劳动人民贫穷状况的纪实著作。第三，准备出版系列文集，包括《美国生活方式》、《俄罗斯进步活动家论美国》、《进步美国人反对战争贩子》等。第四，苏联作家出版社准备出版反美题材的剧本《注定要失败的阴谋》、《冷战》等。第五，准备再版如下书籍：《战后西欧》、《在日美国人》等

——余伟民：《冷战是这样开始的：冷战起源专题研究》，上海：学林出版社，2015年，第394—398页。

资源4：柏林墙

这堵墙的主要部分南北走向，沿着东西柏林的分界线。但在西柏林与民主德国其他地区的交界处，同样也竖立起类似的墙体。这堵墙全长165公里，分内外两层，两墙之间有100米宽的"无人地带"。墙边设有280个观察哨、137个地堡、273个警犬桩以及总计108公里长的坑

道。这堵有形的墙在空间上把两个德国彻底隔离开来。但是1961年后，仍然有96万人想尽各种办法离开东德；不过在同一时段内，西德也有7.5万人前往东部，寻求“更高的社会保障”。

——孟钟捷、霍仁龙：《地图上的德国史》，上海：东方出版社，2016年，第203页。

资源5：安全成为恐怖的健壮的孩子

1953年8月，苏联政府宣布，它也掌握了氢弹的秘密。似乎十分有悖常理的是，由于苏联掌握氢弹这一事实有力地说明了战争已不再是解决国际争端的可能方法，结果反而加强了和解运动。1955年3月丘吉尔对众议院的一次演讲中指出，新式武器除改变战争外，还改变了国际关系。它不仅威胁着小国的生存，也威胁着美国和苏联这样的超级大国的生存。丘吉尔断言：“通过一个极具讽刺意味的过程，我们完全有可能达到这样一个历史阶段：安全成为恐怖的健壮的孩子”。

——[美]斯塔夫里阿诺斯：《全球通史》，吴象婴等译，上海：上海社会科学院出版社，1999年，第852页。

资源6：两德民众逐渐疏离(1949年漫画)

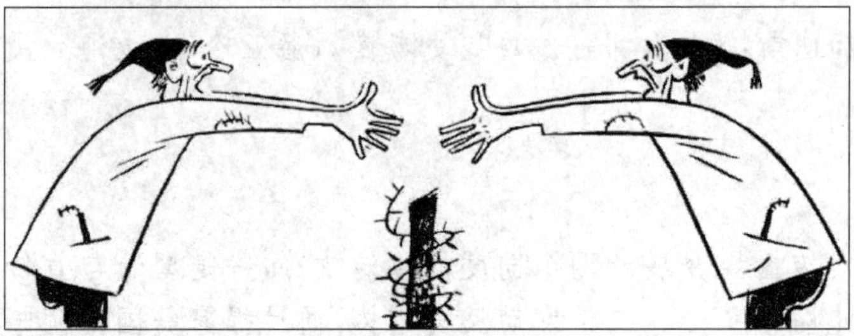

1945：“BRUDER!！”

第一张图：1945年：“兄弟!”

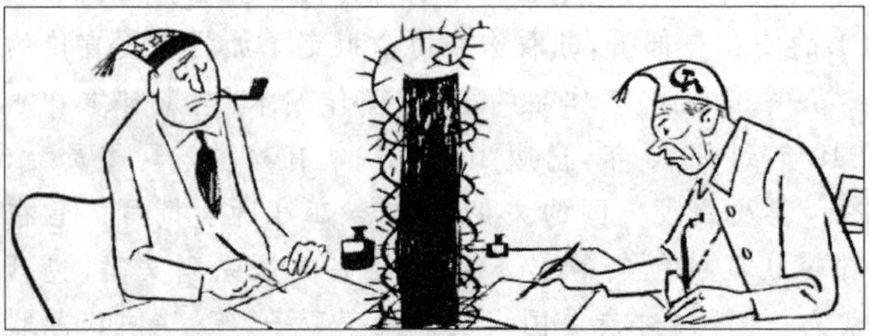

1955：“Mein lieber Vetter！”

第二张图：1955年：“我亲爱的表兄弟!”

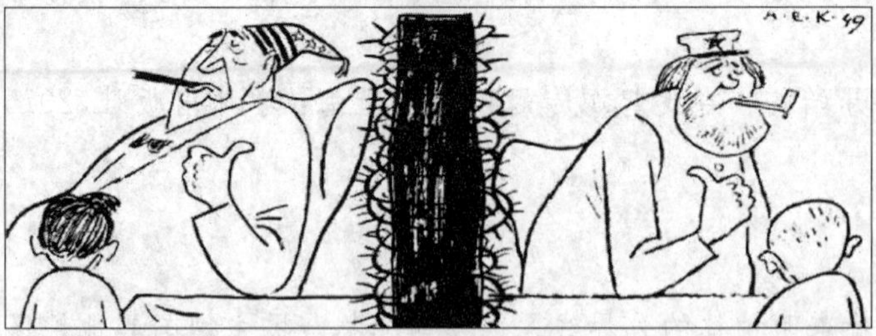

1965：“Ach, ja-wir haben irgendeinen entfernten Verwandten im Ausland...”

第三张图：1965年：“啊哈，是的——我们在外国有个很远的亲戚!”

——孟钟捷：《德国简史》，北京：北京大学出版社，2012年，199页。

资源7：法国渐趋独立

1963年法国的大西洋舰队不再受北约的指挥。1964年4月，法国从北约驻地中海和英吉利海峡的各级指挥部撤走自己的海军参谋官。1965年5月，法国通知它的各盟国，从此将不再参加北约组织的战略演习。9月9日，戴高乐又在记者招待会上正式宣布，法国最迟将在1969年，北约组织成立20周年之际不再受北约"一体化"的约束。

——金重远：《法国现当代史》，上海：上海社会科学院出版社，2014年，第280页。

资源8：冷战与第三世界

冷战期间，战争在第三世界造成了令人绝望的破坏。由于这些战争大多数针对农民，因此赢得战争的最好方法不是战斗或轰炸，而是饥饿和饥渴。这些战争的做法与其说是摧毁财产，不如说是摧毁生活。在一个又一个国家，在库尔德斯坦、越南、安哥拉，农民从他们的土地上、从他们的村庄中被赶走，被迫在屈服和挨饿之间作出选择。甚至是在战争被宣布结束之后，一些政府仍继续对其部分农村人口发动战争。那些大多被国际货币基金组织和世界银行以及他们在20世纪80年代末期的知识套路称为"管理不善"和"无所作为"的做法，实际上就是通过摧毁其水源、灌溉系统和牧场而力求从意志上瓦解顽抗的农民共同体的战争。文化上的暴力有时和实质上的暴力一样恶劣：数以百万计的人们被强制改变他们的宗教、语言、家庭结构，甚至是他们的名字，以适应进步的需要。

——[美]文安立：《全球冷战——美苏对第三世界的干涉与当代世界的形成》，牛可等译，北京：世界图书出版公司，2014年，第412—413页。

资源9：冷战对世界的影响

若对冷战前后作一比较的话，它的非暴力结束可以被认为是一次"静悄悄的变革"，战争作为政策工具已经过时的思想迅速扩展开来。从那时起，大规模战争再也没有在国家之间发生过，也没有正在形成的迹象。更显著的是，人们普遍认为两极秩序之后是一个多极秩序而不是单极世界。由于恐怖平衡不能给国家提供确保，势力均衡也不再能决定政策制定者的选择，如果他们曾经决定过的话。军事力量不再如以前一样影响决策，非军事手段越来越多地被运用于应对安全的挑战。大国的相对分量正在减少，中小国家越来越能够显示出自身的力量。

——[美]沃伊切克·马斯特尼：《冷战的历史遗产对安全合作与冲突的透视》，聂文娟等译，北京：社会科学文献出版社，2015年，第51页。

资源10：美苏妥协

布什和科尔说服了戈尔巴乔夫，他别无选择，只能接受让一个统一的德国继续留在北约中。他本可以不尊重东德人要求解散他们自己国家的决定，也可以不理会西德人要求继续作为北约一部分的要求。他也没有否认这一点，即对一个统一的从属于北约的德国的担忧要比对一个独立自主管理的德国少。美国人最终向戈尔巴乔夫做出了一个让步：北约的管辖范围不会向东延伸一寸。后来，比尔·克林顿政府重申了这个承诺，但那时苏联已经不复存在。对戈尔巴乔夫自己而言,他认为美国坚持要求德国保留北约成员国身份,是因为它担心如若不然,一个统一的德国或许会驱逐美国军队。

——[美]约翰·刘易斯·加迪斯:《冷战》,翟强等译,北京:社会科学文献出版社,2016年,第251页。

第五单元

第二次世界大战后资本主义经济的调整

学术引领

一、国家垄断资本主义

（一）国家垄断资本主义的产生和发展

1. 含义

列宁对“国家垄断资本主义”的含义做过表述。他在《国家与革命》（中央编译局编《列宁选集（第 3 卷）》，北京：人民出版社，1995 年，第 109 页）一文中指出，帝国主义战争大大加速和加剧了垄断资本主义变为国家垄断资本主义的过程。国家同势力极大的资本家同盟日益密切地融合在一起。

仇启华、姬兵在《当代资本主义若干问题研究》（南昌：江西人民出版社，1996 年，第 56 页）一书中指出，第一，不能把任何一种国有化都归结为国家垄断资本主义。作为垄断资本主义的一个重要发展阶段的国家垄断资本主义，与垄断前的各种国有化形式有着本质的不同。第二，垄断前的各种国有化，有些是为了满足统治阶级的奢侈生活的需要而建立的消费品生产工厂；有些是为了战争需要而建设的兵工厂；有些是为了财政的需要对某种商品贸易实行专卖；有些则是为了给生产（主要是农业生产）创造必要的外部条件（水利工程以及铁路、公路等）。总之，它们都不是社会再生产内在的需求，而是国家直接占有和经营的。

李琮在《当代资本主义阶段性发展与世界巨变》（北京：社会科学文献出版社，2013 年，第 54—58 页）一书中也指出，在资本主义自由竞争阶段，国家在经济方面的职能与国家垄断资本主义阶段不同。第一，过去国家是在个别经济领域，或为解决个别问题，采取一定措施；而国家垄断资本主义时期，国家对经济生活的干预则是经常性地、系统地、全面地设计社会资本运动的全过程。第二，以前国家的财力有限，国家对经济进行管理，通常情况下主要是采取行政和法令手段，方式比较简单；而国家垄断资本主义时期，国家掌握着巨额财政收入，并有可能把它转化成国家垄断资本。国家除采取相对完备的行政、法律、法规手段外，有可能运用利率、税率、汇率等一整套经济杠杆，形成完整的管理和调节体系。第三，过去国家承担一定的经济职能，基本上是作为一种外力，为经济发展提供必要的外部条件；而国家垄断资本主义阶段国家成为经济的一个重要行为体，直接参与社会资本再生产的全过程，国家对经济的干预和调节已经成为经济运行中与市场机制同时发挥作用又一不可或缺的内部机制。

2. 产生和发展阶段

梅宪宾在《从"必然王国"到"自由王国"：马克思主义基本理论研究》(长春：吉林大学出版社，2010 年，第 166 页)一书中将国家垄断资本主义的产生和发展分为三个阶段：

第一阶段：19 世纪末到第一次世界大战前，国家垄断资本主义的产生和开始形成时期。第一次世界大战期间，重要参战国家设立战时经济管理机构对特殊的生产资料和消费资料的生产、分配、交换进行控制，并为军需生产商提供津贴、低息乃至无息贷款。

第二阶段：1929—1933 年经济大危机至第二次世界大战结束初期，不稳定、并带有特殊性的发展时期。1929—1933 年经济大危机是有史以来资本主义世界最严重的经济危机，为了摆脱危机的困扰，资产阶级各国政府纷纷以不同方式加强了对经济生活的干预和调节，其中以美国的罗斯福新政最为著名，即政府运用财政、货币政策对经济进行直接干预、调节，缓和了经济危机，也为日后资本主义国家干预市场提供了宝贵的经验。英国经济学家凯恩斯于 1936 年发表《就业、利息和货币通论》，主张国家通过财政和货币政策创造需求，以实现总供给和总需求的平衡，保证资本主义经济的稳定运行，为国家垄断资本主义奠定了理论基础。此外，1939—1945 年第二次世界大战期间，帝国主义各国都建立了战时经济管理体制，国家对整个国民经济和社会生活实行全面统制，国家垄断资本主义得到进一步发展。

第三阶段：20 世纪 50 年代以来是国家垄断资本主义普遍发展的阶段。第二次世界大战后，在所有发达资本主义国家，国家垄断资本主义无论在广度上和深度上，都有了更迅速、更普遍的发展，国家干预深入到资本主义的生产、流通、分配和消费的各个环节，国家垄断资本主义作为一种新的垄断资本主义生产关系体系最终得以形成。

3. 发展原因

仇启华、姬兵在《当代资本主义若干问题研究》(南昌：江西人民出版社，1996 年，第 45—52 页)一书中对不同学者的观点进行了整理和分析。

第一，传统的看法是战争与危机。这种观点以列宁的论述为依据。但是，它只能用来解释第二次世界大战以前的情况(如第一次世界大战期间国家垄断资本主义的发展，1929—1933 年大危机时期国家垄断资本主义的发展等)，却不能用来解释第二次世界大战以后的情况。第二次世界大战以后，既没有发生世界规模的战争，也没有发生十分严重的经济危机，但是国家垄断资本主义却得到了重大的发展。

第二，世界上发生的巨大社会变革(包括世界社会主义体系的建立、殖民体系的瓦解、阶级矛盾加剧)和科学技术革命。

第三，第二次世界大战以后，国家垄断资本主义发展的基础是资本主义再生产的性质本身所决定的一些因素，即"垄断地利用现代科学技术成就的必要性以及由此而产生的矛盾；阶级斗争的加剧；垄断资产阶级与非垄断资产阶级之间、大生产与小生产之间相互关系的复杂化；世界资本主义市场竞争的尖锐化"，而资本主义总危机的进程加速了国家垄断资本主义的发展。

第四，根本原因是资本主义基本矛盾——生产社会化与生产资料资本主义私有制的矛盾的发展。国家垄断资本主义的产生，是在资本主义的范围内生产关系的一次局部质变。

陈招顺在《美国国家垄断资本主义迅速发展的原因及后果》(载《世界经济研究》,1985年第1期)一文中对美国国家垄断资本主义的发展原因进行了分析。

第一,美国生产社会化程度日益提高,企业的生产规模不断扩大致使固定资本在预付总资本中所占的比重渐次增大。特别是像举办公用事业、兴建公共工程和大型新兴工业、扩大军工生产以及进行重大科学项目的实验等,都需要巨额投资,而且难以在短期内获得较大的利润,甚至还要冒失败的风险,一般私人垄断资本或者无力承担,或者不愿从事,只能由国家直接参与和支持。

第二,美国生产和资本国际化的进一步发展,导致对国际市场的依赖性大大加深,向国外输出商品和资本急速增多。但由于资本主义经济发展的不平衡,各国垄断组织争夺商品销售市场、原料特别是战略资源产地和投资场所的斗争更趋尖锐、激烈,即使是实力最为强大的美国垄断组织单靠自身的力量还难以稳操胜券,必须借助国家的巨大实力,就是说,私人垄断组织只有和资本主义国家密切结合,才有可能取得成功。

第三,美国同苏联争夺世界霸权加剧,以致国民经济军事化不得不长期保持在较高的水平。由于军费支出数额巨大,美国政府因而有可能作为最大的买主和订货人采购各种商品和劳务,扩大向垄断组织采购军火武器和军事物资。

(二) 国家垄断资本主义的基本形式

1. 基本形式

马伯钧、余新民在《政治经济学》(长沙:中南大学出版社,2013年,第148—150页)一书中指出,国家垄断资本主义可以被区分为以下三种基本形式:国有垄断资本或资本主义国有企业、国私共有垄断资本或国私合资企业、国家垄断资本和私人垄断资本在社会范围内的结合。

第一,国有垄断资本或资本主义国有企业。国有垄断资本是资本主义国家直接掌握的,通过财政手段在社会范围内集中起来的垄断资本,其中包括国家用于经营国有企业的资本和用来调节社会经济的各种基金。资本主义国有企业则是国家投资兴建的企业,或对私人垄断资本实行国有化而形成的国有企业。它是国家垄断资本主义的典型形式。第二次世界大战后西方各国国有垄断资本的形成,主要通过以下几种形式:(1)私营垄断资本企业国有化。所谓国有化,是指国家用高价收买或其他补偿办法,把一些私人垄断资本创办的企业收归国有或将私营企业收归国有。(2)国家财政拨款直接建立国有垄断企业。这种形式主要分布于一些投资数量大、投资周转时间长、利润率较低,但又是社会再生产不可缺少,而私人垄断资本没有能力或不愿意投资的产业部门。

第二,国私共有垄断资本或国私合资企业。国私合资企业是由国家垄断资本和私人垄断资本混合组成,股份所有权分属于国家和私人垄断组织。这种结合主要有三种途径:一是国有垄断资本以参与制方式与私人垄断资本合办企业;二是国家与私人垄断资本共同投资创办新企业;三是吸收私人垄断资本加入到国家或地方政府创办的企业。国私合资企业可利用国有垄断资本加强自己的经济实力,并可更便利地从国家得到各种补贴、信贷、税收等方面的优惠。而国家则可通过持股公司,贯彻政府各种振兴经济的意图,如调动大量资本,改造和整顿那些落后的又为社会所必需的生产部门,开发落后地区和新兴产业等。因此，国私合资企业在促进各国经济发展，增强国际市场的竞争能力等方面，都发挥了极为重要的作用。

第三，国家垄断资本和私人垄断资本在社会范围内的结合。这是一种以私人垄断资本为主体，国家垄断资本参与调节相结合的方式。这种结合表现在：一是剩余价值生产方面的结合。包括国家通过向私人垄断资本出售国有企业或国有资产，或对私人垄断企业给予补贴、资助、优惠贷款等方式，直接为私人垄断资本企业提供生产所需要的固定资本和流动资本；还包括通过国家对科学研究、基础设施、教育及社会保障的投入，为私人垄断资本企业的发展创造良好外部条件及提供高素质的劳动力。二是剩余价值实现方面的结合。在国内，国家作为商品和劳务的采购者，为私人垄断资本企业开辟国际市场，促进其商品输出。三是剩余价值分配的结合。即在剩余价值的分配中，私人垄断企业以缴税的形式把剩余价值或超额利润转到国家手中，国家再通过财政渠道进行国民收入再分配，以各种形式保证私人垄断资本的利益。

2. 美国国家垄断资本主义的形式与特点

就美国国家垄断资本主义在资本形态结构方面而言，樊亢在《资本主义兴衰史》(北京：经济管理出版社，2007 年，第 253 页)一书中指出，与西欧一些国家不同，国有制形式在美国并没有得到较为充分的发展。美国政府调节社会经济生活也不采取“计划化”形式。美国的国有经济成分在国民经济中所占的比重远比西欧各国要小，国有工业企业很少。与西欧国家相比，美国国家垄断资本主义的特点主要表现为：国家集中的财政资源比重和国民收入再分配的规模较大；国家购买的与经济军事化有关的商品和劳务开支庞大；国家主要通过信贷等手段干预和调节经济生活。

就美国对经济生活的调节和干预方面而言，李惠民在《世界经济学概论》(西安：陕西旅游出版社，1997 年，第 198—200 页)一书中指出，美国国家垄断资本主义在资本形态结构方面的特点是，国有企业在国民经济所占比重很小，与国家密切联系的私人垄断资本为其主要形态。美国的私人垄断资本数量众多，规模巨大，经营多样化和国际化突出，对国民经济的垄断程度很高。这种垄断资本虽然在外观上仍然保持私人公司的形式，但实质上却在生产、流通、分配等方面与国家紧密相连。美国国家垄断资本主义在国家对经济生活的调节和干预方面，其显著特点是，政府以短期调节为主，主要利用财政政策和货币信用政策进行。美国缺乏中长期的经济与社会发展规划，对经济生活的调节干预采用着眼于解决当前经济问题和矛盾的短期调节方式。

(三) 国家垄断资本主义的积极意义与局限性

关于国家垄断资本主义的积极意义，梅宪宾在《从“必然王国”到“自由王国”：马克思主义基本理论研究》(长春：吉林大学出版社，2010 年，第 171—172 页)一书中指出，第一，国家用其强大的经济力量，参与社会资本再生产，积极兴办私人垄断资本无力兴办、适应新科技革命要求的巨大新兴工业企业，例如航天、交通运输和通信、邮电等社会公共工程。第二，在国家垄断资本主义占统治地位之后，国家就已成为现代科技研究和推广的主要组织者和科研经费的主要提供者。第三，国家运用各种方式干预经济，特别是“经济计划化”，对社会资本再生产进行综合性的调查，在一定程度上适应了资本主义生产社会化的发展和经济结构调整的需要，对资本主义社会的生产无政府状态具有一定的缓解作用，对协调和稳定经济具有重要意义。

另外，梅宪宾还指出，国家通过采购订货和刺激消费以及国家与私营企业协商的垄断或对某些产品的支持价格，保证了市场的稳定和扩大；同时通过国内干预和国际联合，调整国际贸易和国际金融政策，降低关税和减少非关税壁垒，促进贸易自由化，客观上不仅有利于扩大国内外市场，而且有助于提高本国产品的国际竞争力，加快生产和资本的国际化进程。最后，资本主义国家对失业、养老、医疗等实行强制性保险，对生育、儿童、住房进行补贴，在一定程度上解除了劳动者的后顾之忧；对高收入者征收个人所得税超额累进税，有利于缩小贫富差距。这些对缓和阶级矛盾，调动劳动者积极性起到了一定的促进作用。

关于国家垄断资本主义的局限性，梅宪宾在《从“必然王国”到“自由王国”：马克思主义基本理论研究》（长春：吉林大学出版社，2010年，第172—173页）一书中指出，第一，国家垄断资本主义是以私人垄断资本为基础的，并为获取高额垄断利润服务。这就决定了国家垄断资本主义不仅不会触动资本主义私有制，而且要维护、巩固它；不仅不会消除资本与劳动的对立，而且要维护和加强雇佣劳动制度的正常运行。政府无论是实行国内经济干预政策，还是参与国际经济联合，都是以加强垄断资本的协调、增强垄断资本的统治力量为前提的。因此，在实质上，国家垄断资本主义的产生和发展将不可避免地起到补充、发展、完善和加强垄断资本对劳动人民的雇佣关系。第二，国家垄断资本主义的宏观经济调节存在不可克服的内在矛盾。比如，在财政政策的运用中，政府为了防止经济衰退，需要实行赤字财政政策，扩大政府支出，以刺激经济增长，但这又会带来通货膨胀和物价上涨，进而阻碍企业投资和个人消费需求的扩大，难以取得财政政策的预期效果。也就是说，国家垄断资本主义的宏观调节主要着眼于扩大市场，但同时又会限制市场的扩大并带来新的市场问题；通过调节企图实现充分就业，不仅不可能解决失业问题，而且失业队伍不断扩大；借助货币政策的实行，试图控制货币供应量，而实际结果却酿成了货币膨胀和信用膨胀，如此等等。20世纪70年代以来，“滞胀”成为资本主义经济发展的一大顽症，则是国家垄断资本主义宏观经济干预在内部矛盾发展的典型表现和必然结果。

二、新自由主义

（一）新自由主义兴盛的背景：“滞胀”的出现

1.“滞胀”的表现

程伟在《世界经济十论》（北京：高等教育出版社，2004年，第203页）一书中从三个方面阐述了“滞胀”的表现。第一，经济增长放缓。1973—1983年，发达资本主义国家的国内生产总值平均年增长率只有2.4%，仅为1965—1973年年均4.7%的一半。第二，失业率增高。在经济高速增长期间，西方国家的失业率一般在1%—2%之间；而在“滞胀”时期，西方国家失业率普遍上升，有的失业率甚至超过两位数。第三，物价大幅度上升。西方经济学家常常把通货膨胀（一般用消费物价上涨率体现）分为三类状态：爬行式的（年上涨在2%左右），跑步式（4%左右），和奔腾式（5%以上）。20世纪60年代以前，西方国家的通膨胀尚属爬行式的，60年代中期以后逐渐发展成跑步式的，而在1973年进入"滞胀"时期以后，通货膨胀就迅速发展成奔腾式的了。例如美国在1974—1981年期间的消费物价年均上涨率为9.4%，联邦德国、法国、英国和意大利则分别为4.9%、11.4%、15.4%和15.9%。

陈学彬在《中央银行概论》（北京：高等教育出版社，2007年，第258页）一书中指出，"滞胀"对国家的经济造成恶劣严重的破坏，主要表现在：第一，严重的通货膨胀使货币贬值，严重地削弱了居民的实际购买力，加剧了生产与消费的矛盾，成为经济停滞的重要原因之一。工人实际工资指数，如以1973年为100，1982年美国降为83.3，英国为98.8，其他国家也处于下降或停滞状态。第二，物价上涨使经济各部门之间现有的实物与价格比例关系遭到破坏，社会再生产陷入混乱，成为引起部门结构失衡的重要原因。第三，物价上涨还导致企业成本上升，利润下降，影响了企业的投资增长，导致资本投资越来越多地从生产领域向非生产领域转移。第四，严重的通货膨胀还引起利率和汇率的波动，成为国家金融领域动荡不安的风源。

2. "滞胀"出现的原因

熊性美在《战后国家垄断资本主义条件下的经济周期与危机》（北京：经济科学出版社，1992年，第135—137页）一书中指出，"滞胀"的产生是在国家垄断资本主义持续并不断加强干预经济的条件下，生产过剩危机与结构性危机交织并发的结果。

第一，在"滞胀"时期，经济增长滞缓和失业率上升因有效需求不足所致，而有效需求不足的主要原因之一是由于战后以来，西方发达国家长期采取各种措施刺激投资，使国内固定资本投资迅速增长，而投资的长期过度增长又造成生产能力严重过剩。

第二，70年代发生的结构性危机主要包括产业结构危机和能源危机。战后科技革命一方面促使了一系列新兴工业部门的产生和发展，另一方面又加速了技术相对落后的传统部门的衰败。其所带来的后果，一是结构性失业，即传统工业部门因萧条和萎缩而排挤出大批工人，同时新兴工业部门因对工人专业知识和特殊技能的需要却不能完全吸收这些失业工人，而形成职位空缺。二是结构性投资失调，即传统工业部门因生产动力不足而引起投资下降，新兴工业部门的投资增长不足以遏制社会总投资增长下降的趋势。由于产业结构失衡与70年代的两次经济危机相重合，使失衡深化成结构性危机，由此加剧了失业和固定资本投资下降的趋势，加之结构性失衡的调整具有长期性的特征，这就促成了西方发达国家经济的10年萧条。此外，1973、1979年两次石油冲击对经济停滞和物价上涨起了火上浇油的作用。

3. "滞胀"在美国出现的原因

美国在世界性的经济危机中也未能幸免，"滞胀"亦令美国政府头疼不已。"滞胀"在美国的出现是一个复杂问题，是由多种原因造成的。

就生产停滞来说，陈宝森在《美国经济与政府政策：从罗斯福到里根》（北京：社会科学文献出版社，2014年，第33—36页）一书中指出，客观上的原因有以下几个方面，第一，资本主义国家发展不平衡的规律使西欧、日本的经济实力上升，美国逐渐丧失了战后20年独霸世界市场的优势。第二，战后时期技术革命所创造的新产品，生产量不断扩大，使市场逐渐达到饱和。第三，追求最大限度利润的规律，使美国资本向世界扩张，跨国公司向中东、东南亚特别是欧洲大发展，寻求廉价原料和廉价劳力。然而由于国内传统工业如汽车业、钢铁业的工资高、利润低，资本家不愿意投资，进行更新改造，致使这些工业的劳动生产率增长缓慢，削弱了传统工业的基础和竞争力。

就通货膨胀来说，也有若干主客观原因。陈宝森认为，第一，布雷顿森林会议体系奠定了美元作为世界货币的基础，这对于美国是好事。但是，由于美国实行军事扩张政策，在世界各地驻军，庞大的军事开支使美元在全世界泛滥。从50年代末开始，美元接连几次发生危机，这实际上是美国滥发钞票的结果，等于向世界输出通货膨胀，而各国以美元兑换黄金，美国害人反而害己。第二，70年代两次石油冲击使原油价格急剧上涨。石油是工业和农业的动力，石油涨价导致整个物价的上涨。此外，70年代初，苏联向美国大量采购粮食也对物价上涨起了很大影响。然而，就国内政策说，凯恩斯主义刺激社会总需求的政策对美国70年代的通货膨胀，不能不说是起了主要作用。

（二）“新自由主义”政策的内涵与实施

1. “新自由主义”的内涵

(1) “新自由主义”的含义及发展阶段

关于“新自由主义”的含义，吴仁华在《社会思潮十讲——青年师生读本》（福州：福建教育出版社，2014年，第103—106页）一书中指出，新自由主义是由众多的理论学派和学说主张构成的一个理论群体。虽然主张新自由主义理论的不同学者，从不同的理论角度透视当时西方社会所面临的一系列重大经济问题，建立了不同的理论学说，提出了不同的政策建议，但是他们都主张维护市场经济的自由运转和限制政府的管理权力。正是这一共同特征，学术界将他们的理论统称为“新自由主义”。新自由主义包括的学派主要有：伦敦学派、现代货币学派、供给学派、理性预期学派和新制度经济学派等。这些学派之所以都归入新自由主义的学说范围，是因为它们在一些基本思想方面具有共同点。

吴仁华还对新自由主义的历史演进进行了梳理。他把新自由主义的历史发展分为五个阶段。一是新自由主义的产生阶段：20世纪20—30年代的“经济计算”大论战。二是新自由主义的边缘化阶段：20世纪30—60年代的“凯恩斯革命”。三是新自由主义的兴盛阶段：20世纪70—80年代的对“凯恩斯革命”的反革命。四是新自由主义的蔓延阶段：20世纪90年代的“华盛顿共识”。五是新自由主义的衰落阶段：2008年肇始于美国的国际金融危机。

(2) 货币学派

缪一德、杨海涛在《当代西方经济学流派》（成都：西南财经大学出版社，2012年，第82页）一书中指出，货币学派也称为“现代货币主义”，它出现于20世纪50年代中期的美国，盛行于20世纪60年代末到80年代初。其创立者是芝加哥大学教授米尔顿·弗里德曼。货币主义，顾名思义是以“货币最重要”为核心的一种思想。这种思想认为，货币是说明一切经济活动的最根本的决定因素，反对凯恩斯主义关于政府干预经济的宏观需求管理理论和以财政为主的政策手段，主张由中央银行实施货币政策，控制货币存量和增量，发挥自由市场经济的调节作用，达到制止通货膨胀、充分就业和经济和谐增长的目标。

蒋自强在《经济思想通史（第4卷）》（杭州：浙江大学出版社，2002年，第152页）一书中指出，货币主义经济学家在研究方法和理论见解方面并不是一个完全一致的集团，但他们对下述四个命题都持肯定意见，这四个命题也可以称作货币主义的基本命题：第一，经济中的私人部门具有内在稳定性，即经济在失衡后会自动恢复到充分就业的均衡。第二，从长期来看，货币供给的任何增长率造成不同的通货膨胀率，而这些不同的通货膨胀率始终都与充分就业均衡相适应，即充分就业均衡可以和任何通货膨胀率相适应。第三，从短期来看，货币供给增长将首先引起真实产量的增长(失业的下降)，但随着时间的推移，产量的增长将让位于物价的上涨。而且随着货币供给增长率的一次次上升，将导致加速的通货膨胀。第四，反对需求管理政策，反对政策的权衡性(即相机抉择)，偏爱货币政策，强调固定规则。

(3) 供给学派

张世晴、耿作石在《现代西方经济学主要学派》(天津：南开大学出版社，2003 年，第 132 页)一书中指出，供应学派又称"弹性学派"、"供给学派"、"供给方面经济学"等，是 20 世纪 70 年代在美国兴起的一个经济学流派。其主要代表人物有罗伯特·蒙德尔、阿瑟·拉弗、马丁·费尔德斯坦、保罗·罗伯茨等。供给学派的含义，是说这个学派关心增加生产，关心生产能力的增加，所以供应学派就是强调供给、主张减税、刺激生产的理论。这种理论认为，在不受干预的市场经济中，供给能自己创造需求。所谓供应，是指商品和劳务的供给，也就是生产。它之所以突出"供应"一词，是针对凯恩斯学派强调"需求"而来的。美国的经济政策长时期以凯恩斯主义为指导，人为地刺激需求，使美国经济出现了种种问题。所以，要解决这些问题不能再用凯恩斯主义刺激需求的办法，而应采取措施增加商品和劳务的供应(生产)。供应学派一词的原文是 Supply-Side Economics，直译就是"供给方面经济学"，强调的是经济中的"供应"方面。

张世晴等还指出，供给学派的经济理论的主要特征为：第一，强调供给而不是需求；第二，强调重视萨伊定律，相信市场经济的自动调节机制；第三，反对国家干预经济，反对凯恩斯刺激总需求的政策；第四，主张"健全财政"，强调减税的"生产性"，主张恢复"崇尚节俭、鄙视奢侈"的传统美德。这一学派的最基本命题是，认为削减税收可以激发人们更加勤奋的工作和刺激人们多投资，从而可以增加总就业量，最终导致国民收入的增加。减少税收、刺激生产是供应学派全部理论的精髓。

2. "滞胀"问题的解决

郎咸平在《郎咸平说：改革如何再出发》(北京：东方出版社，2014 年，第 20—23 页)一书中，将里根总统的做法总结为"四板斧"。第一板斧是先打击"胀"，解决通货膨胀。在 1981 年里根上任的时候，通货膨胀高达 13.5%，失业率高达 7.6%。里根出人意料地把利率提高到 21%，就连银行拆借利率也高达 20%左右。这一招下来之后，整个经济变得更萧条，因为要解决"胀"就必须先恶化"滞"，使经济更糟糕。所以到 1982 年终，美国处于前所未有的大萧条，这个大萧条恐怕比 1929 年的萧条还要严重，但是通胀下来了，1982 年通胀为 5%，1983 年通胀为 3%。当时大家的评价是，"消灭 400 万小企业"，"劫持房产主的美国梦"等。但是 1983 年之后，他的策略成功了，最后格林斯潘给他一个中肯的评价："里根总统是过去 20 年里美国的经济活力之父"，因为他走的路非常成功。第二板斧是大减税，把企业税由 50%减到 28%，几乎降了一半，个人所得税由 46%降到 34%。这个减税方案是不容易获得美国参众两院通过的。里根在电视上演讲，呼吁各地的选民打电话给他们的参议员或者众议员，要求他们对减税投支持票。参众议员未必理会里根总统，但是他们一定非常在乎自己的选民，否则下次将有可能选不上。税收下降了，企业赚得更多了，老百姓由于税收下降，可支配收入也多了。企业开始雇用更多的员工，希望赚更多的钱，而老百姓钱多了就开始增加消费，所以美国经济又慢慢地开始增长了。第三板斧，更加注重市场机制，通过市场机制来解决问题。里根放开价格，价格继续上涨。美国的石油公司发现价格涨得很高了，生产石油可以有更大的利润了，因此使得美国的石油公司开始在本土或者海外开采更多的油田。开采更多的油田，石油产量上去了，价格就下来了。这叫尊重市场机制，尊重价格机能。第四板斧，打破垄断。以航空管理为例，里根在 1982 年和 1983 年分别取消价格管制跟航线管制。这使得很多小航空公司有机会参与竞争了，最后竞争加剧，使得票价下降 30%。这就是打破垄断，使得成本下降，价格更低，更有利于经济的推动。

马远之在《世界六百年与中国六十年：从重商主义到新结构主义（经济问题与主义Ⅰ）》（广州：广东人民出版社，2015 年，第 449—450 页）一书中指出，1979 年，撒切尔夫人出任英国首相。撒切尔政府是发达资本主义国家中第一个公开宣布实践新自由主义纲领的政府。撒切尔政府实施的改革内容有：缩小政府权力，企业、市场、非政府组织和公民个人以自由的方式处理“自己的事情”；推行大规模私有化改革，先后对供电、供气、供水等 50 多个行业进行私有化改革，出售了 2/3 以上的国有企业；削减财政开支，减少国家福利支出，强调个人责任与义务；将市场竞争引入医疗服务，改革过去完全免费医疗服务，让患者也承担一定比例的费用。

马远之还总结道，相比较凯恩斯主义，新自由主义扩大了市场和社会的自治空间，培育了市场个体的主体性、自由度和自治能力，增强了经济社会的活力和创造力，有利于经济全球化。新自由主义的首要目标是解决 20 世纪 70 年代的“滞胀”问题，在此领域，它是卓有成效的。在整个经济合作与发展组织国家，通货膨胀率由 20 世纪 70 年代的 8.8%下降到 80 年代的 5.2%，90 年代通货膨胀呈继续下降趋势；通货膨胀的降低为提高企业利润率创造了一定条件，在整个经济合作与发展组织工业国中，企业利润率在 20 世纪 70 年代约下降了 4.2%，80 年代却增加了 4.7%。总的来说，新自由主义对资本主义各国生产关系和经济关系进行了深度调整，增强了国际竞争能力，使发达资本主义国家摆脱了 20 世纪 70 年代“滞胀”的困境，赢得了 20 世纪 80 年代和 90 年代不同程度的繁荣。

（三）新自由主义的影响

司正家在《当代资本主义经济研究》（北京：中国经济出版社，2007 年，第 306 页）一书中从以下几个方面指出新自由主义的影响：

第一，新自由主义推动了西方发达资本主义国家的产业结构调整和经济结构的升级优化，加强了发达资本主义国家在科学技术和经济上的优势，增强了国际竞争力，扩展了世界市场及其主导地位，拉大了贫富差距和南北对立。与此同时，在资本主义生产方式和经济制度的框架内，对国内的生产关系和经济关系进行了调整，使发达资本主义国家基本走出了 20 世纪 70 年代“滞胀”的困境，在经济上取得了不同程度的繁荣和发展。当然，它并没有取得预期的成功，并没有给资本主义带来稳定的快速增长，更没有消除贫困和失业，使世界发展更加失去平衡。然而它却大大增强了跨国公司、国际金融资本和地方权贵支配整个社会的能力，真正体现了新自由主义是真正的“毫不留情的资本主义”，是少数富有者的资本主义。

第二，给发展中国家带来的是收入水平的下降，出口收入的减少，贫困的增加和危机的爆发。据联合国开发计划署2000年的《人文发展报告》,20世纪90年代末,全球有80个国家的人均收入比20世纪80年代末更低,大多数国家贫困的增长是因为外债支付蚕食了这些国家每年大部分的出口收入。外国投资并没有创造多少就业机会,新自由主义在刺激经济增长,消减贫困和增加经济稳定性方面的失败,却导致了更多的新自由主义。金融自由化不仅没有增加世界经济的稳定性,反而导致了世界经济中大多数国家的金融危机。

英国学者霍布斯鲍姆在《极端的年代(1914—1991)(下)》(郑明萱译,南京:江苏人民出版社,1998年,第618—620页)一书中指出,随着新自由主义政策的不断推进,资产阶级的巨大利润是以牺牲工人阶级的利益为前提的。这场危机是二十年的历史悲剧①,即生产线上抛弃人工的速度,远远超过市场经济为他们制造新工作的速度。更有甚者,这个过程,在全球愈演愈烈的竞争、政府(也直接或间接的是最大的单一雇主)肩上日重的财政负担等因素作用之下越发加速。更严重的是,1980年后,更被当时那一批仍占上风的自由市场学不断施压,要求将工作机会转移,以追求最大利润为目标的企业经营形式,其中尤以将就业市场转往私营公司一事,造成的影响最大。这些以营利为目的的集团,除了自己的金钱利益,当然天生就对其他一律不感兴趣。大势所趋之下,意味着政府及其他公营事业单位不再扮演着一度被称为"最后可以投靠的雇主"的角色。而行业工会的力量,在经济不景气中及新自由主义政府的敌视之下,也日渐衰落,越发促成人工淘汰趋势的演变。总之,世界经济在不断扩张,可是扩张之中,原本可以为劳工市场上缺乏特定条件的男女制造工作的机制,此时的运转却显然失灵了。

(四)福利国家制度的调整

1. 福利国家制度的内涵

齐世荣、廖学盛在《20世纪的历史巨变》(北京:学习出版社,2005年,第50页)一书中指出,社会福利制度是在资本主义社会生产力发展到一定高度时产生的一种经济制度和社会制度。在西方,把通过立法而推行福利制度的国家称为"福利国家",也把这种制度称为"福利国家制度"。

张长伟、周义顺在《从传统到现代:西方社会福利观的演变与转型》(北京:中国社会出版社,2013年,第177页)一书中认为,福利国家是资本主义国家通过创办并资助社会公共事业,实行和完善一套社会福利政策和制度,对社会经济生活进行干预,以调节与缓和阶级矛盾,保证社会秩序和经济生活正常运行,维护垄断资本利益和统治的一种方法。

就福利国家制度所涵盖的范畴,齐世荣、廖学盛在《20世纪的历史巨变》(北京:学习出版社,2005年,第50—51页)一书中将其分为三个部分:第一,劳动就业政策。各主要资本主义国家劳动就业政策的基本内容包括调节劳动力需求的充分就业政策、调节劳动力供给的人力政策、调节劳动力价格和交换的工资政策、改善劳动力市场运行的失业保险和就业服务政策等,其目的是为了实现"充分就业",使公民的基本生活得到保障。第二,社会保障体系。社会保障体系主要包括社会保险、社会补贴和社会救济三个部分,其中,社会保险居于主导地位。社会保险是国家通过立法强制规定的保障形式。社会保险的种类包括老年保

---

① 编者注:指1973年之后的20年。

险、失业保险、疾病保险、伤残保险、生育保险、死亡保险等。第三，社会服务。社会服务是指公共福利事业，即由国家和社会团体兴办的以全体公民为对象的公益性事业，如教育、科学、文化、体育、卫生、环境保护等。此外，还有地区福利、职业福利、民政福利等。其基本点是在保障基本生活的基础上，提高生活质量，因而社会服务处于社会保障的最高层次，其显著特点是普遍受惠的原则，它与个人的财产状况、工龄、年龄、性别、职业等没有关系。

2. 福利国家制度的产生与发展

(1) 产生与发展的原因

从生产力和生产关系的矛盾运动关系来看，林惠慈等在《现代资本主义经济的理论与实际》(天津：天津人民出版社，1999 年，第 153—157 页)一书中指出，一方面，从生产力方面看，生产力的发展和科学技术的进步不仅为"福利国家"的产生提供了条件，而且也对"福利国家"的产生提出了要求。另一方面，从生产关系方面看，资本主义生产关系内部各种矛盾的发展，特别是阶级矛盾和阶段斗争的发展，是"福利国家"产生的推动力。战后生产力的发展和生产的社会化虽然对"福利国家"的产生既提供了可能又提出了要求，但真正使这种可能和要求变成现实的却是工人运动和工人斗争的结果。

从经济基础和上层建筑的角度来看，林惠慈等在《现代资本主义经济的理论与实际》(天津：天津人民出版社，1999 年，第 153 页)一书中指出，凯恩斯主义的盛行和社会民主主义思潮的影响也是战后"福利国家"得到广泛发展的一个重要原因。张长伟、周义顺在《从传统到现代：西方社会福利观的演变与转型》(北京：中国社会出版社，2013 年，第 176 页)一书中也谈到，福利理论的积累和制度的设计直接催生了福利国家制度。

两次世界大战以及 20 世纪 30 年代波及整个资本主义世界的经济大危机，则对福利国家的诞生起到了催化剂作用。张长伟、周义顺在《从传统到现代：西方社会福利观的演变与转型》(北京：中国社会出版社，2013 年，第 176 页)一书中指出，福利国家的出现与第二次世界大战有着直接的关系。在反法西斯的斗争中，为了更广泛地团结人民向奉行战争政策的纳粹主义进行斗争，当时的英国首相丘吉尔提出了用"福利国家"反对纳粹主义的"战争国家"的政治构想，以激励人民抗击法西斯德国的决心。第二次世界大战期间，社会保障理论进一步发展，并迅速为各国所采用，转化为具体的社会政策，这些政策的贯彻与执行构建了现代福利国家制度的基本框架。

(2) 历史分期

黄素庵、甄炳禧在《重评当代资本主义经济：科学技术进步与资本主义经济的变化》(北京：世界知识出版社，1996 年，第 230—236 页)一书中对福利国家制度的产生和发展进行了阶段划分。

第一阶段，从 19 世纪 80 年代到 20 世纪 20 年代是福利国家的初创阶段。在 19 世纪中叶以后，德国已成为继法国之后的欧洲无产阶级革命的中心，那里的工人运动和社会主义运动比其他欧洲国家更为高涨。俾斯麦除了采取镇压手段以外，也把实行社会改革、建立社会保障制度以软化和笼络工人，作为对付德国蓬勃兴起的工人运动和社会主义运动的重要手段。德国也就成了世界上最早制定社会保障立法的国家。在这段时间里，英国、瑞典、挪威、芬兰、法国、荷兰、比利时、意大利、瑞士等国先后制定了有关年金、疾病和工伤事故的立法；部分国家还制定了失业保险法。

第二阶段，20 世纪 30 年代和 40 年代是福利国家的巩固和完善阶段。在 30 年代大危机和第二次世界大战的背景之下，资本主义国家进行了全面系统的社会改革。1942 年，英国社会学家威廉·贝弗里奇提出了一个题为《社会保险及有关服务》的报告，即著名的“贝弗里奇报告”。他在报告中提出了两个基本思想：一是社会保障应以保障居民维持生存所必需的生活资料为限；二是社会保障应体现“普遍和全面”的原则，即应包括所有居民的各种不同社会保障方面的需要。这勾画出了福利国家的基本蓝图。这个阶段对社会保障制度的改革和重建，使这一制度覆盖的范围更为广泛。战后美国也实施了这一制度，通过建立新的立法体系，实现了组织管理的统一，增加了中央政府的直接干预，使它在内容上更加条理化和系统化。此外，在管理体制上还实行了诸如使一些自愿性计划转变为强制性计划，福利津贴与物价或工资水平挂钩之类的改革。至此，福利国家的基本构架已经建成。

第三阶段，20 世纪从 50 年代到 70 年代中期为福利国家的扩大阶段。福利国家制度的扩大，包含了四个方面的含义：一是社会福利制度所覆盖的国家进一步扩大。比如，1972 年，日本也开始实行由国家主办的社会福利计划。二是社会福利制度受益范围的进一步扩大。年金保险最初仅限于老年人和残废人，但在战后，这种保险在多数国家已经开始包括死者遗属。三是社会福利项目构成进一步扩大。比如家庭补助、健康保险、对未成年儿童的救济等。四是社会福利规模的显著扩大。社会福利规模的扩大与以上几个方面的扩大是有联系的，它也反映社会福利水平的提高。这里采用政府最大的一项福利开支，即“转移开支”(实际为有关社会保险津贴和社会救济的开支，它占社会保障津贴的 80%—90%)的增长来说明社会福利规模的扩大。1953 年，美国政府“转移开支”占美国国民生产总值的 3.3%，1975 年已占 8.2%；英国的这一比重从 1950 年的 5.7%提高到 1975 年的 11.1%；在同一期间，瑞典从 6.3%提高到 16.6%；其他西欧国家的这一比重也有不同程度的提高。若考虑它们的国民生产总值也在迅速增长，那么就可以想见它们政府福利开支的绝对值的增长速度则要更快得多。

第四阶段，20 世纪 70 年代中期以后为福利国家的危机与调整阶段。1973—1975 年，资本主义世界战后最严重的经济危机以后，过去推动福利国家形成和发展的依据和条件都发生了根本性的变化：70 年代的经济危机表明，支持福利国家迅速扩大的物资条件也随之丧失；但这次经济危机与 30 年代大危机不同，第二次世界大战已经过去了半个世纪，资本主义政治经济地位已大为加强，资本主义社会已远比半个世纪以前更为稳定。在 1980 年前后，西方学术界曾经提出福利国家的危机。这个危机是福利国家内部矛盾加剧的集中表现，而且在很大程度上是一种有关西方发达国家能不能和应不应该像过去那样支持福利国家的信任危机。在这样的情况下，福利国家不得不进行必要的调整。

3. 新自由主义福利理论

张剑、赵宝爱在《社会福利思想》(济南：山东人民出版社，2014 年，第 125、128—130 页)一书中指出，20 世纪 70 年代中期，福利国家在经济发展与社会整合方面积聚的一些问题逐渐暴露出来：庞大的社会福利开支造成政府财政的巨额赤字；经济发展动力不足，失业率居高不下；“从摇篮到坟墓”的福利体制滋生了人们的“福利依赖”等。在这种情况下，新自由主义福利理论应运而生，成为福利国家进行社会改革的重要指导思想。张剑、赵宝爱在书中对新自由主义主要的福利主张也进行了梳理：

第一，对社会福利供给主体的认识。新自由主义无疑是倾向于个人的，反对福利全由国家和政府提供。主张降低和转移政府的作用，只负责提供最基本的福利；政府的主要责任是推进社会福利的发展而不是提供所有的社会福利。

第二，对社会福利供给方式的认识。福利国家试图利用给人们提供较高的收入替代保障，实现低收入者需求的增加，并通过增加政府财政的支出，实现国内总需求的增加。新自由主义者对这一理论观点进行了反驳，认为较高的福利不能刺激供给，反而打击了生产的积极性。所以任何增加供给方的生产成本的福利政策都是不利于经济稳定和持续增长的。

第三，对实现社会福利的社会政策和福利政策的认识。新自由主义认为，解决贫困和社会不公平不能依靠政府的再分配，而是通过有产者追求自己利益时产生的积极成本的层层渗透来改善不公。福利政策作为一种宏观调控手段，使人们对信息的接受和解读产生偏差，以至于误导市场行为，对经济产生反面影响。

第四，对福利国家的认识。新自由主义反对福利国家理论及其政策实践，认为社会福利是国家控制和干涉个人自由的一种隐蔽手段，破坏了原来社会中存在的自然秩序。而资源再分配所具有的强制性，是对资源所有者私有权的侵害。通过福利的供给，国家逐步转变成一个无所不能的控制者，发展出了强大的特权；通过福利的获得，个人却在不知不觉中丧失了自己的独立和自由。

第五，反对制度化的福利制度，主张剩余式的社会福利模式。新自由主义主张剩余式的社会福利模式，极力推行志愿主义，并大力突出市场和职业福利的作用。总之，新自由主义认为福利国家并不能真正解决经济发展和福利问题。在社会福利领域，新自由主义强调个人对福利的选择、个人对自己的福利状况负责，提倡通过市场竞争提供福利，认为只有这样才能提高整个社会的效率。

三、"新经济"

（一）"新经济"的出现

阎敏在《全球经济调整与中国经济发展方式转变研究》（西安：西安交通大学出版社，2014 年，第 81 页）一书中指出，美国经济自 1991 年 4 月从二战后第九次衰退中复苏以来，到 2001 年 3 月，经历了历时 120 个月的超常规增长；同时，在这次增长中出现了与以往经济增长不同的特点，引发了经济增长方式、经济结构以及运行规则的某些改变，因而被一些媒体和经济学家称之为"新经济"。

1. 定义

肖炼在《美国经济研究》（北京：中国友谊出版公司，2007 年，第 129 页）一书中摘录了美国进步政策研究所对"新经济"的定义：新经济是以知识和思想为基础的经济。在这一经济中，创造就业和提高生活水平的关键是体现在服务和制造业产品中的创新思想和技术。在这一经济中，风险、不确定和连续的变革是法则。

肖炼进一步指出，新经济是一种高技术、服务和办公室型的经济，是建立在新技术、新劳动组织方式和新产业的基础之上的经济，是建立在贸易依存度不断提高的基础之上的经济，是建立在对外投资不断提高的基础之上的经济。新经济的依托是不断创新、迅速发展的高新科技公司。新经济既加剧了市场竞争又增加了竞争对手之间的合作。新经济加快了公司和就业的新陈代谢。新经济极大地扩大了生产需求和消费需求。新经济使产品生命周期缩短。新经济大大降低了生产成本和价格。

阎敏在《全球经济调整与中国经济发展方式转变研究》(西安：西安交通大学出版社，2014 年，第 81 页)一书中指出，主要有两种不同看法：一种是侧重于从技术层面理解 20 世纪 90 年代的经济增长，认为以信息技术革命为中心的技术创新是新经济增长的根本原因。高新技术产业在整体经济中比重及对经济增长的贡献率大大提高，形成了与传统经济增长的区别。另外一种则是侧重于从宏观经济运行的状态与特征来理解新经济增长，从美国 20 世纪 90 年代出现的持续的高增长、低通货膨胀率和低失业率出发，将美国宏观经济运行的这种特点概括为新经济增长模式。

2. 出现的背景

(1) 世界的发展局势、20 世纪末的信息革命与经济国际化推进了经济领域的变化

肖炼在《美国经济研究》(北京：中国友谊出版公司，2007 年，第 130—132 页)一书中指出，新经济出现的背景：第一，是信息革命。通讯信息领域的科技进步和创新是新经济产生的最直接和最重要的原因，科技进步使美国经济周期运动的形态发生了重要变化；科技进步优化了产业结构、企业组织结构、投资结构和产品结构；科技进步开拓了国内外市场，扩大了新的就业领域，优化了就业结构，缓解了就业压力；科技进步增强了美国跨国公司的国际竞争力，提高了公司盈利率和资本回报率，从而有效地抑制通货膨胀。第二，是经济国际化。包括生产国际化，跨国公司发展，生产、组织、技术国际化，高技术使生产专业化分工更细，使生产成本大大下降；贸易国际化，国际贸易增长超过生产的增长。资本国际化，国际资本跨地区、跨国家、跨银行、跨币种流动，规模、数量、速度大大超过历史上以往任何时期。

(2) 克林顿“宏观调控、微观自主”的经济政策促成美国新经济产生和发展

杨生茂在《美国通史(第六卷)》(北京：人民出版社，2008 年，第 560—572 页)一书中对此进行了分析。克林顿的政策既不同于罗斯福新政以来形成的国家干预过多的政策，也不同于里根的放任自由的政策。它力求美国经济作为一个整体良性运行，趋利避害，同时又保证和促进个人与个体的积极性和创造性。具体的经济政策包括以下六个方面：

第一，以削减和消灭预算赤字为核心的财政政策。在克林顿政府统治时期，美国的利率一直较低，私营企业投资大量增加，经济长期增长，创造了大量就业机会。

第二，灵活而有效的货币政策。1994 年，时任美联储主席格林斯潘为了防止经济过热而造成通货膨胀，出人意外地在一年之内 7 次上调利率。1998 年的世界金融危机中，3 次削减利率，不仅使美国摆脱了全球金融危机，而且最终遏制了那次金融危机蔓延的势头。

第三，开发和应用以信息技术为核心的高新科技政策。加大科技研究与开发的力度，加快了创新的进程。美国的产业结构发生了显著变化，技术和知识密集型产业得到巨大的发展。美国高新技术的发展还促进了企业结构和经营管理方式的调整。企业生产成本降低，竞争力增强，以知识为基础组织生产和经营成为新型企业的象征以及企业生存和发展的关键。

第四，适应和利用经济全球化进程，以开拓国际市场为核心的外贸政策。它要求强化美国企业的国际竞争力，通过扩大出口，带动美国经济进一步增长，并创造更多的就业机会。

在采取积极促进出口措施的同时，克林顿政府还努力推进双边、区域经贸合作及贸易和投资的自由化。对外贸易的扩大还为美国提供了大量价格低廉的进口消费品，从而使之能在保持较高经济增长的同时，避免因工资增加过快而推动的通货膨胀。

第五，放松和取消政府管制。克林顿政府在加强国家对经济宏观调控的同时，主张企业的微观自主。克林顿的这种政策主张，是和70年代末以来美国的经济思潮有关的。

第六，大量移民与美国移民政策。20世纪90年代美国的新经济，移民也做出了一定贡献。大体上说，这表现在两个方面：一是加强了美国高新科技的人力资源。90年代后半期以来，美国的高新技术企业都迫不及待地渴求优秀的科技人才。这些人才来自全世界，特别是来自中国香港、台湾等地的华人和来自印度的科技人员非常活跃。二是有助于缓解美国的劳动力短缺问题和通货膨胀。

（二）“新经济”的特点

1. 呈现出新的经济发展类型

肖炼在《美国经济研究》（北京：中国友谊出版公司，2007年，第132—133页）一书中对“新经济”的特征进行了分析：第一，经济全球化。生产要素的组合在全球范围内发生很大变化，知识流（知识生产、知识分配、知识交换、知识传播、知识消费）、信息流和技术流（无形贸易）的规模和发展速度都大大超过以往的商品流和物流（有形贸易）。第二，经济服务化。服务经济在国民经济结构中的比重不断提高。1960—1997年，美国加工制造业就业人数占其全部就业人数的比例从25%下降到14.3%，而美国服务业就业人数占其全部就业人数的比例却从12%上升为27.5%。第三，经济网络化。通信数字技术和网络技术使社会生产组织方式、社会经济交往方式、社会财富分配方式和社会消费方式都发生重大变革。生产者之间的网络，生产者与消费者之间的网络，消费者之间的网络，个人、企业和国家之间的网络，世界各国和地区之间的网络，诸如此类纵横交错的网络系统，使全球经济活动的时间缩短，空间缩小，频率加快，协同性增强，效益增大。第四，经济轻型化。具体表现在产值轻型化；产业结构轻化；经济结构智能化。

2. 体现创新集聚

杨建国在《新经济理论视阈下区域创新体系构建实证分析》（杭州：浙江工商大学出版社，2013年，第3—7页）一书中对其进行了分析。第一，信息技术产业的产业链很长，新企业很容易创建，特别是因互联网而产生的新的虚拟企业形式，由此产生了巨大的需求，推动了大批新兴中小企业的产生与发展。第二，在新经济下，企业间的竞争方式，不仅是打价格战，更重要的是打创新战、速度战、质量战、服务战；人才竞争激烈，在新经济下，对高科技人才的需求不断扩大；国际竞争加剧，经济的全球化促进了新经济的发展，新经济的发展又进一步加速了经济全球化的进程。从技术本身的特性来说，互联网是无国界的，以互联网为技术基础的现代国际金融与电子商务，及其以秒计算的速度，加剧着国际竞争。在经济全球化和信息化背景下的国际竞争中，美国无疑处于极其有利的地位。第三，广泛的制度创新。在新经济的发展中，政府的作用不是减弱了，而是更为重要了；政府的直接干预不是减少了，而是更集中于为市场机制发挥作用，为保持经济的持续和稳定增长创造必要的政策与制度条件。第四，经济周期波动微波化。信息技术革命以新供给创造了新需求，又以新需求推动了新供给，促进了社会总供求的良性互动，推动了经济的持续、稳定增长，从而延长了经济扩张期，减小了经济波动的幅度。信息技术革命以不断创新的新产品丰富了社会的总供给，有力地推动了社会总需求，包括投资需求与消费需求。信息技术革命还创造了新的就业岗位，总供给与总投资的增长又进一步推动了就业的增加；也推动了股市的上升，从而增加了居民的即期收入和预期收入，扩大了消费需求。

（三）“新经济”的影响

1. 以信息化和全球化为标志的“新经济”在全球产生影响

钟昌标在《世界经济》（西安：西安交通大学出版社，2007年，第214—216页）一书中指出，新经济在全球掀起了扩散效应。新经济不仅在美国得到巨大发展，而且也在向世界其他国家扩散，给世界其他国家带来了巨大的示范效应。目前，世界各国都注意到了信息化所带来的巨大好处，纷纷加快了本国发展信息技术的脚步，发展新经济。在这一过程中，发达国家已经走在了前列。欧盟国家，尤其是芬兰、瑞典等北欧国家的信息化水平较高。亚洲的日本、韩国和新加坡也起步较早，相继建立了自己的信息化方案。巴西、阿根廷、巴拉圭、乌拉圭和印度等发展中国家都在投资建设信息高速公路。中国也建立起了世界第二大的互联网络，并积极投资建设信息高速公路。展望未来，新经济进一步在世界范围内扩散，对世界经济的中长期发展将产生巨大的推动作用。信息化及其所带来的技术进步极大地提高了劳动生产率，促进了世界经济的增长。

2. “新经济”现象对国际学术界的影响

钟昌标在《世界经济》（西安：西安交通大学出版社，2007年，第214—216页）一书中继续指出，经济学家对传统经济理论和当今的主流经济学进行了深刻的理论反思，提出了许多挑战。这些理论反思主要包括以下两个方面：（1）菲利普斯曲线是否已经失效？菲利普斯曲线描述的是短期内通货膨胀率与失业率之间的关系。学术界认为，只要失业率降到5.5%—6%以下，就会引发通货膨胀。但是，美国新经济依靠网络技术发展为社会创造了大量财富，在刺激经济增长的同时也创造了大量的就业机会，失业率达到历史最低，即4%以下，年均经济增长率接近4%，通货膨胀率却在2%以下。低失业率和低通货膨胀率不能并存的理论，在新经济条件下被打破。（2）传统的经济周期理论受到挑战。长达10年之久的经济高速增长，足以使人们对传统的经济周期理论产生怀疑。一些学者甚至认为新经济已经使传统的经济周期理论过时了。但更多的学者认为，新经济并没有改变经济周期规律，新经济主要代表着一种新的经济增长方式，而不是经济的永无止境地增长；同样，即便一场经济衰退也改变不了新经济本身，更否定不了它的存在。此外，新经济的产生和发展还对信息经济学、经济增长理论以及传统经济学的研究方法和结论提出了挑战，有待人们进行更加深入与专门的思考与探索。

3. “新经济”带来了新的社会问题

（1）数字鸿沟出现

钟昌标在《世界经济》（西安：西安交通大学出版社，2007年，第216页）一书中指出，数字鸿沟是信息化带来的新问题。它是指由于存在着信息的收集处理能力的差异以及网络技术应用水平的差异，在信息社会中所引起的不同机遇、不同地位，乃至造成经济上的巨大差别和心理失衡。它不仅存在于不同国家、地区之间，而且存在于同一国家的不同地区、行业之间，甚至在同一组织的不同人群之间。根据联合国的资料，全球收入最高的国家中的20%的人口拥有全球生产总值的86%，其互联网用户总数占全球互联网用户总数的93%；而收入最低的国家中的20%人口则只拥有全球生产总值的1%，其互联网用户总数仅占全球互联网用户总数的0.2%。信息技术所带来的“数字鸿沟”在较长一段时间内仍将存在，并可能继续扩大；由于新经济在世界范围内的发展还很不平衡，大多数贫困国家还没有能力发展新经济，更享受不到新经济为人类所带来的好处。

(2) 两极分化严重，劳动者生活质量下降

陈宝森在《剖析美国“新经济”》(北京：社会科学文献出版社，2007 年，第 229—251 页)一书中指出，20 世纪 90 年代的繁荣固然促进了整个美国财富的急剧膨胀，却也带来无知识或少知识公民经济状况的边缘化，使他们更为贫穷。1999 年，比尔·盖茨、保罗·艾伦以及沃伦·巴菲特三个人加在一起的财富是 1 560 亿美元，不仅为美国的普通老百姓所望尘莫及，而且超过全球 43 个最穷国家加在一起的国内生产总值。富者愈富因为美国股市市值飙升，而大部分股票掌握在富人和企业经理人员的手中，他们是新经济的最大受益者。另一方面，在企业中，老板们却竭尽全力地抑制基本工资的上升。在新经济中还出现了工作的动荡和福利的削减。美国进步政策研究所的资料显示，在新经济中，美国雇员的福利近年来是下降的。一般来说，与 15 年前相比，美国工人中只有较小的一部分得到福利。新经济给工人生活带来的另一个变化是在同一雇主下的就业期间缩短。随着新公司的不断涌现，工人们很难期望在同一个雇主下长期就业。

(3) “新经济”没有彻底解决经济矛盾，经济领域充满隐患

刘克英在《美国新经济论》(天津：天津人民出版社，2001 年，第 239—243 页)一书中指出，潜在的通货膨胀依然存在，隐性通货膨胀尚未根除；家庭及银行双重债务加重，给新经济运行造成了沉重的包袱；股市所带来的泡沫经济加大了美国居民对股市前景看好的力度，但忽视了未来预期内理性预期与实际预期之间的差异；贸易逆差加大，将严重制约美国新经济发展，导致经济全球化放慢；美国虽然平衡了财政赤字，但尚未平衡贸易赤字，而且自 2000 年以来，美国的贸易赤字还在继续；高新技术产业的周期性与经济增长不协调的矛盾等。

教学设计

设计一：从 1945 年英国首相竞选看第二次世界大战后英国经济走向

设计意图

竞选纲领一般是政党根据国内经济、政治、社会状况和国际局势的变化，参照舆论导向和民意变化，提出的具体施政措施。竞选纲领集中反映了时代的主题与政党所把握的民意。本设计通过对 1945 年英国工党和保守党的竞选纲领进行对比分析，使学生了解第二次世界大战后的英国民意，即更渴望国内的和平安定与繁荣，而非外交与战争的荣光，进而理解工党政府强调的国家全面干预经济的主张将成为第二次世界大战后英国经济发展的方向。同时通过不

同史料的对比分析，使学生掌握结合时代背景深入探究历史问题，提升解释历史现象的能力。

设计方案

一、一场意想不到的竞选结果

1945年5月7日凌晨，法西斯德国宣布投降，欧洲大地上燃烧了近六年的战火彻底熄灭。5月23日，时任英国首相的温斯顿·丘吉尔兑现他在战时的承诺，宣布辞职，英国全民大选随之拉开帷幕。各党派之间，尤其是长期执政的以丘吉尔为首的保守党和实力不凡的以艾德礼为首的工党之间展开了激烈的权力角逐。我们先来看两位竞选人的简历：

材料呈现：

材料一 两份简历

克莱蒙特·艾德礼，1883年1月3日生于普特尼。先后就读于黑利伯里学院和牛津大学的学院。1905年在内殿法学协会取得高级律师资格。1907年参加独立工党。……1914年第一次世界大战爆发后被征召入伍。……1922年当选工党下院议员。1922—1924年任工党领袖麦克唐纳驻议会的私人秘书。……1931—1935年任工党副领袖。1935年起任工党领袖。

——吴锡山主编：《世界首脑大典》，北京：当代世界出版社，2003年，第725页。

丘吉尔，1874年11月30日生于英格兰牛津郡的贵族家庭，1894年毕业于桑赫斯特皇家军事学院。……1917年在联合政府中担任军需大臣。1918年任陆军大臣兼空军大臣。1924年重新参加竞选获胜，同时担任财政大臣。……1933年希特勒上台后，他反对张伯伦纵容希特勒侵略的绥靖政策。1939年9月出任海军大臣。1940年5月10日张伯伦辞职，他出任战时内阁首相兼首席财政大臣，组成联合政府，领导英国对德国作战。……第二次世界大战期间曾出席德黑兰会议、雅尔塔会议、波茨坦会议和开罗会议等重要会议。

——吴锡山主编：《世界首脑大典》，北京：当代世界出版社，2003年，第724页。

问题设计：依据当时的政局与名望判断，哪位竞选人的胜算更大？

教师引导学生分析：按照资产阶级政治的一般规律，执政党的领袖在威望达到鼎盛时期举行大选，连选连任的可能性最大。毫无疑问，丘吉尔是世界反法西斯战争的英雄，在英国民众乃至全世界大多数民众心目中享有崇高的声望。因此，舆论普遍看好丘吉尔领导的保守党，就连丘吉尔自己也踌躇满志地认为，凭借在第二次世界大战中形成的国内外政治声望和影响，击败其他党派，再次获得执政机会，应该不是难事。

材料呈现：

材料二 1945年英国主要政党大选结果

政党	候选人数	所得议席	所占比例	选票数	所占比例
工党	604	393	61.41%	11 995 152	47.8%
保守党	624	213	30.78%	9 988 306	39.8%
自由党	306	12	1.88%	2 248	9.0%

——崔士鑫：《政策的风向标：英国政党竞选宣言研究(1900—2005)》，中国社会科学研究生院2010年博士学位论文，第125页。

问题设计：1945 年英国大选结果如何？

教师引导学生分析：大选结果显示，工党以 393 票对保守党 213 票的绝对优势获胜。上台的是艾德礼，下台的却是丘吉尔。踌躇满志的丘吉尔根本没有失利的思想准备，选举结果自然令他目瞪口呆，世界舆论也一片哗然。面对既残酷的又现实的世界，丘吉尔觉得他被英国人给抛弃了，不得不悲伤地离开唐宁街首相官邸。令他始终难以理解的是，选民为什么给予他这种冷遇？让我们一起来看看他们当时的竞选纲领，也许可以一见端倪。

二、两份决定英国未来之路的竞选纲领

材料呈现：

材料三　1945 年丘吉尔领导的保守党的宣言议题与顺序

1. 丘吉尔先生对选民的政策声明
2. 英国和世界
3. 英帝国和联邦
4. 国防
5. 四年计划

……

14. 工业效率（正如我们反对国有化和国家干预的倡议一样，我们支持给全国各个阶层的自主活力以充分的机会。这是英国人民天才的一部分，他们想自主地使用他们的判断力而不想成为国家的农奴，也不必总是在他们行动之前总是要等着官方的命令。）

15. 垄断（反对垄断损害消费者利益）

……

21. 我们的目的（“我们的计划……是建立在那些在战火中重新得到证明而没有发现不足的原则上。我们把它推荐给国家不是因为它对国家的目标提供了一个容易的办法而是因为要保护古老的自由，以实际上的方法来应对实际的问题。”）

——崔士鑫：《政策的风向标：英国政党竞选宣言研究（1900—2005）》，中国社会科学研究生院 2010 年博士学位论文，第 135—137 页。

材料四　1945 年艾德礼领导的工党竞选宣言《让我们面向未来——供全国考虑的工党政策声明》

1. 战争中的胜利必须伴随着繁荣的和平（回顾一战后少数大企业对全国经济的控制，造成了两次大战之间 20 年的大萧条。那时只有极少的公共控制，而大企业为其自身利益，这么少的企业给那么多的企业造成了如此大的伤害。）

2. 这次大选将意味着什么（工党的目标是：英国不仅需要食物、工作和家庭，而且需要有大量的好食物，每人都做有用的工作，需要舒适的、有省力设备的房屋，这些房屋充分利用了现代科学与生产工业的资源条件。）

3. 充分就业：工党将要做些什么（全国国家资源要充分利用；控制物价；成立国家投资委员会以促进生产；国家银行等必须国有化。）

4. 为国家服务的工业

5. 农业和人民的食物

6. 应对不时之需的社会保险

7. 一个进步与和平的世界

——崔士鑫:《政策的风向标:英国政党竞选宣言研究(1900—2005)》,中国社会科学研究生院2010年博士学位论文,第122—124页。

问题设计: 根据材料三与材料四,分析保守党与工党放工作重点分别是什么?丘吉尔与艾德礼分别呈现出怎样的形象?如果你是英国民众,面对两份不同的竞选纲领,你更愿意选谁呢?

教师引导学生分析: 丘吉尔把外交与国防放在首位,而艾德礼把和平与民生放在首位。丘吉尔是一副战争和守旧的脸谱,自信而高高在上。而艾德礼体现的是和平与改革的形象,朴实而亲切。如果我是英国的民众,我也愿意选择带领大家走上稳定幸福日子的艾德礼。

问题设计: 工党在大选中获胜,你能根据材料四的内容预测下未来英国经济发展的方向吗?对比材料三和材料四,保守党与工党的经济主张有什么不同?

教师引导学生分析: 从工业、农业、就业安排等方面来看,工党政府主张国家全面干预经济,加强对经济的控制,积极推进国有化。而保守党则主张自由的经济政策,减少国家对经济的干预。从上面材料我们可以看出,工党紧紧抓住了人们希望战后出现一个美好世界的心理,提出了一个极具吸引力的纲领。可以说,竞选纲领在工党的胜出中发挥了重要作用。《让我们面向未来》的宣言为英国未来经济发展勾勒出理想蓝图:大规模地迅速扩展公有制,对财富进行根本性的再分配,增加社会福利提供,以货币政策和财政政策为基础对宏观经济进行需求管理,实行经济计划化,维持充分就业。充分就业由经济计划和国有化保证;国有化使政府控制经济的制高点;计划和公有制同时也是经济现代化的基础,而且这两种政策将保证使经济具有更强的工业竞争力,维持充分就业,并为福利的扩大提供资源。

教师指导学生小结: 第二次世界大战后,英国实行国家全面干预的经济政策,确定充分就业、经济增长等宏观目标,以政策手段保证国民经济稳定增长,采用经济计划,包括金融财政、产业和税收政策,干预价格和工资;以福利手段对国民收入实行再分配,扩大政府开支;以立法手段调控社会经济,如反垄断和维护经济秩序;以制度手段实施经济干预,如工党的国有化。从社会发展看,工党上台后全力推行福利国家政策,使英国社会政策从以往的权宜之计,转变为基本国家政策,社会福利从以往仅仅是安抚民众的手段,转变为政府必须追求的目标,这是一场巨大的社会政治经济革命。工党取得1945年大选胜利的根本原因,是准确把握了人们希望战后国家能发挥作用,为他们提供更加美好新生活的期待,在已有党纲基础上,制定了一套极为充分和完备的战后经济和社会改革政策,满足了选民期盼,得到了选民支持。所以后来丘吉尔也感慨:"英国人民成熟了。他们学会了选择,他们不需要一个英雄领导他们重建家园。"

设计二:从"欧洲病人"到"第三条道路"

设计意图

英国的兴衰在世界近现代史上占有重要地位,进入20世纪后从引领世界的日不落帝国到唯美国马首是瞻,英国的国力在悄悄地衰落。到20世纪70年代至80年代初,英国形成历史上前所未有的经济"滞胀"。20世纪80年代撒切尔夫人的新自由主义,20世纪90年代布莱尔的"第三条道路"都试图对英国经济状况进行改变,以实现英国经济的再崛起。本设计通过对不同时期英国的经济政策进行分析,引导学生认识到对经济政策的制定与实施要适应时代变化,培养学生在不同的时空框架下理解历史的变化与延续。

设计方案

一、百年帝国走向衰落

教师讲述:19世纪中期,经过工业革命的英国,成为了世界上最强大的工业国和殖民帝国,并因此赢得了"世界工厂"和"日不落帝国"的称号。但从20世纪初开始,随着美国、德国经济的赶超,英国经济从最发达的高峰陷入长期的慢性的衰落之中。这种走走停停的经济状态,被称为"英国病",成为英国急需解决的顽症。

材料呈现:

材料一 英国作为第一个实现工业革命的国家,曾在世界工业中占据垄断地位,它在技术上的优势地位无人可以与之匹敌,它的工业品行销全世界,在世界市场上几乎没有竞争对手,在1812年到1913年,英国的人均收入增长比过去任何时候都要快,大约为1700至1820年期间的3倍。这个时期是英国和其他西欧国家发展的一个新纪元。经济表现突出的基本原因是技术进步的加速,以及它所伴随的实物资本存量的快速增长,劳动力教育水平的提高和劳动技能的改进。资源配置效率的提高得益于劳动力国际分工的改善。在此期间,英国的出口年平均增长达到3.9%,几乎是GDP增长率的2倍。

——钱乘旦、许洁明:《大国通史:英国通史》,上海:上海社会科学院出版社,2007年,第321页。

材料二: 英国经济和进出口变化上的主要趋势(1964—1979年)

	1964	1970	1974	1979
公共支出占GDP的比例(%)	34.1	37.7	40.4	41.1
通货膨胀率(%)	3.1	7.8	16.9	13.4
失业人数(千人)	372	555	542	1,344
失业人数占劳动力人口比例(%)	1.6	2.6	2.6	5.7
工业产出指数(1975年=100)	86.2	99.9	105.7	112.8
进口渗透率(%)	n/a	17.1	23.3	25.7
英国在世界出口产品中的份额(%)	14.4	10.8	8.8	9.7

——崔士鑫:《政策的风向标:英国政党竞选宣言研究(1900—2005)》,中国社会科学研究生院2010年博士学位论文,第178页。

问题设计:根据材料一分析英国强大的因素,材料二又反映英国社会出了什么问题?

教师引导学生分析:英国资本主义制度的建立,第一个开展工业革命的国家等,都是英国强大的原因。但是,到了20世纪第一个十年,虽然英国经济仍保持了极快的发展速度,危机却已然四伏：创新力明显落后于美国，社会冲突不断；工人阶级购买力下降，英国不得不过度依赖出口，但遭到欧洲大陆的排斥，与周边国家的关系越来越紧张，凡此种种，被当时的经济学家归因为“英国病”。“英国病”在1901—1918年便已发端，1918—1930年开始显露，1930—1945年走向恶化，但直到20世纪70年代后恶果充分显现，且始终无法根治，才引起广泛关注。“英国病”的症状，从纵向看，表现为主要经济指标增长缓慢；从横向看，表现为英国在世界的经济地位日趋下降。材料二所反映的英国社会问题，表现一是经济增长缓慢，陷入困境；二是不断增加的福利项目和范围导致公共开支巨大，超出经济的承受力；三是经济增长缓慢与公共开支庞大所造成的必然后果，就是急剧恶化的通货膨胀，通胀率从1964年到1979年，上升了4倍多。

二、撒切尔夫人与新自由主义

材料呈现：

材料三 1979年撒切尔夫人在保守党年会闭幕演说中强调：“一个国家，如果它的经济和政治生活被国有化和政府控制、统治着的话，是不可能繁荣兴旺的”。撒切尔夫人率先在西方国家中摒弃凯恩斯主义转而推行以现代货币主义为中心的新经济政策，人们通常称这付药方为撒切尔主义。它首先对付以滞胀经济为特征的结构性经济危机，重新倡导资本主义自由经营和私人首创精神，减少国家的过度干预，发挥市场机制的调节职能，缩小工会组织对经济事务的影响，减轻公司和私人的税收负担，削减政府过于庞大的公共开支。……不过数年，“撒切尔革命”大见成效，以“滞胀”为主要症状的“英国病”基本治愈，英国经济发展速度居于西方国家前列。

——黄安年：《评撒切尔夫人治理“英国病”》，载《世界历史》，1991年第2期。

材料四 从80年代初期开始，英国经济持续稳定增长，1987年实际国内生产总值的增长率超过了4%。从1981年到1986年间，年平均增长速度保持在3%左右。这个速度不仅按英国标准来看是相当快的，而且在所有西方发达国家中也处于最前列。通货膨胀率已从1980年的18%下降到1987年的4.1%。从1981年以来，平均工资的增加超过了物价的上涨，人们的实际生活水平有所提高。企业利润率大幅度上升，1981年到1986年间年平均增长率高达22%，这是50年代末以来的最高水平。

——张显高：《“英国病”是怎样治愈的——撒切尔夫人的经济政策与英国经济》，载《国际展望》，1988年第14期

问题设计： 撒切尔夫人做了哪些改革？取得什么效果？

教师引导学生分析： 撒切尔夫人一反保守主义的稳重传统，态势激进，提出必须打破“中央集权，管理、官僚体制和干涉主义结合的政府风格”和“包罗万象的政府措施”。她大力推行私有化和自由化，压缩国家干预。撒切尔夫人大刀阔斧地调整国家与企业、市场、社会的关系，改革资本主义，增强资本活力，化解国家干预过度问题，度过了危机，这在较大程度上有利于经济发展，“英国病”变成了“撒切尔奇迹”。

三、布莱尔与第三条道路

材料呈现：

材料五 撒切尔主义遏制国家权力，主张“小政府”，实为摒弃不利资本自由发展的政策，有了“效率”，少了“公平”，出现财富创造与分配的新失衡矛盾。不少中下层人民承受改

革苦果，付出大量失业、生活水平下降、福利减少等代价，生活压力增大和缺乏安全感，成为社会不满的重大原因。激进的"撒切尔改革"兴于经济，败在民生。……1997年大选，保守党惨败下台，12年在野，新自由主义经济政策告终。

——吴必康：《变革与稳定：英国经济政策的四次重大变革》，载《江海学刊》，2014年第1期。

材料六 布莱尔超越传统的左和右的政策、尤其是取消了"公有制条款"而形成的"第三条道路"，迎合了20世纪末期的英国经济社会演变和选民，获得了广泛支持，不仅赢得了1997年大选，而且打下了长期执政的基础。工党上台后，在原先政策转变的基础上，进一步明确提出了"第三条道路"的新思想……：在经济政策上，"既不采取自由放任主义也不采取国家干预政策"，应该通过"私人和自愿部门结成合作伙伴……去分担责任和满足人们更多的要求；在福利问题上，"政府的任务是提高宏观经济的稳定性，发展一种鼓励人们自立而不是依赖的税收和福利政策"，工党将"改革社会保障制度，使它成为就业的一条可能的途径……力求在权利和义务之间保持一种新的平衡"。

——崔士鑫：《政策的风向标：英国政党竞选宣言研究(1900—2005)》，中国社会科学研究生院2010年博士学位论文，第200页。

问题设计：新自由主义政策带来什么社会问题？第三条道路指的是什么？

教师引导学生分析：撒切尔的新自由主义政策带来了财富创造与分配的失衡，引起了社会的不满。第三条道路是20世纪90年代中后期以英国工党为代表的欧洲中左翼政党为了回应执政和选举危机，通过结合右翼的自由主义市场经济政策和传统左翼的强调平等的社会政策，选择的一条两者之间、"超越左与右"的中间道路。面对新自由主义政策带来大量失业、生活水平下降、福利减少等问题，第三条道路声称要在老工党的社会主义和撒切尔夫人的保守主义之间寻找平衡，既不主张纯粹的自由市场，亦不主张纯粹的社会主义。第三条道路指的是既追求效率也追求公平的中间道路，在第三条道路指引下，欧洲左翼政党一度达至巅峰。欧盟15个国家中有13个国家是中间偏左的社会民主主义政党领导的联合政府。在大西洋彼岸，比尔·克林顿实质上是第三条道路的最初旗手，依靠左右折中的实用主义政策执掌白宫八年之久。因此，二十、二十一世纪之交，第三条道路成为当时最时髦的政治话语和风靡全球的政治思潮。

教师指导学生小结：从经济自由主义到凯恩斯主义，历时近百年，从凯恩斯主义到新自由主义，历时30余年，从新自由主义到第三条道路，历时18年，每次经济政策的变革都有特定的历史条件。经济政策及其理论总是处于利益矛盾中，只有将政策的立足点和出发点置于社会变革的大环境中，才能真正找到解决问题的出路。

教学资源

资源1：田纳西河流域管理局

田纳西河流域覆盖田纳西、弗吉尼亚、北卡罗来纳、佐治亚、肯塔基、宾夕法尼亚和亚拉巴马七个州，在历史上有丰富的森林资源，土壤肥沃。但在早期移民期间，滥垦滥伐严重，到20世纪，这一区域已经明显落后于美国其他地区。在经济危机期间，当地经济破坏十分严重，加上洪水泛滥、水土流失、疾病蔓延，经济发展十分困窘。罗斯福总统就任后，于1933年提出了综合治理田纳西流域的方案，提议成立田纳西河流域管理局，并在国会通过。

田纳西河流域管理局的尝试具有首创性，其肩负着地区性综合治理和全面规划，设计的业务多种多样。这样一个组织的职责在于改变这一区域的现状，遏制贫穷的发展，公益性极强，很难依靠私营公司实现，因此由国家来统筹规划各种计划是最合适的。并且对于这样一个跨域极广的地区，其性质应跨越州政府和党派的限制，如果由纯粹的政府部门来进行改造，很难实现政治上的协调性，而国有企业的组织却相对灵活得多。田纳西河流域管理局的正副局长都是由总统任命的，受参议院监督。在经营方式上，更像私营公司的运作模式，政府的投入是作为投资而不是补贴，公司利用其盈利偿还债务、拓展业务。田纳西河流域管理局在成立之后的几十年内，对当地的经济发展做出了巨大的贡献，并通过拓展电力、肥料业务取得收益，打破电力垄断，发展日益强大。

田纳西河流域管理局的成功，是"罗斯福行政"的一个典型代表，它的发展正是一个新的垄断资本主义时代——国家垄断资本主义的时代发展产物。当国家直接参与社会资本的再生产过程，它就成为实质上的总的垄断资本家，通过国家政权干预和调剂社会经济生活，以解决自由市场机制下出现的资源错配的状况，避免社会失灵，优化资源配置，总的来说是国家发挥其调节作用的一种工具。罗斯福在任期间，针对战争和经济危机造成的社会萧条的状况，大大加强了政府对国家经济的干预只能，推行了遐迩闻名的"新政"。在这一期间，除了田纳西河流域管理与以外，还有美国证券交易委员会、社会安全保障基金、联邦住房管理局、联邦存款保险公司等一系列国家机构和国有企业出现，对美国度过危机缠手了巨大的影响，并都存在至今。对于国家垄断资本主义是否真正推动经济的恢复和发展的讨论很多，至今仍没有定论，但我们不能忽视在特殊时期产生的影响，不能否定多家在一些领域和时期干预国家经济的必要性，田纳西河流域管理局的成立和发展是值得我们探讨和学习的。

——程志强：《国有企业改革和混合所有制经济发展》，北京：人民日报出版社，2016年，第89—90页。

资源2：石油与经济

第一起这种事件发生在20世纪70年代中期。石油储藏丰富的国家作为石油输出国组织成员（the Organization of Petroleum Exporting Countries，OPEC）走到了一起，OPEC是一个卡特尔——一个企图阻止竞争并减少生产以提高价格的卖者集团。而且，石油价格的确大幅度上升了。从1973年到1975年，石油价格几乎翻了一番。世界石油进口国都同时经历了通货膨胀和衰退。在美国，按CPI衡量的通货膨胀率几十年来第一次超过了10%，失业率也从1973年的4.9%上升到1975年的8.5%。

几乎完全相同的事件在几年后又发生了。在20世纪70年代末期，OPEC国家再一次限制石油的供给以提高价格。从1978年到1981年，石油价格翻了一番还多，结果又是滞胀。第一次OPEC事件引起的通货膨胀本已渐渐平息，但现在每年的通货膨胀率又上升到10%以上。由于美联储不愿意抵消这种通货膨胀的大幅度上升，所以经济很快又进入了衰退。失业从1978年和1979年的6%左右上升到几年后的10%左右。

——[美]曼昆：《经济学基础》，梁小民等译，北京：北京大学出版社，2014年，第447页。

资源 3：理性预期学派

从 20 世纪 80 年代开始，理性预期学派开始成为现代宏观经济学的一个重要的组成部分。这个学派也强调古典主义经济自身调整的作用，而且比货币主义有过之而无不及，其代表人物是萨金特和卢拉斯等人。在理性预期学派的经济学家看来，人们会知道政策的最终结果，并对政策做出理性的反应。例如，假定政府准备通过增加预算赤字来增加总需求，从而增加产出。但是人们根据以前的经验已经知道预算赤字的增加将会引起通货膨胀。于是，人们就会立即根据预测到的结果调整自己的行为，从而使政府的政策无法产生实际效果。因此，理性预期学派认为，在理性预期情况下，政策是无效的，所以最好的政策就是不实施政策。只有当政府实施的政策没有被公众预期到时，这种"意外"的政策才会产生一定的效果。为了保持经济的稳定性，理性预期学派的经济学家主张货币供给应该保持稳定的增长率，税率也应该保持稳定性，同时财政政策应该具有公开性并取信于民。理性预期学派这种经济思想和古典主义的自由放任主张是相同的，所以理性预期学派也经常被称为新古典主义宏观经济学。从 20 世纪 80 年代以来，理性预期学派的影响越来越大。1995 年诺贝尔经济学奖授给卢卡斯就是这种发展趋势的一个反映。

——厉以宁、章铮：《西方经济学》，北京：外语教学与研究出版社，2015 年，第 239 页。

资源 4：伦敦学派

伦敦学派是产生较早的新自由主义学派，产生于 20 世纪 30 年代。由于秉承了自由主义的传统，在当时世界经济一片萧条的情况下，几乎没有什么影响，而大行其道的是凯恩斯革命所产生的以国家干预为主要特征的"凯恩斯主义"。直到 70 年代，当凯恩斯主义失去光芒并日渐破败以后，伦敦学派才逐渐扩大其影响并占据主要地位。伦敦学派的奠基人是英国经济学家埃德温·坎南。他长期任教于英国伦敦经济学院。其后继者也有一些在伦敦经济学院任教，因此他们所建立的学术思想被称为伦敦学派。被公认的伦敦学派扛大旗的人物是奥地利人哈耶克，其他还有罗宾斯和格里高昂等人。

伦敦学派着重从经济伦理学的角度论证自由市场经济的合理性.强调市场资源配置的重要性。他们反对政府干预私人经济活动，认为通货膨胀和失业都是由于政府干预所造成的。他们认为，经济上的集中和政治上的集权化是紧密联系的。如果政府过多地干预经济活动，就会导致政治走向集权化，使民主政治遭到破坏，个人权利受到侵犯。因此，他们反对任何形式的国家干预，主张充分发挥资本主义自由市场经济的调节作用。要稳定经济，消除通货膨胀，就必须实行"货币非国家化"的自由货币制度，为此，社会必须是真正的法制社会而不是人治的社会。他们还认为货币自由主义也应当在国际范围内实行，这样有助于国际间的合作，缩小国家间的差距。

——张世贤：《西方经济思想史》，北京：经济管理出版社，2009 年，第 455—456 页。

资源 5：新制度经济学

新制度经济学成为一门学科并得以流行是在 20 世纪七八十年代，迄今，新制度经济学已形成交易成本经济学、产权经济学、法律经济学、产业组织、契约理论、公共选择理论、比较制度分析等多个分支。

总体来看，新制度经济学的理论和政策主要包括四个方面，即：交易成本理论、产权理论、制度变迁理论、企业理论。新制度经济学在本质上是新自由主义的一个分支，它主张实行私有制和完全自由竞争。

新制度经济学倡导私人经济的有效性，提出通过完善市场制度来维护资本主义经济制度。其产权理论的核心就是：只要产权明晰化，市场机制便可以自发运行以达到最优配置；而所谓的产权明晰化，就是要实行私有制。以此为基础的产权理论，将产权划分为国有产权、共有产权和私有产权，并断定私有产权是最有效率的。

新制度经济学认为，财产私有制式最具有效率的制度，明晰的私有产权结构是实现资源优化配置的前提条件。新制度经济学者张五常在评价科斯定理时说："科斯定理的主旨，就是不管权利属于谁，只要清楚地界定是私有，市场的运作能力便会应运而起，权利的买卖者互定合约，使资源的使用达到最高的生产总产值。"

基于此，新制度经济学在实践中提出了国有资产全面私有化、实行完全自由市场竞争、减少低效率的公共物品供给等带有新自由主义特征的政策主张。

同所有经济理论具有自身的局限性一样，新制度经济学也不可避免地存在一些自身的弊端和缺陷。

——马远之：《世界六百年与中国六十年：从重商主义到新结构主义（经济问题与主义Ⅰ）》，广州：广东人民出版社，2015年，第369—372页。

资源6：拉弗曲线，里根总统的减税原理

拉弗曲线表明，在税率为零时，税收为零，将没有赋税收入；而当税率为100%时，全部收入都被征走，没有人愚蠢到还要去工作，由于生产终止了，政府也就没有收入。税率从0%—100%，税收总额从零回归至零，因此曲线的两头向下弯转。

当税率从零开始上升，政府的总收入也随之上升，然后到达某一点，如果税率继续上升，人们开始逐渐较少地工作、较少地储蓄、较少地私人投资，或者，人们逃避税收，把他们的活动转入地下经济。因此，从理论上说，根据拉弗曲线，存在最大的财政收入点，它即是财政收入的最高点，同时又应是生产供给的最优点。

——何正斌：《经济学300年》，长沙：湖南科学技术出版社，2007年，第616页。

资源7：撒切尔夫人对哈耶克的评价

1989年，值哈耶克90岁生日之际，撒切尔夫人写信给哈耶克说："截至本周，我荣任首相一职已达10年。很多人非常宽宏地评价我们的政府所取得的成就。当然，还有很多事情要做。但如果没有那些价值和信念将我们引导到正确的道路并为我们提供正确的方向，那么我们将不可能取得这样的成就。您的著作和思考给予我们的指导和启迪是极其重要的，您居功至伟。"

——[美]艾伦·艾伯斯坦：《哈耶克传》，秋风译，北京：中信出版社，2014年，第301页。

资源8:《贝弗里奇报告》

作为第二次世界大战后加入联合政府的一个条件,工党坚持要对社会政策予以特别关注。结果政府于1941年4月设立了一个咨询委员会来检查社会保险和相关服务,主席是威廉·贝弗里奇爵士。贝弗里奇是个自由党人,1908年经过费边社领导人韦伯夫妇的介绍,认识了丘吉尔。1942年底,《贝弗里奇报告》出炉,全名为《社会保险与相关服务》。该报告中所提建议构成了1945年至1951年工党政府激进改革的基础,而该项改革则创立了战后社会保障制度的框架。

贝弗里奇在报告中指出:"社会保障是对收入达到最低标准的保障。"《贝弗里奇报告》对英国以往提供的各种福利进行了反思,确定了国家提供福利的原则是基于国家利益而不是某些群体的局部利益,社会保障必须由国家和个人共同的合作来实现。与过去的研究最大的区别在于,《贝弗里奇报告》是一个关于福利的"完全"的报告,它从人们的需要出发,提出相应的对策,涉及人们各方面的需要,从而形成一个完整的福利体系。《贝弗里奇报告》把疾病、意外、失业与老年保险集合在一个均一给付的体系内;同时,这个报告接纳保费三分的原则,雇主、受雇者与政府共同分担保险费。这个原则几乎成为现代各国社会保险保费缴交的分摊原则。对于英国来说,《贝弗里奇报告》的最重要意义之一是放弃以财产调查为主要形式、以社会救助为主要内容的社会福利系统。这是从1601年的《济贫法》实施三百多年以来的最大变革。

《贝弗里奇报告》的三大支柱是:(1)国民保健服务,用来保障低收入家庭免于遭受严重疾病后的贫困;(2)退休保险计划,用来保障老年的经济安全;(3)家庭津贴,这是一些福利专家争论了几十年,认为是最有效解决英国福利政策的严重不公平与达到收入再分配的办法。在这三大支柱中,为儿童提供的家庭津贴在福利制度发展中是一个根本性的突破,有的学者甚至认为它是福利国家的核心,打破了传统的家庭赡养职能,由国家直接代替家庭,向非劳动人口承担部分赡养责任。另一项重要突破是提出了建立完全的医疗服务。报告还要求建立完整的社会保险制度,每人每周缴费,无论人们原来的收入如何,失业待遇、残疾待遇以及退休待遇都应当是一样的比率。无论个人的情况及风险程度如何,保险都是强制性的,也是普遍的。这些规定都突破了原来失业保险和医疗保险只限于某些群体的限制。贝弗里奇还认为保持充分就业对于社会保险能够正常发挥作用至关重要。社会保险将提供收入保障,这样就可以治理五种问题,即贫娄、疾病、无知、肮脏和懒惰。贝弗里奇进一步探讨了建立一个统一的、普遍的社会保险体系的方法,该体系设计为覆盖所有那些实际上或者潜在的需要帮助的群体。

——孙洁:《英国的政党政治与福利制度》,北京:商务印书馆,2008年,第26—27页。

资源9:20世纪90年代美国历史上最大牛市

股市是经济发展的"晴雨表"。随着美国经济的一路高歌猛进,美国股市也犹如一头茁壮成长的公牛,趾高气扬地"走出了"一道强劲的上升曲线。

自1987年10月发生"黑色的星期一"之后,美国股市屡次刷新纪录:最有权威性和代表性的"道琼斯"30种工业股票平均价格指数(以下简称为"道指")从1990年7月的历史最高点2 997.75点涨到1999年1月8日9 643.32点的最高纪录,攀升幅度达321.68%,标准普尔500种股票指数和以科技股为主的纳斯达克指数(NASDAQ)以及其他小公司指数也连创历史新高。

回顾历史,道指突破1 000点大关,整整用了76年的时间。而1990年之后的道指,则一路攀升:1995年2月首次突破4 000点,11月21日突破5 000点整数关口,全年涨幅达33.5%。1996年10月11日道指突破6 000点,全年涨幅达20.8%。,1997年2月13日道指突破7 000点大关,7月22日突破8 000点大关,最高达8 259.31点。后来虽然受到东南亚金融危机的影响有所回调.但道指年终收盘报7 908.257 908.25点,全年上涨近24%。1998年上半年,美国股市"牛市"高涨,4月6日道指突破9 000点,7月17日创下历史最高9 337.979 337.97点。在其后的两个月内,受俄罗斯金融危机和全球金融动荡波及,道指一度较7月的最高点下跌了近1 800点,跌幅近20%,但股市在10月迅速反弹。11月16日重新回到9 000点,年底以9 181.43点收盘,全年涨幅为16.1%。此外,其他指数,如标准普尔500指数收于1 229.23点,全年上涨6.2%;纳斯达克指数收在2 192.69点,创全年最高纪录,年涨幅为39.6%。1999年1月8日,道指又创新高9 643.32点。20世纪90年代之前,道指增长一倍所需时间约为17年;而从1995年算起,道指增长一倍所需时间仅为约3年。

——邓鹏:《一本书读懂美国商业史》,杭州:浙江人民出版社,2013年,第163页。

资源10:20世纪90年代英国经济发展

20世纪80年代撒切尔夫人对英国经济进行的大刀阔斧的改革,为英国后来的经济改革和发展打下了基础,开辟了道路。1992年撒切尔首相任期届满,由同是保守党的梅杰接任。梅杰继续实行"撒切尔主义",没有多少创新,英国经济虽然有一定增长,但由撒切尔政策所造成的贫富差距扩大、社会福利缩减、公共投资不足等后果,也继续发展。到1997年,工党的托尼·布莱尔在大选中获胜,出任首相。这是英国执政党在重要时刻的一次轮替,这时,新自由主义在世界各地已遭到越来越多的质疑和抨击,在英国国内民众的不满情况也愈益加深,要求进行新的变革。

英国工党传统的政治纲领和经济社会政策思想本来就有别于保守党,布莱尔也想在经济领域另辟蹊径。他上台后,即提出"第三条道路"的主张,一时引起国内外的多方关注,但并没有得到实行。实际上,他仍然沿袭"撒切尔主义"的政策,只是声称要借鉴美国克林顿总统的经验,并仿效欧洲其他国家的一些有效的措施,针对英国存在的现实问题,进行一些政策上的调整。如实行新的税收优惠政策;扩大工作者与失业者之间的收入差距,以鼓励人们参加工作;规定最低小时工资;增加社会福利开支。到2003年,英国GDP的22%用于社会福利,这个比例低于德国、法国和其他西欧国家(27%—29%),但高于美国(15%);大幅度增加教育投资,自1997年以来增长50%。这一切是对撒切尔主义造成的某些缺失的弥补。

布莱尔的政策取得了一定成效,他当政的7年间,英国经济保持着较高的增长率,2001—2006年,英国GDP的年均增长率为2.5%,稍高于1991—2000年的2.4%,在欧洲国家中,增长是较快的。而英国的失业率也较低,从1990年的6.8%下降到2000年的5.5%,2003年以来更低于5.0%,低于欧洲其他主要国家。

——李琮:《当代资本主义阶段性发展与世界巨变》,北京:社会科学文献出版社,2013年,第119—120页。

第六单元

苏联、东欧社会主义现代化模式的改革

学术引领

一、苏联、东欧改革理论的探索

(一) 对社会主义所有制的认识

1. 公有制及其实现形式

在社会主义所有制问题上，斯大林是单一公有制论者。陆南泉在《苏俄经济改革二十讲》(北京：生活·读书·新知三联书店，2015年，第25页)一书中指出，在斯大林看来，公有制有两种形式，一是以国有企业为代表的全民所有制，被认为是社会主义公有制的最高形式；二是以集体农庄为代表的集体所有制，它是公有制的低级形式，应该尽快向全民所有制这一最高形式过渡。

汤在新在《"个人所有制"及其过渡形式——兼评"斯大林模式"中的"公有制"》(载《经济思想史评论》，2007年第1期)一文中进一步指出，斯大林对共产主义社会所有制的理解，限制在生产资料归谁所有这个狭隘意义上，他只在一般特征上把握公有制，把公有制单纯地看作消灭私有制的产物。在斯大林看来，公有制就是与私有制对立的、非私有的、非个人的，从而是"全民的"所有制。所以，全民所有制就是共产主义社会所有制的终极形态；实现了全民所有制，也就进入了共产主义社会。他所创建的"集体所有制"即"集体农庄所有制"，只不过是全民所有制的过渡形式，当"产品交换制度"成熟时，就应把"集体农庄所有制提高到全民所有制的水平"。

戈尔巴乔夫时期，公有制的实现形式日趋多元化。向祖文在《苏联经济思想史：从列宁、斯大林到戈尔巴乔夫》(北京：社会科学文献出版社，2013年，第300、302页)一书中指出，除公有制两种基本形式外，正在形成派生的形式，如跨部门综合体、工商企业、农工综合体等。还有苏联学者主张"两权分离"和"三自一全"(自我补偿、自筹资金、自治和完全经济核算)，其核心思想是：所有权仍属于国家，经营权转归企业；国家作为生产资料的所有者，有权征缴企业的部分收入，有权对其经营活动进行宏观调节和控制；企业作为经营者，在上缴定额利润或纳税后，一切活动都可在市场机制作用的范围内运行。

2. 非公有制的地位和作用

向祖文在《苏联经济思想史：从列宁、斯大林到戈尔巴乔夫》(北京：社会科学文献出版社，2013年，第300、303—304页)一书中指出，社会主义将具有多层次的所有制：全民所有制、集体农庄合作社所有制、合作社(城市的)所有制、社会组织所有制、集团所有制、个体所有制、私人所有制等。苏联共产党第二十七次代表大会否定了“小私有生产是旧的残余”，“扩大私人经济会动摇社会主义经济基础”的观点，肯定了个体劳动是“社会生产的重要补充”，是“社会主义经济的组成部分”。同时，苏联政府开始引进外资，积极兴办合资企业，这种所有制被称为“共同的社会主义所有制”。

洪银兴等在《当代东欧经济学流派》(北京：中国经济出版社，1988年，第213页)一书中指出，捷克学者考斯塔认为个体手工业、私人服务行业及小型的私人生产单位，可以予以保留。在集体大生产尚不发达而个体生产仍占优势的地方，如农业领域，所有制的变革必须考虑生产力发展的水平。

(二) 对计划与市场的认识

长期以来，苏联、东欧理论界将计划与市场对立起来，认为计划是社会主义属性的，而市场是资本主义属性的。随着斯大林模式的弊端逐渐暴露，苏联、东欧理论界尝试从改进计划和引入市场两个方面改革斯大林模式。在实践中，苏联、东欧国家改革后的计划体制大体上可分为以苏联为代表的国家调节型，以南斯拉夫为代表的企业自我调节型，以匈牙利为代表的国家调节与企业自我调节结合型三种模式。南斯拉夫和匈牙利模式统称为“市场社会主义”模式，其基本特征是以生产资料公有制为基础，综合运用计划和市场两种机制配置资源。改革后的两国经济虽然一度取得巨大发展，但是结构性的弊病导致改革最终以失败告终。

1. 斯大林的指令性计划

向祖文在《苏联经济思想史：从列宁、斯大林到戈尔巴乔夫》(北京：社会科学文献出版社，2013年，第271、305、308页)一书中指出，在计划管理问题上，斯大林主张指令性计划指标主宰一切，不重视市场调节的辅助作用，实行的是以产定销，而不是按需生产。在商品货币关系问题上，自十月革命胜利到20世纪50年代初，占统治地位的“自然经济论”把社会主义公有制基础上的社会主义经济看成一种不存在商品货币关系，也不需要利用价值规律的“自然经济”。50年代初期，斯大林所著《苏联社会主义经济问题》发表后，才明确承认社会主义经济中存在商品货币关系和价值规律的作用，但这主要局限在个人消费品和小农具以及外贸产品方面，仍然把生产资料排斥在商品之外，并且不承认市场对生产的调节作用。

2. 改进计划和引入市场

随着苏联计划经济弊端的日趋暴露，苏联、东欧理论界从改进计划和引入市场两个方面入手，提出了改革的方向。

(1) 改进计划

第一，计划最优化理论。1958年，苏联数理经济学派在组织上正式形成，其领军人物列奥尼德·康托罗维奇于1975年获得诺贝尔经济学奖。梁小民在《列昂尼德·康托罗维奇》(载《中国企业家》，1990年第7期)一文中指出，列奥尼德·康托罗维奇的主要贡献是建议并发展了线性规划方法，用线性方程式和解乘数法科学地组织计划和生产，以最少的生产要素获得最大经济效果。康托罗维奇的另一个贡献是在资源的最优分配和利用方面系统地提出了客观制约估价理论(西方的同类研究称为影子价格理论)。

第二,区分指令性计划与指导性计划。王进良在《苏联东欧改革理论比较》(高骞、姜长斌主编,哈尔滨：黑龙江人民出版社,1987 年,第 119 页)一书中指出,匈牙利 20 世纪 60 年代以来的改革主张将计划经济的实质与方法分开。匈牙利政府认为,根据具体国情不同,计划经济可以有不同的方法,可以是指令性计划,把计划指标直接分解成企业必须完成的任务,也可以实行指导性计划,即通过市场调节的办法,利用商品货币关系提供的可能性来实施计划。

(2) 引入市场

捷克学者锡克主张计划与市场有机结合。洪银兴等在《当代东欧经济学流派》(北京：中国经济出版社,1988 年,第 198 页)一书中指出,锡克认为,一方面,市场信息应当成为计划制定的依据,同时,计划在执行过程中要受市场的检验和校正;另一方面,计划不仅要为市场规定方向,而且要对市场施加影响,通过经济手段控制和指导市场,以克服市场的盲目性。

波兰学者布鲁斯主张建立有调节的市场机制。程恩富等在《经济改革思维：东欧俄罗斯经济学》(北京：当代中国出版社,2002 年,第 75—76 页)一书中指出,布鲁斯主张以分权模式取代集权模式,建立一个有调节的市场机制的计划经济。"有调节的市场机制"取代行政命令机制,成为联系下级计划与国民经济计划的环节,并为改善供求关系、增加刺激、革新生产方法和引进新产品创造更有利的条件。

20 世纪 70 年代末、80 年代初,苏联经济学界以阿甘别吉杨、阿巴尔金、扎斯拉夫斯卡娅、布尼奇、波波夫为代表的西伯利亚学派崛起。周晓寒在《对苏联西伯利亚改革学派经济思想的评价》(载《世界经济与政治》,1988 年第 1 期)一文中指出,西伯利亚学派在商品货币理论上突破了传统的"外部论"和"暂时论"的看法,提出了"固有化"和"内在论"的观点,指出商品货币关系是社会主义阶段生产力发展所固有的特征。在社会主义计划理论方面,不再把计划机制与市场机制看作对立的关系,主张把市场机制同社会主义计划管理结合。在企业管理方面,提出了完全经济核算制的思想,使企业从行政机构的附属转变为独立的商品生产者。

市场社会主义并没有解决公有制与市场调节的结合问题。余文烈、姜辉在《市场社会主义：历史、理论与模式》(北京：经济日报出版社,2008 年,第 174—175 页)一书中指出,市场社会主义的基本理论问题,从其表现形式来说是计划与市场的关系问题,但从深层次上说,如何实现公有制与市场经济的有机结合是市场社会主义面临的更深层次的难点,而这个问题在当时尚未得到深刻认识,更未找到行之有效的解决方式。过多的市场化被看作对公有制根本性质的冲击和否定,从而产生对公有制所担任的历史重任的担忧,并在意识形态的作用下设置了层层不能逾越的雷池。这样,在那些进行经济体制改革的国家,虽然允许非公有制经济的存在,但被严格地限制在非常有限的空间之内;虽然允许市场调节,但国家计划部门的权威依然至高无上,行政性的干预也从未间断。于是,指令性计划的取消并没有带来预期的效率和充分竞争的市场,改革以后的经济体制大多呈现出以下一些特征：商品市场已经放开,但生产要素市场受到严格管制,由于生产要素的政府定价而导致整个价格系统的扭曲,并在某种程度上加深了短缺经济;政府经常对市场及微观经济运行进行干预;企业的激励与约束不对称，企业行为短期化；企业对价格、利率等市场信号缺乏灵敏反应，市场调节的作用受到很大限制；缺乏具有创新精神的企业家队伍，等等。因而，一些原东欧社会主义国家的市场化改革，在进入20世纪80年代以后逐步陷入困境，并成为80年代末90年代初东欧、苏联剧变的一个重要因素。

二、苏联改革实践及评价

（一）赫鲁晓夫改革

1953年斯大林逝世后，赫鲁晓夫逐渐成为苏联最高领导人。针对斯大林模式的弊端，赫鲁晓夫在农业和工业领域进行了相关改革，但改革并未从根本上触动斯大林模式，以失败告终。1964年，赫鲁晓夫在政变中黯然下台。

1. 农业政策调整：1953—1964年种植玉米运动

1953年起，赫鲁晓夫在乌克兰和苏联南部地区发起种植玉米运动。李华在《赫鲁晓夫与前苏联五六十年代的"玉米热"》（载《安徽师大学报（哲学社会科学版）》，1995年第3期）一文中指出，1953年，全苏玉米播种面积不过350万公顷；1954年扩大到430万公顷；1955年猛增到1 800万公顷；1960年达到2 800万公顷；1962年达到3 700万公顷，约占当时全苏播种总面积的1/6以上。

（1）种植玉米的主客观条件并不充分

李华在《赫鲁晓夫与前苏联五六十年代的"玉米热"》（载《安徽师大学报（哲学社会科学版）》，1995年第3期）一文中指出，苏联客观的自然地理条件不容许全国所有农业州都播种玉米，因为玉米生长需要足够的热量和水分，而扩种地区的夏季总是气温偏低；种植玉米是一种劳动密集型生产，要求集约经营，需要大量施用化肥，而当时苏联化肥生产很落后；以玉米秸秆作青贮饲料，要比传统的多年生青贮饲料三叶草、牧场草等成本高出两倍以上，而产量反而低，是一件赔本的买卖；受传统小农经济等旧观念羁绊，广大农民缺乏种植经验，不理解也不拥护玉米运动。

（2）种植玉米运动带来诸多问题和消极影响

苏联学者罗伊·A. 麦德维杰夫、若莱斯·A. 麦德维杰夫在《赫鲁晓夫的执政年代》（邹子婴等译，长春：吉林人民出版社，1981年，第66、107、119—121页）一书中指出，第一，玉米的种植和收获成本高企，导致大多数集体农庄和国营农场不仅没有任何盈利，反而不断蒙受损失。第二，种植玉米挤占了传统牧草的生存空间，加上国家对牧草机械设备制造和牧种培育工作的中止，导致牧场草地退化，甚至被完全废弃。第三，刚刚开始推行的集体农庄可以自行决定种植何种作物的农业计划制度受到沉重打击，农场和农庄又被"来自上面"的详细计划束缚起来。这些计划具体规定了播种面积、牲畜头数、作物种类以及用于作物和牲畜繁殖育种的品种，播种和收获的时间进度也都是硬性规定的，自由出售产品被禁止，同时还颁布了控制购买机械和肥料的条例规定。

2. 农业政策调整：1954—1956年垦荒运动

1954年，赫鲁晓夫发起垦荒运动，闻一在《苏联史纲（1953—1964）》（陈之骅主编，北京：

人民出版社,1996 年,第 96 页)一书中指出,苏联在哈萨克斯坦、乌拉尔、阿尔泰和克拉斯诺雅尔斯克边区、鄂木斯克、新西伯利亚、萨拉托夫和斯大林格勒州、北高加索的部分地区,1954 年开垦出 1 900 万公顷荒地,1955 年又开垦出 1 400 万公顷荒地,截至 1956 年,总计开垦出约 3 600 万公顷的生荒地和熟荒地。

(1) 垦荒运动的背景

苏联农业的长期落后与危机。金泉源在《苏联政治经济体制七十年》(刘克明、金挥主编,北京:中国社会科学出版社,1990 年,第 506 页)一书中指出,斯大林时期,苏联农业长期徘徊不前,无论是农业总产量还是农业的单位面积产量和畜牧业的产品率都很低。30 年代末期,粮食产量才大致恢复到革命前的 1913 年和农业集体化以前的 1928 年的水平。第二次世界大战期间,苏联的农业遭到了很大的破坏。但是,从战后一直到 1953 年,在工业比 1913 年增长 20 倍的情况下,农业并没有得到相应的恢复和发展。而 1953 年全苏人口却比 1913 年多出 2 880 万人,即增长 18%。农业的这种落后状况远远不能满足工业对原料和居民对食品的日益增长的需要。农业的长期落后,不仅阻碍苏联整个国民经济的发展,而且还直接影响工农联盟的巩固和政局的稳定。

对传统政策的继承和沿袭。侯艾君在《中亚垦荒运动及其后果新论》(载《俄罗斯研究》,2015 年第 6 期)一文中指出,垦荒不是赫鲁晓夫的发明,也并非其心血来潮之举,而是对沙俄时期、列宁和斯大林时期政策的沿袭和继承,对中亚边疆的开发建设乃是必然举措。

(2) 垦荒运动的主客观条件并不充分

王家福在《试论赫鲁晓夫的垦荒运动》(世界现代史研究会编:《世界现代史论文集(一)》,1980 年,第 105—106 页)一文中指出,从自然条件来看,苏联东部垦荒难度很大,那里地形复杂,温差悬殊,一些科学技术问题的解决尚有待于时间和实践。哈萨克斯坦多是盐碱地、沼泽地;西伯利亚多是冻土带和夏天干燥的气候条件,再加上风沙流动,甚者,沙漠会吞没森林。从社会条件来看,苏联东部和东南部相当数量的集体农庄土地过多,根本无力承担垦荒任务,只能靠新办一批国营农场,从而导致国家承受了巨大的经济压力。

(3) 垦荒运动的影响

一是促进了苏联边疆开发,一定程度上修正了斯大林模式的弊端。侯艾君在《中亚垦荒运动及其后果新论》(载《俄罗斯研究》,2015 年第 6 期)一文中指出,中亚地区在经济、社会方面受益,现代化进程加快。垦荒使哈萨克斯坦成为苏联农牧业并重、农牧业同样发达的加盟共和国。与垦荒紧密关联的,是从 1950 年代到 1980 年代在中亚等地实施了一系列大型建设项目,中亚地区也由此迎来了快速发展时期,哈萨克斯坦变成现代化的工农业共和国。垦荒运动还带动了中亚社会快速发展。由于垦荒人口剧增,中亚住房和医疗、教育设施的建设大大加快。此外,垦荒运动开启了双重转型:由工业优先(且重工业被置于头等重要地位)转向工农业并重,补助脆弱的农业,这也是对斯大林时期经济发展方式的重大调整;另一方面,此前苏联的工业和经济中心集中在欧洲部分,现在向东部、南部和东南部边疆倾斜,使得苏联国家的经济地理格局趋于合理。

二是引发了一系列经济、社会和环境问题。王家福在《试论赫鲁晓夫的垦荒运动》(世界现代史研究会编:《世界现代史论文集(一)》,1980 年,第 105 页)一文中指出,垦荒搞乱了全国经济部门。国家农机紧张到强人所难的程度,全国铁路受到了严重的冲击,并迅速波及了国民经济的各个部门。垦荒导致财政紧张。垦荒十万火急地上马，使国家对农业的投资猛增，并迫使苏联缩减东南部地区重点灌溉工程和其他工程。

闻一在《苏联史纲(1953—1964)》(陈之骅主编，北京：人民出版社，1996 年，第 98 页)一书中指出，计划垦荒的地区大多是非俄罗斯民族聚居的地区，哈萨克斯坦要开垦的荒地都是当地人放牧的草场，垦荒势必破坏当地的畜牧业和民众传统的生活习惯，并且使大量的非本地居民涌入，从而引起复杂的民族矛盾。

李原在《赫鲁晓夫制造了中亚黑风暴》(载《环境》，1999 年第 1 期)一文中指出，1960 年起开始肆虐的中亚黑风暴导致 4 180 万公顷垦荒地得而复失，成亿公顷草原牧地遭到蹂躏，而中亚要恢复原来的草原、森林生态，则需要 50 年至 100 年的时间。

3. 1957 年工业管理体制改组

(1) 主要内容

金泉源在《苏联政治经济体制七十年》(刘克明、金挥主编，北京：中国社会科学出版社，1990 年，第 487—491 页)一书中指出，这次改组根本上废弃了部门管理体制，改为经济行政区管理体制。经济行政区国民经济委员会代替主管部，对工业和建筑业实施具体的领导。具体内容包括：第一，撤销中央和加盟共和国的部，改变保留的部的职能；第二，建立经济行政区，把工业和建筑业企业下放给经济行政区的国民经济委员会管理；第三，改革国家计划体制和物资技术供应体制，国民经济年度计划改由经济行政区国民经济委员会和加盟共和国国家计委制订，物资技术体制改为经济行政区供应体制；第四，调整中央国家管理机构及其职能，苏联部长会议是领导和管理整个国民经济的最高执行机构，并通过加盟共和国部长会议领导国民经济委员会的经济活动。

(2) 评价

唐士润在《赫鲁晓夫的经济管理体制改革及其历史地位》(载《四川师范大学学报(社会科学版)》，1988 年第 3 期)一文中认为，用“地方管理原则”代替中央部门管理的改革方向不正确。用地方行政命令代替中央行政命令，用“块块”代替“条条”的领导方法只能极度削弱中央权力，助长地方主义，而企业仍然处于消极被动地位，不能自主经营，缺乏活力。这样做不仅没有从实质上革除掉旧体制中的弊端，反而使问题更加复杂化。特别严重的是，地方主义恶性膨胀，难以收拾。随着地方主义的膨胀，它的孪生兄弟分散主义也泛滥成灾，各经济区出现了大而全、封闭式的倾向。

唐士润同时也指出，这次改组打破了僵化的苏联模式，起了开创改革的先锋作用。改革的成绩和“合理内核”至少有三个方面是可以肯定的，即不赞成中央过度集权的管理形式，注意发挥地方积极性和扩大企业自主经营权，强调物质刺激和加强“经济核算”。此外，改组进行了某些理论探索和试点，孕育了苏联后来的改革，勃列日涅夫执政不到一年提出的改革方案，无论是指导思想还是政策和具体措施，大都是赫鲁晓夫时代孕育起来的。没有赫鲁晓夫的经济体制改革，就不会有勃列日涅夫的新经济体制，更不会有戈尔巴乔夫的改革。

4. 农业制度改革：1958 年机器拖拉机站的改组

(1) 主要内容

陆南泉等在《苏联兴亡史论》(陆南泉等主编，北京：人民出版社，2002 年，第 475—476 页)一书中指出，机器拖拉机站是农业领域国家所有制的具体形式，农业机器如拖拉机、收割机、汽车等都掌握在国家手中。机器拖拉机站为集体农庄提供生产技术服务，农庄支付给机器拖拉机站以实物报酬(1937 年占 42.1%)。国家通过机器拖拉机站与集体农庄签订合同，贯彻国家计划，直接参与农庄的生产管理。这种合同一经签订即具有法律效力。机器拖拉机站设有“相应的机构”监督集体农庄完成农业生产计划，被称为“国家对集体农庄农业发挥领导作用的形式”，“社会主义国家手中的对农业进行计划领导的强大杠杆”。

邢广程在《苏联高层决策 70 年——从列宁到戈尔巴乔夫(第三分册)》(北京：世界知识出版社，1998 年，第 205—206 页)一书中指出，改组将拖拉机、联合收割机及其他农业机器直接转卖给集体农庄，并根据各区和集体农庄的特点，分期地将机器拖拉机站改组为技术修理站，其任务是修理拖拉机和其他机器，为集体农庄提供技术服务，供给集体农庄和国营农场(通过出售办法)以新技术、备件、燃料、肥料、农药及其他物资。在集体农庄无力购置拖拉机及其他机器的地区，则暂时保留现行制度。

(2) 评价

叶存洪在《试谈赫鲁晓夫对机器拖拉机站的改组》(载《江西师范大学学报(哲学社会科学版)》，1985 年第 4 期)一文中指出，拖拉机站对集体农庄的生产、管理和分配等都要进行干预，侵犯了集体农庄的自主权；拖拉机站片面追求机耕面积，不关心经营管理；一块土地上存在“两个主人”，管理机构重复浪费，致使产品生产成本偏高；拖拉机站从集体农庄收取的实物报酬过多，使农民失去了发展生产的干劲和热情。

闻一在《改组——战略进攻——回归》(载《世界历史》，1989 年第 1 期)一文中指出，从物质上讲，集体农庄拥有了大型农业机械和先进的技术，约有 100 万技术人员转到了集体农庄。从社会发展上讲，集体农庄摆脱了机器拖拉机站的控制，有了自主经营的权利，国家计划的利益逐渐退居次要的地位，集体农庄的、农民本身的利益成了考虑该农庄发展中的决定性因素；采购制度发生了根本的变化，改组后，国家直接向集体农庄采购粮食；随着采购制度的变化，商品货币关系获得了某种程度的发展，有了集市贸易，有了经营商业活动的人，农产品有了作为商品在市场上出售的途径；集体农庄制度本身有了新的活力，因而也受到了极大的冲击——这条历来被认为是经典的不可动摇的道路是有理由被提出疑问的。

改组存在诸多失误并最终失败。闻一在《改组——战略进攻——回归》(载《世界历史》，1989 年第 1 期)一文中指出，拖拉机、机器和其他设备订价按新的批发价格计算，这种价格大大高于原先购进的价格，大大加重了集体农庄的财务负担，导致集体农庄对银行欠债累累；机器拖拉机站在改组后有一半的技术人员不愿到农村去，导致集体农庄没有足够的技术力量来发挥这些机器和设备的作用；改组后的集体农庄对农业机器和设备的需求度变得动荡不定和难以预测，影响了农业机器制造工业的市场和发展。

5. 赫鲁晓夫改革的整体评价

(1) 赫鲁晓夫改革具有开创作用

陆南泉在《60 年后再评赫鲁晓夫的改革》(载《社会科学》，2017 年第 2 期)一文中指出，赫鲁晓夫揭露斯大林，破除个人崇拜，成为苏联第一个改革者，使苏联历史翻开了新的一页；推动了经济理论的发展，为苏联以后的经济改革做了一定的舆论和理论准备；提出社会主义各国可以有不同的体制模式；经济体制改革本身也有一些应予以肯定的方面。

(2) 赫鲁晓夫改革并没有突破斯大林模式的藩篱

陆南泉在《赫鲁晓夫有没有全盘否定斯大林》(载《同舟共进》,2010 年第 8 期)一文中指出,赫鲁晓夫执政 11 年中推行的主要政策与路线,基本上亦是斯大林的那一套。赫鲁晓夫上台后,继续推行斯大林长期坚持的优先发展与军事工业密切相关的重工业政策。赫鲁晓夫超越发展阶段,急于向共产主义过渡的思想与斯大林是一脉相承的。在所有制问题上,坚持斯大林全民所有制是公有制的最高形式,是最成熟、最彻底的形式的基本理论,赫鲁晓夫上台后一直追求"一大二公三纯"的所有制。虽然赫鲁晓夫执政期间一直在进行改革,但并没从根本上脱离斯大林的体制模式,仍是坚持指令性的计划经济体制。就政治体制改革而言,虽在头几年取得一些进展,但总的来说,并没从根本上触动斯大林政治体制中权力过度集中的要害。

(二) 勃列日涅夫改革

勃列日涅夫自 1964 年至 1982 年担任苏联最高领导人,统治时间之长仅次于斯大林。勃列日涅夫时期,苏联综合国力达到历史顶峰,但其改革本质上是对斯大林模式的进一步完善。改革的迟滞最终为苏联解体埋下了伏笔。

1. 改革的阶段划分

徐葵在《苏联真相:对 101 个重要问题的思考》(陆南泉等主编,北京:新华出版社,2010 年,第 835—842 页)一书中,将勃列日涅夫改革划分为三个阶段:第一阶段(1964—1971),全面恢复苏联传统的政治经济体制和工作方法,信奉的是苏联计划经济的传统的管理模式,在经济学方面提倡多搞政治经济学的抽象的理论研究,少搞现实的经济问题的探讨,而在侵捷事件以后,则展开了对"市场社会主义"和"商品派"的大批判。第二阶段(1971—1976),勃列日涅夫和苏联共产党领导集团保守僵化,停止和放弃改革的严重后果开始逐渐显露出来,在批判"市场社会主义"的同时,极力宣传计划经济加计算机就会大大发挥社会主义制度的优越性的空想。第三阶段(1976—1982),苏联整个国家越来越走下坡路,苏联从稳定走向全面的停滞。

陆南泉在《苏俄经济改革二十讲》(北京:生活·读书·新知三联书店,2015 年,第 105、127 页)一书中将勃列日涅夫改革划分为两个阶段:勃列日涅夫开始执政到 20 世纪 70 年代初为第一阶段。勃列日涅夫调整赫鲁晓夫时期的政策,积极营造与巩固权力,探索改革与全面推行新经济体制。从 70 年代上半期到勃列日涅夫 1982 年逝世为第二阶段。勃列日涅夫对改革的态度开始消极起来,后来实际上取消了改革。在 1971 年的苏联共产党第二十四次代表大会后,勃列日涅夫就不准用"改革"一词了,而改用"完善"一词,认为苏联的原有体制不需要改革。这一改变是苏联向"停滞"过渡的标志。

2. "新经济体制"

(1) 新经济体制的进程

周尚文在《苏联兴亡史》(上海:上海人民出版社,2002 年,第 711—713 页)一书中指出,1966 年起,苏联在国民经济各部门的工业企业中,分期分批地推行"计划工作和经济刺激新体制",即"新经济体制"。最初实行新体制的是工业企业,1966 年下半年开始在汽车运输及民航企业中实行新体制,1967 年起在铁路、内河和海上运输业中全面推行新体制。截至

1972 年，工业企业的改革已基本完成，未实行新体制的主要是地方企业和实验工厂。此外，实行新体制的国营农业企业有 9 000 多家，占全部农业企业的 50%左右。实行新体制的建筑安装组织有 562 个，占工程总量的 25%。在商业和饮食业中，实行新体制的企业有45 000家，占总数的 18%，占商品流转总额的 35%。

(2) 新经济体制的主要内容

叶书宗在《勃列日涅夫的十八年》(北京：人民出版社，2015 年，第 68—70 页)一书中将新经济体制的主要内容概括为四个方面，第一，扩大企业经营和管理的权限，即赋予企业自主使用本企业流动资金的权力；第二，扩大企业在利用设备折旧资金方面的权力，90%的折旧资金转作生产基金，由企业自主决定；第三，建立归企业自行处置的企业基金，企业从计划利润中提取 1%—6%，从超计划利润中提取 30%—60%，从设备折旧中提取 90%，作为企业基金并划分为三种独立基金：生产发展基金、社会文化措施和住宅建设基金、物质鼓励基金；第四，实行“完全经济核算”，包括全部生产费用和销售费用、扩大再生产的投资积累资金、对企业职工和帮助企业获利的其他企业和组织的利润奖励等。

陆南泉在《苏联经济体制改革史论》(北京：人民出版社，2007 年，第 283—325 页)一书中将之概括为五个方面，第一，重新建立部门管理体制，苏联工业管理体制大体上又恢复到1957 年赫鲁晓夫大改组以前的状况。第二，改革计划体制，扩大工业企业的经营自主权，将国家给企业下达的指标由赫鲁晓夫时期的八类二十多项减为六类九项；变革工业企业考核指标，由总产值和成本两项指标改为产品销售额、利润与盈利三项指标。第三，改革企业利润分配制度，提高留归企业支配的利润份额并扩大其使用范围。第四，改革物资技术供应体制，划分各级物资管理机构分配物资的权限，变革物资供应方式。第五，提高工业品批发价格。

(3) 新经济体制的评价

新经济体制实行初期，收效明显。周尚文在《苏联兴亡史》(上海：上海人民出版社，2002 年，第 713 页)一书中指出，“新经济体制”的推行一定程度上突破了苏联自 30 年代以来形成的旧的经济模式，缓解了原有管理体制和生产力之间的矛盾，增强了经济杠杆的刺激作用，企业自主权有所扩大，并注意使国家、企业和职工之间利益相互协调和结合，从而一定程度上调动了企业和职工的积极性。因此，在改革初期，收效比较明显。1966—1970 年与1961—1965 年相比，苏联国民收入、农业总产值的增长率分别从 6.1%、2.3%上升至 7.7%、4.2%。

新经济体制本质是对斯大林模式的完善，在执行过程中存在诸多问题。叶书宗在《勃列日涅夫的十八年》(北京：人民出版社，2015 年，第 71、85、88 页，)一书中指出，在本质上，新经济体制改革仍然是以行政命令的方式来改革领导经济工作的行政方式，仍然是以计划经济来改革计划经济，以斯大林模式改革斯大林模式，并没有冲出斯大林模式的局限。此外，新经济体制在推行过程中存在诸多问题，如企业为了超额完成计划，往往有意隐瞒生产能力，尽可能压低计划产量；奖金在企业内部的分配很不平衡，企业领导层的得益高于工程技术人员，工程技术人员的得益则明显超过工人；企业产品质量低劣，仍然满足不了社会对商品的需求；国家下达给企业的计划指标限定在产品销售指标等 8 项之内的目标并未贯彻落实，相反，国家下达的指标越来越多，远远超过 1965 年改革前的 30 项，等等。

3. 勃列日涅夫改革失败的原因

(1) 政治体制改革滞后,严重制约了经济体制改革

陆南泉在《勃列日涅夫时期的政治体制倒退》(载《炎黄春秋》,2012 年第 3 期)一文中指出,在苏联集权政治体制条件下,不进行政治体制改革,企图单一地进行经济体制改革是不可能取得实质性进展的,其结果只能是政治体制不可避免地对经济体制改革起制约作用。政治体制倒退主要表现在:恢复并逐步加强党政集中领导体制,党政不分、以党代政进一步发展,个人集权加强,独断专行现象严重;个人崇拜盛行,促使政治体制朝高度集权方向一步步迈进和深化,使得斯大林时期形成的高度集权的政治体制变得"成熟",即更趋凝固化、僵化;干部领导职务终身制等体制的弊端日趋严重;"特权阶层"扩大化、稳定化和思想僵化。由于政治体制倒退,使经济体制改革停滞不前,从而在勃列日涅夫时期,出现了严重的经济衰退。

郭春生在《居安思危:苏共亡党二十年的思考》(李慎明主编,北京:社会科学文献出版社,2011 年,第 308—311 页)一书中指出,勃列日涅夫时期党政机构越来越臃肿、冗员越积越多,80 年代中期行政机关的工作人员总数高达 1 800 万人。与此同时,苏共内部对党员和党的干部的监督、监察机制不断削弱,即使存在某些规定,也流于形式。甚至一些党和国家的高层领导人,特别是勃列日涅夫带头追求享乐、滥用权力、贪赃枉法。

(2) 经济体制改革并未从根本上改变斯大林模式

郭春生在《抑制创新——勃列日涅夫时期苏联体制的致命缺陷——兼评叶书宗教授著〈勃列日涅夫的十八年〉》(载《俄罗斯学刊》,2015 年第 3 期)一文中指出,勃列日涅夫时期将高度集中的计划经济体制发展到极致,在这种体制下,国家行政权力仍是经济活动的中心,而本应成为经济活动主体的生产企业却处在被动的受支配的地位,企业按照国家计划来生产,产品由国家收回,企业生产活动的目标只有一个,那就是完成国家计划,别无他求。因此,企业的一切活动以不妨碍完成国家计划为原则。

(3) 美苏争霸与两大阵营的对峙制约了经济体制改革

李兴、张英姣在《苏联真相:对 101 个重要问题的思考》(陆南泉等主编,北京:新华出版社,2010 年,第 888 页)一书中指出,苏联过度的扩张,不仅消耗了苏联的国力,而且还加剧了国民经济的军事化,导致经济结构更加畸形,损害了苏联的经济。到 1978 年,苏联的军费开支已占世界首位。苏联实际军费开支占其国民收入的比重,在 1965—1980 年高达 19%—23%。出于争霸的需要,军事工业一直是苏联经济的重中之重,这一时期重点仍然是发展钢铁、机械、金属等传统的重工业,而对微电子、新材料、生物工程技术等现代高科技,反应不敏感,没有抓住科技革命这个机遇。

陆南泉在《苏俄经济改革二十讲》(北京:生活·读书·新知三联书店,2015 年,第 139 页)一书中指出,据一般公认的估计,苏联这一时期的军费开支与美国相当,甚至还超过美国,但其国民生产总值只是美国的 50%—60%。如何保证巨额军费开支所需的资金,高度集中的计划经济体制是重要保证。

陆南泉在《苏联经济体制改革史论》(北京:人民出版社,2007 年,第 393 页)一书中指出,苏联高度集中的体制,成为它在东欧国家范围内进行政治、经济控制的手段。苏联害怕一旦在体制方面进行大的改革,东欧一些国家会立即跟上,尽快摆脱斯大林的体制模式,最

后会导致失去对东欧国家的控制，从而也就失去了苏联的“切身利益范围”。

(4) 苏联缺乏锐意改革的领导集体

余文烈、姜辉在《市场社会主义：历史、理论与模式》(北京：经济日报出版社，2008 年，第 90 页)一书中指出，斯大林不仅留下了一种僵化的政治经济体制，最为严重的是在长达 30 年的执政时期，为维护他的社会主义模式，培植了一个比较牢固的“左”的、僵化的教条主义思想基础，以及从这种政治经济体制中得益的一大批党政干部构成的社会基础，这就给苏联以后的改革造成了极大的难度。

叶书宗在《“庸才”治国——勃列日涅夫何以能当政 18 年》(载《探索与争鸣》，2007 年第 7 期)一文中指出，在苏联的八任领袖中，勃列日涅夫被公认为是不爱学习、懒于思考、基本上不动笔、缺乏领袖魅力、喜欢过平静生活的平庸之辈。尤其是在 1974 年岁末几度中风之后，他几乎丧失了坚持正常工作的身体条件，有时在一些正式场合也有颠三倒四的表现。但是他仍然是统领全党、全国的苏共中央总书记，直至 1982 年 11 月逝世，当政整整 18 年之久。

闻一在《勃列日涅夫时期不是盛世，而是危世》(载《探索与争鸣》，2011 年第 12 期)一文中指出，苏联最高领导层中的人员老龄化现象严重，在 1965—1984 年，大多数中央政治局委员都在政治局中任职 15 年左右，在中央委员会里，任期已达 10—12 年的中央委员占多数。政治局委员的平均年龄在 70 岁左右，因此，政治局会议不得超过 15—20 分钟。最高领导层安于现状，不想改革，也不愿改革。

4. 勃列日涅夫时代的历史地位

(1) 勃列日涅夫时期是苏联综合国力达到顶峰的时代

陈之骅在郭春生所著《勃列日涅夫 18 年》(北京：人民出版社，2009 年，第 1、8 页)一书的序言中指出，勃列日涅夫时期，苏联的综合国力达到了顶峰，经济实力跃居世界第二位，仅次于美国，而军事力量则足以与美国平起平坐；人民的物质和文化生活水平比历史上其他各个时期都高。生产的发展，使苏联的经济水平与美国的差距逐步缩小。1975 年苏联的工业总产值已达到美国工业总产值的 80%以上，而农业总产值则达到了 85%，从而使苏联成为欧洲第一和世界第二位经济大国。

吴恩远在《“中国特色社会主义”和“苏联模式”关系析论》(载《马克思主义研究》，2007 年第 8 期)一文中转引俄国学者阿·舍斯塔科夫在《20 世纪祖国史》一书中的相关数据指出，勃列日涅夫时期经济发展的成就主要表现在：到 20 世纪 70 年代末城市化基本完成，城市人口在 1960 年占全国的 49.9%，1978 年达到 62.4%；1966—1971 年工业产值扩大 50%，建立起当时世界最大水力发电厂等；建立了完整的社会保障体系：职工延长休假(实行每周 5 天工作日)、工资增长(从 1968 年月工资 40—50 卢布，到 1980 年的 168.9 卢布)、5 年内 5 600 万人免费获得住宅。

叶书宗在《勃列日涅夫的十八年》(北京：人民出版社，2015 年，第 49 页)一书中指出，勃列日涅夫当政初期，国家经济计划向农村倾斜，加大农业投资力度，虽然没有从根本上扭转农业生产的颓势，但农民毕竟受益，农村面貌也有了较大的变化。可以说，苏联农村的现在面貌基本上是在勃列日涅夫当政时期实现的。

(2) 勃列日涅夫时期同时又是一个“停滞”并走向“衰亡”的时期

陆南泉在《勃列日涅夫时期的政治体制倒退》(载《炎黄春秋》，2012 年第 3 期)一文中指出，勃列日涅夫执政的18年，一方面耗尽了在二三十年中形成的高度集权的动员型政治经济体制的潜力，另一方面又使苏联积聚了大量危机因素，导致国家政治生活和经济发展的全面停滞，是苏联走向衰亡的时期。

陈之骅在郭春生著《勃列日涅夫18年》(北京：人民出版社，2009年，第5页)一书的序言中则认为，"停滞"主要指勃列日涅夫执政后期，传统的政治、经济体制日趋僵化，教条主义日趋发展，各级领导部门因循守旧、故步自封、官僚主义之风盛行。权力高度集中和党内外缺乏民主空气等现象确实使社会政治生活出现了严重的停滞，但是如果把勃列日涅夫执政的整个时期，包括前期和后期，说成"停滞"时期，把这一时期的各个方面，包括政治、经济、军事和外交等领域都说成处于"停滞"状态，则是不完全符合实际的。

(三) 戈尔巴乔夫改革

戈尔巴乔夫自1985年至1991年担任苏联最高领导人，对苏联经济体制和政治体制进行了根本性变革，但改革并未成功。1991年苏联解体，社会制度发生了剧变。

1. 改革的阶段划分

邢广程在《苏联高层决策70年——从列宁到戈尔巴乔夫(第五分册)》(北京：世界知识出版社，1998年，第1—2页)一书中将戈尔巴乔夫改革划分为三个阶段。第一阶段，从1985年至1987年，经济改革是主线和重点；第二阶段，从1988年至1989年，将政治体制改革提升为主线和最主要的环节，在一党制的条件下实行"民主化"和"公开性"，还权于苏维埃，将国家决策重心由党的系统转向最高苏维埃系统；第三阶段，从1990年至1991年，将"人道的、民主的社会主义"上升为路线高度，由一党制转变为多党制，将决策重心由最高苏维埃移至总统机构。

左凤荣在《苏联史上最复杂的篇章——〈苏联史〉第九卷〈戈尔巴乔夫改革时期〉的特色》(载《探索与争鸣》，2014年第5期)一文中将戈尔巴乔夫改革划分为四个阶段。苏联共产党第二十七次代表大会上提出了"新方针"，开始实施"加速战略"，建设带有"人的面孔"的社会主义。但这一阶段并没有真正开始改革，苏共仍在用传统的行政手段解决问题，还在原有体制内打转；从1987年开始，戈尔巴乔夫开始转入体制改革，进行了以改革国有企业为核心的经济体制改革，以改革干部制度为核心的政治体制改革和大力倡导公开性；1988年6月，苏共召开第十九次代表会议，从以经济体制改革为主，转向了全面和根本的改革，即进行政治体制改革，实行"一切权力归苏维埃"，国家权力的重心从党向苏维埃转移；1990年2月召开苏共中央全会，改变改革的战略，改革变成了转型，苏联开始以西方发达国家的政治经济模式为参照，走政治民主化、分权和经济市场化之路。苏联共产党在1990年7月召开的第二十八次代表大会，即最后一次代表大会上，把人道的民主的社会主义作为自己的纲领。

以上两位学者都认为以1988年为界，戈尔巴乔夫改革前期以经济改革为主，后期则以政治体制改革为主。需要指出的是，左凤荣在《戈尔巴乔夫改革时期》(北京：人民出版社，2013年，第274页)一书中认为，1988年6月苏共第十九次代表会议后，苏联改革的中心虽然转向了政治体制，但经济体制改革并没有停步，仍然强调把计划经济与市场结合。

2. 加速战略

1985年苏共中央四月全会上，针对苏联经济和社会生活出现的停滞现象，戈尔巴乔夫首次提出加速战略的思想；1986 年 2 月召开的苏共二十七大，正式提出并通过了加速战略的方针。

(1) 加速战略的主要内容

陆南泉在《苏联经济体制改革史论》(北京：人民出版社，2007 年，第 487—491 页)一书中认为，加速战略建立在集约化的基础之上，侧重点在提高经济增长速度，要求 15 年内完成苏维埃政权 68 年所做的事情。加速战略涉及的范围广泛，不仅仅是经济发展战略，还包括社会政策与社会关系方面的改造问题。实现加速战略有两个基本途径，即加速科技进步和根本改革现行经济体制。为加速科技进步，苏联采取了一系列措施，如加速新兴工业的发展，优先发展机器制造业，促进产业结构向多元化转变，促进产品结构向知识、技术型转变，改革科研与生产一体化的组织形式，加强对科研人员的物质刺激，等等。但苏共二十七大并未提出经济体制改革的具体方案。

吴恩远在《论戈尔巴乔夫的"加速发展战略"》(载《中国社会科学》，2000 年第 5 期)一文中则认为，苏共二十七大把加速战略定位为苏共的对内对外政策的总路线。加速战略是总路线，经济发展战略只是这条总路线的一个组成部分。

(2) 加速战略的主要目标

向祖文、张锦冬在《论戈尔巴乔夫的经济"新思维"》(载《俄罗斯学刊》，2012 年第 4 期)一文中指出，加速战略规定，在 20 世纪最后 15 年内，要对苏联经济进行"质的改造"，在加快科技进步、提高质量和效率的基础上，到 2000 年，国民收入翻一番，劳动生产率提高 1.3—1.5 倍，年均增长率达到 6.3%，高于国民收入的增长率，并规定从"十二五"计划(1986—1990)起，就要做到国民收入的增长全部靠提高劳动生产率来实现。能源的消耗量应降低 40%，金属的消耗量应降低 50%，国民经济对燃料、动力、原材料需求量增长的 75%—80%要靠节约来满足。实现这一战略目标的步骤是：前 5 年(1986—1990)通过一系列调整和改革，理顺各种经济关系，加速科技进步，调动各方面的积极性，扭转经济增长率下降的趋势。这五年中计划国民收入年平均增长 4.7%，也就是说，20 世纪 80 年代前 5 年，年均增长 3.1%的速度要逐渐加快。工业产值年平均增长 4.6%。后 10 年(1991—2000)将是经济起步阶段，规定国民收入年平均增长 5.1%，工业产值年平均增长 4.9%。

(3) 加速战略的评价

左凤荣在《戈尔巴乔夫改革时期》(北京：人民出版社，2013 年，第 111、115、117、128 页)一书中认为，加速战略仍在强化斯大林—苏联模式，仍在用行政命令的办法搞经济，强调的都是发展和尽快赶上西方发达国家，而不是调整经济结构和解决人民生活的基本需要。目标仍是宏伟的，仍需大量投资和热情才能完成计划，计划的核心仍是重视重工业，特别是机器制造业。加速战略走的是苏联体制的老路，通过增加国家基本建设投资的规模来增加生产。

加速战略在执行过程中存在诸多问题。吴恩远在《苏联兴亡史纲》(陈之骅等主编，北京：中国社会科学出版社，2016 年，第 627—629 页)一书中指出，第一，计划不周。国家大量资金和外汇注入机器制造部门，但绝大部分资金仍然用来生产大量陈旧的机器和设备，并且挤占了进口食品、轻工业品的资金，造成国家预算紧张，商品匮乏。第二，目标过高。"五年内赶上美国"，必须使机器制造业自身发展速度提高两倍，而当时苏联经济无此能力。第三，戈尔巴乔夫的政策左右摇摆。加速战略预定“优先”发展机器制造业，但随后领域又扩大到生物技术、冶金、化学和与之相关的其他行业。“加速发展”更从经济领域扩大到社会、政治领域的变革，“改革”在各个层次全面铺开，使优先发展机器制造业遭致更大困难。

吴恩远在《论戈尔巴乔夫的“加速发展战略”》（载《中国社会科学》，2000 年第 5 期）一文中指出，为实现经济集约化而发展科技含量高的机器制造业的思路有其合理成分，也取得一定效果，1986—1988 年苏联工业总产值增长了 13.3%，工业领域的劳动生产率也在一定程度上有所提高。

(4) 加速战略的失败

向祖文、张锦冬在《论戈尔巴乔夫的经济“新思维”》（载《俄罗斯学刊》，2012 年第 4 期）一文中指出，1986—1989 年，加速战略实施了四年。在头一两年里，围绕苏共二十七大制定的目标和任务，改革运动迅速展开，声势浩大，但在具体落实过程中，没有进行科学的研究，没有制定可行的实施政策，出现了一系列的失误。尽管基建投资迅猛增长，年均高达 6.7%，但国民收入年增长率仅为 2.7%，不仅大大低于 20 世纪 70 年代以前的水平，甚至低于“加速战略”实施前的十年停滞时期的水平（1976—1980 年为 4.3%，1981—1985 年为 3.2%）。加速发展战略不仅没能加速经济发展，反而出现了经济发展速度最低的纪录。改革四年，全国范围内的食品和消费品供应短缺局面非但未能改观，且有不断恶化之势，市场供应已成为不容忽视的政治问题。经济改革困难重重，加速战略被迫宣告失败。1990 年 7 月，苏联政府总理雷日科夫在苏共二十八大上被迫宣布放弃加速战略，然而为时已晚。

(5) 加速战略失败的原因

向祖文、张锦冬在《论戈尔巴乔夫的经济“新思维”》（载《俄罗斯学刊》，2012 年第 4 期）一文中指出，加速战略的失败原因主要有以下几个方面：

第一，加速战略追求的是经济发展的速度，没有抓住经济结构不合理这一关键，未能通过加速发展轻工业和农业来缓解市场供应的矛盾，致使经济结构畸形问题更加严重。实施改革后购买力增长的第一个冲击波冲向市场后，立即出现消费品严重短缺危机。加速战略的实施效果实际上还不如勃列日涅夫的质量效益计划和柯西金的转向集约化经营的经济战略，苏联经济还在粗放经营的老路上徘徊。

第二，加速战略从工业起步，违背了苏联生产力发展的规律。加速战略坚持优先发展重工业的方针，规定优先发展机器制造业，而在机器制造业中又将优先发展仪表、机床、电子、电机等工业部门。坚持优先发展重工业的出发点同斯大林时代没有任何区别，希望以此更新国民经济各部门的设备，从而带动经济快速发展。然而在苏联经济结构严重畸形的情况下，依然优先发展重工业，只会使原本积重难返的经济结构问题更加严重。

第三，科技落后，集约化方针难以贯彻，经济增长缺乏新动力。苏联的经济体制使企业不愿意进行技术革新。因为产品越老越容易完成计划，技术革新则需投入大量的人力、物力，并且有风险。如果革新成功，则会成为政府增加企业生产指标的依据，可谓出力不讨好。勃列日涅夫说过：“企业对革新的畏惧就像魔鬼怕见到正神一样。”所以并不奇怪，苏联的发明成果只有不到 1/3 转化为产品，而西方则有 1/2 以上转化为产品。可见，苏联巨大的科技投入，并没有取得经济集约化的相应回报。

第四，加速战略本质上是在走粗放型赶超战略的老路。粗放型经济发展战略主要是增加资本、劳动力投入和掠夺性的开采资源来取得经济高速增长。然而进入70年代后，增加生产要素投入的潜力已经枯竭。首先，苏联的投入产出比出现负增长，仅靠增加基建投资的办法带动经济发展已经行不通。加速战略实施四年，基建投资迅猛增长，却仍无法阻遏经济的进一步滑坡。其次，苏联的劳动力补充来源日趋困难。由于缺乏劳动力，许多生产设备闲置起来，形成不了生产规模。再次，资源开采日趋枯竭。这就表明，在经济增长速度长期呈下降趋势、增加生产要素投入的潜力日益枯竭的情况下，用粗放战略达到年均增长4.7%的经济增长速度，注定要失败。

3. 经济体制改革

随着加速战略的受挫，1987年苏联共产党中央六月全会后，苏联对经济体制进行了根本性变革，但在具体实施过程中，出现了极其复杂的局面，使得经济改革困难重重。在1990年改革的最后阶段，苏联陷入既无市场也无计划的境地。1990年底，经济改革实际上处于停滞状态，最后以失败告终。

(1) 经济体制改革的主要内容

陆南泉在《苏联经济体制改革史论》(北京：人民出版社，2007年，第533—583页)一书中指出，苏联从微观和宏观两个层面对经济体制进行了根本性变革，改革的总目标是使企业成为真正的商品生产者。第一，工业企业改革。国家取消对企业的预算拨款，将企业活动建立在完全经济核算制和自筹资金基础之上；国家赋予企业作为商品生产者应有的权限，包括经营决策权、产品支配权、利润分配及使用权等；企业实行自治，劳动集体代表大会选举企业领导人，劳动集体做出企业最重要的决策并监督企业执行。第二，农业企业改革。苏联推行以承包制为主要内容的改革，包括集体承包、租赁承包、家庭承包和个人承包四种。第三，宏观体制改革。包括以取消指令性指标为主要内容的计划体制改革；从国家集中调拨物资向批发贸易过渡的物资技术供应体制改革；充分发挥商品货币关系及市场的作用，缩小国家定价的范围，改革价格形成体制；改组中央经济管理机构，向新的经济管理方法过渡；积极推动对外经济体制改革，赋予各部门、企业直接进入国外市场的权利，开拓商品贸易之外的对外经济合作方式，如建立合资企业、自由经济区，等等。

为保障改革的顺利进行，苏联颁布了一系列法律。左凤荣在《戈尔巴乔夫改革时期》(北京：人民出版社，2013年，第129、153、157—159、274—275页)一书中主要列举了以下法律。1986年11月19日，通过了《苏联个体劳动法》，允许私人在手工业生产、居民生活服务和社会文化领域内的27个项目中从事个体劳动，但私人不得经商、雇工、搞非劳动收入，或损害其他公共利益。1987年6月30日，苏联最高苏维埃会议正式批准了《苏联国营企业(联合公司)法》，规定企业内部实行自治，推行完全的经济核算制和自筹资金，将企业从过去的国家计划的执行者变成社会主义商品生产者。1988年，通过允许开办私人企业的法令。1988年5月26日，苏联最高苏维埃通过了《苏维埃合作社法》，规定合作社是苏联公民自愿联合起来从事经营活动和其他活动的社会组织，合作社是法人，享有法人的权利，并履行与法人活动有关的义务，具有独立的资产负债表。不仅农业，而且在商业、服务业、饮食业、小商品生产、旅游、医疗保健、法律咨询等方面发展各种形式的合作社，使所有制结构更趋多样化。1989年4月，《租赁法》获得通过，劳动集体可以租借国家的企业。在农业方面，1988年7月1日生效的《苏联合作社法》规定，集体承包制和家庭承包制是农业企业内部生产的主要形式。

1988年8月，决定集体农庄和国营农场可将土地出租给家庭和个人，租期可达50年，承租土地者在农忙时可以雇用劳动力。1989年10月，根据《苏联合作社法》确定的《集体农庄示范章程》公布。该章程完全恢复了集体农庄的合作社性质，排除了国家对集体农庄的行政干预。规定："集体农庄是在完全独立自主、自我管理、实行经济核算和自筹资金条件下，在民主的经济管理原则的基础上和在国家的协助下运营的社会主义农业企业。"集体农庄庄员有权"同集体农庄建立承包、租赁和其他合同关系"，"除从事农业生产外，集体农庄有权无限制地从事法律所不禁止的其他任何种类的活动"。尽管土地仍归国家所有，但经营方式已经很灵活了，庄员可以承包土地自主经营。1989年3月，确定五种土地经营形式：国营农场、集体农庄、土地联合企业、合作社、农户（农场），在经济上是平等的。

在改革的最后阶段，苏联彻底突破了斯大林模式的束缚，充分肯定了非公有制经济的地位，并决定向市场经济过渡。左凤荣在《戈尔巴乔夫改革时期》（北京：人民出版社，2013年，第334、342页）一书中指出，1990年3月6日，最高苏维埃通过《苏联所有制法》，肯定了多种所有制形式平等的法律地位。1990年10月19日，苏联最高苏维埃通过的《稳定国民经济和向市场经济过渡的基本方针的统一方案》规定：有控制地逐步放开物价；逐步实行经济的非垄断化、企业非国有化和私有化；稳定消费品、生产资料和劳动力市场，形成市场机制和市场竞争环境；进行工资改革等。但方案并未规定向市场经济过渡的具体日程和细则，实际上没有多少可操作性。

（2）经济体制改革的影响

黄立茀在《苏联兴亡史纲》（陈之骅等主编，北京：中国社会科学出版社，2016年，第707—708页）一书中指出，经济改革释放出巨大的破坏力，不仅未使苏联经济发展的弊病得到改善，反而诱发本位主义膨胀，劳动纪律松懈，经济联系中断。从1989年开始，以经济负增长为标志，堆积如山的经济问题演化为全面的经济危机，苏联混乱的经济秩序走向崩溃，生产下降加速，商品短缺迅速发展，通货膨胀愈演愈烈，财政状况迅速恶化。

向祖文、张锦冬在《论戈尔巴乔夫的经济"新思维"》（载《俄罗斯学刊》，2012年第4期）一文中指出，戈尔巴乔夫改革旧的经济体制，打破了中央高度集中的计划管理制度，可是又没有真正地转向市场经济。既破未立，苏联统一的市场被分割，各加盟共和国各行其是，不再唯中央政府马首是瞻。原来亲如手足的加盟共和国之间相互封锁，互设关卡，限制往来，禁止商品流出，许多企业根本不签订或不履行经济合同；生产联系和协作关系中断，原来分工周密、互相协作、相互依存的经济体系四分五裂。经济联系的崩溃加速了苏联经济的衰退，市场供应更趋紧张，经济危机进入总爆发时期：生产急剧下滑，经济由低速增长变为负增长；财政赤字，货币发行处于失控状态；通货膨胀急剧上升，消费品市场供应恶化，人民生活水平大幅下降；农业处于低水平徘徊状态，农业改革多数流于纸上谈兵，未见根本成效。由于经济领域和消费市场日益严峻，苏联社会问题更加尖锐、复杂，最后直接导致了苏联的完全解体。

（四）苏联剧变

1. 苏联剧变的内涵

陆南泉在《关于苏联社会主义体制模式与苏联剧变原因问题的看法——访中国社会科

学院荣誉学部委员陆南泉》(载《历史教学问题》,2015 年第 2 期)一文中指出,“剧变”一词包含的内容是:苏联共产党丧失了执政党的地位;苏联解体,原有的 15 个加盟共和国宣布独立;独立后的 15 个加盟共和国无一例外地宣布彻底与斯大林时期形成与发展起来的高度集中的政治、经济体制决裂,朝着经济市场化、政治民主化方向的体制转型;独立后的 15 个加盟共和国不再坚持原来的社会主义作为发展方向,而是朝着西方所认同的价值观念方向发展。

2. 苏联剧变的原因

(1) 苏联剧变的根本原因

体制制度僵化是根本原因。陆南泉在《关于苏联社会主义体制模式与苏联剧变原因问题的看法——访中国社会科学院荣誉学部委员陆南泉》(载《历史教学问题》,2015 年第 2 期)一文中指出,苏联剧变的根本性原因是,长期没有进行根本性改革的斯大林模式的社会主义制度以及体现这一模式的体制问题。斯大林—苏联模式的社会主义制度由于弊病太多,已走入死胡同,失去了动力机制。

苏共蜕化变质是根本原因。周新城在《必须科学地评价苏联社会主义模式》(载《百年潮》,2011 年第 12 期)一文中指出,苏联演变的决定性的、根本的原因是以戈尔巴乔夫为首的苏共领导集团推行一条人道的民主社会主义路线,背叛了马克思主义基本原则,放弃了社会主义道路。

(2) 苏联剧变是各种因素综合作用的结果

季正矩在《热话题与冷思考——关于苏联剧变 20 周年若干问题的对话》(载《当代世界与社会主义》,2011 年第 4 期)一文中指出,分析苏联剧变的原因时,总体上要坚持“合力论”。戈尔巴乔夫的改革失误、变味、转向,苏共对突发事件处置不力是直接原因。在一个经济文化落后国家进行社会主义革命和建设面临的“先天不足”、苏共执政历史上的各种失误是历史原因。经济发展在与西方发展比较中处于劣势是基础性原因。没有持续造就出一批理想信念坚定和德才兼备的高素质干部,严重的腐败导致丧失民心民意是决定性原因。既得利益集团和权贵阶层的自我演变起到了加速的作用。体制的僵化和制度缺乏自我修复能力是根本原因。西方的“和平演变”战略是外因和诱因。对外政策的失误,加重了对内政策失误所造成的困难,是苏联最后走向崩溃的催化剂。

民族矛盾是苏联解体的重要因素。常庆在《论民族因素在苏联剧变中的作用》(载《世界经济与政治》,1992 年第 1 期)一文中指出,苏共在解决历史遗留的民族问题方面犯了不少错误。例如,推行单一制国家的做法在某种程度上损害了共和国的利益;中央集权过多,影响了地方积极性的发挥;推行以俄罗斯为中心的政策,伤害了非俄罗斯民族的民族感情;大搞领土扩张,第二次世界大战期间强制将一些民族迁到中亚和哈萨克。但苏联长期不承认存在上述问题,在民族关系上留下了大大小小难解的疙瘩。

三、东欧改革实践及评价

(一) 南斯拉夫的自治社会主义模式

南斯拉夫早在 1945—1948 年就按照苏联模式建立起高度中央集权的政治体制和经济

体制，南共领导层对斯大林模式的弊端深有体会。建国后，南斯拉夫的独立自主性比较强。1948年苏南关系破裂后，苏联和东欧国家对南斯拉夫进行政治围攻、经济封锁和军事威胁。南斯拉夫政府于1950年开始探索社会主义自治的道路。

1. 自治社会主义模式的主要内容

张利华等在《南斯拉夫自治社会主义理论研究》（北京：中国社会科学出版社，2002年，第298、316页）一书中指出，南斯拉夫自治社会主义模式的核心是工人阶级和劳动者直接管理生产和社会，主要内容包括国家经济职能的消亡、自治社会计划体制和社会所有制。

为保证劳动者直接管理生产，南斯拉夫共产主义者联盟对原有计划体制、财政体制、投资体制等进行了全面的改革。纪军在《社会主义通史（第六卷）》（王怀超主编，北京：人民出版社，2011年，第149—163页）一书中概括为以下几点：

第一，确立工人自治制度。工人集体通过投票产生工人委员会，设立管理委员会作为工人委员会常设执行机构，自主聘用经理等方式，成为企业的管理者。工人集体获得收入分配的自主权，在完成上缴义务和储备基金后，可以自主决定纯收入中积累、个人消费和集体消费的比例。70年代，全部收入归劳动者联合组织支配，国家机关（联邦、共和国、自治省和区）不能支配积累。

第二，实行生产资料社会所有制。生产资料归劳动集体自由支配，企业可以自由转让和支配。此外，法律确认了个体经济的合法地位。在农业领域，南斯拉夫放弃了农业集体化政策并改组了农业合作社。

第三，建立社会计划制度。南斯拉夫取消了自上而下的中央计划制度，改为社会计划制度。社会计划对企业不再是指令性和强制性的，而是指导性的，由联邦社会计划、共和国社会计划、区和地方社会计划、企业生产计划共同协商、研究和平衡。

第四，改革财政制度。南斯拉夫取消了国家统收统支的财政体制，改为各级行政机关独立制定预算，联邦预算只负责属于国有的资产。70年代，联邦取消了行使联邦职能直接有关之外的财政义务。

第五，改革投资体制。南斯拉夫取消了国家拨款方法，无偿的投资贷款改为自筹资金和“向最有经济能力的借款者提供贷款”，国家只保留了部分扩大再生产资金的支配权。70年代，联邦放弃了一切投资权。

第六，从优先发展重工业转向发展农业和轻工业。南斯拉夫对国民经济进行了一系列调整，加速发展日用消费资料的生产，扩大了农副产品的生产，改善了人民生活，提高了就业。

2. 自治社会主义模式的影响

南斯拉夫经济体制改革给南斯拉夫经济带来巨大变化，取得重大成就。但是改革中也有许多理想主义和脱离实际的成分，作为一种处于探索中的不成熟的经济体制，各种矛盾冲突不断出现。1980年以后，矛盾加剧，并逐渐走向危机，最终，国家解体并陷入内战。

（1）理论局限及带来的问题

第一，“社会所有制”的产权制度混乱。张利华等在《南斯拉夫自治社会主义理论研究》（北京：中国社会科学出版社，2002年，第309—311、298页）一书中指出，社会所有制是一种“无人所有”的所有制，产权关系非常不明确，与市场经济存在着深刻的矛盾性。社会所有制的分配体制存在严重缺陷，只掌握经营权而不具有所有权的厂长、经理们经常乱涨工资或滥发奖金和实物，甚至在个人收入方面互相攀比，出现了挖积累、多消费的现象。“工人自治”演变成了厂长、经理主宰工厂制。

陈长源在《关于南斯拉夫社会所有制的矛盾》（载《苏联东欧问题》，1986 年第 3 期）一文中指出，南斯拉夫社会所有制主要存在以下问题：经济责任真空的危险，积累率低妨碍经济部门扩大再生产正常运转，破坏按劳分配原则，国家经济职能消亡问题，失业问题，使人人享受使用社会所有制资金进行劳动的权利等。

第二，“国家经济职能消亡”既不符合南斯拉夫多民族国家民族问题突出的国情，也不符合现代生产力的发展要求。张利华等在《南斯拉夫自治社会主义理论研究》（北京：中国社会科学出版社，2002 年，第 294、296、331 页）一书中指出，南斯拉夫各民族对国家统一的观念很弱。南斯拉夫把国家应当而且必须掌握的一些经济管理权下放，导致六个共和国和两个自治省的权力日益膨胀，不但妨碍了经济的发展，也助长了民族主义和分离主义倾向。在现代生产力条件下，世界上任何一个国家都不可能取消管理阶层和官僚系统，社会分工越细，专业化程度越高，这种管理阶层和官僚系统就越有必要存在，从事生产工人直接管理工厂、国家与社会的现象几乎没有。

吴敬琏在《当代中国经济改革教程》（上海：上海远东出版社，2016 年，第 31 页）一书中进一步指出，南斯拉夫经济中出现了“既无计划、也无市场”的混乱状态。20 世纪 70 年代以后，各级政府广泛运用行政手段处理经济问题，市场力量和行政权力奇怪地结合，在某种程度上类似封建式的经济管理。

（2）主要经济问题

第一，投资和消费长期超过本国生产能力

赵乃斌等在《南斯拉夫的变迁》（广州：广东人民出版社，2002 年，第 72 页）一书中指出，1966—1980 年，南斯拉夫历年的总投资和总消费之和都超过了当年的社会产值，而且差额不断扩大，不足部分只得靠外债弥补。此外，经济部门在收入分配中重消费、轻积累的倾向日趋严重。由此，南斯拉夫经济虽然有较快增长，但经济部门负债累累，劳动生产率不高，职工个人收入增长过快，企业亏损大幅增加，市场供不应求，导致物价上涨和通货膨胀。

第二，经济结构比例失调

赵乃斌等在《南斯拉夫的变迁》（广州：广东人民出版社，2002 年，第 72—73 页）一书中指出，南斯拉夫基础工业的发展始终落后于加工工业的发展，导致国内动力和原材料短缺日趋严重，只得依靠进口。由于外汇资金有限，新设备不能充分利用，影响了经济效益的提高。经济效益低下又影响到南斯拉夫产品的出口竞争力，随着进口需求的增加，外贸逆差不断扩大。

第三，经济民族主义

许万明在《前南斯拉夫解体的经济根源》（载《当代世界社会主义问题》，1993 年第 1 期）一文中指出，随着南斯拉夫自治制度的发展和联邦制的改革，权力越来越转移到共和国和自治省，并逐渐演变为“多中心的国家主义”和“经济民族主义”，造成了经济的地区分割和极大的浪费。

（二）匈牙利的“新经济体制”

匈牙利在拉科西时代（1945—1956）照搬照抄斯大林模式，并加以扭曲发展。1956 年苏联共产党第二十次代表大会后，匈牙利开始酝酿经济体制改革。1968 年 1 月 1 日，“新经济体制”正式启动。匈牙利基本依靠苏联红军力量独立并建国，对苏联的依附性比较强。1968 年苏联镇压“布拉格之春”；70 年代苏联开展对“市场社会主义”的批判。匈牙利改革进程受到了苏联强有力的限制。

1. “新经济体制”的主要内容

纪军在《匈牙利市场社会主义之路》（北京：中国社会科学出版社，2000 年，第 115—123 页）一书中指出，匈牙利“新经济体制”的特点是在保持公有制占主导地位的前提下，尽可能地发挥市场机制的作用，通过多种经营方式调动生产者的积极性，通过各种经济手段保证计划的实现。其主要内容如下：

（1）一主多元的所有制结构

一方面，匈牙利公有制经济占据绝对优势。公有制经济在国民收入中的比重，1960 年为 91％，在 1981 年达到 96.3％，其中国营经济所创造的国民收入 1960 年为 67.4％，1981 年上升到 69％；合作经济在 1960 年为 17％，在 1981 年上升到 23.6％。另一方面，私营经济、个体经济及辅助经济成分、合资企业、自留地经济等私有成分仍然存在。

（2）灵活多样的经营方式

匈牙利在国营经济和合作经济中实行了多样化的经营方式，应用最广泛的是各种形式的承包制和租赁经营责任制。工业部门广泛应用职工业余小承包方式，职工与企业签订合同，租用工厂设备，利用业余时间进行生产，从企业获得额外报酬。商业和服务业广泛采用承包经营和租赁经营方式，其中，小型零售店、服装店、旅馆、饭店一般采用合同承包制，10—80 人的商店和服务企业一般采用经理承包制，小商店一般采用租赁经营。

（3）引入市场机制的计划体系

匈牙利 1968 年开始的计划体制改革的核心是取消指令性计划，把计划与市场机制有机结合，措施主要有三：第一，改进国民经济计划体系，建立以中期计划（五年计划）为主，包括长期计划和短期计划的新体系；第二，改善计划管理的方法和程序，加强计划工作的科学性与民主性，基本取消了中央直接向企业下达指标的办法，由企业根据国民经济计划的要求和市场的需要自行制定计划；第三，政府运用利润、价格、税收、信贷等经济杠杆保证计划的完成。

匈牙利学者约瑟夫·克布里在《地位取向的经济：匈牙利的市场社会主义》（张高潮译，载《国际社会科学杂志（中文版）》，1988 年第 3 期）一文中指出，新经济体制旨在把中央计划和市场活动统一为一个体系。从改革的理论模型看，中央计划的作用比以前减弱了，以对宏观经济的分析代替了详细的生产计划，而所做出的决定也是非中央集权化的。废除了强制性计划指标，要通过诸如税收、外汇率、中央的工资控制等调节手段使经济行动者完成国民经济目标。在这个经济模型中，市场的积极作用主要从三个方面得到发挥。第一，企业有自主权，即它们在购产销的决策上可独立自主。第二，企业间的联系有了经济上的合理性，它们可以在签订交易合同时就价格以及其他条件讨价还价。第三，在与外国竞争方面，经济行动者在一定范围内，可以自主选择购买本国或外国产品，而他们自己的产品可以自由投放到国内或国外市场。

2．“新经济体制”的影响

匈牙利通过改革一度成为中等发达国家，但1980年以后经济增长速度放缓并出现间断性负增长，最终于1989年发生了剧变。

(1) 匈牙利一度成为中等发达国家

纪军在《匈牙利市场社会主义之路》(北京：中国社会科学出版社，2000年，第161—169页)一书中指出，50年代中后期，匈牙利已经成为中等发达的工业化国家。1950—1980年，匈牙利工业生产总值增长8.4倍，工业劳动生产率增长4.2倍；1989年的工业产值是战前的15倍。随着经济的全面发展，匈牙利人生活质量发生了深刻变化，匈牙利成为“消费者的天堂”，公民素质全面提高，国家建立了超前的社会福利保障体系。

(2) 改革引发了诸多问题

纪军在《匈牙利市场社会主义之路》(北京：中国社会科学出版社，2000年，第176—179页)一书中指出，匈牙利新经济体制存在诸多问题。随着企业自主权和投资多元化体制的形成，众多企业盲目投资并诱发投资饥渴症；价格体制扭曲积重难返；收入分配出现失控，工资总额比例过高，影响了国民经济的各种比例关系的协调；企业行为难以规范，在扩大投资和增加工资的压力之下，导致投资需求和消费需求的膨胀，推动通货膨胀的加剧。

教学设计

设计一：赫鲁晓夫时代的玉米运动

设计意图

苏联农业长期落后，成为制约苏联发展的痼疾，赫鲁晓夫改革以农业为突破口体现了其卓识，却以失败告终。本设计以赫鲁晓夫时代的玉米运动为切入口，通过考察玉米运动“其兴也勃焉，其亡也忽焉”的潮起潮落历程，启发学生追寻其背后一以贯之的推动力量，进而体悟不受制约的最高权力对经济运行的任意扭曲是玉米运动失败的根本原因，理解“不搞政治体制改革，经济改革也搞不通”的道理，并深刻认识唯物史观关于上层建筑与经济基础辩证关系原理的深刻性与普适性。

设计方案

导入新课：1953年，斯大林去世，在他二十多年的统治之下，苏联成为世界第二大工业国，第二次世界大战后又以超级大国的身份成为两极之一。国家强盛的背后，苏联人民的生活水平究竟怎样呢？

一、1956年苏联人民的生活水平

材料呈现：

材料一 1956年，在(人均)肉类生产方面，美国为102.3公斤，苏联为32.3公斤。在

(人均)牛奶生产方面,美国为343公斤,苏联为245公斤。

——陈之骅主编:《苏联史纲(1953—1964)》,北京:人民出版社,1996年,第104页。

问题设计: 斯大林逝世时,苏联人民的生活状况是怎样的?这与社会主义理想有怎样的冲突?

教师引导学生分析: 从材料一可以看出,苏联人民的生活水平与美国相比仍有较大的差距。根据马列主义基本原理,社会主义是比资本主义更高级的社会形态,社会主义应该具有优越性,这不仅体现在社会主义能够比资本主义更快地发展社会生产力,还体现在社会主义能够充分满足人民群众日益增长的物质文化需求。可是,十月革命已经四十年了,苏联建成社会主义也已经二十年了,苏联的社会现实太令人失望了。

二、赫鲁晓夫的玉米运动

(一) 种植玉米的客观条件

教师讲述: 早在1953年斯大林去世的那一年,赫鲁晓夫就已提出要大力发展苏联的畜牧业以改善人民的生活条件。为了解决畜牧业的饲料问题,赫鲁晓夫主张广泛种植玉米。我们先来了解一下玉米这种作物的生长习性。

材料呈现:

材料二 喜温……生长发育的有效温度一般在10℃以上,低于10℃则认为是无效温度。

充足的光照条件……具有短日照性,在8—12小时的光照条件下,配合其他条件,可以加速发育。

——任力达等:《玉米生长发育所需要的外界环境条件分析》,载《农业与技术》,2013年第4期。

问题设计: 大家根据所学地理知识,看看苏联的哪些地区适合种玉米呢?

教师引导学生分析: 苏联纬度较高,并且疆域辽阔,地形、气候类型复杂多样,可以说苏联绝大部分地区并不适合种植玉米。赫鲁晓夫出身于农民家庭,是苏联党内的农业专家,斯大林执政后期,曾任联共(布)中央书记,主管过农业。他去过许多集体农庄和国营农场,极为频繁地待在农民中间,可以说他是自列宁以后所有领导人中对农村和农民生活状况最有切身体会的人。因此,他不可能没有认识到这一点,但是,赫鲁晓夫又是怎么看待这个问题的呢?

材料呈现:

材料三 在庄严的二十大报告中他庄严地指出:……"有人会问:也许苏联共产党中央委员会把适于南方种植的玉蜀黍推广到全国,犯了错误吧?不,同志们,这不是错误。"

——徐隆彬:《赫鲁晓夫执政史》,济南:山东大学出版社,2002年,第85页。

材料四 赫鲁晓夫根据李森科(苏联生物学家、农学家)所提供的实践和理论,主张往开垦的土地上撒石灰,说是这样可以防止土地的"盐碱化"。

——陈之骅主编:《苏联史纲(1953—1964)》,北京:人民出版社,1996年,第98页。

材料五 (赫鲁晓夫)将竭力反对在本共和国垦荒的哈萨克共和国党中央第一书记沙亚

赫麦托夫和第二书记阿方诺夫一并免职。

——徐隆彬:《赫鲁晓夫执政史》,济南:山东大学出版社,2002年,第79页。

问题设计:在推广玉米种植过程中遇到的种种阻力,赫鲁晓夫是如何处理的?

教师引导学生分析:他是用权力来裁判科学。赫鲁晓夫认为气候不是问题,为了扩大玉米的种植面积,垦荒也在同步进行。历史经验和教训告诉我们,垦荒往往并不具有可持续性,且容易带来生态破坏的负面影响,学术界和官方对垦荒存在着不同意见,但面对阻力,赫鲁晓夫坚决地撤换了反对垦荒的高阶官员。

(二) 农业危机与权力斗争交织下的政策博弈

材料呈现:

材料六 格·马·马林科夫:苏联共产党(布)中央委员会工作的总结报告(一九五二年十月五日)“以前认为是最尖锐、最严重的问题——谷物问题——就这样顺利地解决了,彻底而永远地解决了。(长时间热烈的鼓掌)”

——人民出版社资料室:《苏联共产党第十九次代表大会文件汇编(内部读物)》,1955年,第11、51页。

材料七 1953年工业生产增长12%,而农业生产却只提高了2.5%。粮食仍然严重短缺。除了向国外购买,解决的办法只能是提高单位产量。在赫鲁晓夫看来,走出死胡同的通道只有一条——开荒,大规模播种玉米。

——陈之骅等主编:《苏联兴亡史纲》,北京:中国社会科学出版社,2016年,第349页。

材料八 斯大林去世后,马林科夫既是政府首脑又是党的主要领导人。1953年3月14日,(赫鲁晓夫)实际上成了主持党务工作的主要人物。……(1957年6月)当时主席团成员有11名,其中7人(马林科夫等)对赫鲁晓夫推行的改革政策持抵制态度。

——陆南泉:《苏联经济体制改革史论》,北京:人民出版社,2007年,第134—135页。

问题设计:马林科夫与赫鲁晓夫对苏联农业现状的认识有何不同?赫鲁晓夫一意孤行,执意推行玉米运动和垦荒运动的政治原因是什么?

教师引导学生分析:1952年,马林科夫认为农业问题已经解决,但结合1953年的数据来看,赫鲁晓夫却认为农业问题到了非解决不可的境地。斯大林逝世之际,苏联的农业问题异常尖锐,推行农业改革,既是苏联农业发展的内在需求,也是赫鲁晓夫与马林科夫为首的反对派进行权力斗争的武器。运动初期,玉米种植面积有限,并且主要集中在土壤、光照等自然条件比较适宜的地区,1955年作为青贮饲料的玉米获得了丰收,1956年苏联粮食总产量获得了空前的丰收。农业的成功帮助赫鲁晓夫最终赢得了苏联的最高领导权。

(三) 狂飙猛进的玉米运动

教师讲述:随着赫鲁晓夫权力的日益巩固,玉米运动的弊端也日益暴露,但在赫鲁晓夫的大力推动之下,苏联的玉米种植面积却不断攀升。

材料呈现：

材料九　1954～1963年苏联玉米种植面积和玉米产量统计

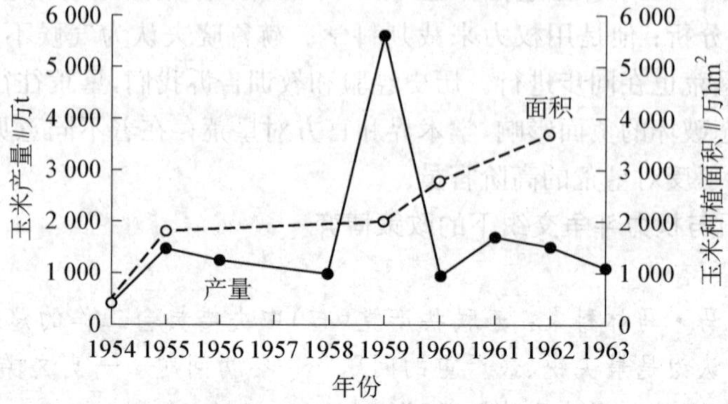

——赵荣、常华进：《苏联农业改革之玉米运动》，载《安徽农业科学》，2013年第32期。

教师引导学生分析：可惜，天公不作美，玉米的收成并不好。在西伯利亚，除偶尔情况外，经常全部幼苗都被初夏的晚霜所毁，或是正在成熟的玉米受到8月末的早霜侵袭。1962年成为危机的一年，玉米的死亡率高达播种面积的70%—80%。此外，据经济学家统计，种植1公顷玉米，平均损失20卢布，而种1公顷小麦可盈利20卢布，玉米运动导致了严重的经济损失。面对这样的灾难，你会怎样做呢？赫鲁晓夫是怎样做的呢？

材料呈现：

材料十　1961年10月，（赫鲁晓夫在苏共二十二大上）说："在那些没有长出玉米的地方，存在着不能促使它生长的'因素'，这一'因素'应当在领导干部中寻找。……应当撤换那些本身使玉米这种作物干旱枯萎，但却没有为它恢复生机提供机会的领导者。"

——陆南泉：《苏联经济体制改革史论》，北京：人民出版社，2007年，第171页。

材料十一　在1964年2月的中央全会上，（赫鲁晓夫）说："……有些官员们有时强迫集体农庄去种他们不会恰当种植的作物。"

——[美]拉扎尔·沃林：《苏联的农业（1953—1964）》，上海市"五·七"干校六连翻译组译，上海：上海人民出版社，1977年，第230页。

材料十二　人们在执行一个有很高职位的人的建议时过于起劲，以致把一个新开展起来的改进措施搞过了头。……有些干部想迎合我。说得粗一点，他们好像一群马屁精。他们不首先为农民作好适当的准备，就坚持大面积种植玉米。

——[苏]赫鲁晓夫：《最后的遗言——赫鲁晓夫回忆录续集》，上海国际问题研究所、上海市政协编译组译，北京：东方出版社，1988年，第217页。

问题设计：赫鲁晓夫如何反思玉米运动的失败原因？你同意他的反思吗？

教师引导学生分析：面对政策的失误，赫鲁晓夫先是指责干部种植玉米不力，在灾难无法遮掩、运动难以为继之后，他继而指责干部种植玉米太过积极。作为最高领导人，赫鲁晓夫推卸责任，甚至晚年都不肯承认自己的错误。

三、今天的反思

材料呈现：

材料十三 赫鲁晓夫下台之后，全国的“玉米运动”就此告终。玉米在赫鲁晓夫在位时期已经极不得人心，以致1965年的播种量下跌到低于1940年的水平。

——[苏]罗伊·A. 麦德维杰夫、若莱斯·A. 麦德维杰夫：《赫鲁晓夫的执政年代》，邹子婴等译，长春：吉林人民出版社，1981年，第122页。

材料十四 在想种和种过玉米(包括种来当饲料)的农庄里，人们也只能偷偷摸摸地种，生怕被当作是赫鲁晓夫的拥护者。

——[苏]阿朱别伊：《赫鲁晓夫十年浮沉》，赵禹等译，北京：宝文堂书店，1989年，第273—274页。

问题设计：赫鲁晓夫在位晚期已经意识到玉米运动的失败，在其下台之后，玉米的命运如何呢？你如何看待这种命运？

教师指导学生小结：赫鲁晓夫刚下台，玉米种植面积就遭到毁灭性打击，甚至农民不敢再种玉米。玉米运动“其兴也勃焉，其亡也忽焉”，貌似截然对立的表象背后反映的实质问题是什么呢？在苏联高度集中的政治体制之下，最高权力不受制约，任性的权力造就了玉米运动的狂飙猛进，也导致玉米运动断崖式跌落，权力对经济的随意干预贯穿于苏联历史的始终。

设计二：从扭曲的价格看斯大林模式的衰亡

设计意图

迄今为止，社会化生产中资源配置方式基本上有两种：市场配置方式和计划配置方式。在市场配置方式中，市场能够通过价格涨落比较及时、准确、灵敏地反映供求关系变化，传递供求信息，实现资源配置。本设计以价格为切入口，通过考察苏联时期扭曲的价格史，让学生认识到漠视价值规律作用、难以实现资源的优化配置是斯大林模式的根本性弊病，并进而体悟市场取向才是改革的正确发展方向，认识“使市场在资源配置中起决定性作用”的现实意义。

设计方案

一、斯大林时代的价格

教师讲述：今天，1元人民币可以在饭堂买1个鸡蛋，回到斯大林时代的苏联，1卢布可以买到什么呢？

材料呈现：

材料一 1952年，小麦每公斤按9.7戈比(1卢布=100戈比)出售，马铃薯4.7戈比，蔬菜19.2戈比，牛肉20.3戈比，猪肉67.2戈比，牛奶25.2戈比。

——陆南泉：《苏联经济体制改革史论》，北京：人民出版社，2007年，第146页。

材料二 1950年苏联全体职工月平均货币工资为64.2卢布。

——周荣坤等编：《苏联基本数字手册》，北京：时事出版社，1982年，第258—259页。

问题设计：分析20世纪50年代初苏联的物价水平。

教师引导学生分析：在20世纪50年代的苏联，1卢布大概可以买21斤小麦、43斤土豆、10斤蔬菜、10斤牛肉、3斤猪肉、8斤牛奶。全体职工每月平均工资可以买1 324斤小麦、2 732斤土豆、669斤蔬菜、633斤牛肉、191斤猪肉、510斤牛奶。2007年，中国城镇单位在岗职工月均工资约2 077元，大概可以购买五百多斤牛奶。如此看来，苏联的物价并不高，苏联职工在20世纪50年代初就达到了我国2007年的消费水平。可是，为什么物价这么便宜呢？

材料呈现：

材料三　许多农庄生产1公担马铃薯的成本是40卢布，而它的收购价格仅为3卢布。1952—1953年，谷物、牛肉、猪肉和牛奶都是赔本的。

——陆南泉：《苏联经济体制改革史论》，北京：人民出版社，2007年，第147页。

问题设计：分析20世纪50年代苏联物价低廉的原因。

教师引导学生分析：农产品物价低廉的奥秘在于政府收购价格还抵不上生产成本，价格背离价值，价格被彻底扭曲。可是，怎样才能做到这一点呢？斯大林时代，通过全盘集体化，政府控制了农村和农业。但是斯大林时代的低物价以损害农民的利益为代价，如果你是集体农庄的农民，你会怎么做呢？

材料呈现：

材料四　我们懒得干活，也不急着晒麦垛。让小麦慢慢地发霉吧。发了霉的小麦国外就不要了，可我们还能吃！

——沈志华总主编：《苏联历史档案选编第15卷》，北京：社会科学文献出版社，2002年，第670页。

材料五　1940年，农业人口占全苏人口的67%，农业劳动力占全国劳动力总数的54%。

——徐天新：《斯大林模式的形成》，北京：人民出版社，2013年，第83页。

材料六　苏联平均的单位面积产量从1913年至1953年就没有什么提高，其产量仅仅是欧洲其他国家平均产量的三分之一。

——[苏]罗伊·A.麦德维杰夫、若莱斯·A.麦德维杰夫：《赫鲁晓夫的执政年代》，邹子婴等译，长春：吉林人民出版社，1981年，第32页。

问题设计：农产品的负成本收购价格带来怎样的危害？

教师引导学生分析：农产品的负成本收购价格严重挫伤了农民生产的积极性，尽管农业部门投入了大量劳动力，但苏联农业还是陷入了长期停滞的困境。从深层次来看，计划经济体制之下，价格完全由国家制定，价格并不必然反映价值，扭曲的价格失去了调节供求关系的杠杆作用。

二、后斯大林时代的价格

材料呈现：

材料七　（1990年，苏联）国营店的鸡蛋便宜得几乎等于白送，但是要买到定额的十个鸡蛋，必须排队四五个小时。

——金雁：《东欧札记二种：又见〈火凤凰与猫头鹰〉和〈新饿乡纪程〉》，北京：东方出版社，2015年，第42页。

问题设计：分析1990年苏联农产品物价水平及供应情况。

教师引导学生分析：苏联解体前夕，物价低廉依旧。十月革命后七十多年，赫鲁晓夫改革以来已过近四十年，消费品却仍然非常匮乏。这是为什么呢？大家根据所学知识可能会认为是斯大林模式片面发展重工业的结果，实际情况是不是这样呢？

材料呈现：

材料八

1961—1975年苏联农业投入情况表

年份	1961—1965	1966—1970	1971—1975(预期)
国家及集体农庄为发展农业生产投入资金(10亿卢布)	6.3	11.7	19.5
供应情况			
拖拉机(千辆)	170	235	287
收割机(千辆)	57	59	70
载重汽车(千辆)	52	102	187
无机肥料(百万吨)	16	40	65

——沈志华总主编：《苏联历史档案选编第30卷》，北京：社会科学文献出版社，2002年，第130页。

材料九 从1953年到1963年，农畜产品共提价6次。……从1965—1979年，农产品共提价7次(分别在1965、1969、1970、1975、1976、1978和1979年)。

——陆南泉：《苏联经济体制改革史论》，北京：人民出版社，2007年，第147、256页。

问题设计：后斯人林时代，苏联的农业政策发生了怎样的变化？

教师引导学生分析：后斯大林时代，苏联政府不断加大对农业的投资力度，不断提高农产品的收购价格。完成了工业化的苏联，工业开始反哺农业，逐渐改变了剥夺农业和农民的政策。在这种情况之下，直至苏联解体前夕，苏联物价仍然低得离谱，大家觉得原因何在呢？

材料呈现：

材料十 由于国家保持食品的低价，不断扩大补贴规模，1989年用于食品需求的补贴金在国家预算中占到支出部分的1/3左右，主要食品零售价的补贴份额已高达80%：面包20%、牛肉74%、猪肉60%、羊肉79%、家禽36%、牛奶61%、奶油72%、乳酪48%。

——左凤荣：《戈尔巴乔夫改革时期》，北京：人民出版社，2013年，第277页。

材料十一 到1990年时零售价格方面的扭曲状况令人可怕。如果在最近35年中生产性国民收入增加了5.5倍的话，那末，国家的价格补贴支出则增加了29倍以上！就在1990年，仅仅对食品的补贴就约1 000亿卢布。

——[苏]尼古拉·雷日科夫：《背叛的历史——苏联改革秘录》，高洪山等译，长春：吉林人民出版社，1993年，第276—277页。

问题设计：分析苏联解体前夕，物价低廉的原因及危害。

教师引导学生分析：1990年，苏联的计划经济体制并没有根本性变革，物价仍然完全由国家制定。在农产品收购价格提高的情况下，要保证低物价水平，国家不得不扩大物价补贴规模，这导致国家财政负担异常沉重，整个价格体系仍然是扭曲的。随着经济下行的趋势日趋严重，苏联面临严重的经济困难，价格补贴成为苏联财政难以承受之重。

三、大难临头，出路何在？

教师讲述：低廉物价贯穿于斯大林时代以来苏联历史的始终，但无论剥夺农民的政策，抑或反哺农民的政策，都无法解决消费品匮乏的问题。这两者看似截然对立，实质却是相同的，请大家结合相关知识进行分析。

材料呈现：

材料十二　市场决定资源配置是市场经济的一般规律。在市场经济中，生产什么、如何生产和为谁生产，主要是通过价格的涨落以及供求的变化由市场来调节的。……在瞬息万变的经济生活中，市场能够通过价格涨落比较及时、准确、灵敏地反映供求关系变化，传递供求信息，实现资源配置。

——教育部普通高中思想政治课课程标准实验教材编写组：《思想政治1　必修　经济生活》，北京：人民教育出版社，2014年，第79页。

问题设计：比较计划经济体制和市场经济体制之下，资源配置方式的不同。

教师引导学生分析：计划决定资源配置是计划经济的一般规律。在计划经济中，生产什么、如何生产和为谁生产，主要是通过强制的行政方法进行管理。在瞬息万变的经济生活中，大家觉得行政手段能够比较及时、准确、灵敏地反映供求关系变化，传递供求信息，实现资源优化配置吗？俗话说"计划不如变化快"，计划是人预定的，计划也未必合理，而经济却每时每刻在变动，计划永远无法跟上经济前进的步伐。计划经济体制之下，价格由国家制定，并不必然反映价值，扭曲的价格无法充分发挥资源配置的杠杆作用，所以有学者认为苏联经济是浪费而低效的。今天我们已经把价值规律、市场经济视作社会主义经济学常识，但三十年之前，社会主义的主流认识却并非如此。马克思、恩格斯设想的社会主义社会是没有商品生产的社会，取消商品、货币的思想来源于马克思、恩格斯并为历代社会主义者所坚守。1971年之后，苏联新经济体制改革逐渐被取消，随之苏联经济在80年代陷入了停滞。面对经济的重重困境，苏联究竟该走向何方呢？

材料呈现：

材料十三　在苏共27大上，他（戈尔巴乔夫）离开了写好的报告稿说道："从实行新价格开始改革是荒唐的"。

——[苏]尼古拉·雷日科夫：《背叛的历史——苏联改革秘录》，高洪山等译，长春：吉林人民出版社，1993年，第274页。

材料十四　合理的价格是保证国民经济活而不乱的重要条件，价格体系的改革是整个经济体制改革成败的关键。

——《中共中央关于经济体制改革的决定》，北京：人民出版社，1984年，第20页，

问题设计：比较中苏两国经济体制改革的不同。

教师引导学生分析：苏联最高领导人戈尔巴乔夫1985年上台之时，苏联人民曾对他寄

予厚望，希望他能够带领苏联走出困境，但他并没有摆脱传统理论的束缚，反而是中国在理论探索方面走在了时代前列。我们常说，思想决定高度，思想决定行动，实事求是才是马克思主义活的灵魂，而只有不断解放思想才能真正做到实事求是。当苏联领导人认识到市场取向才是改革的正确发展方向时，七十多年积累的矛盾已经没有从容改革的余地，苏联最终解体。

教师指导学生小结：改革开放以来，中国逐渐摆脱了计划经济才是社会主义的理论羁绊，并走向市场经济的发展道路。面对社会转型期的矛盾，走封闭僵化的老路是没有出路的，只有深化改革才能化解改革中出现的问题。在坚持公有制为主体和国家宏观调控的前提下，中共十八届三中全会做出了"使市场在资源配置中起决定性作用"的决策，从而为中国指明了正确的前进方向。

教学资源

资源1：习近平对苏联模式的定位

社会主义500年，经过了从空想到科学、从理论到实践、从一国实践到多国发展的过程。……第一个时间段，空想社会主义产生和发展。……第二个时间段，马克思、恩格斯创立科学社会主义理论体系。……第三个时间段，列宁领导十月革命胜利并实践社会主义。……第四个时间段，苏联模式逐步形成。……第五个时间段，新中国成立后我们党对社会主义的探索和实践。……第六个时间段，我们党作出进行改革开放的历史性决策、开创和发展中国特色社会主义。

列宁逝世以后，斯大林在领导苏联社会主义建设中，逐步形成了单一生产资料公有制和自上而下的指令性计划经济体制、权力高度集中的政治体制。苏联模式在特定的历史条件下促进了苏联经济社会快速发展，也为苏联军民夺取反法西斯战争胜利发挥了重要作用。但由于不尊重经济规律等，随着时间推移，其弊端日益暴露，成为经济社会发展的严重体制障碍。

——中共中央宣传部编：《习近平总书记系列重要讲话读本(2016年版)》，北京：学习出版社、人民出版社，2016年，第19—23页。

资源2：二战后社会主义和资本主义的尖锐对立

当我抵达南斯拉夫首都贝尔格莱德的机场时，首先引起我注意的是：虽然这个国家也被人们称为共产主义国家，可是在机场上所能看到的飞机都不是苏联式的，而是美国和英国制造的飞机。……引起人们注意的另一方面，在这个共产主义国家里，却能闻到美国生活方式的气味。这里有可口可乐、好莱坞电影、通用机器公司等等许多广告。但在苏维埃"阵营"国家，人们早已看不见这种广告了。

——《南斯拉夫问题参考资料(内部读物)》，北京：世界知识出版社，1958年，第230页。

美国人对赫鲁晓夫的印象并不好。当他们沉浸在战后一家独大的氛围中时，赫鲁晓夫却挥舞着粗壮的胳膊，声称要像生产腊肠一样制造洲际导弹，还用嘶哑的声音高呼我们要埋葬你们。正因如此，得知赫鲁晓夫要访问美国，许多美国人的第一反应是不欢迎：FBI 的一份民调显示，当时选择我要杀死赫鲁晓夫选项的美国人多达 2.5 万人，一种写着不接待赫鲁晓夫的贴纸一度十分畅销。

——本刊编辑部：《赫鲁晓夫与梦露的“约会”》，载《华夏关注》，2015 年第 13 期。

一九五三年共和党成为参议院的多数党后，麦卡锡通过参议院调查小组委员会，开展了一场范围广泛的清查共产党运动，美国国务院、国防部、重要的国防工厂、美国之音、美国政府印刷局等要害部门都未能逃脱麦卡锡的清查。……麦卡锡及其调查委员会的人员，打着维护国家安全的旗号，无视正常法律程序，对他们怀疑的一切人——包括联邦政府高级官员、外交官、大学教授、工会领袖、作家、报纸编辑等在内——任意进行调查。……它借反共的名义，扼杀了美国思想界的自由讨论，制造了一场现代恐怖政治。一些讲述社会主义和鼓吹社会改革的书籍被从学校的图书馆撤出，所有被麦卡锡定为嫌疑分子的人的著作被禁止流通，他们的演讲也被取消。

——王希：《麦卡锡主义的闹剧与悲剧》，载《读书》，2000 年第 11 期。

资源 3：二战后社会主义影响的扩大

在第二次世界大战之前，苏联是世界上唯一的社会主义国家，它的领土面积只占全世界领土 17%左右，人口约占全世界人口 9%，产量占全世界 10%左右。而现在，社会主义国家的领土在全世界已经占四分之一左右，人口占三分之一，它们的工业品占世界产量的三分之一左右。

——《赫鲁晓夫言论第十三集(1959 年 9 月—12 月)》，北京：世界知识出版社，1966 年，第 25 页。

世界上有多少社会主义国家？按照传统的观念，能比较确定地定为社会主义国家的至少有 15 个。其中欧洲有 9 个：苏联、波兰、罗马尼亚、匈牙利、保加利亚、捷克斯洛伐克、民主德国、南斯拉夫、阿尔巴尼亚；亚洲 5 个：中国、朝鲜、蒙古、越南、老挝；拉丁美洲 1 个：古巴。除上述 15 国之外，……埃塞俄比亚、安哥拉、贝宁、刚果、津巴布韦、莫桑比克、也门、柬埔寨、阿富汗共 9 个国家都宣称自己是社会主义国家，或宣称正在建设或走向社会主义。此外，还有一些国家由民族主义政党执政的，但它们在宪法上或以其他形式宣布自己是社会主义国家，或宣布自己奉行社会主义原则。这些国家大约有 34 个。其中亚洲 6 个：缅甸、印度、斯里兰卡、新加坡、伊拉克、叙利亚；非洲 20 个：埃及、利比亚、坦桑尼亚、赞比亚、几内亚、索马里、马里、苏丹、扎伊尔、摩洛哥、突尼斯、肯尼亚、尼日利亚、塞拉利昂、几内亚比绍、佛得角、吉布提、马达加斯加、塞舌尔；拉丁美洲 8 个：圭亚那、尼加拉瓜、格林纳达、圣卢西亚、苏里南、巴拿马、牙买加、特立尼达和多巴哥。

——张武：《世界上有多少社会主义国家》，载《实事求是》，1987 年第 6 期。

资源 4：赫鲁晓夫执政时期的经济概况

一些国民经济综合指标下降。根据苏联科学院经济研究所提供的材料，社会总产值从 1956 年到 1963 年 8 年间，增长速度降低了一半(详见表 9 - 1)

表 9-1　社会总产值下降情况

年份	年均增长率(%)	年份	年均增长率(%)
1950—1953	10.6	1959—1962	6.9
1953—1956	11.1	1962	6.0
1956—1959	8.9	1963	5.0

国民收入指标也出现了下降，直到 1964 年初，在 8 年中国民收入增长速度降低了三分之二(详见表 9-2)。

表 9-2　国民收入下降情况

年份	年均增长率	年份	年均增长率
1950—1953	11.0	1959—1962	6.9
1953—1956	12.0	1962	6.0
1956—1959	8.9	1963	4.0

农业生产形势严峻。按七年计划规定，1959—1963 年农产品的年均增长速度应为 8%，而实际上，前 4 年的年均增长速度为 1.7%，1963 年则为负增长，按价值计算的总产量低于 1958 年的水平。五年中，国营农场的农产品成本理应降低 2.1%，实际上却提高了 24%。严重缺粮和缺饲料，导致大量屠宰牲畜，结果是使肉、油、蛋及其他产品严重匮乏。到 1964 年，肉类产品在各地几乎普遍出现长时间脱销。在 1963 年苏联国内甚至连面包供应都发生了严重的困难。

通过农业改革提高农业工作人员对物质利益的关心问题，也未能得到很好的解决。1958 年，集体农庄一个人日劳动报酬所得的货币与实物报酬合计为 1.56 卢布，而到五年后的 1963 年，仅增加到 1.89 卢布。

——陆南泉：《苏俄经济改革二十讲》，北京：生活·读书·新知三联书店，2015 年，第 102—104 页。

资源 5：勃列日涅夫执政时期的经济概况

表 14-1　苏联经济增长率下降情况(年平均，%)

	1961—1965 年	1966—1970 年	1971—1975 年	1976—1980 年	1982 年
社会总产值	6.5	7.4	6.3	4.2	3.3*
国民收入	6.5	7.8	5.7	4.3	2.6
工业总产值	8.6	8.5	7.4	4.4	2.8
农业总产值	2.2	3.9	2.5	1.7	4.0
基建投资	5.4	7.3	6.7	3.7	2.0

* 为 1982—1983 年平均增长率。

资料来源：《苏联国民经济 70 年》(纪念统计年鉴)，财政与统计出版社 1987 年俄文版，第 51 页；中国苏联经济研究会编：《1984 年苏联经济》，人民出版社 1986 年版，第 355 页。

从上表可以看出，在勃列日涅夫执政的第一个五年计划期间，即推行“新经济体制”的第一个五年，经济效果较好，与此前的五年计划期间相比，经济发展速度是普遍上升的趋势。但是以后的时期，特别到80年代初，速度已下降到使苏联“几乎临近停顿的程度”。勃列日涅夫逝世的1982年，国民收入比1981年仅增长2.6%。戈尔巴乔夫在苏共中央二月全会(1988年)上的报告指出：80年代初苏联经济的缓慢增长速度在很大程度上也是在不正常的基础上，靠一些临时性的因素达到的。这指的是靠在当时的国际市场上高价出售石油、大量生产和出售对人体健康有害的酒精饮料达到的，如排除这些因素，差不多有4个五年计划期间，国民收入的绝对额没有增加。

——陆南泉：《苏联经济体制改革史论》，北京：人民出版社，2007年，第395—396页。

资源6：苏联建设成就

十月革命前的俄国是一个经济和文化落后的农业国：1913年，农民占社会人口66.7%，80%的人口是不识字的文盲，工人阶级比地主、资产阶级、商人和富农还少。苏联在70年间使这个国家发生了翻天覆地的变化：1987年，农民降到占人口12%；苏联不仅摘掉文盲国家的帽子，而且70%以上的居民达到高等和中等教育水平，居民每万人中拥有大学生数量已跻身于世界四强。苏联因拥有强大的经济和军事实力，成为与美国争霸的世界第二超级大国。连苏联的对手丘吉尔，都不得不承认斯大林时期苏维埃国家取得的巨大成就：当他接过俄国时，俄国只是手扶木犁的国家，而当他撒手人寰时，俄国已经拥有了核武器。总之，在苏维埃的年代里，国家给了人民知识，还有国家的强大与荣耀。

——陆南泉等主编：《苏联真相：对101个重要问题的思考》，北京：新华出版社，2010年，第1134页。

资源7：苏联与美国等西方国家经济差距拉大

戈尔巴乔夫上台时，面临国内外一系列严重挑战。在国内，按照戈氏的说法，苏联国民经济已经滑到了“危机的边缘”。当时，各种经济矛盾不仅没有得到克服和缓解，而且不断加深和激化，致使危机全面爆发。主要表现为：自20世纪70年代中期以来，苏联经济增长速度持续下降，进入80年代后，下降速度更是加剧。工业生产规模大，但效益很差；劳动生产率的增长速度减慢，基金回收率下降，物资消耗上升，产品质量差；财政从资金困难演变成整个财政金融体系的崩溃，面临巨额财政赤字、恶性通货膨胀、卢布急剧贬值等问题；消费市场从供应紧张演变成市场的全面混乱、瓦解；外贸从入超演变成进出口萎缩和外债剧增；人民生活水平从缓慢提高、停滞演变成大幅下降，导致人们对现状不满；等等。总之，苏联的经济形势和人民生活状况急剧恶化。

在国际方面，苏美经济实力差距出现扩大趋势，苏联在世界经济中的地位下降。20世纪60年代苏联是仅次于美国的第二经济大国。但1975年以后，苏联失去了在苏美竞争中的速度优势，苏美之间的差距扩大。美国发动了新一轮军备竞赛，企图从经济上消耗苏联，破坏戈尔巴乔夫重振苏联经济的努力，最终打破现存的战略均势，夺取军事优势。世界新技术革命提出了严峻挑战。20世纪70年代以来，西方发达资本主义国家，特别是美国，在许多高科技领域居优势地位。当时，虽然苏联的新技术发明占世界总数的1/3，但由于体制方面存在许多弊病，苏联的科学技术成果应用与西方发达国家相比相差15—20年。社会主义国家的经济体制改革及其取得的积极成果，对苏联模式提出了挑战，也影响到苏联与其他社会主义国家的经济联系。

——向祖文、张锦冬：《论戈尔巴乔夫的经济“新思维”》，载《俄罗斯学刊》，2012年第4期。

资源8：苏联解体的历史反思

吴恩远：在苏联解体20余年之际，人们对苏共亡党、苏联解体的主要原因分析仍然存在较大分歧，其焦点在于，一些人坚持认为存在70余年的苏联社会主义制度（或称苏联模式、斯大林模式等）“由于弊病太多，已走入死胡同”，是导致苏联解体的主因；戈尔巴乔夫的责任仅仅是次要因素。

毫无疑问，苏联模式存在重大弊端：……单一经济结构和管理体制极大消融了企业改革创新能力和生产活力；思想领域的保守、僵化和教条主义使马克思主义发展丧失生命力……不改革、不克服自身弊端就没有出路。然而，实际上任何体制、任何模式如果不发展、不变革都会没有出路。“苏联体制弊端”与“苏联解体”之间并无必然逻辑联系，关键在于苏联模式能否发扬成绩纠正错误。

任何事物自身都存在“肯定”和“否定”两种因素，当时的苏联体制同样还有巨大优势的一面。由经济学家阿巴尔金主编、俄罗斯科学院经济研究所出版的《苏联经济史》是重新评价苏联社会经济发展的权威著作。该书没有回避苏联体制的弊端，但同时指出：“毫无争议，苏联在自己的存在时期在经济发展速度上没有落后于发达资本主义国家。苏联在经济和军事政治范畴成为世界第二强国，在航天、核能方面成为第一大国。它发展了自己的能源经济潜能，建立了结构最发达的统一的能源体制。苏联的基础科学、教育体制和干部培养体制客观上被认为是世界上最好的”。该书得出结论：“苏联社会体制、苏联模式的垮台不是必然的”。

安启念：苏共亡党的根本原因在于它未能成功地进行改革，这是全部问题的关键。赫鲁晓夫最先发动改革，但他为人鲁莽，改革过于随意，准备不足，不讲策略，很快失败。勃列日涅夫反对改革，因循守旧，失去了改革斯大林模式、创新社会主义制度的历史机遇，使各种问题不断积累，日益严重。戈尔巴乔夫的改革执行了错误的方针，导致国家解体，共产党下台。历史地看，苏联共产党要么反对改革，要么沿着错误的方向改革。在苏共亡党的问题上，应当负责任的不仅是戈尔巴乔夫，还有勃列日涅夫、赫鲁晓夫以及那些反对改革的人。

——吴恩远等、陈叶军采访整理：《苏联解体的历史反思》，载《中国社会科学报》，2014-11-19。

资源9：东欧经济学家对公有制重大意义的认识

战后需要采取革命措施，为建设社会主义经济奠定基础，其形式是，一方面有强大的国营成分，即全民成分；另一方面有以私有资料从事个体劳动为基础的私营成分，尤其是在农业和手工业等部门。……虽然在经济生活中——除了对人民的敌人以外——没有采取任何激进的措施,但是显而易见,我们在经济领域中也永远不会复旧了。如果我们复旧,就会出现政权掌握在民主力量手里,而经济阵地却控制在反动派手里这样一种状况。自然,这样的状况不可能维持多久。在这种局面下,就会十分尖锐地出现"谁战胜谁"的问题。或者是以无产阶级为首的人民民主力量联盟——如果只是依靠政治阵地的话——将遭到反动派在经济方面的全面抵抗,而反动派迟早将在政治上削弱它,使它丧失政权;或者是以无产阶级为首的人民民主力量联盟不得不依靠自己的经济阵地,即依靠强大的国营经济成分,以便能对经济的发展施加影响。

——[南]爱德华·卡德尔:《卡德尔回忆录 1944—1957》,李代军等译,北京:新华出版社,1981 年,第 215—216 页。

改变所有制关系,从而实现社会主义的计划经济,这就要剥夺由于工业化过程已经具有了社会性质的那些生产资料。换句话说,只有在采用现代化机器和现代化工艺而必然造成大协作劳动过程的地方,——这适用于所有现代化国民经济的越来越大的部分——建立社会所有制形式才有意义。因此,社会主义的计划经济要以动力工业、矿山企业和绝大部分现代加工工业的公有制为前提,要以交通和通讯事业,最后以公共事业如教育、卫生、银行业(这里涉及的并不绝对是狭义的生产资料)的公有制为前提。根据这种理解,社会主义计划经济并不要求对私人使用的生产资料和私人组织的生产过程都实行公有,诸如个体手工业、私人服务行业和小型生产单位就属于这种情况。

——[捷]吉里·考斯塔:《社会主义的计划经济理论与实践》,王锡君等译,北京:中国社会科学出版社,1985 年,第 1—2 页。

资源 10:"小农经济"的当代价值

占全苏耕地不到 3%的个人副业,在赫鲁晓夫 1958 年采取限制政策之后,仍然提供大量农产品,如 1961—1965 年期间(年平均),个人副业的产值占苏联农业产值的 33%,其中种植业占 22%,畜牧业占 44%。

——陆南泉:《苏联经济体制改革史论》,北京:人民出版社,2007 年,第 153 页。

实行家庭承包经营,符合生产关系要适应生产力发展要求的规律,使农户获得充分的经营自主权,能够极大地调动农民的积极性,解放和发展农村生产力;符合农业生产自身的特点,可以使农户根据市场、气候、环境和农作物生长情况及时作出决策,保证生产顺利进行,也有利于农户自主安排剩余劳动力和剩余劳动时间,增加收入。这种经营方式,不仅适应以手工劳动为主的传统农业,也能适应采用先进科学技术和生产手段的现代农业,具自广泛的适应性和旺盛的生命力,必须长期坚持。

——《中共十五届三中全会文件学习讲话》编写组:《中共十五届三中全会文件学习讲话》,北京:中共党史出版社,1998 年,第 251 页。

第七单元

第三世界的现代抉择与崛起

学术引领

一、世界殖民体系的瓦解

(一) 瓦解的因素

韦宗友在《殖民体系、后殖民体系与大国崛起》(载《国际展望》,2013 年第 6 期)一文中指出,世界殖民体系也孕育了促使其自身最终走向灭亡的种子。第一,是地理空间的限度。殖民体系的逻辑前提是有足够的地理空间可供大国殖民和掠夺。然而,随着欧洲国家经过几个世纪持续不断的占有和殖民,地球上的"无主地"和落后地区已经被占领和瓜分殆尽,不再有新的"无主地"或"落后地区"可供欧洲殖民和瓜分。殖民体系面临无地可殖的尴尬境地。这种基于对土地及其人口的物理占领的体系受到地球物理空间的限制。第二,是主权规范的普及。西方国家全球殖民的过程,也是主权规范由欧洲向全球扩散的过程。欧洲列强通过发现、占有和建立殖民地,来印证和强化其主权意识和主权地位,但同时也唤醒了亚非拉被掠夺和被剥削地区人民的主权和民族国家意识,极大促进了主权规范的拓展。第三,20 世纪的两次世界大战是殖民体系最终走向灭亡的加速器。这两场造成上亿人口死亡的世界大战,不仅给人类带来了前所未有的浩劫和灾难,使殖民国家陷入道德破产,无法再以文明传播者或文明标准制定者自居,同时也极大削弱了它们对亚非拉广大殖民地的控制能力,促进了亚非拉人民的觉醒,唤醒了它们的主权意识,加快了殖民体系的没落和最终的灭亡。

(二) 瓦解的影响

徐蓝在《世界近现代史 1500—2007》(北京：高等教育出版社,2012 年,第 307 页)一书中指出,战后殖民体系的瓦解对世界历史的进程产生了重要的影响。第一,殖民体系的瓦解和一大批新兴民族独立国家的出现极大地改变了世界政治版图和政治格局。"二战"前,处于欧洲殖民体系下的非洲只有 3 个独立的国家即利比里亚、埃塞俄比亚和埃及。战后经过民族独立运动的洗礼,世界的政治版图发生了巨大变化,以非洲为例：1951—1958 年 6 个国家独立,1960—1968 年 32 个;1973—1977 年 8 个;1980—1989 年 1 个。拉美的情况也类似,战后 1962—1966 年独立 4 个,1981—1983 年有 3 个国家独立,国家疆域的划分也焕然一新。

这是战后殖民体系瓦解对世界发展进程最直接、最表象的影响。第二，随着世界政治舞台上民族独立国家数量的增多，左右世界政治事务的力量对比也发生了变化。战后新独立的国家纷纷参加联合国，使得这一国际组织在成员结构和发挥作用方面都有所变化。这突出表现在联合国的成员构成上：1945 年联合国诞生时的成员国总数是 51 个，大多数是欧美国家，且美国为首的西方大国起着主导作用。到 2011 年，联合国的成员已经增加到 193 个，其中绝大多数都是战后独立的国家，以这些国家为主体形成的“第三世界”逐渐开始在世界政治舞台上发挥作用，成为了战后国际事务中不可忽视的重要力量。第三，世界殖民体系的瓦解改变了东西方与世界各国联系的形式和重心，欧洲的世界中心地位丧失，宗主国与其原殖民地的关系也由直接的政治、军事控制与被控制逐步变为相对平等的政治、经济、文化交往与联系。尽管原宗主国与新独立的国家之间仍存在着各种形式的控制和反控制的斗争，但各国之间的联系并没有因为殖民体系的终结而断裂，反而总体上具有了更深层和更广泛的延续，世界一体化的进程也由此开始进入了一个新的历史阶段。

二、“第三世界”的内涵与特征

(一)“第三世界”的概念

1. 概念的提出

徐天新、梁志明在《世界通史(当代卷)》(崔连仲等主编：《世界通史(六卷本)》，北京：人民出版社，1997 年，第 299 页)一书中指出，“第三世界”与“三个世界”的概念产生于战后 50 年代。最早使用“第三世界”这一术语的是法国的一位人口统计学家和经济学家阿尔弗雷德·索维。1952 年，他在一篇题为《三个世界，一个星球》的文章中指出，当时除了两个对抗的世界，即资本主义世界与共产主义世界之外，还有一个第三世界。索维最初是借用法国大革命之前社会存在的“三个等级”的概念，将第三世界界定为相当于“第三等级”，指的是一种“被忽略、待开发、具有革命潜力的力量”。

20 世纪 60 年代以后，一些奉行不结盟政策的国家，自称第三世界。冯特君在《当代世界政治经济与国际关系》(北京：中国人民大学出版社，2011 年，第 319 页)一书中指出，1973 年 9 月的第四次不结盟国家和政府首脑会议，正式把“第三世界”的概念写进会议的纲领性文件——《政治宣言》中。

20 世纪 70 年代上半期，中国多次正式宣布属于发展中的社会主义国家，属于第三世界，并提出“三个世界划分”的理论。毛莉在《“三个世界划分”理论依然没有过时——专访深圳大学社会科学学院教授姜安》(载《中国社会科学报》，2014 - 07 - 02)一文中指出，1974 年 2 月 22 日，毛泽东在会见赞比亚总统卡翁达时正式提出了“三个世界划分”理论。“美国、苏联是第一世界。中间派，日本、欧洲、澳大利亚、加拿大，是第二世界。”“亚洲除了日本，都是第三世界。整个非洲都是第三世界，拉丁美洲也是第三世界。”[①]“三个世界划分”理论的意义不仅在于以崭新的思维智慧，为构筑冷战背景下中国安全方略奠定外交基石，更在于以强大的

① 中华人民共和国外交部、中共中央文献研究室编：《毛泽东外交文选》，北京：中央文献出版社、世界知识出版社，1994 年，第 600—601 页。

历史逻辑力为支撑，以高远的国际视野，洞察国际政治的本质和发展定律，以伟人的气质和信念，给予第三世界国家和人民巨大的信心支持。

2. 概念的内涵

就政治范畴而言，余伟民在《世界通史·第三编，现代文明的发展与选择——20世纪的世界史》(王斯德主编：《世界通史》，上海：华东师范大学出版社，2009年，第231页)一书中指出，“第三世界”的概念是指介于美苏为首的两大国家集团之间的“中间地带”。由于“中间地带”国家大多是“发展中国家”，所以无论从哪个范畴着眼，“第三世界”所指称的对象基本上是同一类国家，即大部分位于亚洲、非洲和拉丁美洲，历史上曾沦为殖民地或半殖民地，多数在第二次世界大战后才获得独立的新兴国家。

就经济范畴而言，美国学者斯塔夫里阿诺斯在《全球分裂·第三世界的历史进程》(迟越等译，北京：商务印书馆，1995年，第3页)一书的序言中指出，第三世界主要是一个世界经济范畴。“第三世界”的科学含义是：“那些在不平等的条件下参与最终形成全球性市场经济的国家和地区。”说得更确切些，所谓第三世界，既不是一组国家，也不是一组统计标准，而是一组关系——一种支配的宗主国中心与依附的外缘地区之间的不平等关系，这些地区在过去是殖民地，今天是新殖民地的“独立”国，在今天，第三世界囊括拉丁美洲、除南非以外的非洲和除日本及以色列以外的全部亚洲国家。

就动态范畴而言，罗荣渠在《现代化新论——世界与中国的现代化进程》(北京：北京大学出版社，1993年，第162页)一书中从政治、经济和社会发展的三个角度分析何为“第三世界”。罗荣渠指出，“第三世界”是一个晚近形成的新概念，最初原作为一个新的世界政治范畴使用，泛指战后新建的不结盟国家(在战后最初15年中就建立了60多个新国家)；随后逐渐形成为新的世界经济范畴，用来泛指西方(包括日本)发达社会以外的欠发达世界。从社会发展的角度加以透视，把第三世界看作一个世界历史范畴，它指的是16世纪以来西方资本主义兴起过程中从属于西方工业世界的广大农业世界，也就是非西方世界的那些在经济上依附并从属于西方工业“中心”的农业“边缘地区”。在第二次世界大战以前，这些广大地区通称为殖民地和半殖民地世界，在战后才被称为“欠发达世界”。总之，动态范畴看，第三世界原先是政治范畴，随后逐渐成为经济范畴，而从社会发展角度看，又是世界历史范畴。

3. 相关概念解析

“第三世界”、“发展中国家”与“南方国家”三个术语经常混用，会导致混淆和困惑。这三个术语只是划分角度不同，实际上同属一个范畴。

冯特君在《当代世界政治经济与国际关系》(北京：中国人民大学出版社，2011年，第319—320页)一书中指出，发展中国家也被称为第三世界。发展中国家指那些在历史上受过殖民统治和剥削，在国际政治经济中处于被动无权和受剥削的地位，在地域上大多数位于南半球的亚非拉国家和地区。第三世界是最早用来指代发展中国家这个群体的概念。1973年后，第三世界和发展中国家成为世界各国组织、国际会议、报刊媒介以及广大民众普遍使用的名词。

顾关福在《战后国际关系：1945—2010》(天津：天津人民出版社，2010年，第448、480页)一书中提出，第三世界泛指亚非拉和其他地区原处于殖民地、半殖民地，而后争得民族独立的发展中国家。第三世界与发展中国家概念同时被广泛应用于世界政治与经济之中。由于第三世界国家绝大部分分布在赤道以南地区，故而有时也被称作“南方国家”，它是一个历史范畴，既具有经济内涵，又是一个政治概念。冷战时期，第三世界、发展中国家、南方国家三种说法是同一个概念，只是划分的角度不同。第三世界是从国际政治格局的角度来确定的，发展中国家是从经济发展水平来衡量的，南方国家是从地理位置来区分的。

刘青建在《如何称谓发展中的国家群体——对第三世界的认识》（载《教学与研究》，2000年第7期）一文中指出，从概念意义上讲，第三世界、发展中国家、南方国家具有共同的本质特征，反映了这个群体特有的属性。它们的内涵和外延几乎完全一致。因此，在使用中可以互相替换，而不影响含义。从称谓意义上讲，第三世界原指它与第一世界、第二世界的关系，反映的是它在两大阵营、两极国际政治格局中所处的地位，以及它独立于两大集团之外的身份。由于这种关系和地位，第三世界具有更浓的政治概念的色彩。发展中国家原指其与发达国家的关系，反映的是它在世界经济中的地位，以及它的经济发展程度和状况。因而，发展中国家具有更浓的经济概念的色彩。南方国家则指的是其与北方国家的关系，表明的是它在地理位置上位于南半球，因而具有更强烈的经济地理概念的色彩。由于它们各有对应的关系，因此，其使用具有对称性。值得注意的是，当这些术语与特定的历史时期和特定的历史事件相联系时，必须谨慎使用。如我们常讲“第三世界的崛起”，而不宜说“发展中国家的崛起”。第三世界作为一个政治群体的崛起是一个历史的事实，而发展中国家还面临不少问题，至少从经济上还谈不上崛起。

（二）第三世界的基本特征

徐天新、梁志明在《世界通史（当代卷）》（崔连仲等主编：《世界通史（六卷本）》，北京：人民出版社，1997年，第301—302页）一书中指出，第三世界有三个基本特征：第一，从历史上看，第三世界国家基本上都是由殖民地、半殖民地演化而来的。它们都曾遭到殖民主义、帝国主义的奴役，有悠久的反帝反殖的斗争传统。第三世界的形成，是帝国主义殖民体系瓦解、民族独立国家建立并在争取和维护独立的斗争过程中联合起来开展共同斗争的产物。第二，从经济上看，第三世界国家大多数是贫困落后的发展中国家，都具有发展民族经济的强烈愿望。要求改变国际经济旧秩序，建立国际经济新秩序，发展民族经济，消除贫困落后，是广大第三世界国家的共同要求。第三，从政治上看，第三世界各国存在不同性质与类型，既有发展中的社会主义国家，又有发展中的民族主义国家。这些国家大都不同程度地受到帝国主义、霸权主义的威胁、干涉、控制或侵略，所以在对外政策方面大都奉行独立自主或不结盟政策，反对大国霸权主义和强权政治，要求建立国际政治新秩序。这成为第三世界国家共同的政治要求。

三、第三世界的独立

第三世界要获得真正发展的第一要务就是独立。而过去大凡提及独立事宜，学术上探讨的必然是殖民地和半殖民地的民族解放运动或者民族独立运动。从因到果来看，民族解放运动将摧毁的是列强的世界殖民体系。

（一）“非殖民化”的概念

李安山在《论“非殖民化”：一个概念的缘起与演变》（载《世界历史》，1998 年第 4 期）一文中提到，大多西方学者的观点认为，“非殖民化”是指殖民宗主国主动撤出殖民地，给予殖民地独立的过程，强调宗主国的主动性和主导性。

潘兴明在《试析非殖民化理论》（载《史学理论研究》，2004 年第 3 期）一文中指出，过去中国和苏联学者看待“非殖民化”的观点，大体上是将“非殖民化”称为民族解放运动，强调这场运动的性质是殖民地人民争取民族独立的民族解放的斗争，西方殖民帝国所扮演的角色是次要的和被动的。潘兴明还提到一种被学术上普遍认可的中性观点，“非殖民化”是指殖民地和其他附属地通过斗争迫使宗主国改变政策，从而使得殖民地和其他附属地获得独立，导致欧洲殖民帝国全面崩溃的一场运动，是 20 世纪世界现代化进程中的一个重要组成部分。

张莉清在《联合国非殖民化机制与南部非洲独立研究》（武汉：武汉大学出版社，2011 年，第 4 页）一书中认为，“非殖民化”既是殖民地人民获得民族独立和解放的运动，也是殖民体系瓦解、殖民宗主国撤退的历史进程。

挪威学者文安立在《全球冷战：美苏对第三世界的干涉与当代世界的形成》（牛可等译，北京：世界图书出版公司，2012 年，第 87 页）一书中指出，非殖民化进程从 20 世纪 40 年代开始，一直持续到 20 世纪 70 年代，在某些情况下，它是由血腥的战争加以推进的；而在另外一些情况下，则是通过简单而快速的殖民撤退而实现的。不过，早在战后的最初几年里，随着冷战成为国际事务中最突出的特征，未来事态的发展方向就已经越来越明朗：在第三世界进行殖民统治的时代很快就要一去不复返了。

（二）第三世界独立的原因

1. 殖民地层面

美国学者斯塔夫里阿诺斯在《全球分裂·第三世界的历史进程》（迟越等译，北京：商务印书馆，1995 年，第 10 页）一书的序言中指出，第二次全球革命浪潮（1939—1990），是被第二次世界大战和中国革命所推动的，大大超过第一次革命浪潮的广度和深度，导致了非殖民化运动和一百多个新国家的独立发展。

第三世界革命浪潮的出现，离不开殖民地民族主义的高涨。余伟民在《世界通史·第三编，现代文明的发展与选择——20 世纪的世界史》（王斯德主编：《世界通史》，上海：华东师范大学出版社，2009 年，第 213 页）一书中强调，第二次世界大战作为一场席卷全球的世界性反法西斯战争，最广泛地动员了各国人民，包括各殖民地的人民，在反法西斯侵略的斗争中，极大地增强了殖民地人民的民族主义意识，这种觉醒了的民族主义在打败法西斯后自然地转化为争取民族独立的思想武器。

美国学者约翰·伊斯比斯特在《靠不住的诺言：贫穷和第三世界发展的背离》（蔡志海译，广州：广东人民出版社，2006 年，第 135—136 页）一书中指出，在印度独立前夕，当英国人谈到印度作为独立国家将面临着解决因种族和宗教差异而导致的困难（印巴分治）时，印度国大党和穆斯林联盟的领导人都承认这可能是事实,但印度人却异口同声地回答说:"这不关英国人的事。"英国人必须离开,印度人在英国人离开后可以按照自己的方式来解决印度的问题而不需要外部的干涉。这也是全体印度人一致赞成的主张。实际上,民族主义者为所有殖民地人民谋求政治权利时,他们是不太重视人民内部的阶级矛盾而特别强调帝国主义者对殖民地的民族压迫的。

2. 殖民大国层面

美国学者斯塔夫里阿诺斯在《全球分裂・第三世界的历史进程》(迟越等译,北京:商务印书馆,1995年,第665—666页)一书中认为,非殖民化的起因在于:第一,殖民地人民的觉醒和行动使得养活一支维系帝国纽带所必需的庞大军队的费用过高,以至于成为难以承受的负担。第二,主要的殖民列强在第二次世界大战中遭到了前所未有的削弱。

挪威学者盖尔・伦德斯塔德在《战后国际关系史》(张云雷译,北京:中国人民大学出版社,2014年,第189页)一书中指出,殖民强权渐渐了解到这样一个事实:独立未必引起宗主国和殖民地间关系的极大变化。经济、军事和文化的联系可能依然不变。出现这一情形的概率越大,政治独立的达成越容易。那样,原宗主国还可能免于花费巨额资金来保持行政控制。独立也使得殖民强国不必再对殖民地的发展计划负全部责任。

美国学者帕尔默在《现代世界史》(何兆武等译,北京:世界图书出版公司,2008年,第765页)一书中提到,殖民势力在殖民地要求独立的激情面前激流勇退,没有动用军事力量,从殖民地和平地撤出,如1947年英国从印度次大陆的撤退就是如此。

法国学者于格・戴和特在《非殖民化与欧洲建设》(韦邀宇译,载《浙江学刊》,2007年第1期)一书中指出,非殖民化的历史进程时间较短,可是来得却很突然。它基本上持续了15年时间(1945—1962)。第一,20世纪40年代末,英国于1947年放弃了其重要的殖民地印度,法国则于1949年在印度支那建立了合作国家机制,同时继续与胡志明的军队作战,而荷兰则在1949年的圆桌会议之后终于在印度尼西亚放下了武器。第二,20世纪50年代,法国在印度支那战场屡遭败绩,在1954年日内瓦会议之后不得不离开亚洲。1954年阿尔及利亚战争爆发,法国在北非的被保护国突尼斯和摩洛哥于1956年赢得了独立。第三,20世纪60年代,法国在非殖民化进程顺利完成的里程碑是1960年撒哈拉以南非洲国家的宣告独立和1962年阿尔及利亚赢得独立。第四,20世纪70年代和80年代,西班牙和葡萄牙以及英国最后一批殖民地实现了非殖民化。最后,葡萄牙在非洲和亚洲的殖民地的非殖民化(1975、1999年)以及香港回归中国(1997年)可以视为整个非殖民化进程的尾声。

3. 国际环境层面

美国学者斯塔夫里阿诺斯在《全球分裂・第三世界的历史进程》(迟越等译,北京:商务印书馆,1995年,第666页)一书中指出,主要的殖民列强在第二次世界大战中遭到了前所未有的削弱,第二次世界大战所造成的空前物质破坏和政治破坏也激起了殖民地革命。

挪威学者盖尔・伦德斯塔德在《战后国际关系史》(张云雷译,北京:中国人民大学出版社,2014年,第180页)一书中指出,第二次世界大战使传统殖民大国的国际影响力大幅缩水,权势从英、法和较小的欧洲殖民国家相对地转移到两个新的超级大国——美国和苏联。

美苏向来有反殖民的传统,并且各以自己的方式来加速去殖民化的进程。

美国学者查尔斯·W.凯格利在《世界政治：走向新秩序?》(夏维勇等译,北京：世界图书出版公司,2010年,第108页)一书中指出,联合国也对殖民主义的“集体非法化”做出了贡献。1960年,随着殖民主义的退潮,全球南方国家利用它们在联合国大会中渐增的数量优势,确保通过了具有历史意义的《关于准许殖民地国家及民族独立之宣言》。联大宣布,任何民族对外来统治的屈从是对基本人权的否定,是与《联合国宪章》相违背的,也是实现世界和平的一个障碍,所有受他国统治的人民有立即和完全独立的权利。没有国家投票反对这一反殖民宣言。这是一场意识形态的胜利。

(三) 第三世界独立的过程

畅征、刘青建在《发展中国家政治经济概论》(北京：中国人民大学出版社,2001年,第12页)一书中指出,战后的民族解放运动呈现出“从东到西,由北向南”的发展趋势。所谓从东到西,是指战后民族解放斗争的烽火首先在东方燃起,亚洲成了革命风暴的中心,一直蔓延到非洲、拉美等地区。所谓由北向南,是说非洲地区的民族独立运动由北非开始,逐渐向南部推进。据统计,战前独立的国家有36个。20世纪40年代获得独立的国家共12个,全在亚洲。50年代获得独立的国家共有8个,其中亚洲2个,非洲6个。60年代获得独立的国家共有38个,其中亚洲2个,非洲32个,拉丁美洲4个。70年代获得独立的国家共有20个,其中亚洲5个,非洲9个,拉丁美洲6个。80年代获得独立的国家共有5个,其中亚洲1个,非洲1个,拉丁美洲3个。到冷战结束时,几乎所有的亚非拉国家都已获得了独立。这些民族独立国家的出现,大大改变了世界的面貌。几个世纪所形成的殖民体系已经彻底崩溃。残酷的殖民统治,已经作为历史的陈述,作为欧洲资本主义的耻辱送被进了人类历史的博物馆。

(四) 第三世界独立的影响

徐蓝在《世界近现代史1500—2007》(北京：高等教育出版社,2012年,第303—304页)一书中指出,第二次世界大战后,亚非拉殖民地民族独立运动风起云涌,在短短不到半个世纪的时间里,西方殖民列强历时数百年构建的世界殖民体系迅速瓦解,在原来的殖民地诞生了为数众多的新兴民族独立国家。据统计,截至1990年,联合国159个成员国中,有近100个是在第二次世界大战后宣布独立的。这些新兴的民族独立国家在登上世界政治舞台后自成体系,不仅极大地改变了当时的国际政治格局,而且对20世纪后半期世界历史的发展产生了巨大而深远的影响。

亚非拉独立国家体系的建立,表明政治上“非殖民化”使命完成。余伟民在《世界通史·第三编,现代文明的发展与选择——20世纪的世界史》(王斯德主编：《世界通史》,上海：华东师范大学出版社,2009年,第213页)一书中指出,经过战后民族独立浪潮的冲击,欧洲殖民帝国在世界范围建构的殖民体系最终土崩瓦解,政治意义上的非殖民化历史使命宣告完成。随着一大批新独立国家登上世界政治舞台,以这些国家为主体形成的第三世界成为国际政治领域不可忽视的重要力量。

四、第三世界的联合抗争

(一) 第三世界崛起的第一个里程碑：亚非会议

1. 亚非的团结

挪威学者文安立在《全球冷战：美苏对第三世界的干涉与当代世界的形成》(牛可等译，北京：世界图书出版公司，2012 年，第 99、102 页)一书中指出，1955 年 4 月在印度尼西亚万隆召开的亚非会议，首先是在印度尼西亚、印度、巴基斯坦、缅甸和斯里兰卡等五个亚洲国家的领导人的共同倡议下举行的。但在筹备过程中，大会发展成后殖民时期规模最大、最具影响力的第三世界国家领导人的一次盛会。29 个与会(亚非会议)国家通过了《亚非会议最后公报》，其重点放在经济与文化合作上。该会议对技术更先进的第三世界国家寄予厚望，期待它们能帮助其他国家实现发展目标，从而减少对“外部势力”的依赖。公报特别强调第三世界在原料出口方面进行合作，包括建议在“有关石油的问题”上实行“共同政策”，这个倡议促使石油输出国组织(OPEC)在 1960 年创立。但是公报的主要意义在于最后部分所列出的用以处理第三世界国家关系的十项基本原则，包括承认一切种族和大小国家的平等、尊重主权和领土完整、不干预和干涉他国内政、以和平方式来解决一切国际争端等。

2. 亚非的崛起

亚非会议揭开了亚非人民团结战斗的新篇章，并成为亚非人民团结反帝反殖斗争事业的里程碑。正如徐蓝在《世界近现代史 1500—2007》(北京：高等教育出版社，2012 年，第 411—412 页)一书中指出，万隆会议是历史上由亚非国家第一次自己处理自己事务的国际会议，表明了亚非国家正在作为一支新兴的政治力量登上国际舞台，鼓励了世界范围的民族民主运动，加速了殖民体系的瓦解。万隆会议的召开，标志着在美苏对峙的两极格局之外，增加了“第三势力”，是第三世界开始崛起的重要标志，并正在重新塑造国际关系的结构。

郑先武在《万隆会议与东南亚区域主义发展》(载《世界经济与政治》，2015 年第 9 期)一文中指出，东南亚国家在万隆会议进程中扮演了至关重要的角色，并使自身的议题成为共同的核心关注，以至于这一进程中表现出明显的“东南亚特征”，增进了东南亚区域认同的建构，从而推动了东南亚区域主义的孕育。

亚非的崛起，既可从亚非“难兄难弟”的团结来分析，也可以从全球性南北关系角度来探讨。正如英国学者马克·马佐尔在《谁将主宰世界：支配世界的思想和权力》(胡晓姣等译，北京：中信出版社，2015 年，第 218 页)一书中指出的，1955 年万隆会议的胜利召开标志着第三世界国家开始作为真正的政治力量登上国际政治舞台，世界的根本格局从东西差距转为南北差距。

畅征、刘青建在《发展中国家政治经济概论》(北京：中国人民大学出版社，2001 年，第 112 页)一书中指出，在冷战初期阶段，南北关系的主要斗争内容是政治上的颠覆与反颠覆、经济上的控制与反控制。1955 年的万隆会议，是南方国家整体意识形成的重要标志，从此，南方国家作为一支独立的力量登上了国际政治舞台。

3. 亚非会议的精神

亚非会议强调的和平共处等原则，波及第三世界国家，也逐渐被国际社会所认可。余建华在《万隆会议、中国亚非外交与万隆精神的当代弘扬》(载《国际关系研究》，2015 年第 2 期)一文中指出，万隆会议十项原则包含尊重基本人权、尊重《联合国宪章》、和平解决国际争端、尊重正义和国际义务等重要原则，不仅成为亚非国家冲破雅尔塔两极体制和冷战束缚、建立新型国际关系的基石，也是倡导世界各国为促进国际和平与合作应当普遍遵循的国际关系准则。

“万隆精神”不仅仅在当时成为思想武器，即使放在现在也具有新的时代内涵。正如余伟民在《世界通史・第三编，现代文明的发展与选择——20 世纪的世界史》(王斯德主编：《世界通史》，上海：华东师范大学出版社，2009 年，第 234 页)一书中指出，“万隆精神”是战后第三世界国家反殖反霸斗争的思想武器和强大动力；对两极化的集团政治格局是有力的冲击，作为多极化趋势重要内容的不结盟运动亦由此萌芽。亚非会议还推动了战后民族独立运动进程，在“万隆精神”鼓舞下，50 年代末、60 年代初掀起了又一波民族独立浪潮，殖民体系最终走向瓦解。

刘新生在《国际关系史上的不朽丰碑——纪念万隆会议召开 60 周年》(载《国际问题研究》，2015 年第 3 期)一文中指出，在新形势下，万隆精神有了新的时代内涵：政治上，呼吁遵守万隆会议确立的原则，要求切实增加发展中国家在国际组织的代表性和发言权。经济上，应该树立命运共同体意识，推动全球经济朝共赢方向发展。文化上，要发扬求同存异的优良传统，推动不同社会制度与发展模式和谐共生以及各文化、宗教的交流对话、包容互鉴。

(二) 第三世界崛起的第二个里程碑：不结盟运动

1. 兴起

两大阵营与美苏两极的争霸，使“中间地带”愈发感到紧张。加上亚非会议“万隆精神”的影响和感召，第三世界国家开始了不结盟行动。余伟民在《世界通史・第三编，现代文明的发展与选择——20 世纪的世界史》(王斯德主编：《世界通史》，上海：华东师范大学出版社，2009 年，第 233—234 页)一书中指出，在亚非会议后，民族独立运动的发展和美苏两极争夺“中间地带”活动的加剧在第三世界国家中激发了日益强烈的非集团化倾向。一些原亚非会议的发起者和积极参与者遂酝酿发起“不结盟运动”。不结盟运动的目标是试图在美苏为首的两大集团性力量之外形成第三种非集团性的国际政治力量，以维护第三世界国家的独立自主地位，并通过集体的努力制衡两极，在两极格局中谋求最大的战略利益。

第三世界国家领导人的往来频繁，使得建立不结盟组织的条件更加成熟。方连庆等在《国际关系史(战后卷)》(北京：北京大学出版社，2006 年，第 364 页)一书中指出，一些具有全球影响的第三世界国家民族运动领袖相互联络，共同努力，以求建立自己的组织。1956 年 7 月，南斯拉夫总统铁托、印度总理尼赫鲁和埃及总统纳赛尔发表联合声明，呼吁新兴国家加强经济文化合作，建立平等友好关系。三国一致表示拥护和平共处原则，坚持民族独立，反对加入对立的军事集团。三国的倡议在第三世界国家中产生了重大的影响，印度尼西亚总统苏加诺、加纳总统恩克鲁玛随即同他们进行磋商，参与推动倡议的实施。一般称上述五国领袖为不结盟运动的主要发起人，其中铁托、尼赫鲁和纳赛尔为不结盟运动建设做出的贡献尤其突出。

不结盟组织的大致目标是“中立”。挪威学者文安立在《全球冷战：美苏对第三世界的干涉与当代世界的形成》(牛可等译，北京：世界图书出版公司，2012 年，第 108 页)一书中指出，不结盟运动于 1961 年在贝尔格莱德成立，遵循万隆会议所阐述的独立自主、经济互助和中立的原则。25 个国家参加了第一次(不结盟)会议，贝尔格莱德会议的关键政治内容是强调成员国的团结，警告超级大国不要把冷战带入第三世界中，并呼吁所有的国家不要将战争作为解决国际争端的手段。1961 年贝尔格莱德会议召开时正值柏林危机达到高潮，全体与会国家元首都给赫鲁晓夫和肯尼迪写了内容相同的个人信件，对于战争威胁发出警告，并呼吁和平的解决方案。在国际关系的处理上对超级大国予以教导，这是一个有力的信号，昭示了第三世界时代的来临。

孙若彦在《冷战后不结盟运动与第三世界问题研究述评》(载《理论学刊》，2005 年第 7 期)一文中指出，“不结盟”应看作一种手段、一种国家的生存方略和艺术而非最终目的，其实质是第三世界国家在两大阵营对峙的时代力求通过和平、中立、不结盟的方式和手段实现独立、安全、发展的目标，其宗旨和任务是反帝、反殖、反霸，促进世界和平与发展，谋求世界的平等与公正。

但不结盟国家的中立，不是普通意义上的中立。挪威学者盖尔·伦德斯塔德在《战后国际关系史》(张云雷译，北京：中国人民大学出版社，2014 年，第 194 页)一书中提出，1961 年召开的不结盟国家第一次高峰会议的主导观念是，不结盟国家要与传统的中立国有所不同，不结盟国家将积极而且主动地开展活动，而传统中立总是被动且负面的。

2. 特点

王助民等在《近现代西方殖民主义史(1415—1990)》(北京：中国档案出版社，1995 年，第 324—325 页)一书中提到，不结盟运动有三个特点：(1)范围和规模不断扩大。到 1992 年，不结盟运动正式成员国已由 1961 年的 25 个发展到 105 个。不结盟运动已成为仅次于联合国的最大的政治性国际组织。(2)不结盟运动能随着国际形势的发展不断调整自己的前进方向和斗争目标。在初期，斗争的矛头集中指向老殖民主义，以后逐渐转向新殖民主义。进入 70 年代后，不结盟运动又发展为反对两个超级大国的霸权主义。(3)斗争逐渐扩大和深入到经济领域。从 1970 年起，每次不结盟首脑会议都专门发表“经济宣言”，提出在经济方面的斗争目标、纲领和策略。1973 年，第四次不结盟首脑会议正式把建立国际经济新秩序作为不结盟运动的行动纲领，后来又把加强南南合作、集体自力更生提到战略高度。这反映了不结盟国家发展民族经济、争取经济独立、巩固政治独立的愿望。

阎学通、杨原在《国际关系分析》(北京：北京大学出版社，2013 年，第 128 页)一书中指出，不结盟战略主要适用于中等国家争取强国的支持和保护，而不适用于崛起。这种战略的依据是：中小国家利用强国之间的矛盾，通过政治立场摇摆的方法争取强国满足它们的政治、安全或经济方面的要求。这种战略是一种生存的战略，而不是崛起战略。

美国学者杰里·本特利、赫伯特·齐格勒在《新全球史：文明的传承与交流》(魏凤莲等译，北京：北京大学出版社，2007 年，第 1161—1162 页)一书中指出，不结盟运动主要目标是坚持正式的中立，然而，不结盟运动的各成员国长期以来缺少团结，最终没能建立一个真正的统一战线。尽管从理论上讲是同冷战中的任何一个超级大国都不结盟，但是事实上，许多国家都与一个或者另一个超级大国有着密切联系，这种情况引起了运动内部的意见分歧。

3. 影响

徐蓝在《世界近现代史1500—2007》(北京：高等教育出版社，2012年，第412页)一书中指出，不结盟运动顺应了历史发展的潮流，是第三世界以独立的政治力量登上国际政治舞台的重要标志，也是第三世界形成的标志。它奉行的独立自主、和平共处和非集团的宗旨与原则，是对两极对立的国际关系格局的有力冲击。它的关于改变旧的国际经济关系、建立新的国际经济秩序的主张，在以后的年代里不断发展。

方连庆等在《国际关系史(战后卷)》(北京：北京大学出版社，2006年，第366页)一书中指出，不结盟运动首先在推动民族解放运动，其后在反对霸权主义、建立世界经济新秩序等问题上的带头作用，符合广大发展中国家的利益和要求，加深了发展中各国对不结盟运动的认同感，使该运动真正成为具有广泛代表性的第三世界国际组织。

美国学者约翰·伊斯比斯特在《靠不住的诺言：贫穷和第三世界发展的背离》(蔡志海译，广州：广东人民出版社，2006年，第233页)一书中指出，不结盟运动支持非殖民化，并反对先前的殖民者干涉第三世界的事务，新命名的第三世界国家的第一击就是宣布它们在东西大国的权力斗争中保持中立。但是不久之后，中立性就退化为了一种组织原则，并且这些国家为了自身的利益而谋求建立派系，南方(编者按：指发展中国家)因而产生。很多年来，它们与发达国家的政府面对面地进行谈判，这就是所谓的“南北对话”，它们要求实现世界经济与政治关系上的根本性改变。

4. 前景

对于冷战结束后不结盟运动的发展前景，国内外学者大体有两种意见。一种是美国学者查尔斯·W.凯格利在《世界政治：走向新秩序?》(夏维勇等译，北京：世界图书出版公司，2010年，第116页)一书中指出，冷战的结束在很大程度上消除了西方发达国家提供对外援助的竞争理由，也削弱了不结盟给全球南方带来的讨价还价的能力。不结盟作为一种战略，随着冷战的结束而“死掉了”，不结盟最初出现的理由不再存在。

另一种意见是徐天新、梁志明在《世界通史(当代卷)》(崔连仲等主编：《世界通史(六卷本)》，北京：人民出版社，1997年，第309页)一书中指出的，伴随世界形势的新的急剧变化，不结盟运动在坚持运动的主旨、团结广大中小国家的同时，正在寻求调整与改革，探索新活动方式与途径。它将成为发展中国家反对大国的控制与干涉，建立公正、平等的国际秩序的一个政治论坛，并将更加注意经济发展问题，以便在冷战后时期发挥新作用。

虽然不结盟运动在其发展过程中经历了种种波折，但从整体来看，由于不结盟国家有着共同利益，运动仍然在曲折中向前发展，不结盟运动的作用也应该是积极的和占主流的。

(三) 第三世界崛起的第三个里程碑:“七十七国集团”

1. 形成

徐蓝在《世界近现代史1500—2007》(北京：高等教育出版社，2012年，第414页)一书中指出，“七十七国集团”指20世纪60年代以来一些发展中国家为维护自己的经济利益、反对不合理的国际经济旧秩序而形成的政治经济组织。又如畅征、刘青建在《发展中国家政治经济概论》(北京：中国人民大学出版社，2001年，第15页)一书中提出，“七十七国集团”

是发展中国家以建立国际经济新秩序为目标、协调内部立场、同发达国家进行谈判的组织。

七十七国集团的形成过程与联合国经济大会有紧密联系。徐蓝在《世界近现代史1500—2007》(北京：高等教育出版社，2012年，第414页)一书中指出，1963年第18届联大讨论召开贸易与发展会议问题，会上75个发展中国家发表联合宣言，形成“七十五国集团”。1964年3月至6月，联合国在日内瓦举行了第一届联合国贸易与发展会议，七十五国集团扩大为77个国家和地区，并发表《七十七国联合宣言》，谴责发达国家在国际贸易中对发展中国家的自然资源的掠夺与控制，提出建立平等互利的国际经济新秩序的要求。到1980年，该集团成员国已达119个，但仍沿用“七十七国集团”的名称。

七十七国集团的活动方式离不开合理利用联合国的某些会议场合或契机。畅征、刘青建在《发展中国家政治经济概论》(北京：中国人民大学出版社，2001年，第15页)一书中指出，七十七国集团的主要活动方式是在每次联合国贸易和发展会议召开之前，举行部长级会议，协调立场，研究对策，为维护发展中国家的利益而做准备。

顾关福在《战后国际关系：1945—2010》(天津：天津人民出版社，2010年，第467页)一书中提到，“七十七国集团”自建立以来，以联合国讲坛为政治斗争的舞台，利用联合起来的集体力量，对维护发展中国家的民族独立和南南合作和南北对话、建立国际经济新秩序发挥了先导作用。

2. 影响

江时学在《从万隆会议看发展中国家合作趋势》(载《中国社会科学报》，2015-04-24)一文中指出，“七十七国集团”在联合国体系内协调了发展中国家的立场，以强化其与发达国家在国际经济领域中“讨价还价”的能力，并致力于推动南南合作。迄今为止，该组织被认为是世界上最大的发展中国家参加的组织。不结盟运动和“七十七国集团”在推动南南合作、提升发展中国家的话语权以及协调其立场等方面发挥了重要作用。

畅征、刘青建在《发展中国家政治经济概论》(北京：中国人民大学出版社，2001年，第15、111—112页)一书中强调了南北对话的作用。畅征等指出，20世纪60年代初至70年代末，是南方国家向北方国家主导的国际经济旧秩序提出挑战阶段。20世纪60年代，不结盟运动和七十七国集团的建立，表明了南方国家的整体意识在加强，其斗争已由分散状态进入了有组织有纲领的阶段，它们在某种程度上分别作为南方国家的政治实体和经济实体在国际舞台上发挥作用。

(四) 第三世界的其他抗争形式

美国学者斯蒂芬·D. 克莱斯勒在《结构冲突：第三世界对抗全球自由主义》(李小华译，杭州：浙江人民出版社，2001年，第11页)一书中指出，第三世界国家还用其他的手段或方式来求发展、抗霸权。克莱斯勒指出，第三世界国家有着广泛的追求目标，包括经济增长、国际政治平等、对国际事务决策的影响、自主性与经济自立、保持领土完整，防止外来入侵和国内的分裂活动、传播自己对世界事务的看法和保持国内政治的稳定等。它们利用多种多样的战术手段追求其政策目标，包括建立一些国际商品组织，如欧佩克(OPEC)和铜出口国家委员会(CIPEC)，成立地区性组织如非洲统一组织(OAU)，如联合国贸易和发展会议的七十七国集团等。

1. 建立欧佩克组织

袁明、朱明权在《国际关系史》(北京：北京大学出版社，2005 年，第 297 页)一书中指出，1960 年 9 月中旬，伊朗、伊拉克、科威特、沙特阿拉伯和委内瑞拉的石油部长在巴格达举行会议，宣布正式成立石油输出国组织(简称“欧佩克”)。石油输出国组织成员国对西方石油公司无视产油国家利益而随意更改油价的做法再也不能熟视无睹；它们将尽一切努力提高目前的石油价格并保持稳定；它们将研究和制定通过调节生产保障油价稳定的制度。欧佩克的主要宗旨是协商和统一各成员国的石油政策，确定能最有效地维护成员国利益的各种手段。石油输出国组织的成立，不仅标志着亚非拉美产油国的斗争已从分散自发的阶段进入了有组织的阶段，而且推动了不结盟运动和第三世界的形成。

曹胜强、李世安在《世界通史教程：现代卷》(齐涛主编：《世界通史教程》，济南：山东大学出版社，2009 年，第 206 页)一书中指出，发展中国家通过欧佩克作为一个集体采取行动，干预世界石油市场，以获取合理的利润。这是南方集体自力更生道路上的一个里程碑，是发展中国家第一次联合起来共同行动与北方争夺对一种重要产品的生产和价格的控制权。它向其他南方国家表明，集体行动不仅仅具有政治上和战略上的意义，而且可以得到合理的经济补偿。受其鼓舞，非洲、亚洲、拉丁美洲都建立了区域性组织或经济体系，欧佩克的成功增强了南方采取集体行动的信心。

2. 完善海洋法

美国学者斯蒂芬·D. 克莱斯勒在《结构冲突：第三世界对抗全球自由主义》(李小华译，杭州：浙江人民出版社，2001 年，第 119 页)一书中指出，海洋领域是发展中国家实现了部分制度目标的第二个领域——虽然只是一个稍纵即逝的胜利。这个胜利的最大保证是创立了联合国海洋法会议(UNCLOS)，它提供了普遍性的成员国身份和全体一致的决策程序。1982 年完成的《海洋法公约》承认了国家管辖区以外的海洋为人类共同财富，建立了至少 200 海里的排他性的经济专区，创立了国际管理局和国际企业部来规范对深层海底资源的开采。所有这些条款都得到了第三世界的坚决支持。

袁明、朱明权在《国际关系史》(北京：北京大学出版社，2005 年，第 354—355 页)一书中指出，拉丁美洲国家发挥了反对超级大国海洋霸权斗争的先锋作用。1970 年，已宣布领海宽度为 200 海里的 9 国通过了《蒙得维的亚海洋法宣言》。1972 年，拉美 15 个沿海国家在多米尼加举行会议，通过了《圣多明各宣言》，该宣言主张领海和承袭海的总宽度可达 200 海里。从 70 年代初起，争取 200 海里海洋权的斗争还逐步地从拉丁美洲扩展到整个第三世界，成为发展中国家反对霸权主义，争取建立国际经济新秩序的努力的一个重要方面。1973 年 2 月，在委内瑞拉召开的有 130 个国家参加的第三次联合国海洋法会议第二期会议上，广大第三世界国家同超级大国进行了激烈斗争，美苏最终被迫接受了 200 海里经济区的概念。正是以此为基础，在 1982 年 12 月于牙买加召开的第三次联合国海洋法会议第三期会议上，119 个国家签署了《联合国海洋法公约》。

彭树智在《世界史·现代史编(下卷)》(吴于廑主编：《世界史》，北京：高等教育出版社，1994 年，第 150 页)一书中指出，到 1984 年底，共有 159 个国家和地区在《联合国海洋法公约》上签字，唯独美、英等国拒绝签署，为公约的实施设置障碍。但是，这一完整的海洋法体系的确立毕竟是第三世界国家联合反霸斗争中的一次重大的胜利,它标志着第三世界国家在国际事务中越来越成为一支不可忽视的政治力量。

3. 利用联合国的平台

英国学者马克·马佐尔在《谁将主宰世界:支配世界的思想和权力》(胡晓姣等译,北京:中信出版社,2015 年,第 252 页)一书中指出,令人难以置信的是,根据杰克逊的《能力研究报告》,联合国当时(20 世纪 60 年代)被设定为经济新秩序的载体。报告写道:"作为全球组织,联合国应该有能力全面解决国际经济合作问题,并确保利益均衡。在建立国际经济新秩序时,联合国必须扮演更加重要的角色。"与其说这是一份声明,不如说它是根据第三世界的需求把联合国打造成世界管理者的呐喊。

美国学者查尔斯·W. 凯格利在《世界政治:走向新秩序?》(夏维勇等译,北京:世界图书出版公司,2010 年,第 119 页)一书中指出,新兴的全球南方国家从 20 世纪 50 年代开始,着手寻求掌控自己经济未来的方式。南方国家把努力集中于联合国。南方国家在联合国数目的增加,使它们比在其他地方可能拥有更大的影响力。60 年代,它们形成了七十七国集团,并运用南方国家的投票权召开联合国贸易与发展会议。七十七国集团后来成为联合国的常设组织,全球南方通过它来表达自己关于发展的议题。10 年以后,七十七国集团(当时成员国已经超过了 120 个)再次运用其在联合国的数量优势,奋力争取建立一个国际经济新秩序,抗衡第二次世界大战以来由美国和其他资本主义大国主导的国际经济自由秩序。

五、第三世界的发展模式:现代化经济模式的探索

(一)各具特色的模式探索

对于第三世界的个体国家而言,探索"自立"的现代化经济模式才能实现真正发展。沐涛在《发展中国家现代化的条件与发展模式研究》(南开大学世界近现代史研究中心编:《世界近现代史研究(第三辑)》,北京:中国社会科学出版社,2006 年,第 175 页)一文中指出,从 20 世纪发展中国家现代化的经验来看,有一点是共通的,那就是一国现代化的快慢、成功与否,在很大程度上取决于该国领导阶层是否能根据本国国情制定出恰当的发展政策,并能根据国内外形势的变化而及时地进行适当调整,走出自己的发展模式。

徐蓝在《世界近现代史 1500—2007》(北京:高等教育出版社,2012 年,第 314 页)一书中指出,第二次世界大战后新独立的国家在经济模式的选择方面同样历经波折。总的来看,发展中国家普遍希望摆脱原料产地的角色,不再单纯依附殖民国家,试图走出一条符合本国国情的发展道路。但由于历史时代的局限,当时可供新兴民族独立国家借鉴的经济发展模式只有两种:一为仿效宗主国走资本主义道路,扶植私营经济、发展市场经济;另一种是仿效苏联为代表的社会主义模式,建立中央计划体制、实行国有化政策、进行土地改革,走非资本主义的道路。但是,由于无论选择哪一种模式,都要受到本国国情的制约和影响,因此,第二次世界大战后发展中国家和地区的经济发展模式呈现出多种发展形态,各有特色。其中比较有代表性的有拉美的"中间道路"、印度的"混合经济"、石油输出国及农矿产资源国的发展

模式以及“四小龙”为代表的东亚出口加工模式等。

1. 拉美的“中间道路”

韩琦在《拉丁美洲的现代化模式》(载《光明日报》,2016－07－06)一文中指出,对于拉美国家来说,现代化的起点是从19世纪初的独立运动开始的。1804—1825年,先后有17个拉美国家获得了独立,这17个国家包括了今天拉美大陆的主要国家;1844—1903年,多米尼加、古巴和巴拿马三国获得独立;第二次世界大战之后,13个加勒比国家相继获得了独立;到1983年,拉美的独立国家和地区已经达到33个。从第一批拉美国家的独立至今,拉美国家的现代化已经有了将近200年的历史。由于独立时间不同,地理环境不同,种族构成不同,资源禀赋不同,体制选择不同,因而拉美地区现代化的路径有差异,现代化的结果也有不同。多样性和同一性并存,世界上大约没有其他地方能够像拉美这样同时提供如此之多的单个国家的案例和一种如此清晰的同一性特征的地区。

苏振兴在《关于拉美国家现代化研究若干问题的探讨》(载《学术探索》,2006年第2期)一文中指出,拉美国家属于发展中国家中现代化的“先行者”,拉美国家早在19世纪中期以后陆续进入现代化的发展阶段。拉美国家的现代化进程经历了三个发展模式(阶段):初级产品出口发展模式阶段(1870—1930);进口替代工业化发展模式阶段(1930—1982);出口导向型战略即外向发展模式阶段(1982年以来)。

其中让世人印象深刻的是进口替代工业化发展模式阶段(1930—1982),徐蓝在《世界近现代史1500—2007》(北京:高等教育出版社,2012年,第314页)一书中把这一阶段模式称为拉美的“中间道路”模式。20世纪30年代开始,拉美各国想利用社会主义的某些因素来克服资本主义的弊端,将资本主义和社会主义的优势结合,形成独具特色的发展模式,走出了一条所谓的“中间道路”。

何顺果在《世界史:以文明演进为线索》(北京:北京大学出版社,2012年,第297页)一书中提到拉美“中间道路”的主要措施和效果。拉美国家采取四项措施:第一,实行保护关税;第二,与此同时,对国内无法生产的商品、国内难以满足需求的产品或需要增加储备的“战略物资”,则采取发放进口许可证的制度;第三,扶持民族工业;第四,动用国家资本,直接兴建国有企业。到20世纪60年代,拉美国家在很大程度上摆脱了对欧美资本和产品的依赖,已初步成为西方“核心地区”(北美、欧洲、日本工业带)之外的第一个新兴工业带。杨万明在《论拉美国家的发展模式转型与发展困境》(载《拉丁美洲研究》,2006年第6期)一文中指出,进口替代工业化发展模式使拉美经济实现了长达30年的稳定增长,创造了拉美“发展奇迹”。

但是“奇迹”不能持续,因为模式本身有弊病。周穗明等在《现代化:历史、理论与反思:兼论西方左翼的现代化批判》(北京:中国广播电视出版社,2001年,第130页)一书中指出,进口替代战略并非一剂万能良方,其理论前提存在着两个明显的缺陷,一是它夸大了国际贸易结构的不平等以及国内市场的容量,用一种封闭的经济体系来替代开放的世界市场。二是它夸大了经济增长产生的积极效果,认为只要经济增长了,所有社会、政治经济等问题会迎刃而解。由于这些缺陷的存在,从60年代中期起,进口替代战略的消极影响逐渐显现出来。

吴洪英在《从经济安全视角看拉美现代化模式选择》(南开大学世界近现代史研究中心

编:《世界近现代史研究(第三辑)》,北京:中国社会科学出版社,2006,第187页)一文中指出,拉美国家的经济增长曲线是与美国经济周期密切相关的。由于拉美在国际格局中处于被动弱势地位,以美国为首的发达国家主导的世界格局的变动仍将是影响拉美国家现代化进程的重要因素。最终拉美还是陷入了各种危机中。

苏振兴在《关于拉美国家现代化研究若干问题的探讨》(载《学术探索》,2006年第2期)一文中指出,从一定意义上说,拉美国家既是现代化的"先行者",又是现代化的"落伍者"。近年来,在国际范围内流行着诸如"拉美化"、"拉美病"、"拉美陷阱"等说法,其中心意思是说拉美国家的现代化(或发展)进程遭遇了挫折。甚至直到今日,拉美国家仍在艰难地摸索国家经济社会发展模式。

2. 东亚"四小龙"模式

徐天新、梁志明在《世界通史(当代卷)》(崔连仲等主编:《世界通史(六卷本)》,北京:人民出版社,1997年,第343—345页)一书中提到东亚"四小龙"模式的形成。韩国、新加坡及中国的台湾、香港地区,从20世纪60年代起,尤其是70年代经济高速发展,引起世界关注,被称为"70年代的经济奇迹"。这都属于儒家(龙文化)的文化圈,人们通常称它们为亚洲"四小龙"或亚洲"四小虎"。亚洲"四小龙"在50年代普遍推行的是"进口替代"战略,早期的战略着重发展劳动密集型的加工工业。60年代,亚洲"四小龙"先后完成了从"进口替代"向"出口导向"的战略转换,"出口导向"战略实施的阶段是亚洲"四小龙"经济发展的重要时期。

东亚"四小龙"模式主要是指东亚"出口导向模式",其主要特征在娄晓黎的《东亚、拉美发展模式对发展中国家现代化进程中政府干预的启示》(载《当代经济研究》,2003年第6期)一文有指出:依靠国内高储蓄和大量利用外资,实现高增长;以出口加工业为技术产业,带动其他产业的发展;与国际经济接轨早,管理水平高,竞争力比较强;积极引进、吸收和追赶国外先进技术,注意产业结构升级换代;构筑阶梯型产业分工,地区内经贸联系紧密,区域内发展形成良性互动。

于是"东亚奇迹"诞生了,何顺果在《世界史:以文明演进为线索》(北京:北京大学出版社,2012年,第305—309页)一书中指出,东亚"四小龙"大约仅仅花了20年时间,就分别实现了现代化而崛起于东亚,由北到南建成西方"核心地区"之外的第二个新兴工业带,并且是名副其实的"新兴工业带",令世人瞩目。

罗荣渠、董正华在《东亚现代化:新模式与新经验》(北京:北京大学出版社,1997年,第80—82页)一书中指出,一些发展经济学家主要从经济体制和发展战略来探索东亚"四小龙"的成功,如著名发展经济学家古斯塔夫·拉尼斯认为:"它们的成功主要归因于其外向型的发展制度和它们力图把自己完全置于市场竞争中的愿望。"一些倾向于新古典学派的发展经济学家们抓住了东亚"四小龙"发展的一些基本因素:它们常常轻视政府有效的宏观调控对经济发展的重要作用,忽视非经济因素(包括政治的、历史的和文化的因素)对经济增长的相互作用。一些历史学家和社会学家热心于以社会文化角度探讨东亚地区与西方国家现代化的不同模式和道路,阐明东方儒教文化的价值体系和伦理规范对东亚后发型工业化过程所起的作用。无疑这些都是有益的探索。

余伟民在《世界通史·第三编,现代文明的发展与选择——20世纪的世界史》(王斯德主编：《世界通史》，上海：华东师范大学出版社，2009 年，第 222 页）一书中指出，“东亚经验”有三：第一，政府确立了经济取向的现代化发展路线，并拥有足够的政治权威和组织动员能力去推行这一路线。第二，以建构市场经济体制为目标，进行社会体制结构的改革，形成稳固的现代社会基础。第三，抓住发展机遇，适时采用外向型发展战略，在参与国际竞争中谋求突破。

东亚模式曾因惊人的经济增长速度和成果受到关注与推崇，但这一模式是否具有可持续性尚存疑问，特别是 1997 年爆发的危机促使学者从经济学角度探讨东亚模式的缺陷。如牛海、汤建光在《东亚追赶型发展模式的缺陷分析及对我国的启示》（载《经济问题探索》，2007 年第 8 期）一文中指出，东亚经济发展取得成功的主要原因在政府主导的市场经济发展和对西方技术的模仿、引进，但进一步的发展却受制于政府的过多干预和长期的“模仿”，导致东亚经济发展模式缺陷明显，表现在四个方面：第一，东亚国家技术创新能力不强，影响经济的可持续发展，这是最致命的。第二，经济发展过于依赖投资和出口存在很大的隐患，这是东亚模式的一大软肋。第三，对外汇资产的过度偏好与储备造成不良经济后果。第四，能源供应和环境压力巨大。

所以，在惊讶东亚奇迹的同时，也要关注东亚模式的教训。翟年祥、项光勤在《东亚现代化模式对中国现代化的启示》（载《学术界》，2010 年第 8 期）一文中指出，东亚模式的三个教训：第一，超市场的国家干预不能过多，政府在不同时期特别是在后期对市场干预过度会诱发金融危机和政府腐败。第二，对外依赖不能过分，东亚模式过分依赖以美国为首的西方少数发达国家。第三，避免发展速度过快而造成的“泡沫经济”。

3. 印度“混合”模式

徐蓝在《世界近现代史 1500—2007》（北京：高等教育出版社，2012 年，第 316 页）一书中指出，印度的“混合”模式与拉美的“中间道路”思路基本相同，即吸收社会主义的经验来克服资本主义经济发展过程中的弊端。其主要做法是在承认私有制的前提下，接受社会主义的某些主张，强化国家对经济的干预，大举创建国营企业，将工业现代化作为主要发展目标。这种模式被称为“混合经济”。

刘阿男在《中印经济发展模式比较研究》（辽宁大学 2009 年博士学位论文，第 80—83 页）一文中指出了印度“混合”模式的特点：以公营企业为主导公私并存的产权结构；实行计划经济并优先发展重工业；对私营企业实行既保护又限制的双重政策；自力更生、实行进口替代发展战略。

美国学者帕尔默在《现代世界史》（何兆武等译，北京：世界图书出版公司，2008 年，第 767 页）一书中指出，印度独立前后的国情使印度领袖认可“混合”模式。帕尔默指出，尼赫鲁明白私人资本主义企业的必要性，但尼赫鲁相信经济计划，政府控制和事关国计民生的工业部门的国有化也是必需的。在尼赫鲁的领导下，混合经济体制下的一个现代工业化的印度开始成型，并在此后的年代里在很多方面取得了引人注目的增长（编者按：国民经济有了一定的增长、重工业和基础工业发展迅速、农业方面取得了明显成就、实现了科学技术和国民教育水平的快速提高）。

李云霞在《中印现代化比较研究》（东北师范大学 2007 年博士学位论文，第 58 页）一文中指出，随着时代的发展，印度“混合”模式必须转轨，并谈到了原因：印度独立后，尼赫鲁立足国情，确定的工业化道路是中间道路即印度式的社会主义，其特色是半管制经济、社会主义和进口替代。这条道路在印度的确立和发展，有其深刻的历史背景和现实原因。它在特定的条件下促进了经济的发展，但当具体条件发生变化时，这条道路的弊端就日益明显。具体表现在以下两个方面：第一，半管制经济最大的弊端是缺乏竞争机制，效率低下。第二，它的封闭性。由于长期执行内向型发展战略，把自力更生误解为自给自足，印度的产品很少出口，在国际上缺乏竞争力，贸易赤字连年上升，以至于1991年出现了严重的国际收支危机。种种弊端和危机都促使印度继续探索一条适合印度国情的新工业化道路。

4. 其他模式

非典型经济发展模式在学者著作中大多没有系统介绍，部分学者有提及，如徐蓝在《世界近现代史1500—2007》（北京：高等教育出版社，2012年，第318页）一书中提到了不发达国家的农矿原料出口型经济发展模式：大多数发展中国家主要依靠出口其他原材料、农矿产品和初级产品等维持国民经济的发展。这些发展中国家经济发展迟缓，属于中低收入的国家。

周巩固在《世界文明史》（西安：陕西师范大学出版社，2012年，第265页）一书中提到了笼统的中东模式。在经济上，海湾石油国家的经济几乎完全依靠丰富的石油资源的出口，实行的是资源出口型经济发展道路，其他行业相对凋零。但伊朗和伊拉克却并非完全依赖石油，在推行石油出口的同时，两国积极发展工业，走上了综合发展的现代化道路。

舒运国在《试析20世纪非洲经济的两次转型》（载《史学集刊》，2015年第4期）一文中提到非洲模式的变化。非洲国家经历了独立初期的搬用外部发展模式和1980年代按照世界银行“结构调整方案”所进行的探索，再到1990年代后非洲国家提出了“联合自强、自主发展”的经济发展战略。

（二）借鉴众长的模式发展

1. 模式的同向与趋势

虽然这些模式各具特色，甚至各放异彩，但它们作为第三世界的现代化经济模式亦有其同向性与发展趋势。王宏彬在《比较与借鉴：发展中国家现代化模式探析》（载《当代世界与社会主义》，2005年第4期）一文中指出，发展中国家现代化模式发展战略的共同性体现在：都是落后国家为赶超现代化潮流而建立的社会发展模式，它们都以现代经济增长理论为基础，把实现经济高速度增长作为首要目标，也都使本区域国家和地区平均达到了中等收入国家的水平。发展中国家的现代化发展战略，大致经历了从原料和初级产品出口战略，到进口替代型发展战略和出口导向型战略。一些国家取得了显著成效，但是，这些发展战略存在着严重缺陷。因此，发展中国家应该制定社会经济综合发展战略，在战略目标上实现经济增长、公平分配和自力更生三者有机统一。王宏彬也提出，发展中国家现代化模式目前的发展有互相接近的趋势，主要表现有三：第一，都比较重视市场的作用，鼓励私人资本的发展和自由竞争，都致力于推动区域经济一体化，重视在市场经济的框架内进行现代化建设；第二，积极强调政府的经济干预功能，强调国家对国内市场的保护，推行“后进口替代工业化”，进行结构性改革，扩大市场调节作用，加快对外开放步伐，推行私有化，进行财政节制，强调要让私人部门占主导地位;第三,调整经济结构,理顺各种关系,加大现代化建设和改革开放步伐,形成经济发展模式相互靠拢的现代化格局。

2. 模式的借鉴与归宿

对现代化发展模式要借鉴与汲取,方可少走弯路。王宏彬在《发展中国家经济现代化模式比较及借鉴研究》(东北师范大学 2005 硕士学位论文,第 28—31 页)一文中指出,第二次世界大战后,拉美、东亚和印度在实施不同经济现代化发展模式中的得失,为我们提供了六点借鉴意义:(1)选择适度均衡协调发展的现代化模式。(2)确立科学的经济现代化发展战略,即创新战略、学习战略、跟进战略、联合战略。(3)发挥国家政府在经济现代化中的干预作用:第一,政府要突出发展教育和科技,培养国民的创新思维和创新能力;第二,约束社会经济活动中的政府行为,充分发挥市场机制的作用;第三,转变经济增长方式。(4)发挥传统文化在实现我国现代化中的积极作用。(5)民族经济现代化与外向型经济现代化共同发展的道路。(6)促进经济现代化中市场化与生产力现代化协调发展。

第三世界选择了或者说创造了这些经济发展模式,实质是要解决第三世界的发展问题。钱乘旦在《现代化研究的理论与实践》(载《光明日报》,2016-07-06)一文中指出,"模式"或"道路"是现代化的执行方式,也是现代化研究的重要内容。

叶南客、李芸在《综论发展中国家的现代化道路》(载《社会科学研究》,1997 年第 2 期)一文中指出,走向现代化是所有发展中国家包括不发达国家的共同发展目标。现代化是指社会整体的全面发展,但起关键作用的是经济和科技的进步,只有在科学和经济上达到当代的世界先进水平,才可被公认为实现了现代化。由此可以得出结论:现代化是当代人类超越社会制度的最高命题。在此基础上,发展中国家走向和实现现代化的主要标志和目标便可归纳为:以国民经济持续增长为动力,以工业化为核心的经济现代化;以组织管理科学分层、制度创新为基点,以追求效率、秩序、民主为目标的政治现代化;以社会流动加速和普遍性社会关系建立为内涵,以城市化为社会景观特质的社会结构现代化;以人的素质提高和生活方式、价值观念变革为主体,以现代大众传播方式的普及为载体的文化和人的现代化。

教学设计

设计一:让世界多一种选择——"不结盟"由思想到实践

设计意图

"不结盟"包括不结盟思想、不结盟政策、不结盟运动,"不结盟"在冷战时期对世界发展产生了重大影响。本设计通过了解第三世界国家精英根据国情与国际形势而孕育不结盟思想的过程,使学生感悟一种外交思想是诸多因素共同作用的结果;通过"不结盟"由思想发展成为运动的历程,使学生更深刻地感受时代对历史事物发展的影响,进而提升学生的时空观念,培养学生运用唯物史观来解释历史现象、剖析历史问题的意识。

设计方案

导入新课： 一提到"不结盟"，我们必然会想到不结盟运动，其实"不结盟"应该包括不结盟思想、不结盟政策、不结盟运动。让我们回顾第二次世界大战后对世界发展产生了重大影响的"不结盟"由思想到实践的发展历程。

一、不结盟思想的孕育：第三世界精英对国家与世界的考量

材料呈现：

材料一 不结盟的思想早在南斯拉夫、埃及、印度这些国家独立伊始，甚至还在它们争取独立的斗争过程中，就已萌芽并逐渐形成了。

——尹承德：《波澜壮阔的时代洪流——不结盟运动》，载《国际问题研究》，1983年第2期。

材料二 南斯拉夫、埃及、印度三国二战后，由于种种原因没有加入到互相对立的两大阵营中去，而选择了不结盟道路。这三个典型国家反映了二次世界大战后中间地带国家的普遍心理和愿望。

——辜建中：《不结盟运动初探》，载《南昌大学学报(人文社会科学版)》，1983年第4期。

材料三 独立之后尼赫鲁为印度选择了一条"从一切现存制度(俄国的、美国的以及其他的)中吸取精华的第三条道路(兼有公营、私营经济的第三条道路模式)"，这一国内(经济)发展模式决定了印度实行不结盟外交的某种必然性。

——张忠祥：《论尼赫鲁的不结盟外交》，载《华东师范大学学报(哲学社会科学版)》，2001年第4期。

材料四 亚非会议以后，南斯拉夫总统铁托受到启示，萌生了不结盟思想。1956年7月，铁托邀请埃及总统纳赛尔、印度总理尼赫鲁在南斯拉夫的布里俄尼岛举行了一次具有历史意义的会谈。在会谈中他们就世界范围内实现民族独立国家之间的团结问题进行了磋商，逐步明确了不结盟思想。

——畅征、刘青建：《发展中国家政治经济概论》，北京：中国人民大学出版社，2001年，第14页。

问题设计： 根据材料一、二、三、四，指出不结盟思想的孕育受到哪些因素的影响？结合所学知识，谈谈不结盟思想如何在国际舞台上发挥其影响力。

教师引导学生分析： 影响不结盟思想产生的因素有：第一，受到第三世界国家的独立运动、民族解放运动的影响；第二，受到第二次世界大战后冷战格局的影响，第二次世界大战后中间地带国家不愿卷入争霸任一阵线的普遍心理、愿望；第三，要求维护新兴独立国家政治独立、经济发展的影响；第四，第三世界国家领导精英高超政治智慧的影响；第五，中国提出的和平共处五项原则思想以及1955年万隆会议的"求同存异"原则的影响。不结盟思想在冷战初期产生，是这一时代的必然产物，不结盟思想也是新兴独立国家在政治上自保、在经济上自立的体现，所以不结盟思想获得了大多数第三世界国家认可。不结盟运动的潮流开启了独立于结盟和遏制之外的另一种世界战略选择，当不结盟思想扩展为不结盟政策演变为世界性的不结盟运动之时，这股不结盟的潮流才可真正发展起来。

二、不结盟运动的浮沉：冷战时“兴”与冷战后“衰”

1. 冷战时期的不结盟运动

材料呈现：

材料五 不结盟运动反对超级大国的霸权主义，反对富国剥削穷国，要求建立新的、平等的国际政治经济关系，正是不结盟运动的本质和灵魂，也是它的伟大作用和意义之所在。不结盟运动这个本质符合时代潮流，体现了历史的要求，是任何人也改变不了的。

——尹承德：《波澜壮阔的时代洪流——不结盟运动》，载《国际问题研究》，1983 年第 2 期。

材料六 不结盟运动兴起的最主要的一个原因就是不结盟国家维护世界和平、防止爆发新的世界大战，从而达到维护自身的政治独立和发展的希望。对反对帝国主义与殖民主义、反对种族主义、反对核试验、反对军备竞赛等共识使不结盟国家站在了国际道义的制高点上，并赢得了两大阵营内民众和许多国家的同情和支持。

——陶亮：《尼赫鲁“世界和平”思想刍议》，载《东南亚南亚研究》，2014 年第 4 期。

材料七 冷战时期不结盟运动高度重视对世界经济形势的评估工作，以揭示国际经济旧秩序维护国际垄断资本的全球剥削的实质。因此，不结盟国家和政府首脑们一再表达了要求变革国际经济旧秩序的良好愿望。在此基础上，不结盟运动提出了自己的国际经济新秩序方案，从而对战后国际经济关系的发展产生了深刻的影响。

——高志平：《冷战时期不结盟运动对世界经济形势的评估》，载《湖北社会科学》，2011 年第 2 期。

问题设计：根据材料五，指出不结盟运动的本质与灵魂。根据材料并结合所学知识，概括不结盟运动在冷战时期斗争的特点与影响范围。

教师引导学生分析：不结盟运动的本质和灵魂是反对大国的霸权主义，反对富国剥削穷国，要求建立新的、平等的国际政治经济关系。冷战时期不结盟运动斗争有如下特点：斗争矛头由最初指向新老殖民主义转向反对美苏两个超级大国的霸权主义；斗争领域从政治领域逐步扩大到经济领域，特别是要求建立国际经济新秩序，进一步增强了其在国际舞台上的政治地位。不结盟运动在冷战时期影响巨大：影响了世界政治格局的变动，缓和了国际紧张局势，加速了非殖民化的进程，支持一切国家为平等参加新的国际政治国际经济秩序的斗争，增加第三世界的联合自强与国家话语权，反对军备、核试验，防止爆发新的世界大战。

2. 冷战后的不结盟运动

材料呈现：

材料八 两极格局的打破，并没有改变大国主宰世界政治、经济和军事等国际事务的局面。相反，由于苏联为首的东方集团的瓦解，西方大国强权政治和霸权主义变本加厉，它们可以肆无忌惮地对第三世界国家施加压力。

冷战期间，不结盟运动在为发展中国家争取经济利益方面起过重要作用，冷战后，发达国家不再需要利用过去的“中间地带”，对发展中国家的经济援助减少。

有些第三世界国家为了尽快加入西方发达国家的区域经济一体化组织或是为了赢得发达国家的经济技术援助和减免债务的优惠，甚至宣布退出不结盟运动。

——孙若彦：《冷战后不结盟运动与第三世界问题研究述评》，载《理论学刊》，2005年第7期。

材料九 进入21世纪，有着30多年斗争历史的不结盟运动并没有衰落下去，在经过成员国多次激烈争论之后，根据国际形势的新变化，逐步将工作重心调整到促进自身经济发展、营造有利于第三世界国家发展的国际大环境等问题上来。

——薛琳：《跨越新世纪的"不结盟运动"》，载《党课》，2011年第1期。

问题设计：根据材料，概括冷战结束后不结盟运动面临的挑战。结合所学知识，说明21世纪的不结盟运动仍没有衰落的原因。

教师引导学生分析：冷战结束后不结盟运动面临着各种挑战：不结盟运动在处理重大国际政治和经济问题上缺乏权威性和主导性；维护第三世界经济利益的作用有所减弱；不少第三世界国家热衷参与世界经济区域化组织，不结盟运动内部凝聚力下降。但是，直到21世纪的不结盟运动仍没有衰落，这是因为不结盟运动有30多年的国际斗争经验；不结盟运动注重工作重心的转型，同时营造有利于第三世界国家发展的国际大环境，不结盟运动还加强与中国、俄罗斯等大国的合作。不结盟运动会随着时代的发展而发生变化。不结盟运动是冷战时期特殊的产物，在冷战时期会发挥重要作用。随着冷战的结束，两极的坍塌，不结盟作为一种运动，其影响力必然会下降，但不结盟作为一种思想却是具有永恒魅力的，其在当代仍发挥着作用。

三、不结盟的延伸：中国与不结盟

材料呈现：

材料十 人所共知，50年代，中国实行"一边倒"的对外政策，对尼赫鲁的不结盟政策持批评态度，认为……"中立是一种幌子"……尽管如此，中国的对外政策实际上却有很多重要内容与不结盟政策所倡导的是一致的，比如不同社会制度的国家应和平共处，比如反对帝国主义、殖民主义对第三世界国家的奴役，反对军事条约的存在等等。

——王联：《50年代中国在尼赫鲁外交中的地位》，载《南亚研究》，1994年第3期。

材料十一 1961年不结盟运动兴起时，中国与这一运动的重要发起者印度和南斯拉夫的关系处在僵持状态，但这并没有影响到中国对不结盟运动的态度。相反，中国对不结盟运动反帝、反殖的总政策，予以了高度评价和积极支持。

——刘中民：《中国对发展中国家外交战略六十年》，载《国际展望》，2009年第2期。

材料十二 到了80年代，国际上出现了和平与发展的新形势，同时中国的改革开放也迫切需要一个和平的国际环境，所以，中国才关注不结盟运动的成功经验并采用尼赫鲁所倡导的不结盟这种比较务实的外交政策。

——张竹云：《关于我国不结盟外交战略问题研究》，东北师范大学2004年硕士学位论文，第12页。

材料十三 关于(中国改革开放后)不结盟外交与独立自主外交政策的关系，基本可以认定不结盟是独立自主外交政策的组成部分，是服务于独立自主的重要手段。

——凌胜利：《中国为什么不结盟？》，载《外交评论（外交学院学报）》，2013年第3期。

问题设计：根据材料，概括新中国在不同时期对不结盟运动的态度，简要说明其实质。

教师引导学生分析：中华人民共和国成立初期，中国受“一边倒”外交政策和意识形态观念影响较大，对不结盟政策持批评态度，但中国对外政策理念与不结盟运动反帝反殖总政策相一致；改革开放新时期，在和平发展潮流下，受尼赫鲁的不结盟思想与不结盟运动的影响，产生了中国式的不结盟外交。总体而言，中国式不结盟是服务于独立自主外交原则的重要手段。究其实质，是国家利益至上原则的体现，外交政策是服务于国家利益的。

教师指导学生小结：由此可见，不结盟由思想到实践，反映出不结盟的价值与影响。不结盟在冷战时期产生的价值在于：使一个处于美苏争霸国际阴影笼罩下的国家，可以选择拒绝结盟的同时又与不同国家保持相对良好的合作关系。不结盟运动因冷战时“兴”，又因冷战后“衰”。通过分析不结盟对当今世界的影响，我们要懂得运用不结盟的灵魂、精髓——如何在大国博弈中求生存、如何在世界风云突变中求发展的智慧与策略。

设计二：新世纪中国给世界的礼物——中国方案与担当

设计意图

“中国模式”、“中国方案”等词语成为新世纪以来世界各国议论的热点词汇。本设计通过对“中国模式”概念的解读，使学生了解“中国模式”对中国经济发展的重要性；通过对不同时期中国应对世界问题的不同方案，多角度地理解中国方案的实质，认识“中国模式”是中国方案的根基，进而引导学生用发展观点来审视历史事物，从“中国模式”、“中国方案”中产生国家自信、国家自豪感，培养家国情怀。

设计方案

导入新课：21世纪以来，世界经济陷入国际金融危机后的深度调整，中国经济发展却进入了“风景这边独好”的新常态。各国特别是第三世界的发展中国家，都在期待中国为世界的发展提出新的中国方案。中国坚持互利共赢开放战略，建设开放型世界经济，勇于提供中国方案，做出中国担当。

一、“中国模式”是中国方案的基石：对国家的担当

材料呈现：

材料一 中国模式是政府计划指导下的市场经济，即政府主导型市场经济。中国模式实行以市场调节为基础，国家调节为主导式的资源配置方式，通过非均衡发展战略和出口导向战略实现经济起飞。

——张荣：《“中国模式”再研究》，载《南都学坛：南阳师范学院人文社会科学学报》，2017年第1期。

材料二 2014年2月17日,习近平指出:“所谓的‘中国模式’是中国人民在自己的奋斗实践中创造的中国特色社会主义道路。”在这里,习近平总书记总结国际社会对“中国模式”的讨论,把“中国模式”等同于“中国道路”。

——成龙:《对国外“中国模式”是否存在的历史解答》,载《南京政治学院学报》,2017年第1期。

材料三 经过了30多年的改革开放,我们积累了丰富的发展经验与发展成果,“中国模式”越来越成熟,可供第三世界国家借鉴的方面也就越来越多,为发展中国家提供了一条可供借鉴的现代化新路。

“中国模式”的成功证明社会主义的建设道路不只有一种模式、一种选择。一种模式的失败并不能代表社会主义的失败。它为社会主义的发展提供了更多可能性。如何把马克思主义本国化、民族化是推动社会主义国家发展的关键所在。

——卢海洋:《国际化视野下“中国模式”价值研究》,载《湖北经济学院学报(人文社会科学版)》,2017第6期。

问题设计: 根据材料一、二,如何理解“中国模式”? 根据材料三,谈谈“中国模式”可能产生的影响。综合上述三则材料,你从“中国模式”的成功中得出什么启示?

教师引导学生分析: 材料一的“中国模式”主要从经济模式的角度来分析,是以市场调节为基础,国家调节为主导式的资源配置方式,即正确处理政府和市场的关系是中国经济发展模式的鲜明特色。材料二的“中国模式”主要从发展道路来分析,“中国模式”就是中国特色社会主义道路,是中国特色社会主义建设的经验概括总结。“中国模式”对发展中国家和社会主义运动都有深远影响,对发展中国家而言,为其树立了可供效仿的榜样,对社会主义运动而言,让社会主义有远大前途,也为其他社会主义国家提供了新鲜经验。“中国模式”成功的启示是,一种现代化模式的成功必须根据本国国情,通过创新和探索找到适合本国发展的道路,在保持国家稳定的基础上,自主地谋求经济、政治和社会的全面而持续的发展。“中国模式”证明了世界上不可能只有一种发展道路、一种模式,每一个国家、每一个民族都应该一方面学会收获全球化的成果,借鉴世界的文明成果,另一方面要脚踏实地地认清自己的国情,然后在国与国之间进行平等的对话,从而推动一种包容性的发展。“中国模式”不仅属于中国,也应该属于世界。“中国模式”的形成与发展既受国际环境的影响,顺应经济全球化的发展大势,同时又反过来极大地影响了当代世界历史的进程。“中国模式”会在经济增长方面对世界的发展起作用,那么由“中国模式”又会延伸哪些可以在世界范围内产生共鸣和影响力的中国方案呢?

二、“金砖”国家的方案:对伙伴的担当

教师讲述: 中国等新兴经济国家的崛起,引起了世界瞩目,“金砖”国家的概念于2001年由高盛集团作为投资市场理念而提出,但“金砖”国家却是在中国带领下走出一条金砖合作的发展之路。

材料呈现:

材料四 光明日报社副总编辑沈卫星指出,过去十年,金砖国家以经济合作为主线,建立起覆盖政治、经济、人文交流与合作的全方位、宽领域、多层次的伙伴关系,但不稳定因素

仍然存在，金砖五国应加强宏观经济政策协调，把握新兴领域合作机遇。

——曲一琳、赵凡：《2017年金砖国家智库论坛举行　建言发展对接　寻求共同繁荣》，载《光明日报》，2017-06-09。

材料五　经过2011年扩员，目前金砖国家成员也只有5个，其成员数量与欧盟、东盟、南美国家共同体及环印度洋联盟等相比偏少；在新兴国家和发展中国家中的代表性不强，印尼、墨西哥、土耳其、尼日利亚等重要新兴大国没有被纳入其中。与其他一些多边组织相比，综合实力也不够，在全球治理中的地位和影响力自然受到限制。

——林跃勤：《合作机制理论与完善金砖国家合作机制研究》，载《亚太经济》，2017年第3期。

材料六　古巴《格拉玛报》称，这几年金砖国家乃至整个世界正在经历的一个现象是中国的领导力增强。中国不仅振臂高呼推动倡议和政策，而且主导所展开的大部分项目的融资。该报举例称，中国在厦门会晤中提出的推动务实合作和南南合作的意见是适合全世界大部分国家的一个选项，也表明了中国有能力为金砖国家指路，并领导国际经济和地缘政治。

——严瑜：《中国成为国际舞台最亮明星》，载《人民日报海外版》，2017-09-25。

材料七　2017年“两会”上，王毅部长首次提出了“金砖＋”的概念，这是传统金砖合作的拓展模式，“通过金砖国家同其他发展中大国和发展中国家组织进行对话，建立更广泛的伙伴关系，扩大金砖的‘朋友圈’，把金砖合作打造成为当今世界最有影响力的南南合作平台”。

——屠新泉、蒋捷媛：《金砖国家合作与“一带一路”倡议协同发展机制研究》，载《亚太经济》，2017年第3期。

问题设计：材料四、五指出了“金砖”国家合作有哪些不足？材料六、七指出了中国对“金砖”国家的未来有怎样的担当？

教师引导学生分析：材料四、五指出“金砖”国家合作成员国内部不利因素等的制约，以及“金砖”国家合作的代表性、广泛性及稳定性不够，使“金砖”国家综合实力还不够，在全球治理中的地位和影响力受限等不足。材料六、七中指出中国提出了“金砖＋”的概念，以应对传统“金砖”国家合作的不足，与更多发展中国家合作、对话，建立更广泛的伙伴关系。中国日益成为金砖国家的指路者，成为金砖国家合作新模式的设计者，可以推动南南国家经济合作进程。金砖合作是全球化发展的必然结果，而中国始终引领着金砖合作的发展方向，这让“金砖五小伙伴”取得在2006—2016年这10年间对世界经济增长的贡献已经超过50%，成为拉动世界经济增长的重要引擎的巨大成绩。中国给出的“金砖”方案是：要深化金砖合作，助推经济增长；要勇担金砖责任，谋求共同发展；要拓展金砖影响，广交伙伴朋友。

三、“一带一路”的方案：对第三世界的担当

教师讲述：中国的“金砖＋”方案已经在摸索扩大“朋友圈”，中国提出建设“新丝绸之路经济带”和“21世纪海上丝绸之路”的“一带一路”倡议则可以带上更多的伙伴和朋友一起共享发展。

材料呈现：

材料八 中国作为“一带一路”的首倡国，“一带一路”沿线国家多为发展中国家，又有“古丝绸之路”传承而来的“和平、合作、和谐”的国际合作传统。“一带一路”是一个全新的区域发展战略，与历史上其他的区域发展模式相比，它更具包容性、开放性，更能体现多元化和合作共赢的特点，其建设范围之广、合作领域之深也是前所未有。

——张超、张晓明：《“一带一路”战略的国际争端解决机制研究》，载《南洋问题研究》，2017 年第 2 期。

材料九 金砖国家合作机制和“一带一路”倡议的协同发展是新背景下的一个创新想法，由金砖国家提供机制上的支撑，“一带一路”倡议丰富合作的内容和形式，打造出全新的南南合作方式。……作为新兴市场的代表，金砖国家是“一带一路”沿线的重要经济体，在所在区域具有广泛的辐射作用，对于我国“一带一路”倡议的推广和实施具有战略性作用。

——屠新泉、蒋捷媛：《金砖国家合作与“一带一路”倡议协同发展机制研究》，载《亚太经济》，2017 年第 3 期。

材料十 中国的“一带一路”战略所强调的是合作而非对抗，是发展而非遏制。“一带一路”战略是一件中国提供给世界——尤其是世界上的广大发展中国家的重要公共产品，而不是一件用来与现有世界秩序领导者对抗的武器，自然也就谈不上是对美国领导权挑战。

——胡德坤、邢伟旌：《“一带一路”战略构想对世界历史发展的积极意义》，载《武汉大学学报(人文科学版)》，2017 年第 1 期。

材料十一 在全球化去留的十字路口，中国正在积极作为，中国力量成为推进全球化的重要引擎，中国担当发出捍卫全球化的明确信号，中国方案阐述全球治理的清晰路径，“一带一路”预示新一轮全球化的发展图景。……调动发展中国家积极参与、带动欠发达人口共同前行是“一带一路”中国式全球化的最大特点。

——李丹：《“去全球化”：表现、原因与中国应对之策》，载《中国人民大学学报》，2017 年第 3 期。

问题设计：根据材料八、九，“一带一路”倡议的提出利用了哪些有利因素？根据材料九、十、十一，简述“一带一路”倡议的意义。

教师引导学生分析：材料八说明中国利用了“丝绸之路”传承下来的“和平、合作、和谐”的国际合作传统，为“一带一路”开放包容、互利共赢的价值理念奠定了基础。材料九表明，中国“一带一路”倡议充分利用了原有的、跨区域的、已发挥作用的“金砖”国家合作机制的基础，由“金砖”国家提供机制上的支撑，使“金砖”国家在“一带一路”沿线起辐射作用，更利于“一带一路”倡议的推广。中国“一带一路”倡议具有重大意义：第一，对金砖国家而言，加速了金砖国家的合作转型，为金砖国家的新合作带来新路径；第二，对第三世界国家而言，它是调动发展中国家积极参与、带动欠发达人口共同前行的重要公共产品，不是对现有世界秩序领导者的对抗产品；第三，对全球化而言，中国担当发出捍卫全球化的明确信号，“一带一路”方案阐述了全球治理的新路径，预示新一轮全球化的发展图景。中国提出的“一带一路”倡议，是传承了千年和平交往、包容发展跨越时空的中国方案；也是让沿线沿路国家，特别是第三世界国家分享中国发展红利的中国方案；更是找到了全球性问题病症的中国方案，即对全球发展失衡对症下药，致力于帮助过去几十年被全球化遗忘的第三世界广大发展中国家实现更好发展，从而增强全球发展的联动性、均衡性和包容性。

四、人类"命运共同体"方案：对全人类的担当

教师讲述："一带一路"的中国方案给出的是要合作而非对抗，要共赢而非零和，要伙伴而非结盟，要建"大家庭"而非"小圈子"，要造"百花园"而非"后花园"。当前全球问题层出不穷之时，中国又将对一个更大的"建设一个什么样的世界、如何建设这个世界"人类课题给出什么中国方案呢？

材料呈现：

材料十二 人类社会正处在大发展、大变革、大调整时期，世界多极化、经济全球化、社会信息化、文化多样化深入发展，各国相互联系、相互依存，全球命运与共、休戚相关，和平、发展、合作、共赢的时代潮流更加强劲。同时，人类也正处于一个挑战层出不穷、风险日益增多的时代。世界经济增长乏力，全球发展鸿沟日益凸显，局部冲突时有发生，冷战思维和强权政治阴魂不散，恐怖主义、难民危机、重大传染性疾病、气候变化等非传统安全威胁持续蔓延。正是基于对世情的科学判断，习近平同志创造性地提出中国方案：构建人类"命运共同体"，实现共赢共享。当前，人类"命运共同体"理念在国际社会的认同度不断上升，已写入联合国决议。人类"命运共同体"理念为全球治理贡献了中国智慧，正在成为推动人类和平发展的价值共识。

——双传学：《从历史经验看科学判断形势》，载《人民日报》，2017-09-27。

材料十三 人类"命运共同体"有三大世界意义：对人类文明发展道路多样化的肯定而非否定，为人类文明发展提供了新资源；对传统的斯大林社会主义模式是超越而非简单复苏，赋予了社会主义以新内涵：对现行世界经济政治体系是朝公平正义方向的推进而非颠覆，通过促进世界和平发展事业从而为推进人类解放进程作出了新贡献。

——陈锡喜：《"人类命运共同体"视域下中国道路世界意义的再审视》，载《毛泽东邓小平理论研究》，2017年第2期。

问题设计：根据材料十二与所学知识，指出人类"命运共同体"方案的提出与实施存在哪些有利的主要因素。根据材料十二、十三，谈谈你从人类"命运共同体"方案的成功提出得出哪些启示。

教师引导学生分析：从世界潮流而言，当前世界处于大发展、大变革、大调整时期，全球命运与共、休戚相关，和平、发展、合作、共赢的时代潮流更加强劲，这些提供了有利国际条件；从认可共识而言，人类命运共同体理念已写入联合国决议，表明认同度上升，已在国际社会形成共识；从探索实践而言，中国"一带一路"倡议早已实施，并取得巨大的成绩，是构建人类命运共同体的探索和实践。从中国担当而言，崛起的中国对全人类发展问题更显积极、更显自信。人类"命运共同体"方案提出带来了深刻的启示：第一，国际方案的及时出台，必然是在世界发展显现了大弊病、大问题之际；第二，国际方案可正常实施，必然要减少与既得利益国家、集团的大冲突；第三，国际方案能持续作用，必然是兼顾大多数国家利益，还能对各国原有模式、道路发展、秩序进程有所改善。

教师指导学生小结：中国好，世界才能更好。中国好，是因为有结合中国国情发展模式的"中国模式"。中国特色社会主义道路为中国人民开辟了国家富强、民族振兴、自身幸福的光明前景，也给世界人民带来和平发展的新希望。世界好，中国也会更好。随着中国经济的发展，中国相继为世界给出"金砖"方案对伙伴的担当、"一带一路"方案对第三世界的担当、人类"命运共同体"方案对全人类的担当。这些方案强调共赢共享，拓展了发展中国家走向现代化的途径，为解决人类问题贡献了中国方案。中国方案给世界注入信心，为世界指引方向，让世界看到更多可能性，这正是中国为人类做出的"新的更大的贡献"。

教学资源

资源1：第三世界仍有存在价值

第三世界的概念是否真的应被抛弃了呢？回答当然是否定的，在将第三世界弃于历史的废墟之前，我们还需三思而后行。

第一，虽然冷战对于理解第三世界至关重要，但第三世界的历史不能局限于冷战，第三世界运动应该被置于一个更广阔的历史视阈中。第二，如今新兴国家的崛起与20世纪70年代的西方世界危机密切相关。第三，20世纪70年代的第三世界运动是一场联合政治运动，这构成了一个基本的外交事实，对于理解如今新兴国家的外交政策也至关重要。最近，由新兴国家和地区推动的发展中国家多边主义使第三世界联合重新进入公众视野，而20国集团的成立也在全球治理问题上架起了南北对话的桥梁。第四，包括印度、巴西、南非在内的新兴经济体在各人均指标上的劣势决定了它们仍处于第三世界。第五，在关乎全球问题的对话中，第三世界概念的存在有利于新兴国家的利益。由此可见，第三世界的概念对于理解当今新兴国家的崛起有其积极意义。

——[英]安德烈·赫瑞尔：《新兴国家崛起并不意味第三世界的终结》，笪钰婕译，载《中国社会科学报》，2012-06-13。

资源2：中国决不充当发展中国家的领袖

邓小平在强调中国要联合发展中国家共同反对新霸权主义的同时，再告诫我们，中国不要当发展中国家领袖，不要当发展中国家的头。……即使中国将来发达了，也"永不当头"。这是由中国同发展中国家在反霸斗争中的相互地位和反霸斗争的基本目的所决定的。大家是同一战壕里的战友，是完全平等的关系。建立以和平共处五项原则为基础的国际新秩序，是反对霸权主义的出发点和归宿。……邓小平提出，我们不当头，但并非无所作为。我们要为反对霸权主义、强权政治做出自己的贡献。在国际斗争中，更积极主动地团结发展中国家，共同推动建立国际新秩序。

——颜声毅：《当代中国外交》，上海：复旦大学出版社，2009年，第190—191页。

资源3："北京共识"的影响

2004年5月，美国高盛公司政治经济问题资深顾问兼清华大学教授乔舒亚·库珀提出了"北京共识"（中国的发展模式是一种适合中国国情和社会需要、寻求公正与高质增长的发展途径）。虽然北京共识认为各国的经济发展没有放之四海而皆准的规则可循，但是中国模式对发展中国家具有借鉴意义。即发展中国家在谋求经济发展时，必须根据本国国情，通过创新和探索找到适合本国发展的道路，在保持国家稳定的基础上，自主地谋求经济、政治和社会的全面而持续的发展，而不能盲从西方的理论、政策和为其设定的发展模式，不惜代价地盲目改革和对外开放。其中最为根本的就是，中国的发展道路是独立自主、以我为主的发展道路，发展是结合本国国情的探索与创新。

——冯特君：《当代世界政治经济与国际关系》，北京：中国人民大学出版社，2011年，第340页。

资源4：从拉美国家现代化的差异性发展中大致可以归纳出某种同一的范式

在独立之后，拉美现代化进程呈现出一种相似的“阶段性模式”：在意识形态上先后经历了古典自由主义、实证主义、民众民族主义、发展主义、新自由主义分别占据主流的阶段；在政治上先后经历了考迪罗主义、寡头威权主义、民众威权主义、官僚威权主义和向现代民主转型的阶段；在经济上先后经历了独立后的经济停滞、初期产品出口导向、一般工业消费品的进口替代、耐用消费品的进口替代、新型出口导向等发展阶段。从其外部环境看，在第一次世界大战之前主要受欧洲特别是英国的影响，第一次世界大战之后，尤其是第二次世界大战之后，美国对该地区的影响居于支配地位。如果说一定要给拉美现代化概括出一个比较简单的模式的话，其主要表现有：现代化启动的动力来自外部的挑战，是外源型的现代化；经济运行方式主要属于市场经济与政府干预相结合的混合经济；政治运行机制既有议会民主制的文人政权，也有威权主义的军人政权，经常是二者交替出现，在20世纪90年代之前，政治动荡多于政治稳定；社会分化程度较高，两极分化严重，城市化的速度超前于工业化的发展水平，经济发展不足以支撑庞大的城市人口，造成了“过度城市化”现象；文化上属于以天主教文化为主体的混合文化。

总的来说，拉美现代化有喜有悲，有成有败，不能一概而论。一方面，拉美现代化在20世纪取得了长足的进步，经济结构、经济组织和体制、基础设施和国家一体化都发生了重大变革，普通人的生活也发生了显著的变化。尤其值得肯定的是，拉美的进步阶级和社会力量为推动社会的变革，为实现经济发展和社会公正，为摆脱国家的依附地位，始终不断地在与传统的保守势力和外部干涉力量博弈，改革、发展和治理始终是拉美历史的主旋律。但另一方面，就整个拉美地区而言，现代化仍处在进行之中，一些问题亟待解决，如全要素生产率下降、政治民主化的质量不高、收入分配两极分化严重、过度城市化问题突出、体制改革滞后等等。如果与北美现代化的高歌猛进相比，拉美现代化进程的确步履蹒跚。

——韩琦：《拉丁美洲的现代化模式》，载《光明日报》，2016-07-06。

资源5：中东国家的现代化发展模式的特点

中东是发展中国家最早启动现代化的地区之一，属于外源型和后发型。它从点到面，逐步拓展，经历了漫长的演进过程。历史上，中东地区一直是以农牧和小手工业为经济主干的农业社会，按照唯物史观的理论，只要这种社会形态未发生根本性改变，其社会和政治肌体里就难以萌生先进生产力和现代思想赖以生成的内在依据，现代化的诉求更不是本土文化的运动结果。但中东毗邻欧洲，最早受西欧现代化之风的冲击，为该地区较早启动现代化提供了条件。它以奥斯曼帝国为先导，伴随时光的推移和中东政治地图的衍化，经历了由一国到多国，再由多国到所有中东国家的演变过程。不过，中东国家因长期遭受殖民统治和本国具体国情的局限，导致其在推进现代化发展时软硬件基础的先天不足。特别是二战后中东国家现代化战略的“错位”选择，从而注定了中东国家现代化进程的曲折性和迟缓性。

中东国家的现代化发展模式名目繁多，具有多元特色，但大体上都可归类于混合型，是一种尚未定型的现代化选择。它兼具资本主义现代化和社会主义现代化两种模型的不同特点，是将两大对立模型合成而产生的一种中间发展形式。从本质上看，其现代化方向趋于一种边缘化的资本主义发展模式。另一方面，国家的直接干预和“超政府力量”的存在，一直主导着各国的现代化进程。中东地区的现代化运动不是各国经济形态根据自身规律发展或出自社会内在累进的必然结果，主要是由非经济因素并采用强制性手段来推进的，国家和“超政府力量”在很大程度上决定了现代化的方向。现代化的成功与否，取决于国家干预的水准和“超政府力量”所具有的能量。这成为中东国家现代化战略缺乏连续性和一致性的重要原因之一。

——王铁铮：《中东国家的现代化历程及其特点》，载《光明日报》，2016-07-06。

资源6：新兴经济体的兴起

新兴经济体是21世纪初在世界政治经济中出现的一个新词。……出现了“金砖四国”(BRICs，巴西、俄罗斯、印度、中国)、“基础四国”(BASICs，巴西、南非、印度和中国)、“新钻十一国”(N11，孟加拉国、埃及、印度尼西亚、伊朗、韩国、墨西哥、巴基斯坦、尼日利亚、菲律宾、土耳其和越南)等新词。这些新词所指的国家都是与新兴经济体有关的发展中国家。……新兴经济体是一个开放的概念，指的是一批保持着持续增长势头同时具有发展潜力的发展中国家。……

新兴经济体的崛起对世界政治经济将产生不可忽视的影响。新兴经济体的崛起的重要意义在于：有利于遏制美国的单极霸权，反对霸权主义和强权政治，加速世界格局朝着多极化方向发展；有利于南北合作，促进国际金融体系的改革，推动世界经济的发展；有利于推动联合国的改革，并促进联合国千年目标的实现；有利于推动全球治理，促进全球问题的解决；有利于全球和区域的南南合作，带动不同发展层次的发展中国家实现共同发展。

——冯特君：《当代世界政治经济与国际关系》，北京：中国人民大学出版社，2011年，第349—351页。

资源7：周恩来总理致第一次和第二次不结盟国家和政府首脑会议的贺电

贝尔格莱德不结盟国家首脑会议：

值此不结盟国家首脑会议召开之际，我谨代表中华人民共和国政府和中国人民，并以我个人的名义向会议表示祝贺，并愿会议对亚洲、非洲和拉丁美洲各国人民争取和维护民族独立、反对帝国主义的侵略和干涉，反对新老殖民主义，保卫世界和平的事业作出贡献。

中华人民共和国国务院总理　周恩来

1961年8月31日于北京

开罗第二次不结盟国家会议：

值此第二次不结盟国家会议召开之际，我谨代表中国政府和中国人民，并且以我个人名义，向会议表示祝贺。

1961 年第一次不结盟国家会议对世界人民反对帝国主义，争取民族独立和保卫世界和平的事业起了积极的作用。我们高兴地看到，这几年来许多国家取得了独立，多数新独立的国家都宣布奉行和平中立的不结盟政策，他们希望这种政策有助于根绝殖民主义和巩固自己的独立。目前，还有许多国家尚未取得独立，而独立了的许多国家还面临着帝国主义和新老殖民主义的侵略、干涉、控制和颠覆的威胁。我们希望第二次不结盟国家会议在第一次会议取得积极成果的基础上，对亚洲，非洲和拉丁美洲人民反对帝国主义和新老殖民主义，争取和维护民族独立以及世界各国人民反对帝国主义侵略政策和战争政策、保卫世界和平的伟大事业，作出新的贡献。

中华人民共和国国务院总理　周恩来

1964 年 10 月 4 日于北京

——中国国际问题研究所编辑部：《不结盟运动主要文件集》，北京：中国对外翻译出版公司，1987 年，第 647—648 页。

资源 8：柏林危机时不结盟会议国家首脑给美苏领袖的信件

致苏联部长会议主席赫鲁晓夫和美国总统肯尼迪的呼吁书(1961 年 9 月 5 日)

阁下：

我们，1961 年 9 月 1 日至 6 日在贝尔格莱德召开的不结盟国家会议的与会国的国家和政府首脑，坦率地就对我们全体和全世界都极其重要的，有直接利益的问题向阁下提出呼吁。我们不仅是以我们的名义这样做，而且也是出于这个会议和我们各国人民的一致愿望。

……

首先，我们要求阁下和美利坚合众国总统约翰·肯尼迪先生(给肯尼迪总统的信中是这么写的：……阁下和苏联部长会议主席尼基塔·赫鲁晓夫先生)，作为目前对决定和平或战争起关键作用的两个最强大国家的代表，直接举行谈判。我们确信，由于你们都献身于世界和平，因此你们通过不断的谈判而作出的努力，将会使人类摆脱目前的僵局，亦使人类能够创造繁荣与和平，并为了繁荣与和平而生活。

我们确信，阁下将会了解，我们写这封信是出于对和平的热爱和对战争的恐惧，并且是出于这样一种不可抑制的愿望，即在人类面临可怕的浩劫之前，就找出一个解决的办法来，我们也将内容相同的信递交给美利坚合众国总统约翰·肯尼迪先生阁下。(或苏联部长会议主席赫鲁晓夫阁下)

——中国国际问题研究所编辑部：《不结盟运动主要文件集》，北京：中国对外翻译出版公司，1987 年，第 28—29 页。

资源 9：20 世纪亚非拉现代化进程中各自面临的最大问题

不发达国家之间也呈现巨大的差异，每一个地区甚至每一个国家都有其特色。亚洲最大的问题是摆脱传统束缚，让古老的文明去适应现代化内容。亚洲在 20 世纪经历了世界上最大的政治动荡，但是到 20 世纪末，亚洲现代化也取得最大的成就。拉美的问题是独立战争遗留下的，独立迄今近 200 年，拉美仍然在为独立战争没有解决的问题偿付债款；不过，它仍然能实行“低度发展”。非洲的问题是殖民主义造成的，但更严重的是部族主义在当代的蔓延，非洲多数地区仍然在构建民族国家的过程中，非洲的现代化路途漫漫。中东则深陷在各种利益的争斗中，同时，它又把自己纠缠在要“现代”、还是“前现代”、或是某种特定文化意义上的独特的“现代”的无穷无尽的争执中，这使它一再错过了追求现代化的较佳机遇。看起来，不发达之间的不平衡，也许比发达和不发达之间的不平衡更加难以解决。

——钱乘旦：《不平衡的发展：20 世纪与现代化》，载《历史教学（高校版）》，2007 年第 6 期。

资源 10：现代化是一个世界性现象

现代化是一个全球现象，它始于 14、15 世纪的西欧，当时有一些地区走出了封建分裂的状态，开始构建统一的现代民族国家，这种新的国家形态为西欧创造了现代化的必备前提，因此是现代化的起点。在现代民族国家的保护下西欧开始世界性扩张，也开始了它的科学技术革命和商业资本积累。18 世纪英国发动工业革命，将整个世界带向工业文明。之后，现代化就以它的特殊方式向全世界扩张了——起先在西欧，后来在中东欧、北美，然后冲进西亚、北非，接着是南亚、东亚和南美；到 20 世纪，现代化已成为不可抗拒的潮流，时至今日，已经把整个世界都卷入其中了。

然而，什么是现代化？这个问题仍然需要解答。在我们的概念中，现代化是一次巨大的社会变动，是人类文明的一次转换，它在工业生产力取代农业生产力的基础上，实现了农业文明向工业文明的转化。因此，现代化是一种新的文明形式（工业文明）逐渐确立的过程，它包含着全方位的社会变动，不仅包括经济方面的变动，也包括整个社会生活各方面的转型。原有的社会存在将根据能否适应工业文明而决定其取舍，不能适应者将消失，能够适应者经过改造而融入现代。因此，广为流传的“传统”与“现代”的对立其实是一种虚构，在现代化过程中，“传统”与“现代”相互交融。

从这个角度理解现代化，现代化就是一个世界性现象，尽管它的起点在西欧，它的范围却涵盖全世界，任何国家或地区都不可避免地卷入其中，这是近代以来人类社会的共同趋势。既然如此，现代化就是一种共性，是全世界的共同之处。然而在各国、各地区的现代化过程中，由于文化和历史积淀不同，时空与生存环境不同，卷入的人与事不同，思想方法和解决方案不同，因此形成了不同的模式和道路，现代化在各国、各地区显现出巨大的差异性。有些西方学者把他们自己的经历视为全世界的普适现象，把他们自己的历史视为全世界的共同道路。其实，西方国家自己也走不同的道路，也有不同的现代化模式；时至今日，西方国家在政治、经济和社会制度方面仍旧是有差别的，更不用说在文化和生活领域差异更加明显。把这个现象放大到世界，就很容易理解在文化和历史传统千差万别的世界各地，现代化不可能千篇一律。所以，现代化过程既包括共同性也包括特殊性，共同性和特殊性交叉在一起，构成了世界现代化复杂而丰富的画卷。我们研究世界现代化，既要研究其共性，也要研究其特殊性，只有对各国、各地区都做出精细的研究，才能在纷繁复杂的现象中找出为我所用的知识，也才能对世界现代化这个全球性现象作出认真的思考。

“模式”或“道路”是现代化的执行方式，也是现代化研究的重要内容。一个国家或地区，其现代化能否顺利进行、能否成功，往往取决于它能否找到适合于自己的现代化道路。“模式”或“道路”与地域、文化背景可以有也可以没有直接联系；位于不同地域或具有不同文化背景的国家也可能形成类同的“模式”。换句话说：地域框架内的文化与历史对现代化道路会起重要作用，可是相同的文化背景也可能形成不同的“模式”，不同的文化背景却可能走上相似的发展道路。不同道路是由多种因素交织而成的，没有哪一种“模式”是绝对正确或绝对的“好”，也没有哪一条道路放之四海而皆准。对于正在努力推进现代化事业的中国而言，找到适合于自己的发展道路是成功的决定性因素。

尽管现代化是人类社会的共同趋势，却不意味着现代化是理想的“天国”，现代社会能够解决一切问题。恰恰相反，现代化在解决某些问题(如物质匮乏问题)的同时，却带来了新的问题(如精神匮乏问题、资源耗尽问题)，新问题甚至比老问题更多、更复杂，更难以解决。这种情况在整个世界都愈演愈烈了，已经引起人们的警觉。有些人甚至因此而怀疑现代化的合理性，怀疑自文艺复兴以来人类的发展方向。中国现代化需要意识到这种负面影响，有意识地避免这些影响，寻找一条真正有利于人类永久生存的道路，让人类能够自我完善。

同时，现代化过程又充满了失败。迄今为止，在整个世界上，失败的现代化仍旧远多于成功的现代化。现代化的失误无处不在，稍不谨慎，就可能造成现代化翻车。

——钱乘旦：《现代化研究的理论与实践》，载《光明日报》，2016－07－06。

第八单元

第三次科技革命与人类社会生活的变化

学术引领

一、第三次科技革命兴起的社会历史背景

彭树智在《世界史·现代史编(下卷)》(见吴于廑主编《世界史》,北京: 高等教育出版社,1994 年,第 280 页)一书中指出,科技革命的发生有社会的因素,也有科技自身的内在动因;科技革命既受社会需求外在驱动,也受知识与技术体系内在的驱动。

肖德武在《科技革命与社会发展》(济南: 山东大学出版社,2007 年,第 98 页)一书中认为,理论的基础性因素与社会现实性因素共同促成了新科技革命的发生。科学革命的巨大成就为新技术革命提供了理论基础,两次世界大战刺激了科技发明与应用,新科技革命的发生具备了基础性和现实性因素。

(一) 科学理论的准备

吴伯田、吴伟浩在《新科技革命与当代社会》(北京: 知识产权出版社,2009 年,第 125 页)一书中指出,20 世纪 50 年代开始的以信息技术为核心的技术革命,被称为现代技术革命或新技术革命。现代技术革命是在现代科学革命的基础上产生和发展起来的,是现代科学革命的直接产物。正是现代科学革命的一系列伟大成就,促使通信、生物、航天等一系列技术出现重大的突破,从而导致现代技术革命的诞生。20 世纪开始的现代科学革命,具体表现在物理学、化学、生物学、地学等基础学科的革命性变革,同时表现在系统科学的兴起。20 世纪自然科学的"四大成就",即相对论、量子力学、分子生物学和系统科学,是现代科学革命的标志性成果。

1. 物理学的革命

陈吉明在《科学技术简史》(成都: 西南交通大学出版社,2013 年,第 211 页)一书中指出,从 20 世纪初到第二次世界大战结束,现代物理学革命经过近半个世纪的深入发展,终于形成了以量子论、相对论和核物理这三大分支为主流的现代物理学体系。正是这三大新兴分支的兴起和发展,不仅从根本上改变了经典物理学的历史面貌,而且从根本上奠定了现代物理学的科学基础。

马克垚在《世界文明史(下)》(北京：北京大学出版社，2016 年，第 1001 页)一书中进一步概述了物理学革命与第三次科技革命之间的关系。他指出，20 世纪之初的物理学革命使得现代科学在整个 20 世纪里空前大发展。经典物理学和数学中许多一向被视为天经地义的基本原理接连受到怀疑和重新审查。在相对论提出和量子力学创立之后，又提出了粒子理论、概率论等学科理论，核物理学、半导体物理学和超导物理学，数学中的拓扑学和微分几何学、模糊数学等分支学科，以及天体物理学、海洋地质学、高分子化学、遗传学、生命科学等新兴学科相继确立。

2. 系统科学的发展

肖德武在《科技革命与社会发展》(济南：山东大学出版社，2007 年，第 73、79 页)一书中指出，在物理学革命的带动之下，现代科学革命的全方位纵深发展还表现为人类认识从追求简单性走向探索复杂性。系统科学的产生与发展即是人类认识从追求简单性到研究复杂性发展历程的典型代表。

刘兵在《新编科学技术史教程》(北京：清华大学出版社，2011 年，第 297 页)一书中认为，系统科学思潮贯穿于 20 世纪始末，包括上半叶兴起的系统论、信息论和控制论，中叶兴起的一系列系统自组织理论，以及下半叶形成的非线性科学和复杂性研究。它不但在现代科学理论和研究方法上取得了革命性的进展，而且也对世界图景、科学方法乃至社会、经济、文化等诸方面产生了深远的影响，成为一股从科技到人文的新思潮。

孙凯飞在《系统科学与 20—21 世纪》(载《系统辩证学学报》，1999 年第 3 期)一文中认为，20 世纪是系统科学形成、发展的世纪，是系统整体观向各学科渗透扩展的世纪，从现代数学(运筹学、集合论、拓扑学、概率论、模糊数学等)到格式塔心理学，从组织学、管理学的兴起到结构主义席卷自然科学、社会科学和人文科学各领域，无不体现着一种系统思想。他在文中进一步指出，系统科学是现代科学思想的精华，它是 19 世纪科学三大发现和 20 世纪最新科学技术成就的结晶，是人类智慧开出的一朵艳丽花朵，它是本世纪这次世界新科技革命、产业革命的科学技术基础。

(二) 物质和经济因素

高德步在《世界经济通史(下卷)》(北京：高等教育出版社，2005 年，第 54 页)一书中认为，技术进步与经济发展为科技革命创造了物质条件。一方面，为科学技术研究提供重要的手段，如超高压、超低压、超高温、超低温、超纯度、高真空等实验手段，一大批精密仪器，如电子显微镜、电子示波器、质谱仪、同位素测定仪、原子光谱仪以及能获得高速质子的回旋加速器等在 20 世纪二三十年代问世。另一方面，为科技革命创造了雄厚的物质经济基础，如科研经费的增加、科研组织和规模的扩大。据统计，1953 年，全世界科研人员已增加到至少 40 万人；1953 年，全世界科研经费则达到 20 亿英镑以上。

对于物质和经济条件对新科技革命的推动作用，彭献成在《试论第三次科技革命兴起于美国的原因》(载《湖南师范大学社会科学学报》，1993 年第 6 期)一文中也有详细的论述。彭献成指出，第二次世界大战后初期，美国经济在全世界处于绝对优势地位，占有资本主义世界工业产量的 2/3，黄金储备的 3/4，成为世界上第一个超级大国。作为超级大国的美国，拥有物质上的绝对优势，这为第三次科技革命首先在美国兴起奠定了雄厚的物质基础。美国政府为科学研究提供充足的资金，从物质上保证科技革命起飞。

第三次科技革命朝高精尖的方向发展，需要巨额的科研经费。以美国为例，龚淑林在《试论美国第三次科技革命的特点》(载《世界历史》，1994 年第 6 期)一文中指出，第二次世界大战后，美国科研经费的绝对数值成倍地增长。1941 年全国研究与发展经费只有 9 亿美元，1960 年上升到 130 亿美元，1964 年为 189 亿美元，占当年国民生产总值 6 357 亿美元的 2.97%，比率之高，居世界第一位。70 年代以后又有大幅度增加，1970 年至 1973 年平均每年达 279.1 亿美元，1979 年约达 516 亿美元，1980 年为 555 亿美元，1985 年上升到 780 亿美元，大大超过其他国家。据联合国有关材料计算，法国、英国、意大利和加拿大 4 国科研和实验费的总和，也只有美国的 26.6%。

第三次科技革命中，美国由于投入的科研与发展经费大于联邦德国、日本、英国、法国的总和，基础科学研究、军事技术、综合应用水平、生产和研究结合的水平高于西欧，所以很长一段时期在科学技术方面超过西欧和日本。50 年代，美国重大技术革新占世界总数的 82%，虽然 60 年代以来出现下降的趋势，但仍占世界总数的 55%。这些数据说明，第三次科技革命中，美国科技成果的数量和质量均领先于世界。

(三) 战争因素

马克垚在《世界文明史(下)》(北京：北京大学出版社，2016 年，第 1001 页)一书中指出，两次世界大战成为新的科学技术发展的强有力的刺激因素和巨大杠杆，促成了规模空前的第三次技术革命或称新技术革命的到来。

彭树智在《第二次世界大战与第三次技术革命》(载《西北大学学报(哲学社会科学版》，1995 年第 3 期)一文中，用“历史交往”这一历史哲学概念来说明第二次世界大战与第三次科技革命的关系。他认为，第二次世界大战最突出的意义之一在于它促进了始于 40 年代末、一直持续到 20 世纪下半期的第三次科技革命。这次革命之所以发展势头持续不懈、发展速度有增无减，第二次世界大战无疑起着关键的作用。

陈能宽在《理性的辉光：科学技术与世界新格局》(长沙：湖南出版社，1992 年，第 13—14 页)一书中指出，第三次科技革命的许多学科基础和技术雏形虽然孕育于战前的和平时期，但如果没有战争和军事需求的推动，它绝不会急匆匆地降临人间，是第二次世界大战催生了这次科技革命。

吴建华在《世界现代史新论》(张宏毅等主编，重庆：重庆出版社，2001 年，第 232 页)一书中认为，战争是科技发展的催化剂。第三次科技革命的许多重大成果都是在军备竞争中取得的，并且很快在战场上得到了检验。而第三次科技革命中的原子技术、电子通信技术、电子计算机等也主要是应战争的需要而产生的，这一切都由于战争和军事需要而大大加快了研制的步伐。

(四) 科学革命、技术革命、产业革命的互动

一般认为，科学技术革命包括科学革命、技术革命和产业革命三个过程。钱时惕在《科技革命的历史、现状与未来》(广州：广东教育出版社，2007 年，第 11 页)一书中对这三个概念做出了解释。他认为，科学革命指的是正在成长的新科学传统(科学的基本思想与观念、

科学的社会建制、科学活动的方式及方法、科学的规范及标准等）取代旧科学传统的活动或过程。这种传统的变换，意味着人类认识的飞跃。技术革命指的是正在成长中的新技术传统（技术的理论基础、技术的结构、技术活动的方式及方法、技术的规范及标准等）取代旧技术传统的活动或过程。这种技术传统的变换，意味着人类实践手段或方式的飞跃。产业革命指的是一种正在形成的新产业传统（产业的技术基础、产业的结构、产业的运行方式、产业的规模等）取代旧产业传统的活动或过程。这种产业传统的变换，意味着人类社会生产方式及经济结构的飞跃。

肖德武在《科技革命与社会发展》（济南：山东大学出版社，2007 年，第 24—25 页）一书中指出，科学革命是技术革命的理论基础和必要前提。科学革命中诞生的新思想、新理论为技术革命中的新技术、新发明提供了理论基础和现实可能，科学革命之后往往产生技术革命。技术革命也反过来促进科学革命。技术革命中产生的大量新技术、新工艺以及新问题为后一次科学革命创造了条件。

胡才珍在《20 世纪科技革命与世界历史进程》（北京：中国青年出版社，1999 年，第 144 页）一书中指出，第三次科技革命是以第一次世界大战前后相继建立的相对论、量子力学、原子物理学、基本粒子物理学、电子学等一系列新学科为理论基础，以原有的机械技术、电气技术、电子技术、通信技术、化工技术、材料和能源技术取得的进步为条件而发生的。

刘则渊在《现代科学技术与发展导论》（大连：大连理工大学出版社，2003 年，第 87 页）一书中指出，在以微观物理学为主导的科学革命和电子技术、核能技术、空间技术为中心的技术革命的推动下，发生了产业革命，人类社会进入电子时代、核时代和空间时代。由 DNA 双螺旋结构引发的分子生物学革命，量子物理学和凝聚态物理学的重大突破，导致 1970 年以来微电子技术、激光技术与生物基因技术一系列高技术的发明与创新，推动了一场以高技术产业群为主体的新产业革命的到来。

钟义信在《社会动力学与信息化理论》（广州：广东教育出版社，2007 年，第 34 页）一书中把科学、技术、经济、社会之间的互相作用、互相影响和互相制约的关系归纳成为科学—技术—经济—社会的互动理论，它的基本模型如图所示：

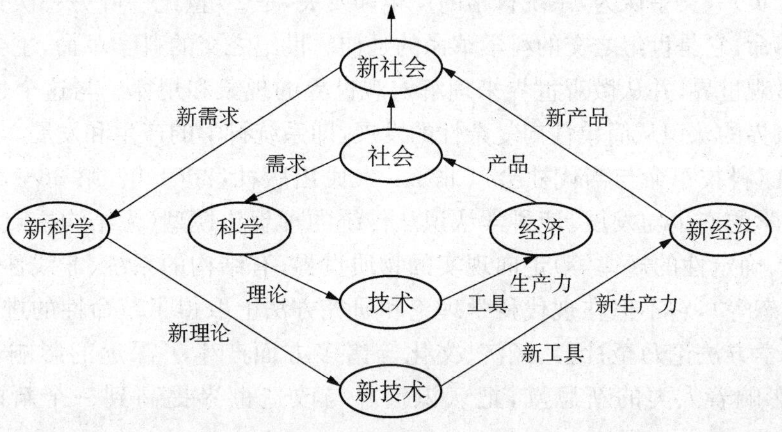

二、第三次科技革命的进程

(一) 第三次科技革命的阶段划分

刘大椿在《科学技术哲学导论》(北京：中国人民大学出版社，2005 年，第 37—38 页)一书中回顾了第二次世界大战以来科学技术的迅猛发展，他认为，几乎每过 10 年，科技都要发生一次革命性的巨变：(1)1945—1955 年，第一个 10 年，以原子能的释放与利用为标志，人类开始了掌握核能的新时代；(2)1955—1965 年，第二个 10 年，以人造地球卫星的成功发射为标志，人类开始了摆脱地球引力向外层空间进军的时代；(3)1965—1975 年，第三个 10 年，以重组 DNA 实验的成功为标志，人类进入了可以控制遗传和生命过程的新阶段；(4)1975—1985 年，第四个 10 年，以微处理机的大量生产和广泛使用为标志，揭开了扩大人脑能力的新篇章；(5)1985—1995 年，第五个 10 年，以软件开发和大规模的信息产业的建立为标志，人类进入了信息革命的新纪元；(6)1995—2005 年，第六个 10 年，以互联网为核心技术并渗透到人类生产和生活的各个领域为标志，人类开始进入知识经济社会。

陈筠泉等在《科技革命与当代社会》(北京：人民出版社，2001 年，第 43、44、96 页)一书中认为，第三次技术革命在 20 世纪 40 年代到 60 年代的发展以电子技术为主导技术，并形成了以电子技术为核心的技术体系。社会生产则在机械化、电气化的基础上逐渐实现自动化(生产过程实现了自动化)。他在书中进一步指出，20 世纪 70 年代以来在全世界范围蓬勃兴起信息技术、新材料技术、新能源技术、激光技术、生物技术、空间技术、海洋技术等高技术群落，这次技术革命使生产的技术方式在机械化、电气化、自动化的基础上，进一步信息化(生产方式信息化)。

(二) 第三次科技革命的重要表现

1. 系统科学的新思潮

20 世纪，尤其是 20 世纪中期以来，现代科学的发展以系统科学的产生和发展为代表。肖爱民在《综合的时代——论新科技革命与思维方式变革的趋势》(吉林大学 2005 年博士学位论文，第 34 页)一文中认为，系统科学的产生和发展，是 20 世纪中叶另一次具有重大标志特征的科学革命，它是世纪之交的科学革命的延伸。世纪之交的科学革命，主要是把人类的认识延伸到微观世界，并从微观世界来理解宏观世界的现象和规律。与这个过程并行的是人们对宏观世界的认识从简单性向复杂性的发展，即系统科学的产生和发展。

陈筠泉在《科技革命与当代社会》(北京：人民出版社，2001 年，第 36—37 页)一书中认为，系统科学的产生与发展，使科学认识从传统的理想化模型(无结构质点、线性相互作用、可积空间、确定性的规律等)走向现实的物质世界(有结构的系统、非线性相互作用、随机性、混沌状态等)，它不但在现代科学理论和研究方法上取得了革命性的进展，而且也对世界图景、科学方法论乃至社会、经济、文化等诸多方面产生了深远的影响，成为一股从科技到人文影响着人类的新思潮，把认识世界与改造世界提高到一个新的水平、新的阶段。

2. 信息技术的发展

钱时惕在《科技革命的历史、现状与未来》(广州：广东教育出版社，2007 年，第 111—112 页)一书中指出，20 世纪 70 年代以来，随着微电子技术(特别是大规模集成电路芯片的制作)、计算机技术、通信技术、光电子技术等的发展，围绕着信息的产生、收集、传输、接受、处理、存储、检索等，形成了开发和利用信息资源的高技术群——现代信息技术。他在书中进一步指出，信息技术中最重要的是微电子技术、计算机技术、通信技术、信息存储技术、数据库技术、网络技术等。

吴伯田等在《新科技革命与当代社会》(北京：知识产权出版社，2009 年，第 125 页)一书中指出，迄今现代信息技术的发展已经历三个阶段：20 世纪 70 年代以前为第一阶段，信息技术主要由半导体电子计算机、电磁通信、通信卫星及相关技术所组成。第二阶段是 20 世纪 70—80 年代，信息技术主要由微型计算机、光纤通信、新型卫星及相关技术组成。第三阶段是 20 世纪 90 年代以后，信息技术主要由计算机技术、数据通信技术、光电子技术、人工智能技术组成。吴伯田等认为，从计算机科技、网络发展史以及通信技术史到计算机科学与信息技术发展历程的回顾，凸显了科学技术发展与社会的互动关系。

(1) 电子计算机的诞生及其发展

刘兵在《新编科学技术史教程》(北京：清华大学出版社，2011 年，第 307、312 页)一书中指出，计算机技术的发展呈阶段性和阶梯式发展，从世界第一台电子计算机 ENIAC 问世以来，电子计算机发展到今天已经经历了四代：第一代电子管计算机(1946—1959 年)；第二代晶体管计算机(1958—1964 年)；第三代集成电路计算机(1964 年—20 世纪 70 年代初)；第四代大规模和超大规模集成电路计算机(20 世纪 70 年代初至今)。这里对计算机发展阶段的划分，是以决定计算机性能的逻辑元件的发展变化为依据的。对于从 20 世纪 80 年代开始研制的新型计算机，如智能计算机、生物计算机、量子计算机等，由于划分方法与前面有所不同，刘兵把它们统称为新一代计算机。他在书中进一步指出，电子计算机进入第四代的显著标志不仅是用大和超大规模集成电路作为计算机的逻辑元件和存储器，而且呈现出微型化和巨型化两个发展方向。此外，在处理方式、体系结构和软件方面也有新的发展和特点。

(2) 通信技术的发展

刘兵在《新编科学技术史教程》(北京：清华大学出版社，2011 年，第 316 页)一书中指出，信息技术包括许多内容，最具代表性的有计算机和通信两大类。在通信当中，无线电、电话、微波通信、卫星通信、光纤通信、移动通信、信息高速公路和新型通信是重要的通信技术领域。

黎雨等在《迎面而来：从人类文明发展看第三次工业革命》(北京：国家行政学院出版社，2013 年，第 243—244 页)一书中指出，通信技术包括数字通信、光纤通信、卫星通信、移动通信等内容。数字通信可以高速完成复杂而大规模的信息传输任务；光纤通信可以传递电话、电传、传真、彩色电视和计算机数据；卫星通信广泛用于国内、国际通信，包括军用通信、海事通信和电视、广播的中继等方面；移动通信适应了现代社会快节奏、人员流动性强的需要。

吴伯田等在《新科技革命与当代社会》(北京：知识产权出版社，2009 年，第 134 页)一书中指出，20 世纪中叶以来，在现代技术革命的推动下，通信技术有了更大的发展。光纤通信的发展，卫星通信的建立、移动通信的推广普及以及综合业务数字网的出现，从根本上改变了通信的面貌，构成了社会信息化的技术基础。

(3) 互联网的发展

黎雨等在《迎面而来：从人类文明发展看第三次工业革命》(北京：国家行政学院出版社，2013 年，第 243 页)一书中指出，网络技术是在计算机技术、通信技术基础上发展起来的，它是电脑、通信和媒体的大联合。

刘兵在《新编科学技术史教程》(北京：清华大学出版社，2011 年，第 314 页)一书中指出，从历史起源上看，国际互联网的前身是成立于 1969 年 12 月的阿帕网(ARPANET)——ARPA 是美国国防部高级研究规划署的简称。

吴国盛在《科学的历程》(北京：北京大学出版社，2002 年，第 543—544 页)一书中指出，"阿帕"(ARPA)是美国为了应付苏联在太空领域的技术领先而成立的高技术开发机构，电脑网络正是冷战时期的产物。阿帕网缘起于对资源共享的要求，一开始只有加州大学和斯坦福研究院等单位的 4 个节点，1973 年节点数达到 40 个。要将不同的电脑联络起来，需要确立它们之间共同的协议，才能互通有无地交换数据。美国信息研究所编纂的《知识社会》(南昌：江西教育出版社，1999 年，第 189 页)一书认为，阿帕网为进行高级网络技术研究提供了机会，传输控制协议(TCL/IP)就是在阿帕网的环境下出现的。这些协议使因特网的概念从本地网到广域网成为现实。1982 年，美国国防部把 1973 年制定的 TCL/IP 协议正式作为网络标准，从这以后，全世界不断有新的网络依照这个标准加入因特网(Internet)，世界上最大的电脑联合国正式成立了。

刘兵在《新编科学技术史教程》(北京：清华大学出版社，2011 年，第 314 页)一书中指出，国际互联网的内容繁多，其中以分组交换与分布式网络、TCP/IP 协议、HTML 与万维网、浏览器和电子邮件五件大事的发生最为重要或影响最大。刘兵在书中进一步指出，继交通网、水网、电网、电话网之后，国际互联网成为对人类社会产生巨大影响的技术网络，著名互联网调研机构 comScore 公布的调查结果显示，到 2008 年年底，全球网民数量已突破 10 亿(包括 15 岁以上的上网者，不包括通过网吧和手机上网的人)，其中中国网民人数有近 1.8 亿。基于国际互联网的电子邮件、信息检索、电子商务、电子政务等已经成为人们日常生活、学习和工作的一部分。

3. 原子能科学与核技术的突破

吴伯田等在《新科技革命与当代社会》(北京：知识产权出版社，2009 年，第 145 页)一书中指出，1905 年在物理学革命中，爱因斯坦在狭义相对论中揭示出质量与能量的关系，建立了质能关系式 $E=MC^2$，从理论上揭示了核能成为新能源的可能性；20 世纪 30 年代中子的发现，以及人工加速原子核引起核反应实验的成功，导致了核能的开发和应用。

刘兵在《新编科学技术史教程》(北京：清华大学出版社，2011 年，第 319 页)一书中指出，核能发展的黎明时期恰逢第二次世界大战，在这个特定的历史环境使得原子能首先被应用于军事领域。1941 年美国批准了代号为"曼哈顿工程"的计划，秘密研制原子弹。1945 年第一次原子弹爆炸试验成功，紧接着美国把当时仅有的两颗原子弹分别投向日本的广岛和长崎，造成严重伤亡。第二次世界大战后国际上建立起核不扩散体制，包括中、美、英、法、苏五大国在内的绝大多数国家已经签署了《不扩散核武器条约》和《全面禁止核试验条约》。

尽管核能用于军事方面给人类带来了灾难和不幸，但它的和平利用则大大造福于人类。

刘兵在书中进一步指出，20 世纪 50 年代，世界上第一座原子发电站建成，开创了和平利用原子能的新篇章。截至 2009 年 11 月底，全世界共有 436 台运行中的核电机组，总装机容量达 3.719 27 亿千瓦，有 44 台建设中的核电机组，总装机容量 0.353 18 亿千瓦；拟建的核电机组 266 台，总装机容量 2.620 75 亿千瓦。2009 年，有 16 个国家的核发电量占全国总发电量的 25%以上。

4. 空间技术的发展

张密生在《科学技术史》(武汉：武汉大学出版社，2015 年，第 188 页)一书中指出，空间技术也称为航天技术和太空技术，是研究如何使空间飞行器飞离大气层、进入宇宙空间，并在那里探索、研究、开发和利用太空以及地球以外天体的高度综合性技术。主要包括人造地球卫星、火箭、载人航天、空间站、深空探测等，是第三次技术革命的重要标志性技术，也是衡量一个国家科学技术发展水平和工业发展程度的重要标志之一。

吴伯田等在《新科技革命与当代社会》(北京：知识产权出版社，2009 年，第 147 页)一书中指出，从 20 世纪 50 年代开始，航天技术主要以人造地球卫星为中心；60 年代开始，主要以载人航天技术为中心；70 年代后，进一步研究空间站及相应的运输系统，由人直接参与人机结合系统从事开发空间的可行性问题等。

张密生在《科学技术史》(武汉：武汉大学出版社，2015 年，第 188 页)一书中指出，半个世纪以来，人类在航天运载工具、人造地球卫星、载人航天和深空探测等方面取得了巨大的成就。空间技术的日益发展，使人类能够摆脱世代生息的地球的束缚，飞向广阔无垠的空间去探索宇宙的奥秘。空间技术广泛应用于对地观测、通信、气象、导航等许多方面，渗透到自然科学的众多领域，对发展生产力、改善人们生活、推动社会进步，起到越来越大的作用，影响越来越深远。

5. 生物技术的发展

根据 1992 年《生物多样性公约》(《国际环境与资源保护条约汇编》，北京：中国环境科学出版社，1993 年，第 146 页)第 2 条的规定："'生物技术'是指使用生物系统、生物体或其衍生物的任何技术应用，以制作或改变产品或过程以供特定用途。"

刘兵在《新编科学技术史教程》(北京：清华大学出版社，2011 年，第 348 页)一书中指出，20 世纪是生物学迅猛发展的时代。20 年代 50 年代以来，随着化学、物理学研究的进展及其新成就在生物学领域内的应用，生物学对生命的研究日益深入到细胞、亚细胞及分子水平的层面上。

高德步在《世界经济通史(下卷)》(北京：高等教育出版社，2005 年，第 57 页)一书中指出，1953 年美国的沃森和英国的克里克建立了 DNA 双螺旋结构模型，标志着分子生物学的诞生。1973 年美国分子生物学家科恩和博耶成功地进行了 DNA 重组技术的实验，从而生产出具有某种特性的生物制品。应用这种技术生产出胰岛素、生长激素和干扰素，生物技术已发展到实际应用阶段。

雷毅在《新编科学技术史教程》(刘兵等主编，北京：清华大学出版社，2011 年，第 360 页)一书中指出，1991 年，人类基因组计划正式实施。2004 年人类基因组序列测定完成。科学家们认为，人类基因组测序的完成和公布，标志着生物产业进入成长阶段。

陈吉明在《科学技术简史》(成都：西南交通大学出版社，2013 年，第 246 页)一书中认为，在不到半个世纪的时间内，分子生物学取得了很多激动人心的成就，为社会发展带来了深刻的影响，使工业、农业、医疗卫生事业以及生物科学本身都面临一场空前的变革。作者进一步指出，建立在分子生物学基础上的生物技术已经成为许多国家研究与开发的重点，成为国际科技竞争、经济竞争的新热点，生物产业已经成为继信息产业之后的又一个新的经济增长点。

三、第三次科技革命的特征

（一）科学和技术一体化

殷登祥在《科学、技术与社会概论》（广州：广东高等教育出版社，2007 年，第 248 页）一书中指出，科学和技术的一体化是指科学和技术的关系越来越密切，以致界限越来越模糊的现象。科学技术一体化包含科学技术化和技术科学化这两种相反相成的趋势。

张密生在《科学技术史》（武汉：武汉大学出版社，2015 年，第 198 页）一书中也指出，当代的科学革命和技术革命已经汇合到一起，科学与技术的结合日益紧密。一方面，现代科学的发展在越来越大的程度上依赖现代技术为它提供的研究手段；另一方面，现代技术的发展也在越来越大的程度上依赖现代科学为它提供的理论基础。同时，科学技术的研究对象在越来越大的程度上相互交叉，已很难在科学与技术之间划出一条截然分明的界线。科学技术的一体化，还表现在从基础研究到应用研究，再到技术研究与开发的过程更加集约化及其周期的日益缩短上。在现代高技术研究中，许多基础研究课题、应用基础研究课题，几乎是与应用研究课题、发展研究课题同时进行的。

（二）高新技术呈群体化趋势

钱时惕在《科技革命与当代社会》（陈筠泉等主编，北京：人民出版社，2001 年，第 42 页）一书中指出，新科技革命主导技术是以技术群落的形式出现的，起主导作用的不是一项技术，而是由信息技术、生物技术、新材料技术、新能源技术、新加工（制造）技术、激光技术、海洋开发技术、空间开发技术等组成的一种技术群落。

齐世荣在《世界史・当代卷》（北京：高等教育出版社，2006 年，第 393、395 页）一书中指出，第三次技术革命是以群体形式出现的，并形成多层次的、紧密联系的、统一整体的高技术群。他指出，第三次技术革命以核能、电子计算机、宇航三大技术开头，随后又有一批批新技术汇入这次革命的洪流而形成一个宏大的技术群。其数量之多，门类之广是空前的。这些技术的横向关联性、综合性、交叉性极为突出，从而使这些技术又呈现出极强的群体性。

（三）科学技术社会化、大科学时代开始

齐世荣在《世界史・当代卷》（北京：高等教育出版社，2006 年，第 394—395 页）一书中指出，控制论、系统论、信息论揭示了技术系统、生命系统与社会间的共同控制规律，所以，应用“三论”方法论的高新技术与社会的结合比过去要紧密得多。美国科学家普赖斯于 1962 年 6 月发表了著名的以“小科学、大科学”为题的演讲。他认为，从第二次世界大战时期起，

已进入大科学时代。所谓大科学，是指以统一的方式把相关的科学事业组织起来加以科学管理的科学。过去的小科学是分散的、个体的、随机组合的研究，现在的大科学是社会化的集体活动，其研究活动的规模越来越大，从企业规模发展到国家规模，甚至国际规模。美国研制原子弹的“曼哈顿工程计划”被认为是大科学开始的标志，而“阿波罗计划”则是大科学时代的“代表作”。1961 年经美国总统批准、在副总统约翰逊直接领导下完成的阿波罗计划，共得到政府拨款 250 亿美元，共有 120 所大学、2 万多家企业、400 万人参加。苏联、中国等国的火箭、卫星研制计划也都是宏大的系统工程。作者在书中进一步指出，大科学的主要特征是：国家大幅度地增加对科学事业的投资并加强控制和监督，同时科研队伍不断扩大，科学研究集体化、技术专门化、管理科学化、按课题原则进行组织。正是由于第三次技术革命中的各项技术都是知识密集、技术密集、战略性、时效性、风险性强的新技术，没有大规模、多学科的有机配合和国家的统一组织、规划和投资，是很难完成的。所以这一新技术群便具有前所未有的很强的社会性。

李建珊在《欧洲科技文化史论》(天津：天津人民出版社，2011 年，第 291 页)一书中指出，大科学的产生反映了科学、技术、经济与社会的高度协同，各种学科的相互渗透、综合和汇流，以及科学的系统规划和系统管理。大科学不仅以巨大的力量影响着自然、改变着社会、决定着技术，而且强有力地冲击着人类传统的科学观念，深化了整体观。在大科学时代，一个民族、一个国家、一个地区的科学发展和经济起飞，已离不开政治、文化、心理等非经济因素的影响。

(四) 科学—技术—生产转化加速

20 世纪以来，科学技术发展速度加快，科学技术一体化趋势加强，科学技术与社会联系也愈益密切。黄顺基在《新科技革命与中国现代化》(广州：广东教育出版社，2007 年，第 206—207 页)一书中指出，在新科技革命过程中，科学与技术的结合日益紧密，成为推动社会经济发展空前强大的力量。他认为，这种推动作用突出表现在：科学技术上的重大发现和突破，会迅速地引起新的工艺革命，并形成新的产业；科技成果转化为直接生产力的周期越来越短，甚至出现产学研一体的创新体制；科学技术在产品中的含量越来越高；科学技术对社会经济发展的辐射和渗透程度愈来愈广泛和深入，科技进步已成为社会经济发展的决定性因素。

龚振黔在《当代科技革命与人的活动演变问题研究》(贵阳：贵州大学出版社，2013 年，第 11 页)一书中指出，科技发展模式发生了根本变革。第一，在 20 世纪以前，科技发展的基本模式为“生产—技术—科学”，即相对于生产来说，科学和技术是处于从属地位的，往往是生产的实际需要刺激了技术的发展，生产和技术的实践为科学理论的形成奠定了基础。第二，到了 20 世纪以后，这一发展模式出现了转化的趋势，科学及技术对生产的作用逐步突显，科学及技术的位置开始前移。第三，到了当代，随着新的科学技术革命的兴起和科学技术先导作用的显现，生产、技术、科学相互作用的机制已经完全逆转，三者的关系也发生了根本性的转变，形成了“科学—技术—生产”的新发展模式。作者指出，科学走在了技术和生产的前面，而且科学与技术相互支撑，科学理论对技术的指导作用和技术研发对科学研究的基础作用越来越显著，它们有机统一，共同推动着生产的发展。当代科学技术的先导性、超前性，不仅标志着科学技术的地位发生了历史性的转变，而且也是科学技术成为引领未来社会发展的主导力量、成为第一生产力的客观依据。

四、第三次科技革命的影响

（一）科学技术是第一生产力

1. “科学技术是生产力”是马克思主义的基本观点

马克思明确指出，生产力中也包括科学在内。① 马克思还指出，生产过程成了科学的应用，而科学反过来成了生产过程的因素。② 这是马克思根据 19 世纪第一次科技革命和产业革命实践得出的结论。

殷登祥在《科学、技术与社会概论》（广州：广东教育出版社，2007 年，第 173—174 页）一书中指出，在马克思看来，在知识形态上，科学技术是一般社会生产力，是一种潜在的生产力；当科学参与应用或并入生产过程时，这种知识形态的生产力，就会转化为现实的、直接的生产力。

邓小平继承了马克思主义关于科学技术是生产力的理论，他明确提出了“科学技术不仅是生产力，而且是第一生产力”的科学论断。③

于光远在《我对“科学技术是第一生产力”的理解》（载《自然辩证法研究》，1991 年第 9 期）一文中指出，“科学技术是生产力”是 19 世纪马克思提出的适合第一次产业革命后世界现实的概念，“科学技术是第一生产力”则是 20 世纪下半期邓小平提出的适合于当代新的产业革命后世界现实的概念。

齐世荣在《世界史 · 当代卷》（北京：高等教育出版社，2006 年，第 407 页）一书中认为，“科技是第一生产力”这一提法的含义是：科学技术是生产力诸要素中的主导要素；科学技术是现代经济发展的主要驱动力。作者认为该提法体现了当代高科技及其产业的崛起和发展，体现了作为知识密集型技术的现代科技超前性的特点。

殷登祥在《科学、技术与社会概论》（广州：广东教育出版社，2007 年，第 185 页）一书中认为，近代以来，生产力是随着科学和技术的进步而不断发展的。在这个过程中，科学技术在劳动生产力中的地位逐步提高。20 世纪中叶以来，随着新的科学技术革命的诞生，特别是高科技的发展，科学技术对生产力其他诸要素的渗透和物化，已经不仅是简单地使它们发生了量的变化，而是产生了崭新的质的变革。新型的生产力已经不是建立在传统技术基础上的“劳动密集”、“资金密集”型的生产力，而是以高科技为基础的“技术密集”、“智力密集”型生产力，据此他认为，科学技术在生产力系统中已经上升为主导因素，成了第一生产力。

2. 科学技术在生产力中所起的作用

刘新华在《中国发展海权战略研究》（北京：人民出版社，2015 年，第 149—150 页）一书中指出，20 世纪 30—50 年代，美国学者们研究了科学技术与经济增长的关系。20 世纪 30

① 《马克思恩格斯全集（第 46 卷下）》，北京：人民出版社，1980 年，第 211 页。
② 《机器 · 自然力和科学的应用》，北京：人民出版社，1978 年，第 206 页。
③ 《邓小平文选（第二卷）》，北京：人民出版社，1994 年，第 87 页。

年代，数学家查理斯·柯布和经济学家鲍尔·道格拉斯研究美国1899—1922年的经济增长时，区分了导致经济增长的劳动力、资本和科技因素的不同作用，为研究科学技术与经济的增长提供了比较便捷的方法。在此基础上，美国经济学家索洛在20世纪50年代提出了增长速度方程：产出的增长速度是劳动力投入增长速度、资本投入增长速度以及科学水平增长速度的共同结果。另外，美国经济学家爱德华·丹尼森通过实证研究发现，1948—1984年，美国经济增长的66%受益于包括科技和教育的技术进步因素。刘新华据此进一步指出，科学技术作为经济增长的内生变量，直接体现为巨大的经济效益。西方国家工业生产的年平均增长率，在两次大战之间为1.7%，1950—1972年猛增至6.1%，造成增长的因素中科技进步的因素在20世纪70年代占50%—70%，80年代达80%。

齐世荣在《世界史·当代卷》(北京：高等教育出版社，2006年，第408页)一书中指出，学者们用公式表现科技是第一生产力的概念：生产力＝科学技术×(劳动力＋劳动工具＋劳动对象＋生产管理)；或生产力＝科学技术×[(劳动者＋劳动资料＋劳动对象)＋(生产管理＋生产信息＋科技教育)]。在这里，科学技术有乘法效应，它能放大生产力诸要素，它的增长决定诸因素的增长，处于“第一”地位。

徐丕玉在《现代自然科学技术概论》(北京：首都经济贸易大学出版社，2001年，第20页)一书中认为，科学技术有乘法效应，它能成倍地扩大生产力其他要素的作用。从这个意义上讲，科学技术确实处于生产力“第一”要素或主导要素的地位。他指出，一些高科技对生产力其他要素所起的作用，不只是用乘法按倍数增长，而是按几何级数增长。

(二) 信息社会的到来

1. 概念

杨文祥在《信息资源价值论——信息文明的价值思考》(北京：科学出版社，2007年，第187页)一书中指出，信息社会是以信息经济为基础，以与信息经济相适应的各种社会关系、社会制度和社会观念为内容的社会形态。“信息文明”是建立在信息文化价值观基础之上的物质文明和精神文明的总和，是人类历史上所创造的全部信息资源价值充分实现的历史文明形态。

周玉陶在《人际网络环境下的信息检索》(南京：东南大学出版社，2014年，第1、3页)一书中指出，信息社会，也可称为信息化社会、知识社会、网络社会、虚拟社会、后工业社会等，是与农业社会、工业社会等相对而言的一种新的技术社会形态。它是工业社会之后以信息科技的发展和应用为核心的高科技社会，是信息、知识起主导作用的知识经济社会，也是以计算机信息处理技术为生产力特征的社会形态。信息社会与后工业社会等概念没有原则性的区别。作者进一步指出，较为普遍接受的信息社会的定义是在2003年日内瓦信息社会世界峰会《原则宣言》中提出的，即“一个以人为本、具有包容性和面向全面发展的信息社会。在此信息社会中，人人可以创造、获取、使用和分享信息和知识，使个人、社会和各国人民均能充分发挥各自的潜力，促进实现可持续发展并提高生活质量”。这个定义从个人和社会的视角对信息社会这一全新的社会形态进行界定，揭示了信息社会所特有的内涵。

2. 特征

吴红光等在《信息检索与利用》(武汉：武汉大学出版社，2015年，第2页)一书中指出，信息化社会的主要特征体现在三个方面：第一，信息和智力成为社会发展的决定性力量，信息劳动者、知识工作者在信息化社会中发挥着日益重要的作用。他们的人数和所占比重急剧增加。第二，信息技术、信息产业、信息经济成为社会发展的主导因素。信息技术的发展极大地提高整个社会运行的速度和效能。信息产业作为一种知识与智力密集型、高增值型、节能型产业，已经成为推动世界经济发展的动力和扩大再生产的基础，信息产业的生产能力已成为取得经济成就的关键因素和检验国家实力的重要标准。第三，人们的学习方式、工作方式、生活方式发生巨变。信息化与工业化不同，信息化不是关于物质和能量的转换过程，而是关于时间和空间的转换过程。在信息化社会里，人们通过使用各种信息技术，扩展了改造社会的能力，使自己的学习、工作、生活更方便和舒适。从根本上改变了人们的生活方式、行为方式和价值观念。

邰峻等在《信息素养与计算机信息检索》(北京：北京航空航天大学出版社，2011 年，第 2 页)一书中引用了美国学者阿尔温·托夫勒和日本学者增田米二关于信息社会的五个特征的表述：第一，在信息社会，信息、知识成为重要的生产力要素，和物质、能量一起构成社会赖以生存的三大资源。第二，信息社会是以信息经济、知识经济为主导的经济，它有别于农业社会以农业经济为主导、工业社会以工业经济为主导。第三，在信息社会，劳动者的知识化成为基本要求。第四，科技与人文在信息、知识的作用下更加紧密地结合。第五，人类生活质量不断提高，社会可持续发展。

3. 表现

(1) 知识经济到来

钱时惕在《科技革命的历史、现状与未来》(广州：广东教育出版社，2007 年，第 223 页)一书中指出，这次技术革命给社会形态带来一系列根本性的变化，把人类社会推入知识经济时代。

钱时惕进一步指出，这次技术革命通过信息化把人类社会从工业经济形态推入知识经济形态。他认为，知识经济是科技革命发展的必然结果。

吴伯田等在《新科技革命与当代社会》(北京：知识产权出版社，2009 年，第 187—189 页)一书中也提出了相似的看法。他们认为，20 世纪 80 年代以来，现代科技革命特别是其中以数字化和网络化为特征的信息技术革命，使全球经济增长方式发生了根本性改变，从而直接导致知识经济的产生。他们认为，现代科技革命是知识经济产生和发展的根本动力。知识经济就是在现代科技革命、特别是信息技术革命的基础上产生和发展起来的。信息技术直接孕育并哺育了知识经济。

吴伯田等进一步指出，现代科技革命为知识经济提供了产业支柱。知识经济是以智力资源为依托，以高新技术产业为支柱的经济。当今新兴的知识产业几乎都是建立在现代科学技术的基础之上的。微电子技术产业、计算机及软件产业、生物基因工程产业、现代通信产业等高新技术产业迅速发展，成为社会经济强大支柱和经济发展新的生长点。新型产业群迅速成长壮大，在国民经济中所占的比重不断增大。

(2) 社会信息化

郑建明等在《社会信息化进程中的理论研究》(载《情报科学》，2000 年第 8 期)一文中指出，信息化是指在国家宏观信息政策指导下，通过信息技术开发、信息产业的发展、信息人才的配置，最大限度地利用信息资源以满足全社会的信息需求，从而加速社会各个领域的信息化发展进程。

靖继鹏等在《信息社会学》(北京：科学出版社，2004 年，第 161 页)一书中指出，社会信息化是信息化的高级阶段。它是指在人类工作、消费、教育、医疗、生活等一切社会活动领域里实现全面的信息化。从更大范围考虑社会信息化问题，国民经济也属于社会信息化的范畴，因为这是社会信息化的基础。

王旭东在《论社会信息化的影响与冲击——从当代历史进程到世界史研究》(载《世界历史》，2007 年第 5 期)一文中指出，作为概念的社会信息化有广义和狭义之分。广义的社会信息化指整个人类社会历史发展进程中的信息化问题；狭义的则指 20 世纪中叶逐步兴起的信息技术革命所引发的社会信息化问题。

郑建明等在《社会信息化进程中的理论研究》(载《情报科学》，2000 年第 8 期)一文中指出，20 世纪 50 年代，以计算机为代表的具有一定程度智能化的高效率信息处理的信息技术的兴起，给人类社会带来了真正的信息化革命，包括计算机、光盘、数据库、联机网络、电子印刷、电子邮件、传真机以及卫星通信等电子手段与设备，成万倍地提高了人类社会的信息生产、存储与传递能力，实现了从生产、办公室到家庭的全社会的信息化过程，使人类社会进入了全面的信息化阶段，亦即进入了信息化社会。

王喜和在《四种社会信息化测度方法比较评析》(载《图书馆学研究》，2008 年第 3 期)一文中指出，社会信息化进程促使生产力现代化，导致生产方式、生活方式、思维方式、行为方式以及人们的价值观念等发生根本性变革。

王旭东在《论社会信息化的影响与冲击——从当代历史进程到世界史研究》(载《世界历史》，2007 年第 5 期)一文中指出，社会信息化正以未曾有过的特殊方式影响着当代历史发展的整体进程。他认为，社会信息化在以下领域会对人类社会产生重大的影响：第一，对自然人个体的影响；第二，对社会结构的影响；第三，对世界政治的影响；第四，对世界军事的影响；第五，对世界经济的影响；第六，对人类科学文化的影响。

(三) 社会生活与人的现代化

1. 社会生活的科技化

殷登祥在《科学、技术与社会概论》(广州：广东教育出版社，2008 年，第 185—190 页)一书中指出，社会的科学技术化，不仅表现为社会生产的科技化，即科学技术成了第一生产力，而且表现在社会生活的科技化方面。他认为，"社会生活"是人类为了生存和发展所进行的一系列日常活动，包括衣、食、住、行、劳动、工作、学习、交往、娱乐、休闲、婚姻、恋爱、抚幼、养老，等等。现代科学技术在向社会生产力诸要素渗透和物化的同时，也以崭新的科学知识和高科技产品广泛地渗透到社会生活的一切方面，使社会生活日益科技化，表现为衣食住行的高科技化；交往、休闲、学习的信息化；劳动方式的自动化等。

2. 经济结构的多样化

(1) 产业结构变化

孙海英在《科学技术概论》(南京：南京师范大学出版社，1998 年，第 109—112 页)一书中指出，自 20 世纪 40 年代以来，发生了第三次技术革命，科学和技术的发展及其成果在生产上的推广应用，能直接影响并引起产业结构发生质和量的变化。

《世界现代史》编写组在《世界现代史（下册）》（北京：高等教育出版社、人民出版社，2013年，第358页）一书中指出，新科技革命促使各国的经济结构、世界的经济结构向科技含量高、知识含量高的层次转轨升级。在新科技革命中，作为直接物质生产部门的第一产业（农、林、牧、渔业）和第二产业（采矿、制造、建筑业）的产值和就业人数在整个国民经济中所占的比重相对下降，而非物质生产领域的第三产业的产值和就业人数急剧上升。20世纪末，以信息产业为代表的高新技术产业已成为经济发展的主导产业。

（2）劳动结构的变化

彭树智在《世界史·现代史编（下卷）》（北京：高等教育出版社，1994年，第302页）一书中指出，作为直接物质生产部门的第一产业（农、林、牧、渔业）和第二产业（采矿、制造、建筑业）的产值和就业人数在整个国民经济中所占的比重相对下降，而非物质生产领域的第三产业（不仅仅是传统意义的服务业、商业、运输业、通信业以及文化教育等，而且还包括与信息工业联系在一起的部门，如软件工程、数据库等，传统的会计、统计、金融等部门）的产值和就业人数急剧上升。

刘啸霆在《科学、技术与社会概论》（北京：高等教育出版社，2008年，第154页）一书中指出，随着科学和技术的发展，社会劳动力大量地由农业和工业部门向服务、通信、交通、文化教育、科学和技术与管理部门转移；体力劳动者的数量不断下降，脑力劳动者的数量不断增加；劳动者的科学文化素质迅速提高。

（3）消费结构的变化

吴伯田等在《新科技革命与当代社会》（北京：知识产权出版社，2009年，第165页）一书中指出，科技成果应用于生产，人们消费结构和消费模式发生变化。这种变化在两个层面上体现出来：一是物质性消费品的日趋多样性导致人们的物质消费结构不断发生变化；二是新型文化娱乐产品的出现引发了人们日益丰富多彩的精神性消费活动。物质性消费品种类的增多使得人们有了多样化的选择。从饮食、服装，到住宅、交通，可供人们选择的品种、方式很多，使人们从根本上摆脱了由于物品单一所造成的被动接受状态。而利用科学技术研制出的各种类型的文化娱乐工具纷纷进入人们的日常生活，使人们的精神文化生活日益丰富多彩，人们用于文化、娱乐、学习、运动、旅游等方面的支出大大增加。

3. 人的现代化

齐世荣在《世界史·当代卷》（北京：高等教育出版社，2006年，第414页）一书中指出，科学技术的发展不仅带来物的现代化，也提出了人的现代化问题。德国社会学家马克斯·韦伯在19世纪末、20世纪初，就根据第一、二次技术革命引起的工业化后果提出了这一问题。第三次技术革命使这一问题更为突出，因为以发展智能产业为特征的新技术革命，要求进一步提高人的素质，包括思想道德、文化水平、身体素质等。所以，西方社会学家、经济学家再次呼吁要重视人的现代化问题。1962—1964年，美国社会学家英克尔斯提出，“人的现代化是国家现代化必不可少的因素”。只有有了现代化的人，才能有现代化的制度和经济。他还提出了现代化人的12个特点，主要有三个方面：开放性，乐于接受新事物；自主性、进取心和创造性；对社会有信任感，能正确对待别人和自己。

彭树智在《世界史·现代史编（下卷）》（吴于廑主编：《世界史》北京：高等教育出版社，1994年，第304—305页）一书中指出，由于各国社会制度、文化传统和发展水平的差异，对现代化的人的要求虽各不相同，但科学技术是没有阶级性的，为适应科学技术的飞速发展，现代人应具有一些共性：第一，观念和思维方式的现代化。重视价值观念、法制观念、信息观念和人才观念；在思维方式方面重视系统性、精确性、敏捷性、创造性和预测性，并以此与传统思维方式相区别。第二，人的行为方式的现代化。作为现代人在社会实践活动中所采取的形式、方法和程序，普遍具有自主性、创造性、高效性以及竞争与协作精神。应将参与竞争、迎接挑战、争取合作三者协调起来。第三，人的生活方式的现代化。科学技术的发展，要求人们有更高的道德水平和更文明的生活方式。

（四）科技竞争日益激烈

1. 科技竞争的内涵及领域

尹凡等在《我国各省科技竞争力测度及提升策略研究》（长春：吉林人民出版社，2014年，第32—34页）一书中指出，科技竞争力是一个国家（地区）科技总量、实力以及科技水平与潜力的综合体现。它是包括教育和科学的竞争水平、技术的竞争能力、科技体制和科技环境的竞争水平、知识产权的竞争水平等多种因子的系统范畴。科技竞争力不仅取决于单个因子的状况，而且与诸因子之间相互作用的方式程度有密切的联系，即科技竞争力不仅包括总量竞争力而且包括结构竞争力。在IMD2000年的指标体系中，科技竞争力作为八大构成要素之一，分为研发经费、研发人员、技术管理、科学环境和知识产权五个方面。在参照IMD科技竞争力要素构成的基础上，作者认为科技竞争力要素应分为：科技投入，科技产出，科技潜力，科技与经济、社会协调发展等四大要素。

杨起全在《当代国际科技竞争与国家利益》（载《前线》，2005年第12期）一文中指出，综合世界各国科技发展的投资重点和科技专家对发展趋势的预测，当前科学技术发展的优先领域和竞争热点主要集中在以下一些方面：信息科学和技术；生命科学与生物技术；能源科学和技术；环境科学和技术；材料科学和技术；纳米科学和技术；先进制造科学和技术；空天高技术。此外，世界各国在海洋科技、交通科技、公共安全科技、城镇化发展所需要的科技方面也将进入激烈竞争的时代。

2. 各国科技政策

刘大椿在《科学技术哲学导论》（北京：中国人民大学出版社，2005年，第472页）一书中指出，科学技术自身的发展，以及它对经济社会的作用，需要一定的运行机制与运行环境，这就是科技运行的支撑体系问题。他认为在科学意识的树立、基础科技教育质量的提高、专业科技教育结构的调整尤其是科技立法、科技奖励和科技战略等领域的政策和措施对促进科技发展至关重要。

李红庆等在《战后资本主义国家经济发展简史》（沈阳：辽宁大学出版社，2006年，第109页）一书中指出，为了顺应潮流，推动社会经济进步，各国不断调整科技政策，为实现自己的目标，对科技发展的战略、社会功能、内部结构、投资方向、管理原则、人才等采取新的措施。

（1）美国的科技政策

吴必康在《权力与知识：英美科技政策史》（福州：福建人民出版社，1998年，第305页）一书中指出，美国是当今时代科学和技术最发达的国家。美国政府一向把科技发展看成保持经济增长和未来经济繁荣的关键。美国对发展科技的投资绝对值一直居世界首位。1950年,全国科研与发展经费52亿美元,1989年达到1323.5亿美元,超过英、法、日、联邦德国四国的总和。

刘啸霆在《科学、技术与社会概论》(北京:高等教育出版社,2008年,第165页)一书中指出,美国的政治体制和经济体制决定了联邦政府的多元分散型科技管理体制。

彭树智在《世界史·现代史编(下册)》(吴于廑主编:《世界史》,北京:高等教育出版社,1994年,第305—307页)一书中指出,美国不设统管所有研究开发工作的主管机构,也没有一个统一的科技政策。政府主要通过各种合同,如研究合同、采购合同组织各大学、工业公司和政府研究单位来完成科技计划、贯彻政府的科技政策。作者在书中还指出,美国的科技政策有以下几个特点:重视国防研究和基础研究;注重对大学教育和研究的投资;促进政府研究中心、工业公司与大学间的合作,促进科研成果的商品化,通过专利、税收、知识产权保护政策以及技术转让法、反垄断法等立法调动工业企业对研究开发投资的积极性,推动大学研究成果直接转化为商品;扩大国际科技合作与交流,重视技术人才引进。

彭树智进一步指出,美国历来重视制定科技发展计划。1957年,苏联人造卫星上天,美国以此为契机,调整了科研发展战略,研究重点由原子能转向空间技术。60年代末到70年代,受经济危机、环境污染和能源危机的影响,科技发展重点又转向解决国内社会和生活质量问题。1976年,国会颁布《国家科学技术政策、组织和优先顺序法令》,规定在优先发展尖端科技的前提下,对医疗保健、能源、环保等事业给以足够的重视。1981年,里根政府上台再次调整科技工作重点,实行高技术发展战略;1983年,提出"战略防御倡议(简称SDI)",美国人将其称为"星球大战计划"。

徐文吉、牟清在《信息高速公路计划在全球兴起的动因及其现实意义》(载《世界经济》,1996年第3期)一文中指出,1993年克林顿入主白宫后主持制定了《国家信息基础设施:行动计划》,继而又成立了由副总统和相关部长及经济、法律、技术专家组成的3个委员会,分头负责就立法、政策制定、筹集资金等有关事宜开展工作,把信息高速公路建设推向了有纲领、有计划、有对策、有行动的新阶段。

(2) 日本的科技政策

李建民在《战后日本科技政策演变:历史经验与启示》(载《现代日本经济》,2009年第4期)一文中指出,战后日本经济发展不同时期的科技政策都有自己鲜明的特点,对经济增长起到了促进作用。民族国家科学技术水平的提升一般通过自主创新与技术引进两种方式进行。由于战争给日本经济带来了严重破坏,国内技术与先进国家之间相比差距较大,因此日本政府在经济复兴阶段确立了引进国外先进技术这样一个振兴科学技术的战略方针。1955年,日本经济开始高速增长,日本科技政策重点开始调整。1956年,日本政府《经济白皮书》显示出以技术革新作为推动经济高速增长动力的构想。这一阶段,日本科技政策的重点是消除技术差距与自主开发技术,以摆脱过去那种依赖引进技术的体制。通过政策约束与激励,政府引导日本企业努力建立内生的创新体系,在推行产业合理化政策的过程中,以快速的产业升级换代向高附加值产品生产过渡,很快形成了强大的自主研发能力。在经济高速增长时期,日本政府奉行的是基于科技自主创新基础上的发展主义导向的政策。

李建民进一步指出,随着经济高速发展,日本国内影响居民身体健康的各种公害事件不断发生，民众对经济与科技发展的负面效果给予了极大关注。加之20世纪70年代石油危机的发生使得日本经济发展的资源约束日益凸显，日本政府的科技政策也发生了变化，开始强调科学技术的综合性和社会性。

1978年，日本野村综合研究所在一份报告中阐述了日本成为世界经济大国后发展科学技术的重要意义，第一次明确提出了“技术立国”的口号，并被日本政府确定为80年代国家发展的基本方针。1995年，日本政府通过了《科学技术基本法》，明确提出了“科学技术创造立国”政策。日本科技政策与过去相比，更加重视基础研究和培养独立创造精神。

进入21世纪之后，随着国际科技经济竞争的加剧，为了确保日本的科技优势，日本政府在2002年又提出了知识产权立国战略。2006年制定的“新经济增长战略”更是把成为“世界的创新中心”、“强化国际竞争力”作为战略目标。在2009年科技战略目标中，日本政府进一步明确，科学技术发展的重点是以战略性科学技术为中心，大力推进基础研究。

李建民在文中指出随着日本经济沿着经济恢复、高速增长、平稳增长、泡沫经济破灭、经济再次恢复这一主线，日本科技政策重心也经历了技术引进、强调自主创新、注重技术的社会性、科学技术创造立国、知识产权立国的转变，以保证经济增长所需技术基础的形成。日本政府战后出台的有关科技政策，始终都是围绕着如何实现科技与经济协调发展而展开的。振兴科学技术，并以此为杠杆来推动经济发展，是战后日本科技政策的鲜明特点之一。

(3) 西欧各国的科技政策

张承友等在《欧洲科技发展战略探讨》(载《科学学与科学技术管理》，1989年第3期)一文中指出，受制于政治、经济、地理、国家经济、科技体制及发展政策等因素，20世纪70、80年代，在高科技领域的竞争中，欧洲落在了美国和日本的后面，退到了资本主义世界的第三位。

马勇等在《欧盟科技一体化发展及其科技合作模式研究》(载《世界地理研究》，2013年第1期)一文中指出，20世纪70年代，欧洲在新科技革命的落后使得欧盟成员国认识到各成员国只有联合起来，才可能与追赶上美国和日本。法国在1983年9月致欧共体的一份备忘录中要求使欧洲成为一个“工业和研究的共同空间”，要求建立科技共同体。法国的建议受到共同体及其他成员国的欢迎。自科技共同体提出以来，欧盟在科技一体化发展道路上实施了一系列重大科技合作研究计划，产生了一大批丰硕成果。

马勇等在文中进一步指出欧盟科学技术合作有三种基本模式，创新社会网络的公共科学研究合作模式(集中体现为欧洲科技合作计划)、自上而下的预竞争科技合作模式(集中体现为欧盟框架计划)、自下而上的市场导向科技合作模式(典型代表为尤里卡计划)。这三大类政府间科技合作计划各自有自己的重点支持领域，在支持形式、投入侧重点、运作管理和合作导向等方面互为分工与合作，优势互补，共同构成了欧盟政府在科技联合和一体化行动的最重要骨架。

尤里卡计划是欧盟自下而上的市场导向科技合作模式的代表，是一个市场驱动的民用高技术合作计划，在计划实施的20多年里，其主要集中在医药与生物技术、通信技术、能源技术、环境技术、激光技术、新材料技术、机器人和自动化技术、运输技术9大领域。

孙元花在《欧盟三大科技计划对我国跨行政区科技合作的启示》(载《南京邮电大学学报(社会科学版)》，2010年第2期)一文中指出，尤里卡计划的目标是使欧洲“能够掌握所有的高技术”，在尖端技术方面赶上美国和日本，确保和巩固欧洲在世界政治格局中所获得的地位。经过多年的发展，其成员国已由最初的 17 个增加到 41 个，包括欧盟及其所有的成员国及瑞士、俄罗斯、乌克兰、土耳其和韩国等国。

张换兆等在《尤里卡计划的特点及对我国科技计划改革的启示》（载《科技管理研究》，2016 年第 20 期）一文中指出，尤里卡计划具有实际开发与应用科学成果有机结合、灵活的方法与周密科学管理相结合、重视吸引社会资本参与、产学研合作形式越来越有利于产生经济效益 4 个特点，迄今为止，已成为欧洲最成功的科技计划之一。

教学设计

设计一：叩问宇宙——人类太空探索的是与非

设计意图

科学技术的发展不但给人类带来物质财富，还给人类带来精神财富。在目前看来，人类在太空领域的科技探索，可能更多地体现为精神价值。本设计通过展示人类探索太空的成就和代价，引导学生感悟人类探索太空历程的艰难。进而借“修女之问”，引导学生认识人类花费巨大代价探索太空的价值，体会敬畏宇宙自然的科技伦理和勇于探索未知的科学精神。

设计方案

一、叩问宇宙探索之艰难

材料呈现：

教师讲述：我们熟悉的微信登录的图片叫“蓝色弹珠”，是 1972 年由阿波罗 17 号宇宙飞船在距离地球 4.5 万公里之外的地方拍摄而成。这张照片是少数能把整个地球清晰地拍下来的照片。第一次见到这张照片的时候，觉得地球是如此梦幻。我们之所以能从太空中看到千姿百态的地球，要归功于太空技术的进步。

材料呈现：

材料一 人类探索太空的成就

1903 年 12 月 17 日，美国莱特兄弟“飞行者 1 号”成功试飞，人类动力航空史就此拉开帷幕。

1957 年 10 月 4 日，苏联成功发射人类第一颗人造地球卫星，标志着人类太空时代的到来。

1961 年 4 月 12 日，苏联宇航员加加林驾驶“东方 1 号”飞船完成有史以来的首次太空飞行。

1969 年 7 月 20 日，美国“阿波罗 11 号”宇宙飞船首次成功载人登月。

2007 年 10 月，中国发射第一颗绕月探测卫星“嫦娥一号”。

2008 年 11 月，由“嫦娥一号”拍摄制作完成的“全月球影像图”公布，这是世界上已公布的月球影像图中最完整的一幅影像。

——根据曹大为等主编：《历史必修Ⅲ 文化发展历程》(长沙：岳麓书社，2016 年)相关内容整理。

问题设计：根据以上材料概述 20 世纪以来人类探索太空的成就。

教师引导学生分析：在短短数十年内，人类一直尝试、不断突破，活动范围从近太空到外太空，人类的步伐从空间站到月球，人类的探测器已经飞到太阳系之外，而且我们有理由相信，人类还会在不久的将来取得更大的成就。

材料呈现：

材料二 人类探索太空付出的代价

1960 年 10 月 23 日，苏联“金星”号火箭发动机喷火爆炸，近百名军人、科学家丧生。

1967 年 1 月 27 日，美国“阿波罗 1 号”飞船模拟发射时失败，3 位宇航员丧生。

1967 年 4 月 24 日，苏联“联盟”号飞船返回地球着陆时降落伞遇到故障，宇航员科马罗夫遇难身亡。

1971 年 6 月 29 日，苏联的“联盟”号飞船返回时密封舱漏气，3 名宇航员遇难。

1980 年 3 月 18 日，苏联“东方”号运载火箭在发射场发生爆炸，50 名技术人员遇难。

1986 年 1 月 28 日，美国“挑战者”号航天飞机在升空 73 秒后爆炸，7 名宇航员全部丧生。

2003 年 2 月 1 日，美国“哥伦比亚”号航天飞机返回地球时解体，7 名宇航员无一生还。……

——卢颖：《人类航天历史上的灾难》，载《中国青年科技》，2003 年第 10 期。

问题设计：但又可曾想过，人类在取得如此巨大的科技成就的同时，又付出了怎样的代价呢？

教师引导学生分析：人类首先付出的就是生命的代价。每一个数字背后都是一条条勇敢而又鲜活的生命，而且，尽管我们不愿意看到，但这种损失在以后还将继续。除了生命的代价，还有物质的代价。

材料呈现：

材料三 人类探索太空付出的物质代价

阿波罗计划：1961 年 5 月至 1972 年 12 月，耗资 255 亿美元。

——齐浩然：《令人向往的太空之旅》，北京：金盾出版社，2015 年，第 22 页。

NASA 的“五星计划”：哈勃望远镜耗资 140 亿美元，卡西尼号耗资 33 亿美元，好奇号耗资 26 亿美元，新视野号耗资 7 亿美元，木卫二任务将耗资 25 亿美元。

——根据迟惑：《永远的哈勃望远镜》(载《太空探索》，2015 年第 5 期)、《大科学到底有多大?》(载《环境经济》，2015 年第 Z8 期)等文整理。

二、叩问宇宙探索之困惑

教师讲述：太空探索不仅使人类付出了巨大生命代价，还耗费了大量的人力物力。人类为远在天边的事业花了那么多的钱，与此同时，地球上每年都有很多人饿死。

材料呈现：

材料四：

——《饥饿的苏丹》(南非新闻摄影记者凯文·卡特获得 1994 年普利策新闻特写摄影奖的作品)

教师讲述：南非新闻摄影记者凯文·卡特曾有一幅著名的摄影作品《饥饿的苏丹》，该幅作品获得了 1994 年的普利策新闻特写摄影奖。它在某种程度上反映了当时非洲面临的现实境况。而根据相关新闻报道，撒哈拉以南的非洲地区仍有 1/4 人口处于饥饿状态。正因如此，有人提出了疑问。

材料呈现：

材料五 修女之问

1970 年 5 月，赞比亚修女玛丽·尤肯达给美国 NASA 太空中心科学副总监恩斯特·史都林格博士写信问道：“目前地球上还有这么多小孩子吃不上饭，你怎么能舍得为远在火星的项目花费数十亿美元?”

——[美]恩斯特·史都林格：《有这么多人吃不上饭，为什么还要探索宇宙?》，载《文苑》，2013 年第 10 期。

问题设计：在全球温饱问题尚未解决的情况下，人类是否有必要花费巨大代价发展太空技术?

教师引导学生分析：“修女之问”引发人们思考，一方面人类为太空探索付出了巨大物质代价，另一方面地球上却有大量饥荒难民连温饱问题都没解决。实际上，太空探索的价值非常大。从人们每天使用的手机和笔记本电脑，到超市里使用的 POS 机和商品条码，再到消防员穿的救生衣，甚至婴儿的尿不湿和方便面等各项与人们生活密切相关的科技发明都应用了太空探索过程中发明的技术。甚至在修女所说的解决饥饿的问题上，太空农业也发挥了越来越重要的作用。发展太空技术，不但能够促进当前人类物质生产生活的发展，而且对于人类寻找未来新的生存空间有很大的价值。

三、叩问宇宙探索之反思

教师讲述：我们看到，太空探索无论是在军事还是经济方面，国家或民众层面，现在或将来，看得见的或者看不见的地方，都在发挥重要作用。除了这些实际的作用外，太空探索还给我们带来什么呢？

材料呈现：

材料六 “阿波罗13号”的故事

1970年4月13日，美国“阿波罗13号”飞船即将抵达月球时，氧气罐爆炸，电源损坏，登月失败，航天员陷入危险之中，此时距离地球已38万公里……航天员首先感到极度恐惧绝望，后经过精密测算和细致分析后，利用地球和月球的引力差，设计出返航方案。在地面中心的指挥下，航天员靠着自己的知识、经验和勇敢，以顽强的意志和毅力，强烈的求生欲，战胜恐惧、寒冷、黑暗、疲劳，在狭小的登月舱使用有限的动力、水和氧气，操纵着登月舱绕过月球，4天4夜后返回地球轨道。在“阿波罗13”号即将重返地球大气层时，为防止出现任何可能的干扰，苏联关闭了境内所有与阿波罗计划频道相同的无线电通讯，同时派遣船只前往太平洋和大西洋海域，必要的时候执行紧急救援行动。共有12个国家提供了救援舰船和飞机，分布在美国军舰未能顾及的海域内等候。最终，“阿波罗13号”成功返回地球，此次航天事故也被称为是一次“成功的失败”。

——[美]恩斯特·史都林格：《有这么多人吃不上饭，为什么还要探索宇宙?》，载《文苑》，2013年第10期。

问题设计：请分析“阿波罗13号”能成功返回地球的原因。

教师引导学生分析：“阿波罗13号”之所以能成功返回地球，有人类科技的保障，还有宇航员面对困难的勇气与智慧，更有各国地面工作人员与宇航员之间的紧密配合。“阿波罗13号”事件不仅证明了人类探索太空技术的进步，更证明了人类在遇到严峻困难时有勇气、有智慧，能绝境求生。在面对危机时，可以暂时放下偏见与敌视，放弃社会制度与意识形态的差异，有远见、有胸怀、携手并肩。“阿波罗13号”的故事证明了人类勇于探索未知的科学精神，更证明这种科学精神使人类有能力克服自身的弱点，也有理由相信自己有能力解决面临的各种严峻考验和挑战，这是太空探索活动给人类带来的另一大收获。

问题设计：为何苏联人在“阿波罗13号”遭遇危机的关键时刻选择了帮助美国人？

教师引导学生分析：具体的真实原因我们无从得知，但看另一张图片或许能为我们探究这一问题提供一些思路。1990年2月14日，旅行者一号太空船拍摄了一幅名为“暗淡蓝点”的照片。在茫茫星海中，地球就只是一个很小的“暗淡蓝点”。从这个角度看，大家觉得地球秀美壮阔吗？觉得它生机盎然吗？觉得它如此梦幻神秘吗？此刻，我们或许只能用“渺小”一词来形容地球。

材料呈现：

材料七 我们的心情，我们虚构的妄自尊大，我们在宇宙中拥有某种特权地位的错觉，都受到这个苍白光点的挑战。……除了这张从远处拍摄我们这个微小世界的照片，大概没有别的更好办法可以揭示人类妄自尊大是何等愚蠢。对我来说，这强调说明我们有责任更友好地交往相处，并且要保护和珍惜这个淡蓝色的光点，这是我们迄今所知的唯一家园。

——[美]卡尔·萨根：《暗淡蓝点——展望人类的太空家园》，叶式辉等译，上海：上海科技教育出版社，2000 年，第 14 页。

问题设计： 这个"暗淡蓝点"给我们以怎样的启示？

教师引导学生分析： 人类及地球上所有的生命都生活在这个漂泊在浩瀚宇宙中的小蓝点上，再强大的生命也只是时间长河中的匆匆过客，最终都将如同星系一样走向湮灭。无论是美国人，还是苏联人，都是地球人，都是宇宙中微不足道的生命。所以，阿波罗 13 号的意义不仅仅是冷战、争霸，更代表渺小的人类对未知世界的不懈追求，对苍茫宇宙的有力呐喊，是人类对自身力量的自信，对浩瀚宇宙未知世界的勇气。

教师指导学生小结： 地球虽然渺小，然而就是在浩瀚宇宙中这个微不足道的小点上，产生了思考宇宙形态的地心说、日心说、星云假说和由伽莫夫提出假设、由霍金提出解释的大爆炸学说。人类一直在不断追问自身：地球在哪？宇宙有多大？我们从哪里来？到何处去？人类并未因为自身的渺小而停止过对宇宙的追问和探索，并且这种追问和探索还将持续下去，永无止境。"暗淡蓝点"固然渺小，但这个小光点也许是对整个人类力量的最强大最深远的见证，也是人类思考宇宙及地球存在的最有力、意义最深远的证明，展现了人类面对辽阔宇宙的自信和无畏的勇气。我们还发现了人类的渺小，正因为这种渺小，所以我们才要敬畏宇宙，懂得自制自省。但同时我们感受了人类勇于探索未知的勇气和自信，渺小的人类又因此而显得如此伟大。

设计二：改变世界的一封信——原子弹诞生的前后

设计意图

原子弹的横空出世是第三次科技革命发展的结果，原子能、核技术是第三次科技革命的代表性成果之一，原子能的和平开发与利用及核安全一直是人类社会关注的重点。本设计引用爱因斯坦的书信等材料，梳理人类对原子能开发与利用的发展过程，引导学生感受科学家的求真精神和社会责任感，思考科学技术进步与社会发展的关系，增强学生的社会责任意识。

设计方案

导入新课

材料呈现：

材料一 我们的成就在四十年前(1945 年)成为世界悲剧处境的非故意的原因。因此，我们物理学家有社会责任。我们必须做能够减轻高悬在人类头上的恐怖威胁的事情。

——李醒民：《科学家对社会的道德责任》，载《民主与科学》，2011 年第 5 期。

问题设计： 发生在 1945 年的"世界悲剧处境"指什么？材料中提到的"物理学家有社会

责任”又是指什么？

教师引导学生分析： 材料中“世界悲剧处境”是指美国 1945 年在广岛、长崎投放原子弹。原子能（核能）的开发和利用是人类探索自然的巨大成就，也是第三次科技革命的代表性成果。在给人类社会带来巨大便利的同时，也因其隐藏的巨大能量可能会给人类的生存带来巨大的威胁，成为悬在人类头顶上的“达摩克里斯之剑”。这要求科学家在进行科学研究时要有社会责任意识，原子弹自诞生之日起，就与科学家们的社会责任意识紧紧联系在一起。

一、改变世界的一封信

材料呈现：

材料二 爱因斯坦给美国总统罗斯福的一封信

阁下：

我从费米和西拉德的手稿里，知道……不久的将来铀元素会变成一种重要的新能源。……在大量的铀中建立起原子核的链式反应会成为可能，由此，会产生出巨大的能量和大量像镭一样的元素。

这种新现象也可以用来制造炸弹，并且能够想象——尽管还很不确定——由此可以制造出极有威力的新型炸弹来。

鉴于这种情况，您会认为在政府同那批在美国做链式反应工作的物理学家之间有一种经常的接触是可取的。

a）联系政府各部，经常告诉他们进一步发展的情况，并且提出政府行动的建议，特别要注意为美国取得铀矿供应的问题。

b）设法加速实验工作。

我了解到德国实际上已经停止出售由它接管的捷克斯洛伐克铀矿出产的铀。……柏林威廉皇帝研究所……目前正在重复着美国关于铀的某些工作。

您的诚实的
A. 爱因斯坦
1939 年 8 月 2 日

——[美]爱因斯坦：《爱因斯坦文集》（第三卷），许良英等编译，北京：商务印书馆，1979 年，第 177—178 页。

问题设计： 爱因斯坦信中的核心观点是什么？

教师引导学生分析： 爱因斯坦在信中表达出了对和平深深的忧虑。他明确指出原子核的链式反应将产生出巨大的能量，并且这种反应可以被用来制造出极有威力的炸弹；因此他建议美国政府关注原子物理领域的发展，并为实验提供资金等支持。同时他特别提醒美国政府注意德国在铀矿管控及铀元素研究方面动向。正是这封信加速了美国政府在原子能领域的研究步伐，并加速其武器化的应用研究，最终促成了原子弹的爆炸成功及应用于战场。从这个意义上说，这是改变世界的一封信。

材料呈现：

材料三 美国研制原子弹大事记

1939 年 10 月 11 日罗斯福接到由萨克斯转交的爱因斯坦来信。

1939 年 10 月 19 日下令成立了一个铀元素顾问委员会。

1940 年 2 月，陆海军方面向委员会拨款，支持科学家的实验工作。

1941 年末美国政府推动下的大规模原子弹研制工作开始。

1941 年 12 月 6 日，珍珠港事件的前一天，罗斯福总统正式批准开发原子武器的计划。

1942 年 6 月，美国政府正式制定了总金额达 20 亿美元的原子弹研究开发计划，取名为“曼哈顿工程”。

1942 年费米实现链式反应，世界上第一座核反应堆在美国芝加哥启动。

1945 年 7 月 16 日，原子弹试验在美国新墨西哥州阿拉莫戈多试爆成功。

——杨舰、刘丹鹤：《曼哈顿工程与科学家的社会责任》，载《哈尔滨工业大学学报(社会科学版)》，2005 年第 4 期。

问题设计：爱因斯坦的来信与美国原子弹研制计划有什么关系呢？

教师引导学生分析：从时间上分析，爱因斯坦的来信与美国原子弹研制进程在时间上有前后相关性，有助于推动美国成为最早拥有核武器的国家，对世界历史进程产生了重要影响。

材料呈现：

材料四 1945 年 8 月 6 日和 8 月 9 日，美国两颗原子弹在日本投放后，其积极作用和轰动效应立即表现出来：一是彻底动摇了日本最高统治集团的作战决心和负隅顽抗的战斗意志，立即酝酿投降事宜；二是改变了苏联政府出兵东北的时间表，提前对日宣战；苏联对日宣战又进一步促进日本加快投降的步伐，从而加速了第二次世界大战的结束。

——王文庆：《关于原子弹轰炸日本的性质和作用问题》，载《世界经济与政治》，1995 年第 9 期。

材料五 原子弹爆炸伤亡人数至今没有准确的统计，各方报道数字不一。1990 年 5 月 16 日日本政府公布了厚生省的最新调查，到 1985 年止，受原子弹袭击者，40 年累积死亡人数——广岛 201 990 人，长崎 93 966 人，两市合计 295 956 人。

——侯明东：《广岛长崎原子弹爆炸的回顾与反思》，载《现代物理知识》，2006 年第 1 期。

问题设计：根据材料，第二次世界大战期间美国在日本广岛与长崎投放原子弹，带来了怎样的影响？

教师引导学生分析：第二次世界大战期间，原子弹研制成功后，成功轰炸日本广岛、长崎，极大地动摇了日本最高统治集团的作战决心和负隅顽抗的战斗意志，加速了日本的投降，对加速第二次世界大战的结束起了重要作用。同时，我们也看到，原子弹的强大威力造成了大量平民的死亡。原子弹的诞生确实改变了世界。

二、一封信为何能改变世界？

教师讲解：人们通常认为，爱因斯坦致罗斯福总统的信直接导致了美国政府着手研发原子弹的大规模行动。罗斯福总统接下来采取的一系列行动最终促成了庞大的曼哈顿工程的成功。然而，事实并非如此简单。

材料呈现：

材料六 1905 年，爱因斯坦发表了《论运动物体的电动力学》的论文，提出了狭义相对

论和著名的核动力公式 $E=MC^2$，为原子能的发现和利用奠定了理论基础。1911 年卢瑟福提出有核的原子结构模型

1919 年卢瑟福实现人工核反应

1932 年查德威克发现中子

1934 年约里奥-居里夫妇实现核反应生产人工放射性核素

1938 年哈恩和斯特拉斯曼发现核裂变现象

1939 年玻尔提出核裂变理论

1940 年西博格等发现钚

1942 年费米实现链式反应，世界上第一座核反应堆在美国芝加哥启动

1944 年西博格人工合成超铀元素

1945 年美国成功制造出原子弹

——崔佳：《一本书读完科学发现的历史》，北京：中华工商联合出版社，2014 年，第 365—367 页。

材料七 1941 年罗斯福总统批准成立了国家科学研究与开发办公室，该办公室比一战期间的国家研究委员会具有更大的独立性和主动性，并在二战期间统筹了全国的科学研究活动，美国著名的"曼哈顿计划"、雷达以及青霉素等重大科技项目的研发、都是在该办公室的领导下完成的。通过这些研究计划，美国确立了政府委托私人部门承担研究项目，在政府、企业和民间研究部门互动下，协调实施国家科技计划的科研机制。"曼哈顿计划"的成功显示了这种科研机制的巨大效率。

——王新建：《美国的国防科技管理体制》，载《中国经贸导刊》，2016 年第 25 期。

问题设计：根据材料和所学知识分析，原子弹在美国研制成功有哪些有利条件？

教师引导学生分析：原子弹的研制离不开 20 世纪物理学领域的突破；美国战时的科研体制与政策有效保障了原子弹研制工作的进行。在第二次世界大战残酷的环境下，战争的迫切需求、美国强大的综合国力、反法西斯联盟的团结合作、对德国核计划的破坏等多方因素共同促成了美国的成功。科学家的辛勤工作是原子能研制取得重大突破的基础，那么支撑科学家们不断探索的原因有哪些？当原子弹被应用于战场，科学家们又有着怎样的思考？

三、科学家的求真精神与社会责任

材料呈现：

材料八 奥本海默对此作了总结，他说："科学家们参加曼哈顿计划有几个原因：(1)害怕敌人制造出原子弹；(2)感觉到没有原子弹可能不会赢得战争的胜利；(3)好奇心；(4)冒险意识；(5)既然在理论上制造原子武器是可能的，他们渴望看看实际上会是什么样子；(6)希望原子武器会导致合理地解决当前和未来的全球冲突。……如果你是个科学家你会禁不住从事这一工作……弄清楚世界是如何运行的，现实是怎么一回事，根据自然的价值观和凭借人类最大可能的权力去控制和对付这个世界。"

——叶继红：《科学家的社会责任——以"曼哈顿计划"为例》，载《科学学研究》，2001 年第 4 期。

问题设计：根据材料，科学家们基于什么样的原因参与了美国原子弹的研究计划“曼哈顿工程”？

教师引导学生分析：科学家们参与“曼哈顿工程”的原因是复杂的，既有应对当时德国潜在战争威胁的现实需要，也充分展示了科学家们对战后世界和平的关注，更重要的是作为科学工作者探索自然奥秘、探寻科学真理的旨趣与追求。

材料呈现：

材料九 1945年8月6日，当爱因斯坦在纽约萨朗那克湖边从《纽约时报》的一位青年记者那里知道了日本广岛遭原子弹轰炸的消息时，感到极度震惊。作为推动美国开始原子弹研究的第一人，爱因斯坦不无遗憾地说：“我现在最大的感想就是后悔，后悔当初不该给罗斯福总统写那封信。……我当时是想把原子弹这一罪恶的杀人工具从疯子希特勒手里抢过来。想不到现在又将它送到另一个疯子手里。”

——马栩泉：《核能开发与应用》，北京：化学工业出版社，2005年，第169页。

材料十 在广岛、长崎的原子弹爆炸之后，爱因斯坦写了一封告美国公民书。书中呼吁：“我们将此种巨大力量释放出来的科学家，对于一切事物都要优先负起责任，原子能绝不能被用来伤害人类，而应用来增进人类的幸福。”

——杨舰、刘丹鹤：《曼哈顿工程与科学家的社会责任》，载《哈尔滨工业大学学报（社会科学版）》，2005年第4期。

问题设计：爱因斯坦为何后悔？爱因斯坦的另一封信表达了科技工作者怎样的人文情怀？

教师引导学生分析：爱因斯坦写信给罗斯福总统的初衷是希望抢在纳粹德国前面掌握原子弹的秘密，减少战争对人类的伤害。但是爱因斯坦认为，美国将原子弹用于太平洋战场，违背了他的初衷，他感到非常的遗憾。从根本上说，美国轰炸广岛、长崎，是美国在面对日本法西斯负隅抵抗、坚决不投降的情况下，为最大限度减少盟军牺牲而采取的不得已的措施。原子弹轰炸造成的和平居民伤亡和严重的破坏，是日本军国主义者坚持侵略战争造成的，应由日本法西斯及陷入对外侵略极端狂热的日本大众负责。但是，作为科学家，爱因斯坦的自责与反思，充分展现出一个知识分子对人类的关怀和崇高的社会责任感，强调科学应该服务于人类的幸福，更充分体现了一位知识分子的良知。

教师指导学生小结：参与“曼哈顿工程”科学家们团结协作，探索原子能的秘密，让人类对自然界的认识上升到一个新的高度，探索未知领域体现了科学“求真”的精神；爱因斯坦怀着捍卫世界和平的愿望给美国罗斯福总统致信，并在原子弹被投入战场后自觉参与反核和平运动，体现了科技工作者的良心，也体现了对世界和平的追求，科学应当造福于人类，体现了科学“求善”的社会功能。科学的最高宗旨是致善，求真只是手段，求善才是最高目的，这二者既对立又统一，将始终贯穿科技发展的始终。

教学资源

资源1：20世纪理论科学的革命

正是为了解决上一个世纪留下来的种种科学危机，20世纪的理论科学经历了一系列的革命。以世纪之交的物理学革命为先导，在天文学、地质学和生物学领域均发生了重大的理论变革。在物理学中，出现了相对论、量子力学，取代牛顿力学成为物理世界更普适的基础理论。粒子物理学中的夸克模型、宇宙学中的大爆炸模型、分子生物学中的DNA双螺旋模型和地质学中板块模型，被认为是20世纪理论科学中最重要的四大模型。它们均代表了本领域里的一场理论革命。经过一系列的观念变革，人类对宇宙和生命的认识大大深化。

——吴国盛：《科学的历程》，北京：北京大学出版社，2002年，第426页。

资源2：美国联邦政府战时科技投资情况

美国联邦政府战时科技投资情况　　单位：10亿美元							
时间	联邦R&D经费	国民生产总值	比例	时间	联邦R&D经费	国民生产总值	比例
1940	0.07	99.7	0.07	1944	1.38	210.1	0.66
1941	0.20	124.5	0.16	1945	1.59	211.9	0.75
1942	0.28	157.9	0.18	1946	0.92	208.5	0.44
1943	0.60	191.6	0.31				

——吴必康：《权力与知识：英美科技政策史》，福州：福建人民出版社，1998年，第352页。

资源3：第二次世界大战后美国确立科技优势的原因

经过第二次世界大战，美国科技在世界上跃居首位，确立科技优势。这可归于多种原因。第一，从直接原因看，是美国科技发展迅猛，取得大量重要科技成果，如核物理和原子弹技术，电子计算机等。第二，从外部原因看，是其他大国及其科技与教育事业受到削弱，一时难以做出有力竞争。第三，从政策原因看，是美国政府的巨额投资和大力组织。第四，从基础原因看，是美国拥有庞大的经济实力和坚实的工业基础，而且在大战中大发战争横财"暴发"起来。第五，从科技事业的结构看，拥有一个强大和完整的全国科技体系，特别是发达的教育事业基础。其中，前两项是易于变化也必然变化的因素，因为现代科技发展十分迅速，其他大国也必然追赶。美国从50年代后期遇到愈来愈大的科技挑战就证明这些因素的变化。后三项的政策、体系和实力因素是美国科技优势赖以产生和保持的真正基础。

——吴必康：《权力与知识：英美科技政策史》，福州：福建人民出版社，1998年，第358—359页。

资源4：科技革命的两大来源

科技革命源于社会需求驱动，又极大地促进了社会和经济的大发展。比如，在18世纪中后期，当时英国工业生产能力相当于全世界的40%—50%，欧洲大陆和美国也在那时先后开始了工业化进程。19世纪中后期发生的第三次工业革命，也是第二次技术革命，德国迅速跃升为世界工业强国。德国在化工方面发展很快，我们现在的一些基本化工、原材料，包括化肥在内的很多技术都源于德国在那个时候的创新。美国在世界工业生产中的份额于1890年上升到世界第一位,日本也在那个时期起建立了工业化基础。到20世纪中后期的第五次科技革命,美德法英等进入工业化成熟期,日本在这个阶段抓住了机遇,实现了经济的腾飞,1950年—1985年经济增长高达约120倍。

科技革命的另一驱动来源于知识与技术体系内在矛盾。20世纪初发生的第四次科学革命的标志性成果包括:量子力学、相对论、宇宙大爆炸学说、DNA双螺旋结构模型、板块构造理论、计算机科学等。但20世纪下半叶以来,从科学角度来说,未能出现可以与上述六大成果相提并论的理论突破或重大发现,"科学的沉寂"已达60余年。

——白春礼:《世界正处在新科技革命前夜》,载《光明日报》,2013-01-21。

资源5:新科技革命自身的特点——整体性、制度化、法律和制度保障机制

现代科技发展具有整体性的特点

它打破了学科界限、部门界限、地域界限以及民族国家的界限,各自然科学学科之间,自然科学与社会学科、人文科学之间,科学与技术之间,学科内各研究领域、专业方向之间,不再是彼此孤立、平行发展的关系,而呈现出相互合作、相互促进、交叉融合、彼此带动的趋势。……各学科之间就形成了一道互动的链条,一个领域的发展势必带动其他学科领域的相关发展,一个国家的某项科技成果势必引起其他国家的效仿和追赶,不断产生扩散效应最终形成整体性的科技进步。

现代科技发展逐渐走上制度化的轨道

鼓励科技创新的法律体系、制度体系和专门的科学研究机构的创立,使科技创新法律化、制度化、组织化,走向良性循环、持续发展的轨道。

现代科技向生产力转化的法律和制度保障机制

科技成果转化方面的立法,使科技向现实生产力转化的能力、速度和程度都大大提高,科技成果能够迅速、充分而有效地投入生产领域,带动工业发展;反过来,工业的发展既为科技创新提供了丰富的物质基础和研究手段,又通过不断产生的新需求为科技发展提供新课题,开辟新领域,促使其向纵深发展;产学研结合的制度将科研机构与生产单位结合起来,加强了基础性学科与应用性学科之间的联系,减少了科技成果转化的中间环节,缩短了转化周期,科技与工业从对方那里获得自身前进的动力,共同发展。

——马克垚:《世界文明史(下)》,北京:北京大学出版社,2016年,第1011—1012页。

资源6:从科技与社会关系的角度看科技革命的标志性事件

从科技与社会关系的角度看,16世纪以来人类社会每个世纪至少有1—2个标志性事件。所谓标志性事件,就是改变人类思想观念、生活方式和生产方式的重大事件。例如,16世纪的哥白尼革命,改变了人类的宇宙观;17世纪的牛顿革命,带来科学理论和科学思维;18世纪蒸汽机和机械的发明,带来机械化和工业化;19世纪发电机和内燃机的发明,带来电气化和新运输;20世纪计算机和互联网的发明,带来自动化和信息化等。

既然过去五个世纪都有各自的标志性事件,21世纪也必然有标志性事件,那么它是什么？我们认为：21世纪的标志性事件有可能是两次新的科技革命；其一是新生物学和再生革命，人类文明将进入再生时代；其二是新物理学和时空革命，人类文明将进入宇航时代。目前，信息革命已接近尾声，新生物学和再生革命已进入萌动期，科技革命有规律，科技创新有机遇，机遇青睐先行者。

——何传启：《第六次科技革命预测及中国的应对之策》，载《福建日报》，2017-01-03。

资源7：2006—2020年国家中长期科学和技术发展规划战略研究专题

序号	战略研究专题内容
专题1	国内外科技发展比较与我国中长期科技发展战略研究
专题2	科技体制改革与国家创新体系研究
专题3	军民创新体系融合研究
专题4	区域科技发展研究
专题5	全面建设小康社会，走新型工业化道路的重大科技需求和科技发展模式研究
专题6	关于我国“三农”问题研究
专题7	人口、健康与公共安全
专题8	可持续发展问题研究
专题9	制造业发展问题研究
专题10	高新技术产业化问题研究
专题11	现代服务业问题研究
专题12	国防科技问题研究
专题13	科学前沿问题研究
专题14	战略高技术研究
专题15	科技人力资源研究
专题16	科技普及研究
专题17	科技投入问题研究
专题18	科技条件平台研究
专题19	科技基础公益性工作研究
专题20	科技法律与政策环境建设研究

——国家中长期科学和技术发展规划办公室：《国家中长期科学和技术发展规划战略研究报告》，2006年。

资源 8：国家创新系统三类要素(主题要素、功能要素、环境要素)联动关系示意图

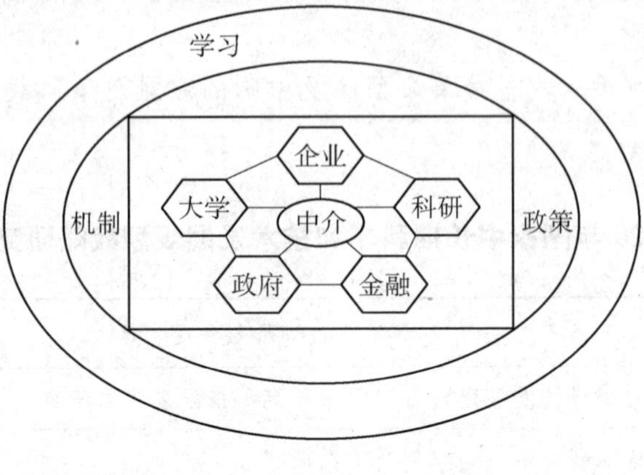

——殷登祥、[英]R. 威廉姆斯等主编：《技术的社会形成》，北京：首都师范大学出版社，2004 年，第 450 页。

资源 9：新科技革命的机遇

16 世纪以来，世界科技大致发生了五次革命(两次科学革命和三次技术革命)，包括近代物理学诞生、蒸汽机和机械革命、电力和运输革命、相对论和量子论革命、电子和信息革命等；世界经济大致发生了三次产业革命，包括机械化、电气化、自动化和信息化革命等。目前，第六次科技革命的核心专利争夺已经展开，第四次产业革命的来临已进入倒计时，它们将决定一个民族的世界地位，将影响一个国家的兴衰成败。

目前，第五次科技革命和第三次产业革命尚未结束(约 1945—2020 年)，还存在一些尾声机会，如大数据、云计算、物联网、智能化制造(3D 打印)和绿色能源等；第六次科技革命和第四次产业革命尚未发生，但核心专利争夺已经展开，技术前奏已经响起，它是一个先声机遇。

中国是从第六次科技革命和第四次产业革命的战略机遇中获得净收益，还是付出机会成本的高额代价，就看我们的选择了。如果能够超前布局，抢占它的战略制高点，就有可能赢得主动，就有可能掌握它的核心专利，就有可能加速中华民族的伟大复兴。

——何传启：《新科技革命加速中华民族伟大复兴》，载《中国社会科学报》，2013-11-01。

资源 10：各地区各时期的诺贝尔科学奖得奖人数(1901—2014)

表 1　各地区各时期的诺贝尔科学奖得奖人数

地区	1901—18	1919—39	1943—66	1967—90	1991—2014	1901—2014
美国	2.5	11.5	55	90	99	258
英国	8	17.5	23.5	20.5	16	85.5

续 表

地区	1901—18	1919—39	1943—66	1967—90	1991—2014	1901—2014
德瑞奥	20	24.5(1)	19	21.5	11.5	96.5
法	11	5.5(2)	4.5	3	9	33
荷比	5	4.5(1)	1.5	3	4	18
北欧	4	6	4	9	4.5	27.5
意大利	1.5	1	2	1	0	5.5
欧洲	49.5	59	54.5	58	45	266
俄国	1.5	0	7	1	3	12.5
日本	0	0	2	2	12	16
加澳纽	0.5	1.5	1.5	3	5.5	12
其他(3)	1	1	3	1	4.5	10.5
总计	55	73	123	155	169	575

表格中括号数字备注：

(1) 匈牙利的 Albert Nagyrapolt(1937 生理学奖)分别计入德瑞奥和荷比。

(2) 法国的 Charles Nicolle(1928 生理学奖)在 37 岁迁往突尼斯(时为法殖民地)的巴斯特研究所工作，以迄去世。他仍计入法国。

(3) 属“其他地区”的包括印度 1 位，阿根廷 2 位，捷克、西班牙、葡萄牙各 1 位，以及以色列 4.5 位(他们俱获颁 2004—2013 年间的化学奖，其中 2011 年得奖的 Dan Schechtman 有一半计入美国)，共 10.5 位。他们均不分列地区，也不纳入诺奖指数计算或者地区评比。

——陈方正：《从诺贝尔奖看科学发展》，载《科学文化评论》，2015 年第 2 期。

第九单元

当代世界的发展特点和主要趋势

学术引领

一、当代世界多极化趋势

(一)“世界多极化趋势”的定义

俞邃在《“世界多极化”提法辨析》(载《当代世界》,2001 年第 6 期)一文中指出,通常所说的世界格局多极化,简称世界多极化,或者就叫多极化。世界格局是指具有世界影响的力量(国家)或力量中心(国家集团)的布局及其相互作用的战略结构状态,多极化则是当今世界格局表现的主要特征。

俞邃认为,“世界多极化”与“政治多极化”的范畴不同。他在《世界多极化问题》(载《世界经济与政治》,2004 年第 3 期)一文中提出,世界多极化能否称作政治多极化?从报刊上不时看到政治多极化的说法,这是一种误解。多极化的含义离开了经济、军事、科技等要素,也就形不成“极”的概念。如若以政治倾向作为划分世界格局的标准,那么致力于维护和平与发展、反对霸权主义的广大发展中国家可以归之于“一极”,可是,这样一来,就不仅掩盖了发展中国家之间的差别,而且无法体现本来意义上的世界格局多极化。如若把多极化归于政治多极化,那么无可非议,中国现在就堪称世界上的“一极”,因为中国是一个政治影响十分重大的社会主义国家,是世界上最大的发展中国家。可是,从我国的经济实力和军事实力等条件来衡量,还不能说是“一极”。如若仅从政治角度考虑问题,那么作为经济大国而不是政治大国的日本,在世界多极化格局中就没有它的地位了。如若仅从政治角度来衡量多极化,那么西欧和美国就可以纳入同一种政治力量中心的范畴,这也恰恰是美国“单极世界”论的基本依据,美国标榜的正是由它领导并与其他发达资本主义大国共同主导的单极世界。事实上,法国、德国等西欧大国与美国在世界多极化问题上存在着矛盾、分歧和斗争。因此不能为了与经济全球化提法相对应,便以词害意,将世界多极化改称政治多极化。

郭宪纲在《不可逆转的大趋势》(载《人民日报》,2012 - 12 - 06)一文中认为,在国际政治中,“极”指的是能够在世界上发挥重要作用和产生重大影响的力量;“多极”指的是世界上同时并存的 3 个或 3 个以上的这种力量;“多极化”则是用来描述国际格局从单极或两极向多极演化的态势。自第二次世界大战结束以来,国际格局在经历了冷战时期美苏对抗的两极格局、苏联解体后短暂出现的单极主导或“一超多强”格局后，眼下正朝着世界多极的方向加速演进。

(二) 世界多极化趋势的原因

1. 世界秩序的结构缺陷

美国学者亨利·基辛格在《世界秩序》(胡利平等译，北京：中信出版社，2015 年，第 481—485 页)一书中指出，当今时代的权力处于前所未有的变动中。每一个十年间，合法性诉求的范围都会以迄今为止难以想象的方式倍增。作者认为，维持均势或价值共同体的算计方式可能已经过时。随着不平衡的增长，21 世纪的世界秩序结构显然在几个重要方面存在重大缺陷：第一，国家作为国际生活的基本正式单元，它本身的性质面临重重压力，遭到蓄意攻击和拆解，在有些地区因忽视而受到侵蚀，常被应接不暇的事件淹没。第二，这个世界的政治组织和经济组织不同步。国际经济体系已经全球化，而世界政治结构还是以民族国家为基础，全球化的经济管理者几乎没有机会参与全球化的政治进程，而政治进程的管理者不愿意冒失去国内支持的风险对经济或金融问题未雨绸缪。第三，没有一个有效的机制，使大国能在重大问题上磋商或合作。

2. 传统民族国家的彼此组合

基辛格在《基辛格：美国的全球战略》(胡利平等译，海口：海南出版社，2012 年，第 7、10—11 页)一书中指出，传统的民族国家认识到它们幅员太小，无法在全球发挥重大作用，因而寻求彼此组合成更大的集团。欧盟迄今为止最广泛地体现了这一政策。类似的跨国集团也开始出现在西半球，如北美自由贸易区协定和南美洲的南方市场。亚洲则有东南亚联盟(简称东盟)。在中国和日本的倡导下，亚洲正在酝酿建立一个自由贸易区。作者指出，当今世界至少有 4 种国际体制并存：一是在美国与西欧以及与西半球的关系上，美国的传统理想在很大程度上适用。二是与 19 世纪的欧洲国家相比，亚洲诸强国幅员更大，人口众多，它们把彼此视为竞争的对手。三是中东地区的冲突与 17 世纪的欧洲最相似，其冲突根子是意识形态和宗教，因此不适用威斯特伐利亚和平外交的原则。四是与欧洲历史毫无相似之处的非洲大陆。

3. 世界各国的国家主权意识

徐蓝在《世界历史视野下的国际关系体系演变》(载《光明日报》，2007 - 04 - 03)中指出，经济全球化并未造就“没有国界的世界”，民族国家及国家主权在国内和国际政治生活中仍然处于核心地位并起着核心作用，国家主权最核心的部分——国家独立自主地处理其内外事务的权利仍然没有发生根本改变。各国依然牢牢把守着国家主权，通过参与经济全球化来捍卫国家的根本利益。

4. 金融危机带来的新困境

焦世新在《冷战后的时代变迁与美国战略》(北京：时事出版社，2016 年，第 252—254 页)中认为，2008 年金融危机在改变美国的同时，也深刻改变着世界，标志着后冷战时代的崩塌。

第一，美国在后冷战时代的一超独大的单极优势地位实质性的削弱，单极体系正在发生质变。2001 年之后，一些新兴大国的经济增长速度超过了美国，并在世界经济总量中的占比不断上升，美国的占比不断下降，这种突兀的单极格局开始呈现出“扁平化”的趋势。2008

年金融危机之后，美国相对于其他新兴大国实力的相对下降趋势达到了一个关键点。经过后冷战时代的量变积累，单极体系发生了阶段性的质变。美国虽然在军事实力等方面仍维持着单极优势，但在某些方面或某些领域，已经失去了单极主导的优势地位。这种单极体系的变迁具有重大意义：一般大国的战略将会从倾向于与美国发展合作关系或尽可能地避免与美国战略对抗，向制衡美国单极霸权的方向转变。而美国的战略也将会受到国际上更多的牵制和制衡。单极协调的国际体系正在转变，地缘政治的竞争正在上升，这给美国的战略带来了有意义的挑战。

第二，以经济、政治和安全为内容的全球化需要进行全球的协调和治理，这在金融危机后日益成为共识。从主观上看，后冷战时代的单极体系使得全球化突破了冷战的政治障碍，以经济全球化为核心的全球化加速进行，大大深化了世界各国之间的相互依存和联系。在全球化时代，任何一个国家无论多么强大，都无法单独应对全球化带来的全球性的问题，需要世界各国合作应对这些全球性问题。2008 年金融危机实质上是一场全球化的危机：它是相互依赖条件下世界经济的失衡所导致的。各国只有采取协调一致的全球性措施，才是克服金融危机的根本之道。这次金融危机凸显全球治理的价值和意义，凸显了人类共同命运的意识，并在客观上促进了全球治理的民主意识。从客观上看，后冷战时代以美国模式的全球扩张为主要特征的全球化是不受约束的自由放任的全球化，它导致了全球市场的震荡、大宗商品价格的波动、能源危机、粮食问题。这种不受约束的自由模式在人类生产中也带来了生态问题、气候问题、环境问题和过度开发带来的各种问题等许多全球性的问题。这从客观上要求人类共同治理全球化，终结这种自由放任的全球化。

5. 国际关系民主化和国际矛盾发展不平衡规律的要求

黄仁佳在《试论经济全球化与世界多极化的关系》(载《理论观察》，2008 年第 5 期)一文中指出，多极化是对两极格局或单极格局的否定，是国际关系民主化的客观要求。多极化是一种客观现象，是任何国际势力也阻挡不了的。多极化趋势的发展在更大程度上反映了广大发展中国家的利益需求，其必然导致联合国作用的增强。应该看到，多极化趋势是矛盾发展不平衡规律的客观反映，矛盾发展不平衡规律要求当代大国综合实力对比，必然由不平衡走向新的相对平衡。

(三) 世界多极化趋势的表现

1. 欧盟、俄罗斯、日本、中国等政治力量制约着美国霸权

马小军在《当代世界多极化与国际社会新秩序》(载《中共中央党校学报》，2006 年第 1 期)一文中认为，在多极化的发展趋势中，美国、欧盟、日本、俄罗斯、中国等几大政治力量相对突出。它们之间互相竞争、互相借重、互相制衡，而战略力量的对比十分不平衡。美国作为当今世界上唯一的超级大国，在全球的政治、经济、科技和军事等方面保持明显优势。冷战结束后，美国坚持霸权主义和强权政治的立场，竭力推行单边主义，试图主导国际与地区的事务，受到其他国际力量的制约。欧盟作为当今世界联系最紧密的国家集团正在稳步扩大，其整体经济实力已经超过美国。在建成统一的市场和统一的货币体系之后，欧盟正在致力于政治上的联合。随着经济—政治—社会一体化的深入，欧洲日益成长为在战略上独立于美国的国际政治力量中心。俄罗斯作为苏联的主要继承国，在军事方面和科技方面拥有

相当强的实力，仍然是世界上唯一可以同美国相抗衡的核大国。经济的复苏，也使俄罗斯在国际事务中的作用日益增大。日本以其巨大的经济实力和技术优势在世界舞台上占据一席之地。近年来，日本争做国际政治大国的愿望极为强烈。中国经过20多年的改革开放，综合国力和国际地位空前提高，其和平崛起的宏大姿态，引起国际社会的广泛关注。

2. 一些国家和地区逐渐结成不稳定的短暂联盟

美国学者伊曼纽尔·沃勒斯坦在《生活在后美国世界》（载《解放日报》，2007-11-11）的演讲稿中认为，如今我们身处其中的，乃是一个后美国的时代，美国只是众多实力强大国家中的一员。如今我们真的是身处一个多极化的世界之中了，其中的大国或政治联盟有八到十个，比如西欧、俄罗斯、中国、日本、印度、伊朗、南非等，它们在经济和政治方面都实力强大；当然，美国也还是处于大国之列。经济和政治上强势的国家和地区如此之多，它们彼此相互竞争，同时考虑彼此之间结成不稳定的短暂联盟的可能。作者指出，为了在一个保护主义盛行的时代里生存下来，国家需在所在的地区创造出某种相对强大的政治实体，而这就意味着某种政治建设的开始。地区内的政治建设总是困难重重，因为无论建设蓝图如何，各个国家都会起而争夺头把交椅——欧洲已被此问题困扰多年，现在我们在南美地区也看到了类似的情况。

3. 世界局势向多维方向发展

宫力在《世界多极化的由来及发展趋势》（载《党建》，2003第1期）一文中认为，在北约中，欧美互相利用，各有所求。欧盟的发展势必同与美国力图主导欧洲事务发生矛盾。日本虽然在政治、外交、军事上有求于美国，但在经济贸易方面与美国的利益之争也是相当激烈的，而且随着日本经济的发展，其必将加快走上政治大国的步伐。俄罗斯会尽早摆脱经济长期在低谷中徘徊的状态，逐步走上振兴之路。中国也必将进入一个新的发展阶段。联合国等国际组织也将继续存在下去，并在维护国际和平与安全及协调各国共同解决环保等全球性问题方面发挥更大作用。

方立在《经济全球化进程中的世界政治格局多极化》（载《当代世界》，2001年第4期）一义中认为，冷战结束后，两极对立的世界格局解体，世界政治力量发生分化，围绕着美国、俄罗斯、欧盟、中国、日本等几个国家或地区重新调整组合，并且互相制衡，正在进一步发展中。世界政治力量由过去相对稳定的两极，向至少五极，甚至更多极的方向发展。1997年以来，这种多极化势头加快。中俄、中法发表倡导多极化的联合声明；法、德、俄决定建立三国年度首脑会晤制度；东盟和中、日、韩举行了“九加三”会议，现在已经发展到“十加三”会议；西欧一些领导人到美国后院——拉美地区访问，倡议建立欧拉自由贸易区，向美国在拉美、中东等地区的霸权地位发起挑战。这些多样化的双边、三角、多角关系的发展，在冷战时期是不可想象的，它在客观上有利于多极化世界格局的形成和稳定。

（四）世界多极化趋势的影响

1. 促进国际政治与国际制度、发展模式的变革

吴兴唐在《国际格局多极化的新发展趋势》（载《当代世界》，2009年第8期）一文中指出，冷战后世界政治多极化趋势带来了“第二次洗牌”：第一，冷战后政治多极化向广度和深度发展，多极化的含义正在扩大：多极化不仅包括大国之间的关系，还包括广大发展中国家作为总体在国际政治舞台上影响的扩大，同时，“行为体多元化”已经出现，国际组织、地区组

织、社会组织和非政府组织也成为影响国际事务的一种因素。第二,经济全球化对多极化格局产生了深远影响,新兴和发展中经济体群体崛起,改变了世界经济原有的美、日、欧三足鼎立的局面。第三,多极化格局下的国际制度变革:百年未遇的危机,激发出一种前所未有的动力,普遍要求改革与时代已经不相适应的旧秩序,推进一种更能反映国际格局多极化变化的对国际秩序和规制的调整与变革。第四,同多极化相伴而生的发展模式多元化:承认并尊重文化多样性和发展模式多元化是多极化时代的重要国际关系原则。第五,多极化格局形成大国之间战略相互协调与相互制衡的复杂关系。

2. 推动建立国际新秩序

马小军在《当代世界多极化与国际社会新秩序》(载《中共中央党校学报》,2006 年第 1 期)一文中认为,当今世界的发展并不平衡,不合理、不公正的国际政治经济秩序还未得到根本改善。进入 21 世纪以来,人类社会面临的不仅是传统安全问题,而且更多的是非传统安全问题的严峻挑战。这就需要在走向多极化的世界上建立公正合理的国际政治经济的新秩序。中国主张在和平共处五项原则的基础上建立和平、稳定、公正、合理的国际新秩序。各国人民有权选择符合本国国情的社会制度、发展道路和生活方式。国家无论大小、强弱、贫富,都应当作为国际社会的平等成员参与国际事务。作者指出,世界格局多极化是国际关系发展的必然趋势,符合各国人民的共同利益。世界多极化是以世界多样性、归根结底是以人类文明的多样性为基础的。当代世界多极化有利于国际社会的各种力量加强协调,平等对话,共同维护世界的和平、稳定与可持续发展,有助于建立公正合理的国际政治经济新秩序。

3. 促进世界的和平与发展

郭宪纲在《不可逆转的大趋势》(载《人民日报》,2012 - 12 - 06)一文中指出,世界多极化意义深远:第一,世界多极化有利于世界的和平与稳定。由于多极化,世界力量对比趋于平衡,而在多种力量相互制衡下的世界,发生大规模冲突的可能性,比起为所欲为的单极世界或剧烈对抗的两极世界,将会大大降低,从而为和平与发展长期成为时代的主题创造了必要条件。第二,世界多极化为人类的文化多样化和繁荣提供了沃土。因为在世界多极化时代,任何一种或两种力量都无法将自身的文明强加于其他文明,从而保持了文明的多样性。而多样性的文明间可相互学习和借鉴,取长补短,从而展现出勃勃生机,孕育出新的创造力,推动人类文明进步。第三,世界多极化与国际关系民主化相辅相成。在多极化的世界,任何力量都会受到其他力量的制约,国际规则、法律的制定和执行需要反映出各国的诉求。在越来越民主化的国际社会,需要遵守多数国家通过民主程序建立的国际秩序。第四,世界多极化反过来亦有利于地区经济一体化和经济全球化。在多极化趋势不断加深的世界,各个国家和地区在获得了更多发展空间的条件下,能够更加自主地决定经济发展道路和推进地区一体化的进程,从而进一步加快经济全球化的步伐。

二、当代世界经济全球化趋势

(一)“经济全球化”的定义

英国学者戴维·赫尔德等在《全球大变革:全球化时代的政治、经济与文化》(杨雪冬等译，北京：社会科学文献出版社，2001 年，第 22 页）一书中指出，全球化可以被看作一个（或者一组）体现了社会关系和交易的空间组织变革的过程，可以根据它们的广度、强度、速度以及影响加以衡量，包括是否产生了跨大陆或者区域间的流动、活动、交往以及权力实施的网络。

黄卫平在《经济全球化对发展中国家的影响》（载《中国人民大学学报》，2001 年第 4 期）一文中指出，经济全球化是各国在经济上相互依存不断加深，但是全球经济竞争也在不断深化的历史过程；其突出地表现为商品和资本、技术等要素的国际多边流动日益加强；其主要因素是信息革命以及贸易和金融的自由化，即技术创新与制度变革的深刻过程。

高德步在《全国高校社会主义经济理论与实践研讨会第十四次会议纪要》（载《经济学动态》，2000 年第 10 期）一文中对会议所谈到的经济全球化的定义做了整理，认为经济全球化可做广义和狭义的区分：广义上的经济全球化是指各国经济、政治、文化、教育、科技等在全球范围内的融合；狭义上的经济全球化是指资本、技术等生产要素在全球范围内的流动和配置。

尹艳林在《如何把握经济全球化发展新趋势》（载《对外经贸实务》，2014 年第 1 期）一文中指出，经济全球化这一概念，简单来说，就是经济活动日益跨越国界。经济活动越来越具有全球性，越来越具有松散社会化、超越国界、在全球范围里展开的这样一种趋势。

（二）当代世界经济全球化的原因

关于当代世界经济全球化的动因，学界争论不一。有学者对这些争论进行了梳理，如戴维・赫尔德等在《全球大变革：全球化时代的政治、经济与文化》（杨雪冬等译，北京：社会科学文献出版社，2001 年，第 17 页）一书中指出，全球化争论的一个主要内容是全球化的原因：什么推动了这个过程？现有的分析对这个问题的回答可以归纳为两个不同的解释：一种认为全球化有单一的或者首要的动力，如资本主义或者技术变革；一种认为全球化是诸多因素共同作用的结果，这些因素包括技术变革、市场力量、意识形态以及政治决策。

1. 资本的推动

杨国亮在《经济全球化、新自由主义与资本主义危机》（载《甘肃社会科学》，2012 年第 6 期）一文中指出，经济全球化的实质是资本的全球化，是由发达国家资本主导的以全球市场为目标的资本对外扩张过程。对剩余价值的无止境的追求，迫使资本不断扩大生产规模和市场范围，直至遍布世界各个地方、各个领域。这一过程在初期表现为生产的社会化，马克思、恩格斯曾对此做过较为详尽的研究。马克思、恩格斯认为，随着资本的发展，国内市场变得越来越相对狭小，以致成为资本发展的障碍。为了获得更多的剩余价值，资本必然要求突破国家的疆界，在占领国内市场后进一步开拓世界市场。作者进一步指出，第二次世界大战以后，殖民体系的瓦解为资本向全球扩张创造了新的政治环境。过去那种依靠武力和征服占领殖民地和瓜分世界的做法行不通了，以签订条约、协议等形式推行贸易、投资自由化成为资本对外扩张的新工具。科技革命为资本向全球扩张提供了物质技术条件，信息技术大大加强了资本对外扩张的能力。在这一时期，各种职能形式上的资本对外扩张得到迅速发展，其中以生产资本扩张尤为显著，表现为先进企业纷纷到国外投资办厂，开展对外直接投资和跨国经营。作为对外直接投资载体的跨国公司迅猛发展，逐渐成为世界政治济中一支举足轻重的力量。资本全面扩张促使“世界市场总体”最终形成，由此进入了一个“真正的”全球化时代。

2. 发达国家的推动

德国的两位资深记者汉斯-彼得·马丁、哈拉尔特·舒曼在《全球化陷阱》(张世鹏等译，北京：中央编译出版社，2001 年，第 11、297 页)一书中，以激烈的言词批评全球化。他们认为，经济全球化不是一种自然产生的过程，即不可遏止的技术与经济进步的结果，而是美国的经济精英和政治精英有意识地推动并维持的过程，对大多数发展中国家来说，是一个被迫的过程。全球化不过是其表象掩盖下的政治陷阱，这个陷阱的设计者正是美国。

张鸿钧、姜照华在《经济全球化的动因、实质及影响》(载《大连理工大学学报(社会科学版)》，2000 年第 4 期)一文中则指出，把经济全球化的动因仅归结为生产力发展和科技进步，是不符合当代现实的。仅靠经济因素的推动作用，全球化的进程是缓慢的，经济全球化的形成可能要推迟到 21 世纪甚至更远。冷战结束后的经济全球化进程空前迅速，首要的因素是美国等发达国家有意识地推动，是政治因素而不是经济因素。

美国里斯本小组在《竞争的极限》(张世鹏译，北京：中央编译出版社，2000 年，第 57、236 页)一书中指出，西欧人、美国人共同借助他们所领导的国际货币基金组织、世界银行与世界贸易组织，30 多年以来，用自由化、私有化、政府放弃经济管制这三项武器，来努力推进南部市场[①]一体化，也使得自由化、私有化、政府放弃经济管制成为全球化的推动力。

3. 信息流动和科技革命的驱动

美国学者丹尼尔·阿尔特曼在《全球经济 12 大趋势》(陈杰等译，北京：中信出版社，2012 年，第 118 页)一书中认为，当今这次的经济全球化其实与以前都不同，其主要驱动力是信息流动和技术进步，而非地理探索和政治协议。即使没有政治合作，数十年乃至几个世纪以来，全球经济总体趋势也是一直在趋于整合。原因很简单，贸易的收益如此庞大。

卢新德、马兆明在《信息传播全球化与经济全球化》(载《当代亚太》，2002 年第 5 期)一文中指出，信息传播全球化是当今经济全球化的基础和新动力，它的发展丰富和发展了经济全球化的内容，导致经济全球化的多方面质变，促使经济全球化进入一个全新的境界。信息技术革命的蓬勃发展，信息技术产业在世界经济中的优先增长，使以知识、知识产权、诀窍、专利、产品等各种形式表现出来的技术和信息在全球范围内进行贸易、转让和应用，跨国公司的研究与开发活动向全球每一个角落延伸，许多企业尤其是高技术企业广泛进行研究开发方面的国际合作，因此技术和信息的生产、扩散和利用日益在全球范围内进行。这就是说，技术全球化在迅猛发展，信息传播全球化也在迅猛发展。

刘梦如在《论科技进步与经济全球化》(载《湖南社会科学》，2000 年第 3 期)一文中认为，当代科学技术作为第一生产力，在经济发展中占有越来越重要的地位，已经并且还将深刻地影响和改变世界的经济格局，是经济全球化的基本动力之一。刘梦如指出，科技进步为经济全球化奠定了技术基础，新的科技革命极大地推动了社会生产力的发展，形成了一大批高新技术产业，从根本上改变了生产因素的结构和性质。一批高度知识密集型与技术密集型的产业，都需要多个国家的资源和技术的配合与合作。随着科学、技术、生产一体化进程的加

① 编者注：此处“南部市场”指发展中国家的市场。

快，无论是科学技术活动，还是社会生产和经济活动的过程和组织方式等方面，都发生了深刻变革，这是促进世界各国在经济上相互依赖、由一国经济走向全球化经济的重要因素。并且，技术全球化还带动着经济全球化其他方面的发展，比如生产全球化、信息全球化等。

郭宝宏在《“二战”后经济全球化的推动力量》(载《学术论坛》，2002 年第 4 期)一文中认为，在推进经济全球化方面，历史上的任何一次科技革命，都难以同第二次世界大战后兴起的当代科技革命相比。这场科技革命引起产业结构和产品结构的巨大变化，对经济全球化产生巨大的推动作用：增强了资本主义经济的跨国渗透能力、勾画出“地球村”现象。

4. 国际组织和跨国公司的推动

张雷声、齐英艳在《三大国际经济组织与经济全球化》(载《思想理论教育导刊》，2005 年第 7 期)一文中指出，被称为第二次世界大战后世界经济三大支柱的国际货币基金组织(IMF)、世界银行(WB)、世界贸易组织(WTO)，于 20 世纪 40 年代相继成立。经过半个多世纪的发展，三大国际经济组织日益完善，国际经济协调作用日益显著，对推动世界经济的发展起到了一定的积极作用。同时，在三大国际经济组织发展的过程中，还有一个值得注意的现象，就是三大国际经济组织的发展变化与经济全球化的发展趋势之间有着紧密联系，并在一定程度上反映了经济全球化发展的要求。三大国际经济组织作为推动经济全球化发展的工具，在本质、内容及作用等方面与经济全球化发展具有一致性。它们在制定规则的投票权和自由贸易原则方面反映了经济全球化的本质，即发达资本主义国家占优势，为主导；它们在政策上相互配合，其政策与实践同经济全球化的发展具有内在的一致性，推动着经济全球化的发展；与经济全球化的双重作用相适应，它们对国际经济关系的调节，既有维护发达资本主义国家利益的作用，同时客观上也有规范国际经济秩序、协调各成员国之间的分歧和矛盾、促进世界经济发展的作用。

郭宝宏在《“二战”后经济全球化的推动力量》(载《学术论坛》，2002 年第 4 期)一文中认为，第二次世界大战后，推动经济全球化迅速发展的主要力量是国际政治力量、科技力量、资本力量和世界市场力量。各种国际组织(如联合国及主要下属机构)的活动、发达国家生产关系的调整(如国家垄断资本主义体制和政策)以及地区经济一体化的发展等，也都从不同的方面推动着经济全球化。

冼国明、刘翼在《跨国公司与经济全球化》(载《南开经济研究》，2001 年第 4 期)一文中认为，跨国公司的发展对世界经济产生了重大影响：

第一，全球化趋势增强。20 世纪 90 年代以来，随着世界经济的迅猛发展，技术的不断进步和竞争的日益加剧，跨国公司积极整合全球范围内的经营活动，实施全球范围内的资源配置和组合，促进了国际分工的深化和世界经济格局的演变，促进了世界经济全球化的趋势。跨国公司对外直接投资遍及全球，投资规模日益扩大。1999 年就达 8 400 亿美元，比上一年增长 27%，2000 年预计会突破 10 000 亿美元，增长势头十分明显。在组织层面上，正是跨国公司庞大的国际一体化生产体系，构成了经济全球化的企业组织基础。在技术层面上，以跨国公司为载体的信息技术革命是全球化的重要技术基础。

第二，跨国公司改变了国际生产的内容，复合一体化的国际生产体系确立。跨国公司能够有效利用日益降低的运输成本和通信成本，对其分布在全世界的资源和经营活动进行有效配置、协调和管理，在全球范围内安排从研发到售后服务的各个环节，统一各子公司的经营活动，将它们在分布各国的经营职能加以整合，形成全球化的生产价值链，以适应日益加剧的竞争和经济全球化进程。目前，世界共有6.3万家跨国公司，其境外分支机构69万家。跨国公司境外分支机构的销售额为14万亿美元，是全球出口额的近2倍，与国际生产相联系的总产值是全球生产总值的1/10。1999年，全球对外直接投资流入流量达8 650亿美元，与当年世界各国国内固定资本形成总额的比率为14%。其中全球最大100家跨国公司的境外分支机构的雇员就有600万人，其境外销售额为20 000亿美元。它们主要集中在电子与电器设备、汽车、石油、化学、医药等国际生产的枢纽行业。跨国公司的国际生产推动了各种生产要素的国际流动和优化组合，各国在直接生产过程中的相互依赖性逐步增强，并整合成统一的世界生产过程。同时，生产的国际化进程带动了国际分工的深化，专业化的协作程度也随之提高。参与国际分工的国家和地区已经遍及全球，通过跨国公司在全球范围内进行资源配置和要素组合，从而逐步走向互相渗透、广泛合作、利益共享的新阶段。

第三，跨国公司加快了技术传播速度。跨国公司是先进技术的载体和绝大多数前沿技术的创新者，也是世界技术转移与技术扩散的主体。跨国公司逐步改变以往以母国为研发中心的传统布局，而是根据不同东道国的自身条件和比较优势，在全球范围内有组织地安排研发活动，从而促进了跨国公司的研发活动朝着国际化和全球化趋势发展。这在一定程度上推动了世界各国在高技术领域内的交流和合作，对世界经济的发展和科学技术的进步都产生了重大的影响。资料显示，技术创造集中于先进工业化国家，并且主要为一些大型跨国公司所垄断。目前，经济合作与发展组织国家的研发支出占世界研发支出的90%，其中发达国家拥有研发支出的90%，仅美国就占40%。据统计，世界上最大的866家跨国公司国外总产值有60%集中在先进技术部门。为确保技术的国际领先地位，跨国公司每年投入的研发费用占到世界科研经费总额的30%左右。西方发达国家的500家最大跨国公司集中控制着这些国家90%的技术和75%的技术贸易。

（三）当代世界经济全球化的特点和表现

1. 特点

陈凤英在《世界经济发展的新特点与新趋势》（载《现代国际关系》，2006年第3期）一文中指出，经济全球化使世界经济发展脱离传统轨迹，呈现出若干新特点与新趋势：高油价与高增长、低通胀现象并存；全球发展失衡与经济多极化趋势同行；经济风险增多与发展持续性增强共处。从存量看，美国依然是世界经济的火车头。从增量看，新兴市场与发展中国家经济在世界经济中作用凸显，影响上升。中国、印度、俄罗斯等发展中大国经济加快崛起，加速了国际经济关系调整，促进了经济多极化格局的形成。

高宝棣、王成新在《经济全球化背景下世界贸易时空特点分析》（载《商场现代化》，2016年第14期）一文中指出，当前经济全球化下的世界贸易呈现如下特点：

第一，世界贸易呈现体量巨大、增长乏力。2014年，世界的商品进出口贸易总额为37万亿美元，其中进出口服务贸易总额为9.8万亿美元，显示出巨大的体量特点。与此同时，据世界贸易组织统计，截止到2014年底，世界货物贸易增长率为2.8%。2012—2014年，这3年间的平均增长率仅为2.4%，持续三年增长不到3%，这是世界贸易组织进行相关统计以来（2009年世界贸易负增长除外）的最低统计数据。这还是世界贸易组织忽略汇率调整和通货膨胀等因素的初步统计结果。除此之外，全球经济的复兴依然远低于预期，产品的产出依然保持较大的缺口，一些国家仍然困于世界性金融危机的泥沼之中难以自拔。与此同时，人口老龄化、劳动生产率增长缓慢导致全球经济预期的增长速度下降，大部分国家仍然需要将稳定经济增长作为首要任务。

第二，服务贸易增长快于货物贸易增长速度。据世界贸易组织统计，2014 年的世界服务贸易出口额为 4.86 亿美元，比去年同期增长 4%；服务贸易进口额为 7 400 亿美元，比去年同期增长了 5%。

第三，"规则之争"更加显著。过去的世界贸易竞争是货物与货物或是服务与服务等产品的竞争。与以往不同，未来的世界贸易竞争的对象则是规则的制定与竞争。并且贸易规则演进的趋势将受区域性、集团性的利益所驱动，贸易规则也是区域性、集团性的。或将辅以某些行业领域的贸易规则，通过贸易、投资的融合，逐渐形成新的多边贸易规则，贸易保护变得愈加隐蔽和激烈，自由流动贸易转向规则框架下的贸易。除此之外，区域集团化与国际贸易相耦合发展也是世界贸易呈现的特点。

2. 表现

(1) 从生产国际化走向生产要素配置的全球化

刘山在《世界经济变化对未来国际关系的影响》(载《国际问题研究》，2000 年第 1 期)一文中认为，经济全球化的表现之一是由跨国公司带头推行的生产国际化走向生产要素配置的全球化，跨国公司成为生产国际化的主导力量。第一，跨国公司展开大规模的企业重组与兼并，着眼于全球市场、资源、技术、人才的利用，重点是控制高新技术产业和高附加值服务业的海外市场。以 1997 年美国波音公司兼并麦道，垄断美航空工业开始，跨国公司重组与合并的狂潮席卷了电子、电信、航空、金融等行业。1997 年美国企业兼并的协议金额是 1991 年的 7 倍。第二，跨国公司的海外投资由发达国家逐步向发展中国家转移。这一方面是因为发达国家的市场相对饱和，另一方面是因为发展中国家投资环境的日益改善，为发达国家的跨国公司提供获得丰厚利润的机会。第三，发展中国家的一批大企业开始走出国门，进行海外生产与销售。在 20 世纪末美国《财富》杂志公布的全球 500 家大企业中，一些发展中国家的公司初露头角，反映了发展中国家正在成为生产全球化新星。

(2) 从流通国际化走向贸易自由化与区域集团化

刘山在《世界经济变化对未来国际关系的影响》(载《国际问题研究》，2000 年第 1 期)一文中还认为，发达国家带动的流通国际化走向贸易自由化与区域集团化，也是经济全球化的突出表现。第二次世界大战后，发达国家的生产国际化推动了流通的国际化。国际市场的扩大和流通国际化反过来又成为促进发达国家经济增长的越来越重要的因素。据统计，全球贸易增长速度高于全球经济增长速度，1950—1994 年的四十五年间，全球生产总值的增长率为年均 4%，全球贸易年均增长率则为 6%。这说明，全球生产的商品和劳务越来越依靠国际市场交换来得到价值实现。

(3) 全球金融市场联网和各国货币国际化形成金融市场一体化

刘山在《世界经济变化对未来国际关系的影响》(载《国际问题研究》，2000 年第 1 期)一文中认为，经济全球化下的全球金融市场联网和各国货币国际化形成金融市场一体化，虚拟经济与实体经济的分离便利了国际筹资，也加大了全球金融风险。1973 年，美元与黄金脱钩，形成国际货币浮动汇率制。发达国家社会财富的多年积累，在国际金融市场上出现数以万亿计的巨额资金，经济全球化促使各国货币在不同程度上可兑换，信息革命把各国金融市场联成网络。于是，国际金融活动的主要任务不再是为便利国际交易与投资进行资金融通，而是为巨额国际游资寻找增值的途径。

戴维·赫尔德等在《全球大变革：全球化时代的政治、经济和文化》（杨冬雪等译，北京：社会科学文献出版社，2001年，第298页）一书中特别谈到了金融全球化问题。书中指出，当代跨国金融流量的广度和强度使国家金融体制日益融入其中。金融自由化和解除管制对金融卷入模型的发展做出了巨大贡献，向全球竞争开放国内金融服务的世贸组织协定的签订，进一步加强了这一趋势。1997年末，约102个国家同意在不同程度上从1999年起，对外开放其国内金融、保险和证券业，并遵守世贸组织的公平贸易规则。

当然，也有学者指出，当代国际金融面临着调整。如黄卫平、胡玫在《美国次贷危机：对世界经济格局的再思考》（载《美国研究》，2009年第2期）一文中就指出，由次贷引发的金融危机是社会生产要按比例协调发展规律和平均利润率规律共同作用的结果。次贷危机使世界经济失衡加剧，并导致世界经济增速放缓，金融动荡将向全球实体经济蔓延。世界贸易、金融、要素、产业及协调等格局将面临调整。虽然贸易保护主义在一定程度上有所抬头，但不会泛滥成灾。

(4) 世界经济增长中心走向多元化

刘山在《世界经济变化对未来国际关系的影响》（载《国际问题研究》，2000年第1期）一文中认为，世界经济增长中心走向多元化。第二次世界大战后初期，世界经济的两大增长中心分别是美国和苏联。它们两家的表现和经济政策决定了世界经济变化的走向。苏联解体后，俄罗斯在经济转轨中因采取“休克疗法”，陷入了深重的经济灾难，短期内难望对世界经济有多大影响。然而俄罗斯的资源、人才、科技潜能依然存在，在21世纪仍会成为世界经济的一个中心。美国虽仍在世界经济中雄踞首位，但它主导资本主义世界市场的局面已由美、欧、日三足鼎立所取代，美国的相对份额虽然可能有短期的上下波动，但下降已成趋势。与此同时，发展中国家在世界经济中所占份额却呈上升之势。20世纪末，中国是世界第七大经济体，巴西是第八大经济体。由发展中国家组成的经济集团，如东盟、南方共同市场的地位也在上升。21世纪，还将有更多的发展中国家，如印度、巴基斯坦、印尼、尼日利亚、南非、墨西哥、阿根廷等，成为世界或地区经济的明星。南南合作与南北合作将会有新的发展。经济增长中心的多元化将给世界经济发展提供更大的动力和更广阔的成长空间。同时，也可能会引起新的经济矛盾和经济变数。

张茉楠在《全球经济格局四大趋势》（载《瞭望》，2011年第6期）一文中认为，全球金融危机必将对全球经济增长格局和发展路径产生广泛而深远的影响。全球经济格局的变化表现在：第一，经济增长重心“由西向东”转移：进入21世纪，新兴市场国家整体实力上升，世界多极化深入发展。新兴国家的快速崛起冲击着以美国为首的全球力量架构。新兴经济体潜在需求巨大，内需活力渐趋形成，对欧美经济依赖度下降。第二，多极博弈格局复杂性加剧：全球经济失衡深层次矛盾的解决，难以在短期内取得实质性进展。多极博弈格局的复杂性将使世界经济重返平稳增长轨道面临巨大挑战。

（四）当代世界经济全球化的影响与各国对策

1. 当代世界经济全球化的影响

（1）深刻影响冷战后的世界格局

孙建杭在《经济全球化和冷战后世界格局的新变化》（载《浙江社会科学》，2000 年第 3 期）一文中指出，经济全球化的发展趋势对冷战后世界格局的演变有深刻影响：

第一，影响到冷战后大国权力斗争内容和形式的变化。从大国权力斗争的内容来说，主要的变化表现为，大国的竞争更多地从势力范围的争夺转向对高新技术和世界市场的争夺，技术和市场成为冷战后大国竞争的新内容。从斗争形式来看，由于利益上的相互交织，用战争手段打击对方的结果将不可避免地伤害自己的经济利益，甚至会导致战争的成本高于其获取的利益这样一种结果。90 年代以来的国际进程的现实表明，大国间军事对抗的程度比冷战时期有所降低，除了原先尖锐对立的两极格局的瓦解之外，经济全球化的影响也是一个重要因素。

第二，推动着冷战后大国关系从对抗走向协调。冷战结束之后，大国关系中的对抗状态基本消除，大国间的合作和利益上的协调正越来越成为 90 年代以来大国关系中的主导因素。这一方面是由于两极格局的瓦解，从总体上消除了大国关系中的对抗状态，另一方面也是由于经济全球化发展趋势的制约和影响。作者指出，自 90 年代中期以来，主要大国相互间纷纷建立战略性的伙伴关系，出现了世界性的"伙伴关系"热，冷战结束之后，以联合国为代表的各种国际组织在处理国际事务方面的作用有所增强，通过谈判解决分歧和争端已成为冷战后大国处理相互关系和国际问题的基本形式和手段。

第三，推动了国际政治全球化的发展趋势。冷战结束后，长期受两极格局抑制并被摒弃于世界政治中心之外的各种力量的能量被充分激发，在全球政治中的活跃程度日渐增强。如西方学者亨廷顿所说的所谓"非西方文明"力量的兴起，民族主义、种族主义和各种宗教势力的发展以及国际舞台上非国家的各种新的国际政治行为体的日趋活跃，等等，使得这些力量开始形成国际政治中新的权力中心，在当代国际政治中越来越具有不可忽视的重要影响。在某些方面和某种程度上，它们甚至可以抗衡大国的权力和影响。国际政治结构并不是什么人按照抽象的固有的理论原则设计出来的，而是世界生产力发展的客观要求。

（2）市场经济已经成为普遍的生产模式

尹艳林在《如何把握经济全球化发展新趋势》（载《对外经贸实务》，2014 年第 1 期）一文中指出，经济全球化趋势产生的影响之一是：适应客观的现实需要，各国国内经济规则不断趋于一致，市场经济已经成为普遍的生产模式。

王在邦在《论市场经济全球化与世界转型》（载《世界经济与政治》，2006 年第 6 期）一文中指出，市场经济全球化是全球化进程中最具持续性与稳定性的方面，并构成全球化进程中最基本的驱动因素。近代世界历史演变和冷战后世界的全面转型表明，正是市场经济体制在世界范围内扩展与深化的过程，促使各国和各地区间经济联系日益密切，并进而推动着人类在各领域的交往与联系超越国界在世界范围内扩展与深化，从而促使世界政治经济重心不断转移，改变着国际关系的内容与性质，进而全面深刻地改造着世界。

(3) 国际经济协调机制重要性越来越突出

尹艳林在《如何把握经济全球化发展新趋势》(载《对外经贸实务》,2014 年第 1 期)一文中指出,经济全球化趋势产生的影响还包含:国际经济协调机制重要性越来越突出,各种多边或区域组织对世界经济的协调和约束作用增强。

徐浩然在《论经济全球化与国际经济协调》(载《现代财经》,2001 年第 2 期)一文中指出,所谓国际经济协调,是指各国政府和一些国际经济组织为了解决世界经济发展中的突出矛盾、维持经济稳定发展,对一些国际经济活动进行联合干预和协商调节的政策行为。因此,国际经济协调既包括各国政府间的双边协调和多边协调(如西方七国首脑会议、亚太经合组织会议等),也包括由世界性的经济机构所进行的国际经济协调(如国际货币基金组织、世界贸易组织等安排的多边协调)。这种多层次的国际经济协调,为经济全球化发展中的一些矛盾和问题的解决提供了较多可供选择的场合和机会。因此,在经济全球化的今天,国际经济协调的内容和范围在不断扩大,几乎涉及世界经济的许多领域和各种重大问题。例如,在国际贸易领域,已从过去的消除关税和非关税壁垒、一般商品的进出口贸易问题,扩大到农产品、信息通信服务和知识产权等问题;在国际金融领域,由过去的汇率目标安排、主要国家的金融与利率政策的协调,扩大到国际债务危机、国际金融与货币危机的解决等。事实上,现在的世界贸易组织的协调领域更加广泛,它已把服务贸易、保护知识产权、投资、金融和旅游等都纳入到多边贸易管理体系,并对其成员具有严格的法律约束及处理贸易争端的调节机制。世界贸易组织协调内容和能力的扩大,必将大大推动全球贸易的进一步发展。

(4) 影响政府对国民经济的管理

戴维·赫尔德等在《全球大变革:全球化时代的政治、经济和文化》(杨冬雪等译,北京:社会科学文献出版社,2001 年,第 255—261 页)一书中指出,全球贸易秩序的变革极大地影响着国民经济的管理,但最突出的是影响着政府确保国内繁荣的能力。全球贸易对发达国家具有明显的决策、制度、分配和结构性影响,当代的贸易全球化已经改变了国家自主权,也促进了国家政策的转变。

(5) 加剧世界不平衡与不平等

袁伟在《经济全球化进程中发展中国家贸易自由化所面临的问题》(载《世界经济研究》,2002 年第 2 期)一文中则指出,全球化是一个发展不平衡与不平等的过程,这导致发展中国家在其贸易自由化过程中,面临诸多问题,包括:贸易条件恶化、自由化收益甚微以及执行乌拉圭回合协议[①]的问题等。

2. 经济全球化下一些国家与地区的对策

(1) 美国

刘胜湘在《美国与世界经济全球化》(载《世界经济与政治》,2000 年第 6 期)一文中认为,20 世纪 90 年代,经济全球化进程日益加快,并对美国产生了巨大的冲击。美国为了掌握这一进程的主导权,在经济安全、公司兼并、科技创新和对待一体化的政策上做了重大调整,从

① 1986 年 9 月,在乌拉圭的埃斯特角城举行了关贸总协定部长级会议,决定进行一场旨在全面改革多边贸易体制的新一轮谈判,故命名为"乌拉圭回合"谈判。这是迄今为止最大的一次贸易谈判,历时 7 年半,于 1994 年 4 月在摩洛哥的马拉喀什结束。谈判几乎涉及所有贸易,从牙刷到游艇,从银行到电信,从野生水稻基因到艾滋病治疗。参加方从最初的 103 个,增至谈判结束时的 123 个。

而促进了美国经济的持续增长，这又为美国进一步谋求主导世界经济全球化进程奠定了经济上的优势。

但是，在2016年美国大选中胜出的特朗普，其竞选纲领中的反全球化特色却很鲜明。刁大明在《"特朗普现象"探析》（载《现代国际关系》，2016年第4期）一文中指出，基于历史角度和现实角度的剖析，"特朗普现象"可以归纳为美国民众对政治、经济、社会状况以及国际环境等多层次不满、愤怒乃至恐惧之类民怨直接导致的、带有强烈"反智主义"与"偏执风格"的"本土主义"倾向。

盛斌、宗伟在《特朗普主义与反全球化迷思》（载《南开学报（哲学社会科学版）》，2017第5期）一文中也指出，特朗普主义是美国收入差距拉大、产业空心化、移民与恐怖主义威胁和反建制力量崛起的产物，它在实施中具有右翼民粹、强人政治、孤立主义和保护主义以及大政府影子等特点。作者进一步指出，虽然特朗普主义有这些特点，但在美国三权分立的政治架构下，特朗普主义在基础设施建设、减税、贸易保护主义和移民政策等问题上都会面临较大的挑战，前景与效果存在较大的不确定性。长远来看，特朗普主义的实施并不会撼动全球化的长期趋势。

(2) 欧盟

吴弦在《欧盟对经济全球化的态度及其内部举措》（载《欧洲》，2000年第1期）一文中指出，随着经济全球化影响的日益深广，欧盟也愈来愈重视这一发展趋向。在全面分析其动因、特征及对欧洲经济影响的基础上，欧盟执委会的态度也日趋明朗化。它主张积极参与全球化进程，应对挑战，进而最大限度地从中获益。为此，欧盟首先在内部采取了一系列措施，通过深化自身的经济一体化进程，包括单一市场和经货联盟建设，实施欧盟一级的"知识政策"，来提高欧洲企业的国际竞争力。

(3) 中国

在国家层面上，中国将继续深入参与经济全球化进程。习近平在《中国发展新起点　全球增长新蓝图——2016年9月3日，在二十国集团工商峰会开幕式上的主旨演讲》(《习近平谈经济全球化》，载《人民日报海外版》，2017-01-15)中指出，中国将继续深入参与经济全球化进程，支持多边贸易体制。中国将加大放宽外商投资准入，提高便利化程度，促进公平开放竞争，全力营造优良营商环境。同时，中国将加快同有关国家商签自由贸易协定和投资协定，推进国内高标准自由贸易试验区建设。在有序开展人民币汇率市场化改革、逐步开放国内资本市场的同时，中国将继续推动人民币走出去，提高金融业国际化水平。习近平还强调，世界各国应建设联动型世界经济，凝聚互动合力。在经济全球化时代，各国发展环环相扣，一荣俱荣，一损俱损。没有哪一个国家可以独善其身，协调合作是必然选择。我们要在世界经济共振中实现联动发展。

俞可平、庄俊举在《热话题与冷思考（三十四）——关于"北京共识"与中国发展模式的对话》（载《当代世界与社会主义》，2004年第5期）一文中认为，中国之所以成为全球化的最大赢家之一，一个关键的因素是政府拥有较强的驾驭全球化的能力。这一能力得益于以下这些应对全球化挑战所采取的措施：第一，对全球化进程有十分清醒的认识和预见，从而选择了主动、积极而又独立的全球化战略。第二，提高政府官员的素质，及时将具有全球眼光和战略思维的知识精英选拔为公共部门的领导人，并且广泛开展以知识经济和全球化为主要内容的官员培训。第三,发展起一套灵活的、适应能力很强的制度。第四,积极谋求国际合作,营造有利的国际环境。第五,拥有一个相对稳定的国内社会政治环境。全球化增加了国内的经济和政治风险,全球化时代从一定意义上说也是一个风险社会的时代。在这样一种背景下,维持国内的社会政治稳定对于实现小康社会和千年发展目标具有特别重要的意义。第六,政府对社会和市场拥有很强的宏观调控能力。

(五)当代世界全球经济的隐忧

1. 南北差距的扩大与等级化结构的形成

杨国亮、张元虹在《当代世界经济格局的新变化》(载《经济研究参考》,2007年第54期)一文中指出,当代世界经济格局已经或正在发生一系列新变化,主要表现在三个方面:第一,处于不同发展阶段的国家同台竞技,形成了"三个中心"。它们是:已经步入信息社会的发达国家成为全球科技创新和国际金融中心;处于工业社会的发展中国家成为全球制造和加工中心;包括石油输出国组织成员国在内的自然资源拥有国成为全球初级产品供给中心。第二,南北差距存在进一步扩大的趋势。第三,世界经济体系正逐渐形成一种新的等级化结构。美国、西欧和日本等发达国家和地区在世界生产、贸易和投资等领域遥遥领先,居于主体地位。而与此同时,除少数发展较快的国家外,大多数发展中国家被越来越明显地"边缘化"了。

2. 世界经济的动力和动能的弱化

陈文玲、颜少君在《当前世界经济发展的新趋势与新特征》(载《南京社会科学》,2016年第5期)一文中指出,从2016年一季度和未来更长一个时期的发展趋势看,全球经济突出地表现为低速增长新常态下世界经济增长五个方面的旧动力和旧动能弱化:第一,国际贸易和投资增速放缓,世界经济增长的引擎弱化;第二,新兴经济体整体受挫,世界经济增长旧动力弱化;第三,全球竞争性货币贬值加剧,资本流通的动能弱化;第四,大宗商品价格在跌宕起伏中继续下行,资源型国家调整经济结构的内在动力弱化;第五,发达经济体复苏似有若无,世界经济增长的引力弱化。

姜跃春在《世界经济新变化与中国面临的挑战》(载《国际问题研究》,2014年第1期)一文中指出,2013年,世界经济持续缓慢复苏势头弱于上年,其中较为突出的变化是西方经济继续显现温和复苏态势,新兴市场增速普遍放缓。东西方国家均加快了区域合作脚步,各种形式的自贸区加速发展,成为世界经济的重要风景线。

3. 世界金融市场面临严峻考验

丹尼尔·阿尔特曼在《全球经济12大趋势》(陈杰等译,北京:中信出版社,2012年,第163、165、167、180—184页)一书中指出,一个巨大的金融黑市将会形成,全球金融市场面临严峻考验。遵循着美英两国的步调,全世界的监管机构使得金融市场在20世纪90年代和21世纪初期不受控制地扩张。银行和其他机构实施了前所未有的杠杆手法,其风险如此巨大,一旦市场崩盘,它们将永远难以复原。衍生品是最受它们青睐的一种方式,这让它们肆无忌惮地投机和做对冲交易,某些手法甚至连交易员自己都不明白。另一方面,银行的过度扩张使得消费者承担了大量债务。就像一座高耸的纸房子,监管层和企业高管们都没有太多地关心其根基是否稳固,只要市场还在,不断地为之添砖加瓦。长期资本管理公司的前车之鉴警醒各国政府，金融市场正在逐渐脱离监管。事实已经非常清楚——金融市场上，上万亿美元的交易额竟全是赌博，而不是实际投资。商人们就一个数字今天到明天如何变化下赌注，可他们谁都没有拥有什么——股票、债券或者抵押品——有内在价值的实际资产。当然，这种金融交易有一个响当当的名号，人们称其为"裸"交易。这种交易完全不受调节——再说明一下，它长期被视为控制市场风险的合法而有效的一部分——虽然政治家和监管层曾严肃讨论过希望交易商给它们穿上点衣服，至少一些主要的金融机构要这样做。

4. 国际社会中的"反经济全球化运动"

(1)"反经济全球化运动"产生的原因

习近平在《坚定信心共谋发展——2016年10月16日，在金砖国家领导人第八次会晤大范围会议上的讲话》(《习近平谈经济全球化》，载《人民日报海外版》，2017-01-15)中指出，当前，世界经济复苏势头仍然脆弱，全球贸易和投资低迷，大宗商品价格持续波动，引发国际金融危机的深层次矛盾远未解决。一些国家政策内顾倾向加重，保护主义抬头，"逆全球化"思潮暗流涌动。地缘政治因素错综复杂，传统和非传统安全风险相互交织，恐怖主义、传染性疾病、气候变化等全球性挑战更加凸显。金砖国家发展面临着复杂、严峻的外部环境。

学者们也在如下方面探讨了反经济全球化的原因：

第一，全球化在减轻贫困方面没有获得成功。美国学者约瑟夫·斯蒂格利茨在《全球化及其不满》(李杨等译，北京：机械工业出版社，2010年，第3—4页)一书中指出，西方国家推动了贫困国家消除贸易障碍，但是却又要保持它们自己所设立的障碍，阻止发展中国家出口它们的农产品，由此剥夺了它们极为需要的出口收入。美国当然是首要主犯之一。作者还认为，全球主要经济机构未能兑现承诺，国际货币基金组织将世界带到崩溃的边缘。国际货币基金组织卖力地追求私有化和自由化，但所采取的步伐与方法往往使准备不足的国家付出高昂的代价，不公平的公平贸易法和其他危害等，是造成人们对全球化不满的原因。

第二，发达国家陷入困境。邢予青在《特朗普当选的反全球化效应》(载《中国新闻周刊》，2016年第45期)一文中指出，英国脱欧和特朗普当选并非偶然，而是长期积累并不断扩大的反全球化群体在政治上的觉醒，说明在发达国家中，沦为全球化牺牲品的中下层民众对全球化副作用的忍耐已经达到临界点。他们利用手中的选票，对决策者、知识精英，尤其是经济学家一贯支持的全球化说"不"。

第三，反全球化思潮的推动。郑一明、李智在《世纪之交的反全球化思潮及其对全球化的批判》(载《马克思主义研究》，2006年第4期)一文中指出，在全球化思潮，尤其是极端论的全球化思潮的强势威压下，在国际社会倔强地冒出一股唱反调的所谓逆流，即反全球化思潮。反全球化思潮是全球化思潮的必然产物，是对全球化思潮的直接反动，而构成了后者的必要组成部分。这股由西方社会中的"左"派、中左派所倡导的思潮，对全球主义，尤其是新自由主义的全球主义观点进行了经济、政治、社会和哲学文化上的全方位批判，并在全球范围内掀起了一场声势浩大的反全球化运动。

(2) 反经济全球化的主要观点

范爱军、肖丹丹在《西方国家反经济全球化理论述评》(载《山东大学学报(哲学社会科学版)》，2005年第4期)一文中指出，在当今经济全球化迅速发展的同时，反经济全球化的理论也风起云涌，主要观点有：第一，自由放任的经济全球化政策本身弊端凸显；第二，不平等的世界格局下，经济全球化的发展加深了南北差距；第三，经济全球化给发达国家也带来了威胁；第四，经济全球化的实质是资本主义霸权的全球扩张。

(3)"反经济全球化运动"的表现

李优坤、戴斌武在《反全球化与资本主义全球体系危机》(载《世界经济与政治论坛》，2011 年第 2 期)一文中认为，反经济全球化运动的主要表现有：

第一，主要由被剥夺者和被掠夺者推动的各式各样的反全球化，从没有停止过全球各个层面对资本主义全球化扩张的抵抗。各个层面的反全球化运动就是资本主义世界体系的终结者。

第二，在反全球化的结构或体系层面，愤世嫉俗的宗教激进主义型的反全球化虽然表面上看来毫无希望，但其引发的文明的冲突却引人深思。在全球范围内，世界各主要国家都试图在全球化的情况下保持自己文化的独特性。全球文化仍然只是资本主义大国的一厢情愿。宗教激进主义者对于抵制西方政治、经济文化统制的呼吁，也在反全球化方面起到了重要作用。

第三，在国家层面，虽然自绝于资本主义主导的世界体系的政策已经被大多数国家所摒弃，但全球政治、全球文化的神话也很少有人相信。区域主义、地方主义，尤其是民族主义的发展路线也和全球化的发展一样引人注目。在当前全球化的大势下，国家决策者考虑得最多的不是如何建构和参与全球政治、经济和文化，而是如何在此大势之下趋利避害，保护自己民族国家的利益。

第四，在个人层面，西方国内的反全球化运动尽管主要是为了西方国家自身的利益，并最终可能导致西方各种利己主义政策的出台。

第五，至于发展中国家的反全球化运动，包括环保、劳工和反盲目的自由贸易等，也可以推动全球化向更公正、理性、多元和符合人性的方向发展。

在反经济全球化运动的策略和方式方面，刘颖在《新社会运动理论视角下的反全球化运动》(山东大学 2006 年博士学位论文，第 78 页)一文中指出，反全球化运动的参与者采取的运动策略灵活多样，不仅再现了 20 世纪 60、70 年代以来新社会运动所运用的各种活动方式，同时还运用了新科技革命给人们生活带来的方便，采取了许多新的运动战术，使反全球化运动呈现出一种全新的面貌。总体而言，在反全球化运动所采取的各种运动方式中，非常规的运动方式仍占主流。不仅如此，各种运动方式都具有直接民主的特征，尤其是网络反抗这种形式：只要拥有一台电脑，活动者就可以参与反全球化运动，表达自己的观点。当然，这些新战术的发展和实施受到全球化时代新技术的发展及运动参与者能够充分利用这种新技术能力的影响与限制。

三、当代世界文化多样性和多元化

(一) 文化多样性和多元化的内涵

1. 文化多样性

联合国教育、科学及文化组织在《世界文化多样性宣言》(2001 年 11 月 2 日联合国教育、科学及文化组织大会第31届会议通过)中指出,文化在不同的时代和不同的地方具有各种不同的表现形式,这种多样性的具体表现是构成人类的各群体和各社会的特性所具有的独特性和多样化。文化多样性是交流、革新和创作的源泉,对人类来讲,就像生物多样性对维持生物平衡那样必不可少。从这个意义上讲,文化多样性是人类的共同遗产,应当从当代人和子孙后代的利益考虑予以承认和肯定。

联合国教科文组织在《保护和促进文化表现形式多样性公约》(2005年10月20日第33届联合国教科文组织大会上通过)中将文化多样性定义为:"文化多样性"是指"各群体和社会借以表现其文化的多种不同形式。"文化多样性不仅体现在人类文化遗产通过丰富多彩的文化表现形式来表达、弘扬和传承的多种方式,也体现在借助各种方式和技术进行的艺术创造、生产、传播、销售和消费的多种方式上。文化多样性是人类社会的基本特征,也是人类文明进步的重要动力。

刘冬雪在《文化全球化与文化多样性》(载《社会科学辑刊》,2003年第1期)一文中将文化多样性定义为,是人类在长期发展过程中形成的生活方式,分为有形和无形的两种多样性。有形的文化多样性包括村落、祭祀神灵祖先的庙堂、舞场、建筑、饮食、传统的加工活动(如烹饪、编织、舂米、雕刻等)、实物(如衣服、家具、农具、生活用具、民间工艺品等)、礼仪活动和与民族文化相联系的历史文献。无形的文化多样性包括世代相传的家庭生活、神话、民俗、民歌、民间舞蹈、口头传说、信仰意识等。这些文化多样性资源是在特定的历史时期、在特定的地理位置上,由特定的个人创造出来的,这三个特定的要素决定了文化多样性资源具有不可复制性。

2. 文化多元化

郑荣双在《多元文化:作用及误解》(载《河南师范大学学报(哲学社会科学版)》,1999年第5期)一文中认为,多元化文化是指在一个集团群体、社会共同体、区域联合体等系统中共存的,并且在系统结构中存在着一定相互联系的几种文化,即它必须是相互联系的文化。

曹德本在《中国传统文化与世界多元文化》(载《清华大学学报(哲学社会科学版)》,2001年第4期)一文中指出,多元化文化是世界上总体性的文化范畴,是在世界范围内各民族多元文化并存及其交互作用,是人类文化的总称。

李庆本在《全球一体化与文化多元化》(载《中国文化研究》,1999年第1期)一文中指出,文化多元化不仅仅是指在全球范围内不同民族文化的共存共荣,而且它也意味着在某一单一民族国家中的传统文化对其他民族文化的宽容以及必要时的吸收。最重要的是,文化多元化还是一种新思维,它要求人们从传统的一元式思想方法转变到多元式思想方法,从绝对论转变到相对论。

(二) 世界文化呈现出多样性和多元化的原因

1. 经济全球化是世界文化多元化的现实物质基础

李庆本在《全球一体化与文化多元化》(载《中国文化研究》,1999年第1期)一文中认为,全球化不仅带来了私人空间、精神家园的丧失,而且也产生了对私人空间、精神家园的迫切需要。这样,人们对自己民族的传统文化的认同便是非常自然的事情了。文化多元化的可能性与合理性，正是基于全球化所带来的人的一种精神缺失以及由此产生的需要，正是根植于全球一体化这一现实土壤之中。

美国学者 J. 彼得·布罗修斯、萨拉·L. 希契娜在《文化多样性及其保护》(王爱松译，载《国际社会科学杂志(中文版)》,2011 年第 2 期)一文中认为，尽管全球化无疑暗含着它是文化同质化的一种主要原动力，但它同时也是文化创造性、发明、差异和多样化的源泉。

2. 自然环境的多样性促成了世界文化多样性

法国启蒙思想家孟德斯鸠在《论法的精神》(申林译，北京：北京出版社，2012 年，第 138 页)一书中提出“地理环境决定论”的观点。他认为，欧洲国家因气候和地理环境形成的自由特性，使得国家间的征服变得非常困难，在这里只有商业上的征服没有军事上的征服。而与欧洲地理环境相反的亚洲却只有奴役，没有自由。

马克思(《马克思恩格斯选集(第二卷)》，中共中央马克思恩格斯列宁斯大林著作编译局编译，北京：人民出版社，1995 年，第 219 页)指出，不是土壤的绝对肥力，而是它的差异性和它的自然产品的多样性，形成社会分工的自然基础，并且通过人所处的自然环境的变化，促使他们自己的需要、能力、劳动资料和劳动方式趋于多样化。

英国学者 C. W. 沃特森在《多元文化主义》(叶兴艺译，长春：吉林人民出版社，2005 年，第 2 页)一书中指出，一个多元文化的社会，就是说一个社会——一个国家、一个民族、一个地区、一个宗教，甚至一个单纯的有界限的地理位置(诸如一个城镇或一个学校)——由属于不同文化的人群构成。

3. 人类实践活动的多样性决定了世界文化多样性

马克思(《马克思恩格斯选集(第一卷)》，中共中央马克思恩格斯列宁斯大林著作编译局编译，北京：人民出版社，1995 年，第 67 页)指出，个人怎样表现自己的生活，他们自己就是怎样的。因此他们是什么样的，这同他们的生产是一致的，既和他们生产什么一致，又和他们怎样生产一致。

德国学者斯宾格勒在《西方的没落》(齐世荣等译，北京：商务印书馆，1991 年，第 39 页)一书中认为，他看到的是一群伟大的文化组成的戏剧，其中每一种文化都以原始的力量从它的土壤中勃兴，都在它的整个生活期中坚实地和那土壤联系着；每一种文化都把自己的影像印在它的材料，即它的人类身上；每一种文化各有自己的观念，自己的情欲，自己的生活、愿望和感情，自己的死亡。

美国学者露丝·本尼迪克特在《文化模式》(何锡章等译，北京：生活·读书·新知三联书店，1987 年，第 28 页)一书中也认为，可能的人类制度和动机多的不可计数，而且人类的明智正表现在对这些现象的差异采取一种极为宽容的态度。没有人能完全参与一种文化，除非他一直根据该文化形式受到培养，并生活其中。

4. 多语制和不同文化间的交往丰富了世界文化多样性

澳大利亚学者约瑟夫·罗·比安科在《语言政策的重要性和有利于文化多样性的多语制》(载《国际社会科学杂志：中文版》,2011 年第 1 期)一文中指出，多语制是文化多样性不可缺少的核心要素，它对人类多样性做出了不可替代的独特贡献。

周文华在《世界文化多样性的形成、意义及困境》(载《齐鲁学刊》,2014 年第 1 期)一文中指出，不同文化间的交往有利于文化的自我更新，随着文化交往的更加频繁和深入，世界文化多样性不再是相互隔绝的、简单的多样性，而是在文化的交流交融交汇基础上的更为丰富的多样性。不同文化在相互交流碰撞中取长补短，在内容与形式上丰富了世界文化多样性，并为新文化样态的产生提供了土壤。

（三）当代世界文化多样化和多元化的表现

1. 民族国家保护与发展本民族文化

习近平在《在中共中央政治局第十二次集体学习时的讲话》（载《人民日报》，2014－01－01）中指出，提高国家文化软实力，要努力展示中华文化独特魅力。在5 000多年文明发展进程中，中华民族创造了博大精深的灿烂文化。要使中华民族最基本的文化基因与当代文化相适应、与现代社会相协调，以人们喜闻乐见、具有广泛参与性的方式推广开来，把跨越时空、超越国度、富有永恒魅力、具有当代价值的文化精神弘扬起来，把继承传统优秀文化又弘扬时代精神、立足本国又面向世界的当代中国文化创新成果传播出去。习近平又在《在哲学社会科学工作座谈会上的讲话》（载《人民日报》，2016－05－19）中指出，我们说要坚定中国特色社会主义道路自信、理论自信、制度自信，说到底是要坚定文化自信。文化自信是更基本、更深沉、更持久的力量。历史和现实都表明，一个抛弃了或者背叛了自己历史文化的民族，不仅不可能发展起来，而且很可能上演一场历史悲剧。

措科在《全球化背景下保护民族文化多样性的意义》（载《人与自然》，2014年第4期）一文中指出，在全球化浪潮下，国际上保护民族文化多样性的呼声日益高涨。回顾人类文明史，世界上各国家、各民族都是人类文明的创造者；各个国家、各个民族所拥有的丰富灿烂的民族文化都是全人类共同的精神财富，文化多样性的保护与发展已经成为共识。

徐振强在《法国力主保护文化产品贸易》（载《瞭望新闻周刊》，2001年第47期）一文中指出，面对美国在欧洲影视产品市场的垄断，法国主张强化欧洲影视配额制度，严格限制美国产品进入欧洲市场。在法国的推动下，为了提高欧洲文化产品在国际市场的竞争力和对成员国国内市场的占有率，应付美国产品对欧洲市场的冲击，1995年10月，在马德里举行的欧盟文化部长非正式会议决定，建立支持欧洲影视产业的信贷保证基金。然而，美国坚持认为，文化产品应跟其他产品一样自由流通。法国依然坚持文化的多样性和文化产品的特殊性。直到1999年10月，欧盟内部方就文化产品问题达成了共识：欧盟各国将维持文化方面的自由立法权。但是，美欧在这个问题上的争端并未解决。

2. 世界文化在同质化和差异化并存中发展

杨金玲在《如何正确认识全球化下的文化多元化》（载《理论界》，2007年第11期）一文中认为，世界文化的大趋势是：一方面文化的联系愈来愈紧密，另一方面文化的分化愈来愈复杂多样；一方面文化联系的规模、程度和深度愈来愈扩展，另一方面文化的分化也愈来愈精细、复杂、多样化。

单世联在《全球化时代的文化多样性》（载《天津社会科学》，2005年第2期）一文中认为，不同文化区域对西方文化的接受并非是整一化和同质性的，而是充满着个性差异的，同时，西方文化产品要想在世界不同地区大赚其利，就必须依据多元化的、多种族的、多语言的文化市场进行多样化的文化和商业设计。本土文化以自己的方式迎接外来文化的挑战，最终形成一种妥协的、谈判的，也是综合的文化形态。

3. 不同文化之间的冲突依然存在

美国学者帕尔默在《冷战到全球化：意识形态的终结？》（牛可等译，北京：世界图书出版公司，2011 年，第 287 页）一书中认为，人们长期盼望的冷战结束，并没有带来“历史的终结”或者人类冲突的终结。在 21 世纪开始的几年里，世界陷入一系列冲突，反映了当代民族主义、全球经济竞争及富于战斗性的种族和文化身份认同的深层力量。这些冲突到处因执着的宗教信仰和悠久的历史记忆而强化。

美国学者威廉·R. 科勒在《20 世纪的世界：1900 年以来的国际关系与世界格局》（王宝泉译，北京：群言出版社，2010 年，第 360 页）一书中认为，全球化实际上成为“美国化”的工具，它只是将仅存的超级大国的文化影响扩展到整个世界。世界许多地区对美国文化日益加强的主导地位开始出现抵制，它们希望保卫自己的当地传统，使其免于遭受外部文化的侵蚀。

金惠敏在《全球对话主义：21 世纪的文化政治学》（北京：新星出版社，2013 年，第 79 页）一书中提出，文化冲突既是全球化的显在形式，更是它自身的内在构成或本质存在。进而，文化冲突也必然涉及文化的自我辩护，即来自自信、自我确证和自我中心的文化主体意识，而绝非是对他者的理解、对其异质性的“先行给予”的宽恕。

于沛在《反“文化全球化”——经济全球化背景下对文化多样性的思考》（载《史学理论研究》，2004 年第 4 期）一文中提到，冷战结束后，美国耶鲁大学教授保罗·肯尼迪认为，今后的世界不是资本主义和社会主义的对峙，而是美国式的放任主义的文化和反美国文化之间的对峙。

刘小英在《经济全球化与文化多元化的对立统一关系》（载《学习与探索》，2004 年第 2 期）一文中认为，不同文化之间在深层的精神价值方面的差异和冲突，也在经济全球化的过程中显得越来越突出，从而使得“全球价值观”与“本土价值观”处于尖锐的抵牾之中。经济全球化是一种不可避免的趋势，在这一历史过程中，各国家、各民族的文化交流也会越来越密切，但这绝不意味着各种文化之间的差异会逐渐消除，甚至形成一种全球一致的文化。恰恰相反，在全球范围内的各种文化相互吸收、融合的过程中，各种文化的冲突和碰撞是不可避免的。文化作为人类精神财富的结晶，具有鲜明的多元性和民族性特点。不同文化的矛盾、冲突体现在不同国家的政治制度、价值观念、文学艺术、风俗习惯、哲学思想、伦理道德、宗教信仰等各个方面。这种文化上的多元性及其所导致的排他性和不宽容性，成为当前国际冲突的深层原因之一。

教学设计

设计一：全球化中的另一个世界：“反全球化运动”

设计意图

反全球化运动在当今世界有愈演愈烈的趋势，其影响也越来越大。本设计通过对反全球化运动的力量主体、诉求、原因等相关史料的分析与阐释，使学生学会从另一个角度认识全球化，认识经济全球化是人类历史发展的大趋势，反经济全球化本身也是经济全球化的结果与推动力之一；理解反全球化运动是在特定的、具体的时间和空间条件下发生的；引导学生思考如何化解反全球化运动中提出的尖锐问题，掌握对反全球化运动进行理性分析和客观评判的态度、能力与方法，形成广阔的国际视野。

设计方案

导入新课：反全球化运动在当今世界愈演愈烈，其影响也越来越大。作为全球化的对立面，反全球化运动的兴起与发展，值得我们认真了解与分析。

一、发达国家内部的反全球化运动

1. 表现

材料呈现：

材料一 从1999年西雅图反对世界贸易组织的大规模骚乱以来，凡遇到一些重要国际会议，主要来自发达国家的非政府组织均举行反全球化的示威游行。如：2001年的魁北克美洲国家组织会议、歌德堡欧盟峰会和热那亚八国集团峰会都遭到了反对全球化的抗议和示威；在第三十一届世界经济论坛开幕的同时，由反全球化斗士参加的世界社会论坛也在召开。

——蒙雨：《探析“反全球化”的趋势及发展中国家的选择》，载《经济前沿》，2003年第Z1期。

问题设计：材料反映出反全球化的主要力量来自哪里？他们通过哪些斗争方式来反全球化？

教师引导学生分析：从材料来看，反全球化的主要力量来自发达国家。他们的斗争方式主要有骚乱、示威、抗议、召开论坛等。为什么自1999年以来，他们组织的反全球化运动会愈演愈烈？美国等发达国家是全球化运动中的最大受惠国，从新航路开辟以来，世界市场的形成以及全球化进程中，它们既是主要倡导者，也是主要受益者，为什么它们内部却有反全球化诉求？我们要通过反全球化者的诉求，来理解在发达国家中的人群进行反全球化运动的原因。

2. 主体力量与诉求

(1) 弱势群体的担心与诉求

材料呈现：

材料二 令人震惊和值得深思的是西方国家既是全球化的主要受益者，又是反全球化的主阵地。西方国家反全球化的主要群体是担心失业、担心丧失福利，害怕在全球化进程中经济利益受损的弱势群体。

——王晓梅：《西方国家弱势群体“反全球化”的根源》，载《学术交流》，2002年第6期。

问题设计：发达国家中的弱势群体为什么要反全球化？

教师引导学生分析：发达国家的跨国公司与垄断集团在经济全球化的盛宴中受益良多，但生活在发达国家的中下层普通群众却并不一定这么认为。全球化进程中的失业、社会福利削减、贫富差距拉大等问题是导致反全球化的直接原因，私人垄断资本的急剧膨胀更是拉大了发达国家内部的贫富差距。

（2）复杂多样的参与人群

材料呈现：

材料三 这些反全球化力量主要包括：旨在维持本文明、本民族、本地方的文化传统和价值观念体系、抵抗全球化大潮中主导的西方文化和价值观念体系之侵蚀和支配的宗教/文化运动；以跨国公司和美国的经济文化势力为主要靶子的一些反全球化思潮或意识形态；由于全球化威胁或剥夺其就业而反对全球化的发达国家部分劳工，他们构成那里劳工界的反全球化运动及其社会基础；环境保护主义者和人权运动分子等成分构成的部分反全球化运动，它们带有后现代和世界主义色彩。

——时殷弘：《当今世界的反全球化力量》，载《太平洋学报》，2001 年第 3 期。

材料四 北美、欧洲的反全球化现象最为突出。“美国与欧洲是全球化的中心，同时也是反全球化的中心。”有人甚至认为“几乎所有的抗议主体都来自发达的资本主义国家”。

美国的反全球化队伍人员最庞杂，环保主义者、无政府主义者、社会主义者、贸易保护主义者、女权主义者都非常积极。

——李丹：《反全球化运动的地域特征》，载《广东社会科学》，2004 年第 6 期。

问题设计：从两则材料来看，反全球化力量群体还有哪些？这些群体有何特征？

教师引导学生分析：我们从两则材料中可以看到，反全球化的群体来源广泛，反全球化运动内部成分庞杂，与此相关各种反全球化力量互相间在要求和信念方面有其深刻的矛盾。这些群体的特征有：队伍庞大、人员复杂、诉求多样，发达国家的反全球化群体最为突出。全球化的中心与动力源自西方发达国家，反全球化的中心与动力也源自西方发达国家。

（3）“全球化中的民族主义者”

教师讲述：在反全球化人士中，有一个群体“旨在维持本文明、本民族、本地方的文化传统和价值观念体系”，人们一般将这一群体称为全球化中的民族主义者。这一群体在反全球化运动中越来越走向保守，他们片面强调本国利益，排斥全球合作，在全球化运动中走向了对立面。美国 2016 年的总统大选与选举结果，恰好证明了西方发达国家中的这一倾向。

材料呈现：

材料五 要真正了解这场选举，就必须认清那个将美国推向严重政治震荡期的巨大政治分歧点。它是民族主义者与全球主义者之战。

全球主义者早就俘虏了美国社会的相当大一部分……随之而来的是唐纳德·特朗普登场并颠覆整个局面。这个富豪政治新手抛给精英们的几乎所有重大问题都是反对全球主义而倾向民族主义的。这是促成他出人意料迅速崛起的最最重要因素。

——《美媒：美国大选是民族主义与全球主义之战》，参考消息网，2016-05-06。

问题设计：根据以上材料，特朗普赢得 2016 年美国总统大选的原因有哪些？

教师引导学生分析：特朗普赢得 2016 年美国总统大选的原因主要有：在经济全球化的过程中，美国国内也积累起大量矛盾，特朗普顺应了美国国内民族主义情绪，获得了反全球主义精英群体的广泛支持。那么，美国在全球化的过程中积累了哪些矛盾呢？下面让我们通过分析美国民族主义者的诉求，来了解其国内存在的矛盾，并以此来了解发达国家民族主义者反全球化的原因。

材料呈现：

材料六 移民：民族主义者认为，凡是真正的国家都必须有明确划定并得到保护的边界，否则就不成其为国家。他们还认为，他们国家的文化遗产是神圣的，应当受到保护，而来自远方的大规模移民会破坏国民对这个遗产的坚守。

外交政策：民族主义者不在乎主宰世界大势。他们希望自己的国家强大并有广泛的军事影响力，但主要是用于保护美国的国家利益。……美国的命运才是关键。

贸易：今天的美国民族主义者……认定是它(全球化)掏空了美国的工业核心。不管正确与否，他们关注的是生活和生计在很多情况下也已被掏空的美国公民。于是，一股强劲的贸易保护主义潮流席卷全国，奉行全球主义的精英落荒而逃。

——《美媒：美国大选是民族主义与全球主义之战》，参考消息网，2016-05-06。

问题设计：请依据材料六，概括美国民族主义者的主张。

教师引导学生分析：美国的民族主义者反对大规模的移民，主张外交的全面收缩，奉行强劲的贸易保护主义。全球化进程中的移民问题、外交与贸易问题、失业问题、社会福利问题、贫富差距等问题，是导致发达国家反全球化运动的直接原因。英国脱欧和美国特朗普当选并非偶然，而是长期积累并不断扩大的反全球化群体在政治上的体现，说明在发达国家中沦为全球化牺牲品的中下层民众对全球化副作用的忍耐已经达到临界点。他们利用手中的选票，对决策者、知识精英尤其是经济学家一贯支持的全球化说“不”。反全球化运动不只发生在发达国家，这一运动波及面越来越广，许多发展中国家也参与其中，出现了全球范围的反全球化运动。

二、发展中国家的反全球化运动

1. 表现

材料呈现：

材料七 亚太国家(的反全球化态度)：温和的反全球化立场。……虽然金融危机引发了亚洲反对全球化的情绪，但整体上东亚国家对全球化冲击的反应比较温和，政策上也比较理性。

拉美国家(的反全球化态度)：发展中国家反全球化运动的领头羊。拉美率先举起了反全球化大旗，……巴西连续三次举办“世界社会论坛”，这使国际社会进一步认识到了拉美在反全球化运动中的特殊地位。

非洲国家(的反全球化态度)：处于“前反全球化时期”。在全球化尚未充分展开的地方，其反全球化运动往往也难成气候。……

转轨国家(的反全球化态度)：反全球化风潮中平静的港湾。……在来不及体味全球化的甘苦喜忧的情况下，反全球化触动不了他们(苏联所辖国家与东欧国家)的心弦。……他们对全球化的主流观点是利大于弊，积极意义大于消极意义，总体评价是积极肯定的。

——李丹：《反全球化运动的地域特征》，载《广东社会科学》，2004年第6期。

问题设计：结合材料思考，发展中国家的反全球化运动有哪些特点？

教师引导学生分析：发展中国家对反全球化的态度有很大的差异。亚太国家对全球化既爱又恨，欲罢还休，对反全球化心动，但少有行动；拉美国家在全球化中很超前，很激进，在反全球化中奔放的探戈舞曲也亮相在发展中国家的前台；非洲国家还未找到全球化的感觉，反全球化更令它们雾里看花，无所适从；原苏联和东欧转轨国家刚刚挣脱旧体系的羁绊，辞旧迎新的喜悦还未完全退去，他们对全球化仅仅是颇有微辞而已。

2. 诉求

材料呈现：

材料八 反经济全球化就是对经济全球化发展现状的不满意，是对其带来的不良后果的担忧。基于价值观念和意识形态，可以认为反经济全球化就是反对资本主义或帝国主义的全球化，反对西方国家在全球范围内强行推行其政治、经济模式；基于经济全球化带来的财富日益集中和贫富悬殊日益加大，可以认为反经济全球化就是反对西方国家主导的贸易自由化和金融自由化；基于跨国公司对民族国家政治、经济及文化主权的日益侵蚀，可以认为反经济全球化就是要限制跨国公司的极度扩张；基于经济全球化给发达国家带来的失业率提高、产业空洞化、福利国家制度难以维系，可以认为反经济全球化就是反对单一的市场主导经济；基于贸易、投资的自由化造成全球环境的日益恶化，可以认为反经济全球化就是主张贸易、投资与环境三者之间应协调发展，维护地球生态的可持续性。

——范爱军、肖丹丹：《西方国家反经济全球化理论述评》，载《山东大学学报(哲学社会科学版)》，2005年第4期。

问题设计：发展中国家反全球化的主要诉求是什么？

教师引导学生分析：从宏观来说，发展中国家反西方全球化的主要诉求是反对西方国家在全球范围内强行推行其政治、经济模式，反对西方国家主导的经济模式与市场规则。发展中国家的反经济全球化向世界昭示：我们所赞成的经济全球化是消除了贫富分化的经济全球化，拥护的是消除了不平等现象的经济全球化，需要的是实现了各种民族、各种文化走上长期共存共荣发展道路的经济全球化。它使得经济全球化的主要推动者西方发达国家在继续推进经济全球化的同时，也不得不关注和解决反全球化运动所提出的种种抗议和要求。

3. 发展中国家在全球化中的出路

材料呈现：

材料九 古巴领导人菲德尔·卡斯特罗是国际著名的反全球化人士。他把全球化分为两个层次，即作为客观历史进程的全球化和当今新自由主义全球化。他指出，当今的全球化是由新自由主义意识形态主导的全球化。基于拉美的现实，卡斯特罗深刻而全面地批判了新自由主义全球化给整个世界带来的严重危害和灾难……卡斯特罗不仅批判了新自由主义全球化，而且提出了其替代方案——社会主义全球化：能给整个人类带来福音的全球化，是世界各国逐步共同富裕的全球化。

——刘金源、潘美娟：《从新自由主义全球化到社会主义全球化——卡斯特罗的反全球化观点评析》，载《拉丁美洲研究》，2005年第4期。

问题设计：结合材料，概括卡斯特罗对全球化的认识，他认为全球化的真正出路是什么？

教师引导学生分析：卡斯特罗肯定了作为一种客观历史进程的全球化的存在。在他看来，“全球化不是某个人异想天开，也不是某个人的创造发明”，而是“人类历史现阶段正在发生的最重要和最有决定意义的问题之一”。卡斯特罗把全球化分为客观的全球化和新自由主义的全球化这两个层次，他对全球化的认识是比较全面的。他主张，面对发达国家的优势及自身所处的劣势地位，所有发展中国家必须联合起来，团结一致，相互声援，共同斗争，努力提高抗击全球化冲击的整体生存能力，以集体的力量改善自己在南北谈判中的地位，反对西方国家的霸权和特权，反对少数国家操纵和垄断国际事务，推动建立公平、公正和合理的国际政治经济新秩序，争取逐渐改变全球化中的不公正与不平衡状况，引导全球化向有利于全人类的“社会主义的”方向前进。

三、反思反全球化运动

问题设计：在全球化狂飙猛进之际，面对反全球化运动，结合本课所学内容，我们应该有哪些反思？

教师指导学生小结：第一，经济全球化是人类历史发展的大趋势，但全球化的过程伴随着许多问题。第二，经济全球化与反经济全球化是一个问题的两个方面。对经济全球化来说，反经济全球化就像一面镜子，将它的各种负面影响和弊端及时地映照出来。它使得经济全球化的主要推动者西方发达国家在继续推进经济全球化的同时，也不得不关注和解决反全球化运动所提出的各种抗议和要求。从这一点可以说，反经济全球化也是经济全球化的动力之一。第三，反全球化运动是在特定的、具体的时间和空间条件下发生的。第四，世界各国要从反全球化运动中思考更有利于人类发展的全球化，以此为教训，化解反全球化运动中提出的尖锐问题。第五，世界各国应尽快探索“全球治理”之道，为了人类的共同未来，为了一个更均衡的、可持续的全球化，民主、公正与合理的全球治理非常必要而紧迫。

设计二：多元文化中的中国儒家文化担当

设计意图

在当前世界文化多元化与世界文化走向融合的双重趋势中，中国的儒家文化也在顺应世界文化融合的历史趋势。本设计通过外国人对中国文化的认识、当代中国儒家文化融入世界的过程和世界多元文化中的中国儒家文化责任等的资料解读，引导学生加深对中国儒学价值的认识，并以世界视野来审视中国的传统文化，增强学生的民族文化自信，提升文化自觉和文化责任感。

设计方案

一、外国人眼中的中国文化

教师讲述：在2017年高考全国卷Ⅰ的作文中，要求从“一带一路”、“大熊猫”、“广场舞”、“中华美食”、“长城”、“共享单车”、“京剧”、“空气污染”、“美丽乡村”、“食品安全”、“高铁”、“移动支付”等12个词汇中选择两三个关键词来呈现考生所认识的中国，写一篇文章帮助外国青年读懂中国。此题一出，引发社会热议，网络上各种赞美中国的文章蜂拥而出。2017年的这道高考作文题，主要以经济和社会生活层面来体现当代中国的特点。在学术上，西方学者对中国文化的特点与核心价值早已有所探讨。

材料呈现：

材料一　30年前的曲阜之行，之所以给我留下如此深刻的印象，是因为孔子的学说对于我提倡推广的全球伦理非常重要。作为中国思想文化的代表人物，孔子是智慧的圣贤，而尊敬长者和崇尚智慧则是中国文明的重要特性，也有助于我对全球伦理的思考。

——[德]孔汉思：《孔子思想值得西方学习（新语·汉学家看中国文化②）》，载《人民日报》，2009-11-06。

问题设计：孔汉思教授认为中国文明的重要特征是什么？在他眼中，中国文明有什么重要作用？

教师引导学生分析：孔汉思是德国图宾根大学的荣休教授，他对孔子儒学有着相当的热爱。孔汉思教授认为，在全球伦理的内涵中，注重人性、讲求“己所不欲，勿施于人”等，都受益于孔子思想。此外，全球伦理还主张和平，反对以暴制暴，追求真实公正，推动男性与女性间的合作。而中国传统思想文化对全球伦理的贡献还体现在：从一开始，孔子就将“人”作为群体中的一员，在承认“人”享有权利之外，还强调每个“人”应该承担的责任。这与西方过分强调以个人为中心形成了鲜明的对比，值得西方学习。此外，中国传统中，伦理道德优先于经济和政治，这一点在当今世界尤其可贵。孔子学说是中国文化的代表，在长时间的文化积淀中，中国文化还保有很多优秀的传统。

材料呈现：

材料二　中国文化里对家庭的责任感根深蒂固。……中国人经常会提及和谐……中国传统的世界观很强调要规避极端，所以“中庸”之道在中国很流行。……在中国文化中，强调向他人学习，……改革开放以后，中国更是创造性地通过吸收其他民族优秀的科技和文化成果，超越了东方与西方很多国家的困境，也超越了资本主义的瓶颈，推动了中国的和平发展。中国的儒教、道教、佛教，也都在互相地学习、创造性地吸收。……在中国的文化中，中国人民非常辛勤地工作，这反映出一个国家和民族的道德性格。

——[美]霍普金斯：《世界将受惠于中国文化（新语·汉学家看中国文化①）》，载《人民日报》，2009-11-05。

问题设计：霍普金斯教授指出中国文化的核心价值有哪些？

教师引导学生分析：中国文化的核心价值包括家庭责任感、中庸和谐观念、创造性地吸收与文化包容、辛勤工作与高效率等。德国的孔汉思教授和美国的霍普金斯教授都是来过中国的西方人，他们亲身感受了中国文化的魅力。对于那些没有到过中国的外国人来说，中国文化的吸引力，还得靠中国文化走向世界。

二、中国儒家文化融入世界

教师讲述：中国在改革开放以来获得了迅速发展，物质文明和精神文明取得了巨大成果，中国文化融入世界的步伐也大大加快了。孔子学院在世界各地的纷纷建立，就能充分反映中国文化的世界影响力与日俱增。

材料呈现：

材料三 2004 年全世界只有 7 所孔子学院，到 2011 年 8 月为止，共有 104 个国家和地区设立了 353 所孔子学院和 473 所孔子课堂，其中美国和日本分别建立 81 所和 13 所孔子学院。由于数量增加突飞猛进，也被称为“孔子学院”现象。

“孔子学院”现象至少给世界各国提供了一个：非零和（我的利益不是你的损失）、非排他（我可以做你也可以做）、非独占（我做了不影响你做），非竞争（你做好了会是我的参考）、非暴力（我自愿做你也自愿做），互惠双赢（我有利益你也有利益）的双边合作国际语言文化推广模式，也是首个发展中国家利用有限的资金如何推广本国语言和文化进而推进世界文化多样性的先驱性试验。

——周玮生：《多元文化的共生与孔子学院的实践》，载国家汉语国际推广领导小组办公室网，2012-11-26。

问题设计：从材料来看，孔子学院的创办有哪些特点？有何示范作用？

教师引导学生分析：孔子学院的创办，起步晚、发展迅速、涵盖发达国家，是一种非零和、非排他、非独占、非竞争、非暴力、互惠双赢的双边合作国际语言文化推广模式。孔子学院的创办对发展中国家利用有限的资金推广本国语言和文化进而推进世界文化多样性方面起到了示范作用。来自中国国家汉办的数据显示，从 2004 年 3 个国家 3 所孔子学院起步，截至 2016 年 12 月 31 日，全球 140 个国家（地区）共建立了 512 所孔子学院和 1 073 个孔子课堂。孔子学院快速发展，已然成为一张闪亮的中国名片，被誉为“迄今为止中国出口的最好最妙的文化产品”。

材料呈现：

材料四 国际孔子文化节已举办 25 届，经过 25 年的探索发展，在海内外已形成广泛影响，被誉为中国最能代表民族历史文化内涵的节庆活动。

2006 年，“联合国教科文组织孔子教育奖”颁奖仪式被纳入为每年一度的孔子文化节开幕式的一项重要内容，赋予了其实实在在的国际化元素。

——冷兴邦：《孔子：一个日渐融入世界的文化音符》，载《对外传播》，2009 年第 9 期。

问题设计：综合材料三和材料四，孔子在现代是怎样成为中国的文化符号的？

教师引导学生分析：孔子之所以成为中国的文化符号，是历史的必然选择。历史上不乏抬升甚至无限拔高孔子的时代，但是也有贬低、丑化甚至妖魔化孔子的时代。这些起伏丝毫没有影响孔子作为中华民族精神导师、作为中国传统文化象征的崇高地位。在新时期，孔子学院的广泛建立、国际孔子文化节的长期举办与影响、“联合国教科文组织孔子教育奖”的设立等，都起到了宣传以孔子为代表的中国传统文化的重要作用。

三、世界多元文化中的中国儒家文化责任

材料呈现：

材料五 美国著名汉学家白鲁恂认为，中华文明可以拯救西方基督教文明造就的“创造性毁灭”怪圈。在他看来，基督教文明业已陷入难以自救的悖论境遇，即一面在创造着人类大量财富，一面又囿于其二元对立观在世界上制造了隔阂、对抗与冲突。

——胡燕春：《海外汉学家对“文化中国”的解读》，载《新视野》，2016 年第 5 期。

问题设计：结合材料和所学知识分析，当今世界西方文化出现了哪些问题？中国文化在哪些方面有利于解决西方文化的弊端？

教师引导学生分析：所谓"创造性毁灭"的怪圈，即在创造财富的同时又制造隔阂与对抗。进入近现代以来，在物质利益至上的精神刺激下，西方世界虽然取得了快速的发展，但是西方文明在贪婪中走向冲突，在战争与经济危机中反复，在个人主义的号召下私欲泛滥；发展与危机并存、繁荣与迷茫同在。在追问当今世界诸多问题时，西方文化表现得无能为力，而中国儒家思想中的一些核心内容，可以应对之。正如法国当代著名哲学家、汉学家弗朗索瓦·于连所说："中华文明有一种别样的光亮，通过寻找到它可以给陷入黑暗的西方带来光明。"中国儒家思想中"天人合一"体现了对自然的尊重、"远神近人"体现了拒绝宗教的完整主义、"四海之内皆兄弟"体现了博爱精神，以及中国人的家庭责任感、中庸和谐观念、创造性地吸收与文化包容、辛勤工作与高效率，和我们所知道的儒家"大同"思想、"仁爱"思想等，正好能在现当代的历史语境中顺应现代化进程的诸项要求。

教师指导学生小结：中国儒家文化是世界多元文化中的极重要部分。经济全球化在推动东西方走向融合的同时，也在推动世界文化的融汇。东西方文化上的差异性与互补性，正是中国文化走向世界的主要原因。正如宋冬梅在《论儒学在当代世界多元文化中的担当与发展》(贾磊磊主编：《第三届世界儒学大会学术论文集》，北京：文化艺术出版社，2011 年，第 544—546 页)中所说，在当代文化全球化进程中，儒家文化仍是参与多元文化对话的文明使者，这是历史使命的承接，也是文化使命的担当。儒学的担当意味着对新时代使命的承接，意味着对新时代责任的履行。儒家文化历来有着强烈的崇德尚义意识。在全球文明对话中，儒家文化只有勇于担当，才能直面纷繁的现实，不畏挑战；只有勇于担当，才能在磨砺中成长，抓住发展的机遇；只有勇于担当，才能创造时代的辉煌，永葆不败的激情。所以，儒家文化的担当，承载的是一种勇气，是一种精神；表现的是勇气的恢弘，是精神的迸发。

教学资源

资源 1：世界政治组织和经济组织的不同步造成多极化趋势

这个世界的政治组织和经济组织不同步。国际经济体系已经全球化，而世界政治结构还是以民族国家为基础。全球经济动力旨在消除不利于货物和资本流动的障碍，而国际政治体系依然主要基于各种迥异的世界秩序观，旨在调和不同的国家利益观。经济全球化在本质上不顾及国家边界，国际政策努力调和各国相互冲突的目标，但依然强调国家边界的重要性。

国际秩序面临一个悖论：繁荣取决于全球化的成功，而这个过程经常产生不利于实现夙愿的政治反应。全球化的经济管理者几乎没有机会参与全球化的政治进程。而政治进程的管理者不愿意冒失去国内支持的风险对经济或金融问题未雨绸缪，因为这些问题非常复杂，只有专家才懂。

——[美]亨利·基辛格：《世界秩序》，胡利平等译，北京：中信出版社，2015 年，第 483—484 页。

资源 2：世界多极化下的发展模式多元化

发展模式多样性本源于世界文化多样性。文化多样性古已有之。因而，在世界文明发展的历史进程中，发展模式本来就是多种多样的。但一个时代的主流发展模式，同国际格局变化密切相关。冷战时期两极格局，一边是“苏联模式”，另一边是“美国及西方模式”，而且深深地打上了意识形态的烙印，其他的发展模式却被忽略不计了。

冷战结束，多极化格局催动模式多样性的发展。然而作为唯一超级大国的美国，以其雄厚的政治、经济和文化实力，要把美国发展模式的“华盛顿共识”推广到全世界，违背了历史发展的规律。新兴经济体的崛起，多极化格局向广深发展，发展模式多元化重新成为国际关系学说的重要话题。

承认并尊重文化多样性和发展模式多元化是多极化时代的重要国际关系原则。过去对“模式”的理解，偏重于“普世性”，甚至要成为唯我独尊的和强迫别人接受的一种“样板”。而现在普遍理解的是，“模式”“狭义化”了，只是各国自己选择的一种不同于别人的发展道路。从这个意义上说，既有“中国模式”，也有“俄罗斯模式”、“印度模式”、“巴西模式”和“南非模式”种种，“中国模式”只是中国特色社会主义发展道路的别称，既不是拷贝别国模式，也没有推广到别国的愿望与要求。中国正在探索自己的发展道路，这种探索过程将是漫长而复杂的，因此根本不存在所谓的“北京共识”。各种模式各有长短，可以相互探讨和相互借鉴，而不能自吹自擂，更不能强制推广于世。

——吴兴唐：《国际格局多极化的新发展趋势》，载《当代世界》，2009 年第 8 期。

资源 3：习近平论述中美新型大国关系

“庄园会晤”、“瀛台夜话”、“白宫秋叙”、“中美战略与经济对话机制”、“中美陆军首次进行机制性对话”……自习近平担任中国领导人以来，一次次出访、会见、交流、合作，始终着眼历史和现实，基于国家发展战略和中美两国现实，寻求在外交方面创新和突破。构建中美新型大国关系，正开启中美良性互动新境界。

习近平强调的中美新型大国关系，就是 2013 年 6 月他与奥巴马庄园会晤时提出的。两国元首以政治担当和智慧，达成共同构建中美新型大国关系的共识“不冲突、不对抗”“相互尊重”“合作共赢”。

“不冲突、不对抗”就是要客观理性看待彼此战略意图，坚持做伙伴、不做对手；通过对话合作、而非对抗冲突的方式，妥善处理矛盾和分歧。“相互尊重”就是要尊重各自选择的社会制度和发展道路，尊重彼此核心利益和重大关切，求同存异，包容互鉴，共同进步。“合作共赢”就是要摒弃零和思维，在追求自身利益时兼顾对方利益，在寻求自身发展时促进共同发展，不断深化利益交融格局。

——常红、康登慧、陈冰洁：《综述：习近平的“新型大国关系”外交战略是这样炼成的》，人民网，2016-02-13。

资源 4：世贸组织将名存实亡？

世贸组织成立仅两年后就遇到了第一个致命威胁。1997 年西雅图贸易部长会议，聚集于会场外的抗议者抨击世贸组织对发展中国家存在偏见，新市场的开放实际上损害了劳工利益。纵使2001年启动的多哈回合会议明确地集中于贫穷国家问题，但此类抗议变成了世贸组织会场外反复上演的特色活动。不久后的2003年坎昆世贸组织部长级会议，不仅安全栅栏外的人们在抗议，发展中国家代表也中途退场，他们在与富裕国家代表谈判中磨灭了最后的耐心。

尽管香港会场外抗议的韩国农民吸引了很多眼球，但抗议者的斥责此时已经无关紧要了。谈判毫无成果可言，2009年12月结束的日内瓦部长级会议甚至没有拟定正式谈判流程。世贸组织打开各国市场的任务失败了，只能作为一个解决贸易争端的仲裁系统而继续运作。在此领域，富裕国家传统上占有巨大优势，在金钱、律师、专业知识、时间等方面都更充裕，贸易争端案件似乎可以无休止地流转于各种冗长的委员会和上诉庭之间。

——[美]丹尼尔·阿尔特曼：《全球经济12大趋势》，陈杰等译，北京：中信出版社，2012年，第130—131页。

资源5：全球化的推动力：自由化、私有化、放弃经济管制

资本运动的自由化，是促进不断加快并且不断强化的经济全球化的一个主要因素。民族国家市场对于自由贸易、商品、服务、人员与资本自由流动所采取的门户开放，是市场资本主义神圣不可侵犯的原则。自从亚当·斯密的主要著作《国富论》发表以来，消除关税与其他贸易障碍就成为政治经济学的核心任务，必须根据自由主义市场经济学说才能建立起一个健康、繁荣的世界。

私有化是全球化的另一个与此相联系的原则，并且是全球化的第二个推动力。无论反对共产主义及其他形式的社会主义经济的斗争情况如何，自70年代初以来，在西方世界混合经济中的私有化浪潮(例如在美国、加拿大、斯堪的纳维亚国家、德国、荷兰、瑞士或比利时)接连不断取得胜利。重要产业部门一个接一个地依次被全部或部分地私有化，确切地说，这种私有化是建立在这种设想的基础之上，即私有化的市场力量能够最好地满足生产者与消费者的双方利益，最好地进行现有资源配置。私人资金筹集与私人投资被看作动员人们的各种能力与创造精神的最佳途径。因为市场的要求被看作社会需求的民主反映，是实现经济繁荣的最佳途径。

为了有效地进行必要的私有化与市场自由化，于是出现了第三个内容：政府放弃经济管制。它是今天全球化进程的第三个推动力。在这里，有关论证声称，国家在经济生活中只能起很小的作用。对于经济中的国家垄断、国家干预，包括以各种规章、标准的形式进行的干预，都必须加以限制。归根结底，只有市场力量才是在地方、区域和全球范围内调节民族经济、国际经济的一切职能所必需的。在许多领域，政府放弃经济管制只不过是在全面私有化与自由化的道路上的中间步骤。在其他领域它又被私有化和自由化所补充。几乎没有一个产业部门能够有意识地反抗私有化、放弃经济管制与自由化的联合压力。在所有情况下，竞争能力的无上命令是使所谓的压力合法化并为之辩护的目的论的主要论据。

——[美]里斯本小组：《竞争的极限——经济全球化与人类的未来》，张世鹏译，北京：中央编译出版社，2000年，第58—59页。

资源6：内向型的经济发展战略是发展中国家普遍落后的根源

同样道理，尽管目前的经济全球化是以发达国家为主导的，但我们不能据此认为经济全球化就没是发达国家剥削和掠夺发展中国家的工具，因为这不符合当代发展中国家经济发展的现实。实践已经充分证明，发展中国家普遍落后的根源不在于经济全球化，而在于发展中国家自身政策的失误，包括没有积极参与经济全球化。长期以来，发展中国家普遍割裂同发达国家的经济联系，实行闭关自守的政策，所受的国际剥削可谓少矣，但为什么经济发展却是普遍失败的？与此相反，以亚洲“四小龙”、墨西哥等为代表的少数发展中国家和地区积极参与经济全球化，经济发展却取得了成功。这又该怎么解释？

亚洲“四小龙”和墨西哥的成功不是特例，而是具有普遍意义。二战以后，发展中国家和地区的实践已经充分证明，贸易战略愈开放、参与国际经济的程度愈深，经济实绩就愈优。反之，贸易战略愈封闭，与国际经济的隔离程度愈深，经济实绩就愈糟。

——刘力：《经济全球化：发展中国家的陷阱?》，载《中国社会科学院研究生院学报》，2001年第2期。

资源7：孟德斯鸠论自然环境的多样性与世界文化多样性的关系

严格地讲，亚洲没有温带；与严寒地区相邻的是炎热地带，例如土耳其、波斯、莫卧尔、中国、朝鲜和日本。

欧洲的情况正好相反，有广阔的温带，虽然它四周的气候迥然不同，例如西班牙、意大利的气候与挪威和瑞典的气候毫无共同之处；但是，当我们由南向北走去，气候随着各个地区纬度的增高，不知不觉地逐渐变冷。因此毗邻国家的气候相类似，没有什么明显的差异，正如我在前边所说的，温带非常辽阔。

因此，在亚洲是强国与弱国对峙。勇敢、善战、活泼的民族与懦弱、懒惰、腼腆的民族毗邻。所以，势必一个民族要被另一个民族征服。一个成为征服者，另一个则变成被征服者。欧洲的情况与此相反，强国与强国对峙，毗邻的民族差不多一样勇敢。这就是亚洲弱而欧洲强的主要原因；这也是欧洲自由而亚洲受奴役的重要原因。我不知道是否有人指出过这个原因，由于它，在亚洲自由没有增加过，而在欧洲随着情况的变化，自由有增有减。

——[法]孟德斯鸠：《论法的精神》，申林译，北京：北京出版社，2012年，第138页。

资源8：冷战后时代的世界是一个包含了七个或八个主要文明的世界

哲学假定、基本价值、社会关系、习俗以及全面的生活观在各文明之间有重大的差异。遍及世界大部分地区的宗教复兴正在加强这些文化差异。……

总而言之，冷战后时代的世界是一个包含了七个或八个主要文明的世界。文化的共性和差异影响了国家的利益、对抗和联合。世界上最重要的国家绝大多数来自不同的文明。最可能逐步升级为更大规模的战争的地区冲突是那些来自不同文明的集团和国家之间的冲突。政治和经济发展的主导模式因文明的不同而不同。国际议题中的关键争论问题包含文明之间的差异。权力正在长期以来占支配地位的西方向非西方的各文明转移。全球政治已变成多极的和多文明的。

——[美]塞缪尔·亨廷顿：《文明的冲突》，周琪等译，北京：新华出版社，2013年，第7页。

资源 9：儒学的文化特质及其在当代世界多元文化中的担当

儒家文化包涵着开放、包容、和谐、仁爱、天人合一、与时俱进等特质……在当代文化全球化进程中，儒家文化仍是参与多元文化对话的文明使者，这是历史使命的承接，也是文化使命的担当。儒家文化担当精神是由它的文化特质所决定的……

首先，儒家的大同思想是人类文明的理想追求。天下大同是原始儒家确立的一种理想社会蓝图。……润在儒家“大同”思想中的不分贫富贵贱的主张，充满自由、平等、博爱的精神，体现了人类社会从远古时代就有着共同而美好的追求，大同理想是全人类的共同精神财富，也是当今全球化过程中最宝贵的价值之一。

其次，儒家倡导的仁爱思想具有人文关怀的永恒价值。……孔子多次与弟子们论“仁”，《论语》多处有记载。……儒家的仁爱、忠恕之道……在当代世界文化多元的语境下，也可以把它作为一种文化原则，用来处理国家与国家、民族与民族之间文化关系的文化原则。用仁爱、忠恕原则处理国际关系，则能与邻者亲近，与邻邦友好。

第三，儒家的中和思想是人类文化多元共存、化解冲突的指导思想。中和思想是儒家中正平和的文化。……儒家中和思想可以用来维护世界多元文化之间的存在与发展，化解文明冲突，维护文化生态。世界各国家、各地区、各民族的文化都具有独立的特质，多元文化共生共存则需要文化共处的和谐美。……儒家中和思想主张参差不齐、各不相同的文化共同交流与对话，从而在交流与对话中取长补短，共生智慧。

第四，儒家的与时偕行思想是指导多元文化发展的重要原则。……儒家文化正是在“与时偕行”理论的推动下不断发展、创新，并保持了自身进步的活力。当今，儒学仍需秉持“与时偕行”的精神，融入全球化时代，积极吸收异质文化的优秀成果，吸收时代发展的丰富营养，加快传统观念的转换，在全球化语境中积极推进文明对话。

——宋冬梅：《论儒学在当代世界多元文化中的担当与发展》，贾磊磊主编：《第三届世界儒学大会学术论文集》，北京：文化艺术出版社，2011 年，第 544—546 页。

资源 10：立足于中国的国情看世界，实现对外来进步文化的借鉴融合

实现对外来进步文化的借鉴融合，主要体现在以下几个方面：第一，主动性，即主动参与，充分认识到 21 世纪世界多元文化融合化的总体趋势，就能视野宽阔，充分做好文化准备，这样，对外来进步文化的借鉴融合，是主动参与，而不是被动遭遇；第二，鉴别性，即借鉴识别，在主动参与的前提下，就可以对异质文化有所鉴别，取人之长，补己之短，为我所用，增强鉴别性，就可以防止全盘照搬；第三，融合性，即融入结合，只有通过鉴别和选择，才能谈得上融合，融合是指进步的外来文化融入结合，自外融入主体，与主体结为一体，变为主体的一部分，融合的过程不是一方吃掉另一方，也不是机械的二合一，而是一种融洽的自然结合；第四，主体性，即独立自主，指的是民族文化的独立性，这是保持民族文化特点和民族独立性的根本，多元文化融合化不是丢掉民族文化的独立性，恰恰是维护民族文化的独立性，民族文化不与外来进步文化融合，必然出现落后的趋势，最终要导致民族文化的丧失。从另一种角度来看，民族文化在与外来进步文化融合的过程中，必须坚持民族文化的主体性，融合外来进步文化不是主体性的丧失，通过消化吸收外来进步文化而更加充满生机；第五，导向性，即引导方向，在融合化过程中，加强引导、明确方向尤为重要，世界多元文化并存，良莠不齐是一种现实，在借鉴融合中一定要保持清醒的头脑，哪些是先进的东西，哪些是资本主义的腐朽东西，要加强引导，明确方向。只有这样，借鉴融合才能为民族振兴起到积极的作用，借鉴融合不是盲目的自发过程，而是具有明确导向的过程。

——曹德本：《中国传统文化与世界多元文化》，载《清华大学学报（哲学社会科学版）》，2001年第4期。

第十单元

人类社会面临的机遇与挑战

学术引领

一、人类社会取得的巨大成就

(一) 政治成就

两极格局瓦解后，世界各种力量开始重新分化组合，人类社会的政治建设也取得了令人瞩目的新成就，其中一个重要的现象就是多极化趋势的加强，它推动了世界的平衡发展，并促使国际关系趋向平等和民主。

1. 多极化趋势加强

俞国斌在《当代世界经济与政治》(成都：西南财经大学出版社，2015 年，第 58—59 页)一书中指出，多极化成为不以人的意志为转移的客观趋势，并且从维护世界和平与稳定、制约霸权主义和强权政治、促进世界的共同发展、改善全球治理等方面论述了多极化趋势加强对于人类社会的意义。长期以来，以美国为首的西方国家垄断着国际制度的制定权，近些年来，国际金融危机的爆发却使西方主导的治理机制的缺陷暴露无遗。与此同时，二十国集团异军突起，亚投行和金砖国家开发银行产生，导致旧有的国际制度架构出现历史性的松动。以中国为代表的新兴国家成为国际秩序改革与转型的重要实践者，推动世界格局朝着更为均衡、合理的方向发展。世界多极化有利于促进世界平衡发展，体现各国共同利益，促使国际关系趋向平等和民主，进而有利于制约霸权主义和强权政治，有助于建立更为公正、合理的国际新秩序。

2. 国际合作机制不断深化

伴随世界多极化趋势的发展，当今世界相互依赖日益紧密的全球化进程使人们越来越切实地意识到，人类从未像今天这样成为一个命运共同体。李景治、林甦在《当代世界经济与政治》(北京：中国人民大学出版社，2013 年，第 19—20 页)一书中认为，"合作共赢"符合当前时代的要求，通过各种国际力量的努力，全球合作向多层次、全方位拓展，各种领域、各个层面都有相应的机制安排。主要体现在以下几个方面：

第一，政治上合作机制深化的体现就是联合国已经成为体现大国合作意愿和程度的重要平台。联合国在维护世界的和平与稳定、促进世界的发展的权威地位和作用，进一步得到各国的认可和多数国家的尊重。即使美国在处理重大国际事务时，也力求得到联合国的授权，希望打着联合国的旗号行动。高端安全合作领域近年来也有较大突破，典范就是上海合作组织的建立。

第二，经济上合作机制深化的体现就是世界经济的协调机制成为当今世界经济运行的重要内容。除了第二次世界大战后形成的国际货币基金组织、世界银行、关贸总协定（WTO的前身）在继续发挥作用外，八国集团（G8）、二十国集团（G20）等也在发挥大国协调作用。在全球层次，还有各种专业性的国际经济组织，包括联合国下属的各有关机构、会议以及世贸组织等。在地区层次，区域经济集团之间的协调也有所加强。在国别层次，国与国之间的贸易谈判或定期的协商制度也越来越成熟。现阶段，几乎所有的全球性、地区性以及双边的国际经济活动都被纳入世界经济的协调机制当中。

第三，在文化领域，各个国家都意识到文化软实力的重要性。近年来国际文化交流非常活跃，形式多种多样，并且走向机制化，一个典型的例子就是中国的孔子学院覆盖了全球多个国家和地区，成为各国之间文化交流的重要桥梁。

（二）经济成就

1. 第二次全球化进程

金观涛在《历史的巨镜》（北京：法律出版社，2015年，第157页）一书中从社会价值观的角度进行分析，认为冷战结束后，随着人类重新肯定工具理性、个人权利和民族认同这三大现代价值，第二次全球化的进程开始了。正因人类在过去的20世纪对现代社会结构和价值系统的局限性进行了修正，社会结构和社会价值系统实现了前所未有的自洽，所以第二次全球化进程有了更加牢固的基础，其进程也更加宏大和迅速。人类当前正处于经济无限度的超增长和新科技全面改变人类生活面貌的太平盛世。

2. 第三次工业革命的新动向

许倬云在《现代文明的成坏》（上海：上海文化出版社，2012年，第162—168页）一书中认为，20世纪以来，世界工业化过程出现了第三次高潮（第一次高潮是蒸汽机的使用，第二次高潮是电力成为主要能源），此次工业化进程高潮的特点是过去是殖民地的许多国家或边缘地区都进入了工业化进程。许倬云从农业生产、核能利用、医药业、石化工业、信息工业五个角度详细论述了人类文明在此次工业化进程中取得的成就。

许倬云进一步指出，农业生产的进步主要体现在农业生产技术和市场经济结合，农作物品种在实验室得到培育改良，化学肥料和杀虫剂大量使用，极大地提高了农业产量。此外，防腐剂的使用有助于保持农产品的新鲜度，利于长期仓储和远程运输，而这正是农业市场化的必要条件。现代农业的绿色革命使人类食物来源稳定，诸如非洲、印度等原来长期遭受饥饿国家和地区的许多人免除了饥饿。

许倬云同时指出，核能的出现为人类开拓了新的能源。同传统的水电、火电相比，核能发电不仅稳定可靠而且价格便宜，已经成为日本、法国等缺少天然能源的国家的主要能源供应方式。医药学的进步使得人类减少了疾病，延长了寿命。石化工业的发展使人类生活的日用品有了更多的替代品，极大地方便了人类的衣食住行。信息工业不仅创造了新的财富，也提高了财富周转的速度，从而刺激社会信用发展，进而带动整个社会经济。

朱瑞博、刘芸在《"第三次工业革命"与上海新兴工业发展》(上海：上海人民出版社，2014 年，第 31—41 页)一书中认为，当前人类社会正在经历第三次工业革命，此次工业革命的核心本质就是信息技术的纵深拓展对人类物质文明发展起着重要的推动作用。信息、生物、纳米、新能源等技术不断交叉融合，将可能导致重大的创新突破。第三次工业革命的主要技术主要包括信息技术与大数据革命、3D 打印技术、新材料技术、数字化制造技术、可再生能源技术等。同前两次工业革命相比，第三次工业革命的核心特征主要有三个：第一，制造业由规模制造向绿色制造、智能制造、个性化制造转化；第二，制造业和服务业的融合程度将越来越高；第三，技术要素和市场要素配置方式发生革命性变化，小企业的黄金时代到来。

3. 全球经济的新特征

美国学者杰里·本特利、赫伯特·齐格勒在《新全球史：文明的传承与交流(1750 年至今)》(魏凤莲译，北京：北京大学出版社，2014 年，第 403—405 页)一书中指出，在苏联解体之后，全球经济进入了公众视野。通信技术的进步从根本上消除了地理距离，带来了市场经济更快速的整合。全球经济呈现的特征包括贸易在国家之间的扩张、外国投资的增长、资本运作的无拘无束、前国有企业的私有化、破坏了各国政府控制经济活动的自由化浪潮以及新生代企业的出现。

(三) 文化成就

1. 多元文化的繁荣

俞国斌在《当代世界经济与政治》(成都：西南财经大学出版社，2015 年，第 64—76 页)一书中指出，当今世界的文化格局是多元存在的世界文化格局，还论述了多元文化与世界经济和国际政治的关系。俞国斌认为，当今世界文化格局的多元化体现在以下四个方面。

第一，多元的宗教与宗教分支。当今世界的主要宗教有基督教、伊斯兰教、印度教、犹太教、佛教等。各宗教内部由于教义和历史发展轨迹的差异，又产生大量不同的宗教分支。比如基督教内部形成天主教、东正教和新教三大分支，伊斯兰教主要分成逊尼派和什叶派。这些宗教或教派都呈现出对世界政治颇为明显的影响力，这正是人类文化多元激荡的体现。

第二，多元的政治价值理念。纵观当代世界，主要的政治价值观念通常与强势行为者相关联，例如政治自由主义较大程度上成为西方世界的文化标签，东亚后发国家往往偏好脱胎于自身传统却能较好地适应经济全球化的亚洲价值。

第三，不同民族国家多元的行为偏好。偏好在政治行为中可以反映为两种情况：内向的、自我发展偏好以及外向的、对外决策偏好。前者一般反映为国家(或决策集团)对自身发展根本大战略的路径选择，例如不同民族对不同经济产业的观念排序；后者一般反映为战略主题对外交决策行为的选择偏好。

第四，多元的文化发展动态进程。例如，欧洲较早实现现代化，内部文化表现出较为前沿的一面，对现代性的反思、批判精神较发展中国家和地区更为明显，比如反思主权性、保护动物权利、包容同性恋等。中国正处于现代化进程中，因而中国文化面临的关键性问题就是如何使自身传统适应高速发展的现代化进程，使中国传统文化精华更好地服务于国家成长。

2. "多元文化主义"的呼声

俞国斌在《当代世界经济与政治》(成都：西南财经大学出版社，2015 年，第 68—69 页)

一书中指出，在全球化加速发展的今天，不同文化的发展方向、发展意愿并未随着国际标准的趋同而步伐一致，反而因为他们自身的独特性而呈现出动态的差异，并构成当代世界文化多元性的一面。由于全球化发展的非均衡性以及个体间在价值、情感、观念、思维等方面的差异，文化多元性特征仍具有十分强大的生命力。这不仅表现在不同文化形态、内容的差异上，也表现在人类文明进程中不同文化的时代差异上。在个体间深入交往的同时，软力量价值在不断发挥着重要功能，这使文化自觉、文化自信被带入政治主体的行为目标并提升到战略议程上，反映出经济全球化背景下个体对文化多元性的坚守。

方长明在《欧洲多元文化主义的危机与反思》(载《中南民族大学学报(人文社会科学版)》，2012 年第 4 期)一文中指出，多元文化主义最早起源于 20 世纪五六十年代美国的民权运动，随后影响加拿大、澳大利亚、新西兰等移民国家。移民促使了欧洲多民族国家的形成，而且当代欧洲的移民有一个显著特点：移民不再局限于欧洲内部的移民，而主要是来自欧洲以外地区的移民。移民形成的民族多样性与东道国本身固有的民族多样性有着很大的差异。移民的少数族裔不主张任何领土要求，因此，在处理民族关系问题时，不可能采取地方分权或者自治的方式。因此，对多样性的认可成为西欧国家处理移民问题的主要途径。到了 20 世纪 80 年代以后，多元文化主义政策开始进入各国政府的视线。其或是为移民少数族裔争取平等公正的地位，或是作为政府促进移民融合的工具，或是为了使民族冲突处于可控范围之内。

方长明进而提出，“共生互补”基础上的多元文化主义为人类应对多元文化激荡的局面提供了一个很好的范式。共生单元间互为依存，互利共赢，彼此尊重对方的文化习俗和宗教信仰。多元文化的实质不是一种文化拥有优于另一种文化的特权，而是平等地对待所有的文化，将其视为更大的社会的一部分，认为这些文化因素会有助于社会的发展，而不会对社会产生有害的影响。“共生”为和谐提供前提，“互补”为发展增强了动力。承认并尊重多元文化的发展不仅有利于经济的发展，而且有利于缓和并化解社会矛盾，这符合人类历史发展的规律。

二、人类社会面临的巨大挑战

(一) 霸权主义

曹泳鑫在《国际政治秩序与世界霸权——国家、地区、全球秩序的三重构建》(载《世界经济与政治》，2004 年第 6 期)一文中指出，伴随着 20 世纪殖民体系的瓦解和主权国家体系的全球化进程，国际秩序呈现出两大新变化：第一，建立在主权原则基础上的平等主义成为国际社会的潮流，要求建立公正民主的国际政治秩序的呼声日益增强；第二，在一段时期内，不但制约霸权的力量不能与霸权力量同等增长，而且制约因素发生了更有利于世界霸权的变化，全球范围的霸权主义成为可能，而有能力建立起这种全球范围的霸权主义的国家，毫无疑问非美国莫属。

庞中英在《霸权治理与全球治理》(载《外交评论》，2009 年第 4 期)一文中指出，现实的国际体系并非处于“无政府状态”。自第二次世界大战以来，尤其是冷战结束以来，美国处于世界秩序的中心。美国人也普遍把他们的国家叫做“全球领导”、“全球帝国”，或者“全球国家”，无论哪种叫法，实质都是美国的“全球霸权”。

曹泳鑫在《国际政治秩序与世界霸权——国家、地区、全球秩序的三重构建》（载《世界经济与政治》，2004 年第 6 期）一文中还进一步分析了美国建立全球霸权的有利因素。主要包括：第一，现代科技发展使得远距离军事打击、军事侦察、军事封锁上的地理屏障几乎消失，为全球霸权的建立提供了便利；第二，经济全球化增加了各国经济对世界经济的依赖性和敏感性，经济制裁和经济封锁成为越来越重要和有效的霸权手段；第三，伴随信息传播的迅捷，强国可以借助现代传媒使自己的政治文化成为强势文化，以便增加对霸权的合法性认同，文化帝国主义成为推行霸权的重要辅助手段。

而且，霸权主义还是导致国际社会不稳定甚至走向战争的重要因素，由于霸权国家拥有军事科技领域中的主导地位，反而有助于其借助战争手段确立全球霸权。资中筠在《冷眼向洋——百年风云启示录（上）》（北京：生活·读书·新知三联书店，2009 年，第 29 页）一书中认为，由于高新科技推动武器的无人化、智能化，比如无人机、巡航导弹等的出现，未来战争将避免出动地面部队而不必付出人员伤亡的代价，这就难以使本国人民感到切身利害而形成反对的力量，国家内部制约战争的力量将大大削弱。

（二）恐怖主义

恐怖主义由来已久，冷战结束后呈上升趋势，并成为对世界和平与发展以及各国安全的直接威胁，但直到 9·11 事件发生后才引起世界的广泛关注和高度重视。李景治等在《当代世界经济与政治》（北京：中国人民大学出版社，2013 年，第 28 页）一书中指出，恐怖主义的主要特点是：使用爆炸、袭击、投毒、暗杀、劫机、绑架人质等暴力手段或以暴力相威胁以达到某种政治目的，其袭击目标既对准政府也对准平民。近年来，自杀式恐怖袭击成为新的难以防范的恐怖袭击活动。

美国学者杰里·本特利、赫伯特·齐格勒在《新全球史：文明的传承与交流（1750 年至今）》（魏凤莲译，北京：北京大学出版社，2014 年，第 423—424 页）一书中指出，恐怖主义是全球化世界的一个持久性特征，它并不是一种新现象，只是因为当今交通、运输和武器的快速发展，所以才造成极大的影响。而媒体的高度关注，尤其是世界范围内的电视网络覆盖，已经将恐怖主义的恶行暴露给无数观众，从而改变了恐怖主义的实践。全球不同国家和地区的联系日益紧密，而持续的恐怖活动需要复杂的金融支持网络、可靠而持续的武器技术、躲藏之地支持。所以，近年来的恐怖主义活动日益呈现出全球化的特征。

关于恐怖主义产生的根源，李景治等在《当代世界经济与政治》（北京：中国人民大学出版社，2013 年，第 63—64 页）一书中认为，主要包括：第一，南北差距扩大、贫困国家和地区社会动荡，引发矛盾冲突和恐怖活动；第二，冷战结束后，原来被掩盖的民族、宗教、领土矛盾和冲突凸显，没有及时得到解决，民族分裂主义和宗教极端势力鼓动、利用乃至直接进行恐怖袭击；第三，对霸权主义和强权政治的不满刺激了恐怖主义恶性膨胀；第四，西方国家的一些做法激化了极端民族主义和宗教势力的反西方情绪，使某些恐怖袭击直接指向西方国家。

朱素梅在《恐怖主义动因理论解析》（载《国际关系学院学报》，2007 年第 5 期）一文中指出，西方学者对恐怖主义诱因的理论解释大致可分为两个阵营：个性缺陷模式和社会学习模式，这两种模式分别从行为主义和社会心理的角度分析了恐怖主义行为的起因，但都有一定的局限性。9·11事件后，文明冲突论和全球化理论对恐怖主义文化和经济根源的分析受到广泛关注。

近年来，恐怖主义又出现了一些新变化。刘中民在《中东变局以来中东恐怖主义的新发展及其根源》(载《西亚非洲》，2014年第6期)一文中分析了中东地区恐怖主义的新发展。由于西亚地区持续动荡，"基地"组织阿拉伯半岛分支和伊拉克分支的活动日益猖獗，叙利亚成为继也门、伊拉克之后西亚地区的又一恐怖主义活动的大本营。尤其是2014年6月以来"伊斯兰国"的迅猛发展，使中东恐怖主义呈现出国家化、实体化的新趋势。① 中东地区恐怖主义强势反弹的根源主要在于突尼斯、埃及、利比亚、也门等国的社会转型进入深水区，宗教与世俗、民主与民生、改革与稳定的矛盾不断加剧，导致社会秩序十分脆弱，并陷入了长期动荡，构成了有利于恐怖主义发展的肥沃土壤。而"基地"组织意识形态和战略调整和美国反恐战略日趋功利化，也对中东地区恐怖主义泛滥有重要影响。

(三) 经济难题

美国学者杰里·本特利、赫伯特·齐格勒在《新全球史：文明的传承与交流(1750年至今)》(魏凤莲译，北京：北京大学出版社，2014年，第418—419页)一书中指出，东欧、非洲、拉丁美洲和亚洲的部分发展中国家的人民每天还在为获得足够的食物、清洁的水源以及其他的生活必需品而斗争。普遍贫困是许多前殖民地和附属国的主要特征，所有的发展中国家都尽力通过多种手段提高收入水平，消灭贫困。但只有少数国家，如韩国、新加坡、马来西亚等实现了目标。经济全球化为发达国家带来了史无前例的财富，但也进一步加剧了富国与穷国之间的差距。

李景治等在《当代世界经济与政治》(北京：中国人民大学出版社，2013年，第63—64页)一书中指出，20世纪90年代以来，国际金融市场动荡日益频繁，破坏性也日益扩大。金融动荡被看作"和平时期的头号杀手"，尤其是2008年的全球金融海啸波及范围之广、影响程度之深，更前所未有。由于美国长期以来在国际金融领域一国独大，世界其他国家的金融体系通过各种金融衍生品与美国牢牢捆绑在一起，当美国发生金融危机时，其他国家也在劫难逃。关于金融危机爆发的原因，主要由于大量国际资本投向金融市场，金融业极度膨胀，对东道国的货币政策、银行系统和金融监管机制乃至宏观经济调控能力形成巨大压力。再加上金融市场的透明度和迅捷的传播速度，金融风险的多米诺骨牌效应与日俱增。

李景治等还指出，金融危机是现代经济中资本过度追逐利润的必然结果。在经济全球化的大背景下，金融稳定不仅影响到世界经济的发展，而且关系到世界政治的安全与稳定。

(四) 生态危机

人类从现代文明的发展中享受到巨大的好处，但同时也付出了惨痛的代价，环境问题已经成为全球性问题并日益受到世界各国的关注。人类正面临着各种各样的生态灾难，如森林与耕地的减少、生物物种的濒危、极端天气的频繁、江海湖泊的污染等。

---

① "伊斯兰国"自2017年9月以来遭受重创。

俞国斌在《当代世界经济与政治》(成都：西南财经大学出版社，2015年，第17页)一书中指出，环境问题除了造成地球生态系统的破坏外，还引发了国际冲突和博弈。比如中东国家经常围绕水资源发生地区冲突，跨界河流带来了上游国家与下游国家的争端，不少国家为了争夺能源和资源不惜兵戎相见。

李淑云在《环境变化与可持续安全的构建》(载《世界经济与政治》，2011年第9期)一文中强调，气候变化、核威胁以及未知却可预见的危机已经使人类到了生死攸关的时刻。文章引入"吉登斯悖论"①，着重强调了气候变化对人类社会带来的危险，若人类对气候变化不作为，其带来的环境改变、资源稀缺和人口流动，将加剧社会动荡和国际冲突，甚至导致国际经济政治格局的重新洗牌，从而使国际关系更趋复杂化。

金观涛在《历史的巨镜》(北京：法律出版社，2015年，第157—158页)一书中指出，当前人类社会"晴朗"的天空中有两朵乌云，其中一朵乌云就是全球生态环境的恶化。而且，此问题的原因植根于现代社会结构和基本价值的深处。具体来讲，全球生态环境恶化主要是消费社会造成的。消费社会用远远脱离人实际需求的消费欲望来拉动有效需求，以克服市场社会贫富差距导致的有效需求不足，从而克服周期性经济危机和生产过剩。无止境的增长成为维系市场经济正常运作的前提，由此带来环境破坏和生态负担会越来越严重。

正因如此，可持续发展作为一种发展观已成为国际潮流，其核心就是探索出一条经济、社会与环境协调发展的道路。李景治等在《当代世界经济与政治》(北京：中国人民大学出版社，2013年，第65—66页)一书中指出，可持续发展主要包括三方面的内容：自然资源与生态环境的可持续发展、经济的可持续发展和社会的可持续发展。其中，生态持续是基础，经济持续是条件，社会持续是目的。此书还进一步指出，可持续发展道路并不平坦，因为可持续发展需要各国采取协调合作的行动，约束跨国公司的生产活动，要求发达国家担负起更大的责任，不可避免地与各国现实利益冲突。比如2009年12月的哥本哈根会议，来自193个国家的代表更新了《京都议定书》，规定了更严格的温室气体排放限制。但是，由于发达国家和发展中国家在减排责任、资金支持和监督机制等议题上分歧严重，哥本哈根会议未能围绕后京都时代国际气候制度取得实质性进展。中国、印度、巴西、南非等发展中大国处于经济迅速增长的过程中，温室气体排放量增长很快，如何在捍卫发展权的同时承担起相应的责任，成为未来国际气候谈判的焦点问题。

李景治等进一步指出，作为一种新的人类生存与发展模式，可持续发展的观点目前已经被世界上大多数国家和地区的政府接受，走可持续发展之路是人类文明发展的一个新阶段。但是世界各国要真正实现环境、经济和社会的协调发展，还有很长的路要走。

(五) 模式困境

1. 发展中国家的发展模式之困

第二次世界大战结束之后，新兴的独立民族国家选择了不同的发展道路。少数国家选

① 由英国上议院议员安东尼·吉登斯提出，其核心假设是："气候变化问题尽管是一个结果非常严重的问题，但对于大多数公民来说，由于他们在日常生活中不可见、不直接，因此，在人们的日常生活计划中很少被纳入短期考虑的范围。悖论在于，一旦气候变化的后果变得严重、可见和具体……我们就不再有行动的余地了，因为一切都太晚了。"

择了社会主义的发展道路，绝大多国家选择了资本主义的发展道路，还有极少数国家保留着前资本主义的政治经济制度。战后70多年来，部分发展中国家在政治和经济上取得了巨大的成就，但总的来说，发展中国家的政治发展是艰难曲折的，经济发展也面临一系列危机。

李景治等在《当代世界经济与政治》(北京：中国人民大学出版社，2013年，第128—129、136—139页)一书中指出，发展中国家政治发展存在的主要问题是政局不稳、民族问题和宗教冲突。从外部原因上看：第一，由于殖民地半殖民地的历史，许多国家独立后所采取的政治制度受原殖民国家的影响，未必适合本国国情；第二，冷战时期，第三世界是两个超级大国争夺的对象，它们把第三世界国家的政治发展纳入自己的战略轨道，因此制约着第三世界国家的政治发展；第三，东欧剧变、苏联解体，原苏东地区的民主化浪潮对发展中国家，特别是非洲国家原有体制的严重冲击；第四，西方国家竭力兜售自己的民主价值观，鼓吹多党制民主，对发展中国家的政治发展产生了不良影响。从发展中国家内部的原因上看：第一，独立后实行的资本主义制度与传统的前资本主义政治势力存在着尖锐的矛盾；第二，多民族国家中民族矛盾复杂，殖民主义统治时期埋下的民族歧视祸根难以根除，而相关政府的民族政策连连失误；第三，一些国家中多数宗教和教派共存，教义、教规乃至教徒的生活方式、社会习俗千差万别，各宗教、教派间的矛盾难免，相关国家宗教政策不当，加深了矛盾，甚至引发了战争。

李景治等还指出，发展中国家经济发展面临的主要共性问题是债务危机、粮食危机、人口问题。而20世纪80年代以来，大多数发展中国家陷入了前所未有的多种结构性危机，经济增长失去了活力，主要表现在以下几个方面：第一，经济增长速度下降，除了东亚地区经济继续保持增长，其他地区的发展中国家的经济基本上处于停滞甚至倒退状态；第二，通货膨胀率剧升并持续多年，其中以拉美地区的玻利维亚、阿根廷、巴西三国尤为严重；第三，外债猛增，国际收支严重失衡。生产停滞、债务危机和通货膨胀相互作用、相互推动，造成恶性循环，更加重了发展中国家的经济危机。

在众多发展中国家中，拉美地区尤其值得关注。俞国斌在《当代世界经济与政治》(成都：西南财经大学出版社，2015年，第177页)一书中指出，20世纪50年代至80年代，拉美各国在以普雷维什为代表的联合国拉美经济委员会提出了结构主义理论基础上，采用进口替代工业化发展模式，使拉美地区经济保持了长达近30年的持续增长，经济年均增长率达5%以上。大多数拉美国家在20世纪60年代至70年代实现了经济腾飞，建立起初具规模的民族工业体系。但到20世纪70年代以后，进口替代工业化发展模式的危机开始显现，而80年代的国际石油价格暴跌又进一步加剧了拉美国家的国际收支不平衡。1994年墨西哥金融危机、1999年巴西金融危机、2001年阿根廷金融危机都对拉美经济产生了强烈冲击。至今为止，大部分拉美国家的经济依然未走出低谷。

俞国斌在书中还着重分析了拉美国家经济发展史中的"中等收入陷阱"现象，即当一个国家的人均收入达到中等水平后，由于不能顺利实现经济发展方式的转变，导致经济增长动力不足，最终出现经济停滞的一种状态。该书着重分析了拉美国家陷入"中等收入陷阱"的原因：第一，在传统成本优势逐渐丧失，处于经济转型期间，国家错失了经济发展模式转换的关键时机；第二，原先的体制变革受制于利益集团的重重阻碍，社会不公、贫富分化、社会矛盾加剧；第三，宏观经济出现失误，经济波动较大，政府经济政策稳定性不强。

2. 发达国家的发展模式之困

不仅发展中国家面临发展道路之困，发达的资本主义国家也无法独善其身。蒯正明在《当代资本主义民主制度的现实困境与反思》(载《河南大学学报(社会科学版)》，2015 年第 4 期)一文中指出，当代资本主义民主制度面临的困境主要表现为以下几个方面：第一，“民主政治”和“经济自由”变得越发不能兼容；第二，钱权交易大行其道，民主政治运作走形变样；第三，福利资本主义进退维谷，政治妥协难以实现；第四，民主输出与民主制度的野蛮化和军事化。

周余云在《当前欧美资本主义的体制困境及其影响》(载《科学社会主义》，2012 年第 3 期)一文中指出，当前欧美资本主义的体制面临困境的根源主要在于以下几个方面：第一，新自由主义发展模式和价值观导致当前欧美国家集体陷入困境；第二，福利国家模式的内部发展动力不足，外部竞争力削弱，难以适应全球化时代的国际竞争；第三，西方传统的民主政治体制在当今时代出现了“技能故障”和“功能失调”；第四，社会财富分配不公，两极分化趋于严重，引发了社会裂变，降低了社会凝聚力。

学者在对资本主义的困境进行反思时，重点关注了“欧债危机”，鲁全在《欧债危机是社会保障制度导致的吗？——基于福利模式与福利增长动因的分析》(载《中国人民大学学报》，2012 年第 3 期)一文中指出，自 2009 年 10 月以来，在美国次贷危机和全球金融市场波动的影响下，以希腊主权债务危机为导火索，“欧猪五国”[①]主权债务比例大幅上升，导致国际信用评级机构降低了这些国家的信用评级，由此造成市场恐慌和金融市场恶性循环。学术界对此次欧债危机发生的原因观点不一，如美国次贷危机的衍生结果、私人金融市场结构失衡、希腊等国经济结构失衡、欧元区缺乏政策协调机制等，还有相当一部分学者将目光集中到欧洲国家的高福利制度。

许倬云在《现代文明的成坏》(上海：上海文化出版社，2012 年，第 201 页)一书中也指出，各国政府在每一次政权转换的时候，为了讨好人民，会承诺社会福利以获取选民的欢心。而不顾其代价昂贵，并非政府财力所能负担。导致财政漏洞越来越大，以致今日许多国家背负巨额的福利开支，不得不寅吃卯粮，导致国际收支不平衡。

丁纯、陈飞在《主权债务危机中欧洲社会保障制度的表现、成因与改革——聚焦北欧、莱茵、盎格鲁—萨克逊和地中海模式》(载《欧洲研究》，2012 年第 6 期)一文中进一步分析了欧洲不同社会福利制度模式在应对主权债务危机中的表现。欧洲的社会保障制度在欧债危机中暴露出一系列长期的结构性问题，如提高政府财政赤字和公共债务，基础研发、教育投入，导致劳动力市场僵化等。文章认为，欧洲各国的社会福利制度可分为各具特色的四个子模式，各子模式国家在应对危机时表现不一。属于北欧模式与莱茵模式国家的情况总体好于采用其他两种子模式的国家。危机后取得正增长的瑞典、奥地利、德国、荷兰、法国等均属于北欧模式与莱茵模式；而属于盎格鲁—萨克逊模式与地中海模式的国家全部是负增长。

鲁全在《欧债危机是社会保障制度导致的吗？——基于福利模式与福利增长动因的分析》(载《中国人民大学学报》，2012 年第 3 期)一文中认为，社会保障制度不是导致欧债危机的主要原因，以主权债务危机最为严重的希腊为例展开的研究表明，是经济结构失衡和经济

① 国际债券分析家、学者和国际经济界媒体对欧洲五个主权债券信用评级较低的经济体——葡萄牙、意大利、爱尔兰、希腊、西班牙的称呼，英语简称为 PIIGS。

增长模式存在问题影响了福利开支的正常增长，而非相反。

总而言之，无论是发展中国家还是发达国家，都面临不同的发展困境。而且自 20 世纪 90 年代以来，有一些全球性问题在发展中国家和发达国家同时愈演愈烈。美国学者塞缪尔·亨廷顿在《文明的冲突》（周琪等译，北京：新华出版社，2013 年，第 296 页）一书中指出，当今世界事务存在着“大混乱”现象，突出地表现为以下几个方面：第一，法律和秩序崩溃，国家管理不力，无政府状态蔓延；第二，出现全球性犯罪浪潮，跨国犯罪集团和贩毒集团猖獗，吸毒现象泛滥；第三，家庭普遍削弱，信任感和社会团结下降；第四，在大城市中，文明的一些基本因素正在消失。

要解决这些问题，需要人类重新审视以往走过的发展道路，是固守以往的发展模式？还是对以往的发展模式进行改造？抑或探索新的发展模式？这些问题考验着每个主权政府和每一位国民的智慧。

三、人类社会的对策

美国学者塞缪尔·亨廷顿在《文明的冲突》（周琪等译，北京：新华出版社，2013 年，第 296 页）一书中也指出一种可能：在世界范围内，文明似乎在许多方面都正让位于野蛮状态，一个全球的“黑暗时代”也许正在降临人类。这种预测可能有些悲观，但前述问题的出现，让人不得不思考以下问题：人类社会是否正在没落？无论答案如何，为人类社会寻找合理的出路才是富有建设意义的做法。

（一）顺应和平发展合作共赢的时代潮流

现代文明若要继续延续并繁荣下去，要求各国必须认清形势，顺应当今世界和平与发展的时代潮流。而和平与发展的实现，前提就是稳定的国际环境。关于国际和平的构建，俞国斌主编的《当代世界经济与政治》（成都：西南财经大学出版社，2015 年，第 15—16 页）一书中指出，国际和平的构建存在以下几个方面的途径：第一，降低战争收益并提高冲突的代价；第二，通过建立国际制度来维护世界和平；第三，培育反对战争追求和平的国际观念；第四，国家内部治理的改善也有助于国际和平。

李景治等在《当代世界经济与政治》（北京：中国人民大学出版社，2013 年，265—268 页）一书中提出，构建稳定国际环境的有利因素主要包括：全球相互依赖不断加深、推动国际合作的主体增加、主权国家对多边外交空前重视。作者进一步指出，稳定的国际环境有赖于建立公正合理的国际政治经济新秩序，而这种新秩序应该建立在和平共处五项原则基础之上。中国作为一个社会主义大国，又是最大的发展中国家，完全应当而且有可能在构建稳定国际环境方面作出重大贡献。

除了构建稳定的国际环境，各种文明还应努力寻求合作，以更好正视并解决分歧与争议。美国学者塞缪尔·亨廷顿在《文明的冲突》（周琪等译，北京：新华出版社，2013 年，第 297 页）一书中提出，人类正在进入一个不同文明必须学会在和平交往中共同生活的时代，相互学习，研究彼此的历史、理想、艺术和文化，丰富彼此的生活。否则，在这个拥挤不堪的窄小世界里，便会出现误解、紧张、冲突和灾难。和平与文明的未来都取决于世界各大文明的政治、精神和知识领袖之间的理解和合作。在未来社会,文明的冲突是对世界和平的最大威胁,而建立在多文明基础上的国际秩序是防止世界大战的最可靠保障。

卢静在《环境问题与南北关系》(载《外交学院学报》,2003年第3期)一文中提出,发达国家和发展中国家在环境问题上的合作应坚持的几点原则:尊重历史、面对现实,明确责任;平等协商、互谅互让,制定国际环境法规;取长补短、互利共赢,发展开放型全球合作体系;完善制度、密切合作,建立执行性强的国际制度。虽然此处论述的是环境问题,但也可以为其他问题的解决提供借鉴。

除了发达国家与发展中国家之间的合作,大国间的合作对人类亦有着至关重要的作用。由中美交流基金会资助、中美联合工作小组撰写的报告《中美合作:全球未来的关键》(载《国际问题研究》,2013年第6期)一文认为,大国间的合作对人类成功应对未来世界的挑战至关重要。尤其是中美共同处理关键性全球性挑战的能力,将决定世界能否继续保持并深化互利发展。文中分析了中美合作的必要性,认为中国和美国比其他国家有更大能力和动力,来决定、塑造未来全球合作的方向。文中进一步描绘了未来20年全球景象的三种可能性:中美无力开展有效合作去解决关键的全球性挑战和地区冲突,带来一个漂移和侵蚀的世界;中美在许多问题上追求狭隘的国家利益导致出现一个更具竞争性的零和世界;中美在自身持续繁荣和经济增长的前提下,通过合作开发和利用新技术给人类带来一个振兴与合作的世界。

综上所述,人类面临的各种全球问题,早已超越任何一国的利益,也非任何一国所能单独解决。世界各国在解决这些问题方面有着共同的利益,而这个共同利益则应当反映在超越特殊的国家利益的共同政策之上。各国政府和人民应该顺应和平发展合作共赢的时代潮流,更加理性地运用自己的聪明才智,抛弃各种极端观念和单边主义的政策,在继续推动世界多极化和国际关系民主化的进程中,在缔造国际政治经济新秩序的过程中,携手攻破一个个难题。唯有如此,才能保持世界的整体和平,实现各个国家和地区的共同发展。

(二)树立"人类命运共同体"思想

石建勋在《人类命运共同体思想的世界贡献》(载《人民论坛》,2017年第28期)一文中指出,习近平人类命运共同体思想首先是一种世界观,反映了中国对当今世界的看法。这一思想的核心理念是人类社会生活在同一个"地球村",不同文明、不同宗教信仰、不同社会制度、不同发展水平的国家是一个相互依存的命运共同体,应该相互尊重、平等合作、互利共赢、融合包容。2012年11月,中共十八大报告提出,"这个世界,各国相互联系、相互依存的程度空前加深,人类生活在同一个地球村里,生活在历史和现实交汇的同一个时空里,越来越成为你中有我、我中有你的命运共同体"。这是人类命运共同体的先进理念首次载入中国共产党的重要文件中,成为中共执政兴国的重要指导思想。人类命运共同体概念的提出,充分体现了中国共产党作为马克思主义政党对人类前途命运的关注和追求世界大同的奋斗精神,充分体现了中国作为负责任大国的担当意识。

1. "人类命运共同体"思想的背景

(1) 全球化困境下的一种理论突围

张历历在《习近平人类命运共同体思想的内容、价值与作用》(载《人民论坛》,2017年第

7期)一文中认为,人类命运共同体思想的提出,与当今世界面临的复杂混乱形势有关。这种复杂混乱的形势表现在全球化受挫、地区化逆转、民粹主义抬头,在这种国际形势下,中国的态度至关重要。

徐艳玲在《人类命运共同体思想：全球化困境下的理论突围》(载《人民论坛》,2017年第28期)一文中指出,宇宙只有一个地球,人类共有一个家园,一荣俱荣、一损俱损已成为一种现实写照。为此,不能"只扫门前雪",而要"共筑百花园"。只有寻求共同利益、承担共同责任、共享发展成果,才能保持人类的休戚与共、生生不息,不同国家、民族间共存、共荣、共建和共赢才是人类文明发展之路。人类应以什么样的理念指引全球化升级转型?如何寻求各国利益交汇点和人类认知的最大公约数?人类命运共同体思想作为"中国倡议"和"中国叙事"的提出正当其时,它呼应了全球化时代的脉动,契合了全球化时代的重大关切,因而是全球化困境下的一种理论突围。习近平指出:"义,反映的是我们的一个理念,共产党人、社会主义国家的理念……利,就是要恪守互利共赢原则,不搞我赢你输,要实现双赢。我们有义务对贫穷的国家给予力所能及的帮助,有时甚至要重义轻利、舍利取义,绝不能惟利是图、斤斤计较。"为此,中国针对非洲等发展中国家提出了"真、实、亲、诚"的外交理念,针对周边国家提出了"亲、诚、惠、容"的外交理念,均是对那种以邻为壑、转嫁危机、损人利己的不道德观念和做法的坚决摒弃。2017年2月10日,人类命运共同体理念首次被写入联合国决议。这昭示着作为全球化转型时代的"中国诊断"和"中国方案",即人类命运共同体思想已经进入全球民众的视听,成为一种真正"源于中国、属于世界"的理论创造和价值追求。

(2) 让国际社会理性接纳中国和平发展的沟通桥梁

徐艳玲在《人类命运共同体思想：全球化困境下的理论突围》(载《人民论坛》,2017年第28期)一文中指出,近年来,西方世界在热议"中国崛起",一些别有用心的国家趁机大肆宣扬"中国威胁论"、"中国前途未卜论"、"中国责任论"等怪论。这是中国在和平发展道路上遭遇的重大挑战,也是困扰中国已久的"崛起中的烦恼"。人类命运共同体的概念超越了文化、种族、肤色、宗教和不同社会制度的界限,在表述上是一个中性、温和的概念,具有"千年叹"的精神能量;以谋求全球化的"双赢"或"多赢"格局为外交价值诉求,反映了中国希望以此与世界携手来构筑"命运共同体"的愿望,颠覆了西方语境中"国强必霸"的逻辑理路。人类命运共同体理念试图在理论上向世界证明,中国不是一个现存国际秩序的挑战者,而是一个和平参与者和建设者,这样就为中国找到了一条让自己感觉稳妥、让世界感到放心的路;中国的"和平发展"是作为社会主义国家的中国、作为最大的发展中国家履行的国际责任,给世界各国带来的是机遇而不是"危险",更不是"威胁",进一步证伪了"中国威胁论"。从这一意义上说,人类命运共同体思想的提出和深度阐释,对于澄清和纠正西方对中国和平发展道路的误读,打消他国对中国迅速发展的疑虑,为中华民族的伟大复兴创造一个和平、有利的国际环境,具有积极的正能量效应;同时也摒弃了中国近代以来由于被欺凌而导致的"受害者"心态,向世界展示了一个复兴中的泱泱文明大国负责任的大国气度和大国胸襟。

(3) 对近代西方文明的扬弃与超越

石建勋在《人类命运共同体思想的世界贡献》(载《人民论坛》,2017年第28期)一文中指出,始于2007年末的美国次贷危机,引发了人类历史上又一次全球性的金融危机和经济危机,不仅给世界各国人民生活带来了灾难性的打击,而且彻底打破了以资本扩张为中心、以国家为本位、以西方中心主义为特征的神话，引发了世界政治、经济和金融格局的大调整、大博弈和大动荡。2016 年初以来，欧债危机尚未根除、英国脱欧公投成功、北非中东“颜色革命”后动乱不息、恐怖主义持续并蔓延至欧洲、土耳其发生未遂军事政变、欧洲难民潮不堪重负、逆全球化和民粹主义有愈演愈烈的趋势等。这一系列全球性的危机事件，都说明了一个事实：当今世界，人类社会面临的最严重危机不是经济危机而是制度危机，无论是全球治理层面还是国家治理层面，无论是西方发达国家还是广大发展中国家，制度变革远远落后于政治、社会、文化和经济发展。新制度供给严重短缺，导致了日益严重的金融危机、经济危机、生态环境危机和恐怖主义蔓延。

石建勋指出，从“一人一票”普选制度和新自由主义的“全球凯旋”到目前的“后危机、后真相、后秩序”，西方精英们的自信不再，世界正在痛苦中寻找新的制度安排、新的希望和新的历史起点。人类面临的最大困境在于，“民主”和“自由”——被许多政治领袖和知识分子视为构建 21 世纪社会的两大支柱，正严重变形与退化，已成为世界动荡的主要来源。如何摆脱陈旧思维的束缚，避免重演曾经的苦难，摆脱世界失序的困境？世界将目光投向了中国，这不仅因为近四十年来中国经济社会发展获得极大成功，已经成为世界第二大经济体，更因为中国提出了构建人类命运共同体的先进思想，以及践行这一思想的“一带一路”倡议、亚投行和金砖国家发展银行等一批完善全球治理的新公共产品。

(4) 对中国优秀传统文化的创造性转化和创新性发展

徐艳玲在《人类命运共同体思想：全球化困境下的理论突围》(载《人民论坛》，2017 年第 28 期)一文中指出，“天下主义”的博大和“美美与共”的大同理想升华为人类命运共同体思想中追求世界大同、和谐安宁的价值取向，“和而不同”、“和合共生”的思想理念升华为人类命运共同体思想中求同存异的重要原则，“讲信修睦”、“协和万邦”的情怀升华为人类命运共同体思想中“真、实、亲、诚”和“亲、诚、惠、容”的外交理念，“己所不欲，勿施于人”的行为准则升华为构建人类命运共同体遵循的伦理底线，“穷则独善其身，达则兼善天下”的精神追求升华为构建人类命运共同体所倡导的道德胸襟。由此，中华传统文化资源得到了进一步传承和发展，成为在全球化时代构建人类命运共同体的强大政治资源和精神力量。另一方面，习近平人类命运共同体思想与当今全球化时代相遇，必然在中华传统文化与世界文化的互动和互鉴中、在探寻与当今全球化精神相契合的文化基因的基础上，达至中华传统文化与全球化时代的同频共振。这不仅体现了中华传统文化的现代化，也昭示着中国对国际社会的文化新贡献，是在全球化语境下中国文化自信的突出表征。

郭海龙、汪希在《习近平人类命运共同体思想的生成、价值和实现》(载《邓小平研究》，2016 年第 3 期)一文中指出，习近平的人类命运共同体思想不是随心所欲提出的理念，而是植根于中国传统文化的土壤之中，是中国面对世界性问题所做出的“中国诊断”和提出的“中国方案”。

2. “人类命运共同体”思想的形成

张历历在《习近平人类命运共同体思想的内容、价值与作用》(载《人民论坛》，2017 年第 7 期)一文中将习近平关于人类命运共同体的形成发展概括为两个阶段：第一个阶段，从 2012 年 11 月中共十八大召开到 2015 年 9 月，习近平在国际国内不同场合 62 次提出人类命运共同体的概念，并做了相应阐述；第二个阶段，从 2015 年 9 月习近平在纽约联合国总部举行的纪念联合国成立70周年大会上发表讲话，直到今天，人类命运共同体的思想在此期间在国际上广泛传播，并受到各国政界和研究界的重视。

冯颜利、唐庆在《习近平人类命运共同体思想的深刻内涵与时代价值》(载《当代世界》，2017年第11期)一文中指出，中共十九大报告共十三部分，其中第十二部分以“坚持和平发展道路，推动构建人类命运共同体”为标题，专门讲构建人类命运共同体，系统阐述了人类命运共同体思想的丰富而深刻的内涵及其时代价值。习近平在这部分一开始就指出：“中国共产党是为中国人民谋幸福的政党，也是为人类进步事业而奋斗的政党。中国共产党始终把为人类做出新的更大的贡献作为自己的使命。”可见，倡导构建人类命运共同体的目的就是希望为人类做出新的更大的贡献。人类命运共同体思想还专门写进了中共十九大修改通过的《中国共产党章程》，特别强调指出：“推动构建人类命运共同体，推动建设持久和平、共同繁荣的和谐世界。”所以，完全可以说，习近平提出的人类命运共同体思想为全球生态和谐、国际和平事业、变革全球治理体系、构建全球公平正义的新秩序都贡献了中国智慧和中国方案。

3. “人类命运共同体”思想的价值

(1) 对中国的意义

张云飞在《为何要构建人类命运共同体》(载《人民论坛》，2017年第13期)认为，人类命运共同体思想是中国外交的重要理念，也是中国治国理政思想的飞跃式创新，以人类命运共同体的理念指导国家的内政外交政策体现出了远见卓识。

赵可金在《从“国际社会”到“人类命运共同体”》(载《北京日报》，2017-02-20)一文中认为，人类命运共同体思想体现了中国人对当今世界的一种深刻理解，体现着中华文明的独特视角和思维方式，是中国智慧的集中释放，体现了中国人处理对外事务的独特方式。

石建勋在《人类命运共同体思想的世界贡献》(载《人民论坛》，2017年第28期)一文中指出，构建人类命运共同体，交融于实现中华民族伟大复兴的中国梦。习近平在阐释中国梦的内涵时，还特别强调其世界意义，即中国梦是和平、发展、合作、共赢的梦，实现中国梦的过程将为世界各国发展注入更多活力。中国人始终认为，世界好，中国才能好；中国好，世界才更好。中国的命运与世界的命运紧密相联，中国梦与人类命运共同体之梦相互依存，相得益彰。在各国相互依存、休戚与共的“地球村”时代，只有牢固树立命运共同体意识，坚持同舟共济，才能顺应时代潮流，把握正确方向，实现互惠共赢。

(2) 对世界的意义

阮宗泽在《人类命运共同体：中国的“世界梦”》(载《国际问题研究》，2016年第1期)一文中认为，习近平倡议的人类命运共同体生动地呈现了中国的“世界梦”是继“新型国际关系”后推出的又一重大国际关系理念，摆脱了历史上大国争霸的“零和博弈”的窠臼。

石建勋在《人类命运共同体思想的世界贡献》(载《人民论坛》，2017年第28期)一文中指出，人类命运共同体思想是全球治理理念的创新，是对西方全球治理思想和制度的超越。当今世界充满了挑战，这些挑战既超越了传统的治理界限，也超出了当前国际体系的框架。为应对这些挑战，必须加快完善全球治理体系，构建平等合作共赢的新型国际关系和全球命运共同体。习近平指出，“全球治理体制变革离不开理念的引领”。虽然加强全球治理、推进全球治理体制变革已是大势所趋，但冷战的零和对立思维、霸权逻辑、傲慢的“历史终结论”心态，却仍在国际关系中挥之不去，因此，必须要有一个新理念、新思维、新共识来引领，构建新型国际关系架构。2017 年 2 月 10 日，构建人类命运共同体理念被写入联合国决议中，表明国际社会对这一理念的认同迈上了一个新的台阶。

石建勋认为，当今世界纷繁复杂，人类命运休戚与共。人类命运共同体所蕴含的“合作”、“共赢”、“普惠”的思想，恰恰是国际普遍认同的理念。人类命运共同体思想之所以获得广泛关注和认同，在于其继承了包括《联合国宪章》宗旨在内的国际关系公认原则，不走零和博弈、赢者通吃的歧路、老路，追求公正合理的国际秩序，为实现持久和平、摆脱安全困境、共享发展成果、打破文化隔阂、实现可持续发展，提供了一个各方都能接受的公道方案，具有时代的先进性。世界需要合作共赢、共同发展的新秩序，需要构建人类命运共同体。一个更加民主、更加公平和有序、更加合理、更具有包容性和代表性的全球治理结构与治理制度体系，不仅是全世界人民的迫切要求，也是中国继续发展、实现“中国梦”所必需的良好外部环境。世界新秩序构建，需要中国引导和提供“中国方案”。2017 年 2 月 17 日，习近平在国家安全工作座谈会上指出，“要引导国际社会共同塑造更加公正合理的国际新秩序”，“引导国际社会共同维护国际安全”。这是习近平首次提出“两个引导”，意在向世界表明，“中国共产党人和中国人民完全有信心为人类对更好社会制度的探索提供中国方案”。中国把握历史规律和时代潮流，着眼人类共同和长远利益，不仅要多参与国际事务，做国际体系的参与者和建设者，而且还要做世界新秩序的贡献者和引领者。

石建勋认为，人类命运共同体应该是一个包含多要素的复合型立体架构。其涵盖多行为体、多层面、多领域、多疆域，具有和平合作、开放包容、互联互通、互惠互利、共建共享五大属性，表现为政治、经济、安全、文化、生态“五位一体”的综合成果。着眼于构建人类命运共同体，习近平多次在不同的外交场合，把握人类利益和价值的相关性，在国与国关系中寻找最大公约数，对命运共同体思想不断阐释，对当今世界最重要的议题都充分阐述了中国看法，涵盖政治、经济、安全、人文、全球治理、环境、发展、反恐、防扩散、维和、妇女权益、应对自然灾害等领域。在 G20 杭州峰会上，习近平进一步用“开放、合作、共享”六个字，为完善全球经济治理指明方向：以开放为导向，不搞排他性安排，防止治理机制封闭化和规则碎片化；以合作为动力，共商规则，共建机制，共迎挑战；以共享为目标，提倡所有人参与，所有人受益。

石建勋指出，构建以合作共赢为核心的世界新秩序，打造人类命运共同体，离不开建立平等相待、互商互谅的伙伴关系。营造公道正义、共建共享的安全格局，谋求开放创新、包容互惠的发展前景，促进和而不同、兼收并蓄的文明交流，尚需做出很多努力。中国为打造人类命运共同体，一直在发挥引领作用，努力做到：既坚持与邻为善、以邻为伴，深化同周边国家的互利合作和互联互通，也推进多边外交，推动国际体系和全球治理改革；既运筹好大国关系，着力于构建健康稳定的新型大国关系，也加强同发展中国家的团结合作；既积极推进“一带一路”建设，努力寻求同各方利益的汇合点，也落实好正确义利观，做好对外援助。事实证明，中国倡导的人类命运共同体思想不仅在周边国家落地生根，而且将不断拓展，让越来越多的国家参与其中，为人类对更好社会制度的探索贡献中国智慧和力量。

总而言之，习近平的人类命运共同体思想既体现了中国智慧，有助于构建更为精致、生动、出彩的中国特色大国外交，也为全球性问题的解决提供了切实可行的设想与方案。

（三）探索有效的全球治理

1. 人类文明的继续发展需要“全球治理”

美国学者伊恩·莫里斯在《西方将主宰多久》（钱峰译，北京：中信出版社，2011 年，第 426—428 页）一书中指出，竞争、毁灭、融合将是未来世界几种可能的发展趋势，而若要实现人类文明的继续繁荣，接下来的 40 年将会非常重要。第一，大国应削减核军火库以避免全面的核战争。此处存在的悖论就是，此类禁核协议对那些有能力迅速制造核弹的大国可能会有作用，但对恐怖分子或图谋不轨的国家统治者无法产生约束力，最稳定的局势就是大国们有足够的核武器阻止进攻却没有足够的武器毁灭所有人。第二，要采取措施减缓世界气候变化的速度，因为气候变化将会导致其他更严重的危机。这两个问题的解决都需要各国共同努力，而现有的国家都只在本国内拥有主权，无法有效地解决这些问题。所以，前述全球性问题的解决，人类文明的继续发展都需要有“全球治理”的理念。

2. “全球治理”的含义与维度

张宇燕在《全球治理的中国视角》（载《世界经济与政治》，2016 年第 9 期）一文中指出，全球治理就是指在没有世界政府的情况下，国家（包括非国家行为体）通过谈判协商，权衡各自利益，为解决各种全球性问题而建立的自我实施性质的国际规则或机制的综合。

张胜军在《全球深度治理的目标与前景》（载《世界经济与政治》，2013 年第 4 期）一文中提出了全球深度治理作为全球治理的新维度，探讨了全球深度治理的理论依据和变革的现实性和可能性，指出和讨论了未来全球深度治理的新机制和新议程。全球深度治理要改变或矫正西方工业国家主导下全球治理议程中所蕴涵的政治偏好和理论偏好。同时适应国际体系中权力转移的变化，建立起以包容性发展为目标的国际对话机制以及能够有效应对跨国问题挑战的跨国合作机制，才能实现从被动反应性的议程向具有前瞻性和主动性治理议程的转变。

3. 国家在全球治理中的角色矛盾及其破解

吴志成、何睿在《国家有限权力与全球有效治理》（载《世界经济与政治》，2013 年第 12 期）一文中详细分析了国家在全球治理中的角色矛盾，认为它既是最核心的治理主体，也被视为充满问题的治理对象。全球治理有赖国家为其提供合法性与执行力，然而权力的局限又迫使国家寻求更有效的方式维护自身利益。国家与治理之间相互需要的不对称，导致国家对治理的多变态度，并阻碍全球有效治理的实现。因此，迫切需要探寻规范国家权力运行的治理路径，通过重构国家利益中的自我与他者、构建新型多边合作机制、合理界定国家在多元治理中的地位、维护既有国际规则并推动其改革等，在弥补国家权力缺失与供给不足的进程中增加国家对全球治理的需要，引导国家主导的全球治理逐步走出低效均衡的困境。

4. 中国对全球治理的态度

蔡拓在《中国参与全球治理的新问题与新关切》（载《学术界》，2016 年第 9 期）一文中结合中国参与全球治理进程中的新问题，对中国对全球治理的态度做出了一系列新分析、新回应，包括全球治理是当代中国对外战略的基石与轴心，“一带一路”倡议要服从于中国参与全球治理的总战略；提供更多全球公共物品是中国积极参与全球治理的理性选择；整体治理观是中国认知和推进全球治理的理念支撑；倡导人类命运共同体是中国推进全球治理的特殊责任与贡献。

教学设计

设计一：众治能成？——从G20峰会看全球化背景下的全球治理

设计意图

在全球化发展的过程中，人类面临的问题越来越多，需要加强全球合作与共同治理。本设计通过分析从G7(七国集团)到G20(二十国集团)的转变，引导学生理解自2008年金融危机以来全球治理的迫切性，认识当前多极化趋势不断加强的情形下，全球化还处于自由放任状态，全球治理还需要多方力量的配合。通过杭州峰会，认识中国在G20中所起的作用，形成正确的国际意识和国际责任感，以尊重、理解、包容的态度，共同应对人类所面临的难题，树立只有合作共赢、人类才有希望的价值取向。

设计方案

导入新课：2016年9月4日至5日，G20峰会在杭州举行，共达成了39项丰硕成果，受到国际社会的广泛关注，赢得了国际社会的高度赞誉；中国作为主席国，基于形势和各方期待，把"构建创新、活力、联动、包容的世界经济"作为杭州峰会主题，彰显了中国在全球经济治理中的责任担当。为何G20会受到国际社会的广泛关注？这还要从它的发展说起。

一、从G7到G20：全球治理的初步发展

材料呈现：

材料一 G7即七国集团，上世纪70年代，为应对货币危机和经济危机，西方主要工业国法、美、德、日、英、意六国领导人在法国举行首次最高级经济会议，次年加拿大应邀与会，形成七国集团。G7囊括了当时世界上最富强的国家，被形象地喻为"富人俱乐部"，控制着世界经济和政治走向。1998年俄罗斯的正式加入使它发展为如今的八国集团。

亚洲金融危机让西方国家认识到，要解决国际金融问题离不开有影响的发展中国家参与。1999年G20即20国集团应运而生。G20除八国集团之外，还包括欧盟以及具有广泛代表性的发展中国家：中国、阿根廷、澳大利亚、巴西、印度、印尼、墨西哥、沙特阿拉伯、南非、韩国和土耳其。这是一个旨在推动国际金融体制改革、促进发达国家与新兴经济体对话的非正式论坛，但它又是真正意义上的全球大联盟，既有美、欧传统大国，又有后起之秀"金砖四国"，还囊括了亚非一些国家。目前20国经济总量占世界经济总量的85%。

——曾响：《从G8到G20?》，《人民日报海外版》，2008-12-08。

问题设计：根据材料分析，从G7到G8再到G20发展的主要原因有哪些？G20的目标和特点是什么？

教师引导学生分析：货币危机和经济危机是从G7发展到G20的直接原因。第二次世界大战后的国际经济体系是以美国为主导的，每当美国自身出现问题时，这一体系的效用就降低了，因此，第二次世界大战后所建立的国际经济体系没有能够有效地解决相关问题。

G20的目标是推动国际金融体制改革、促进发达国家与新兴经济体对话。它的特点有：由发达国家与新兴经济体组成、平等对话、占经济总量比重高、控制着世界经济和政治走向。从G7到G20的变迁，既说明了国际金融体制亟需改革，也说明了国际重大问题已经不是由单个或几个发达国家可以控制，需要加强全球治理，从而反映了世界多极化发展趋势的加强。

二、"全球治理"的定义与内容

1."全球治理"的定义

教师讲述：解决国际金融问题是G20成立初始的主要目标。在全球性的问题上，除了金融问题，还有许多其他问题有待各国加强合作，共同应对。在这个大环境下，"全球治理"的理念应运而生，随着时间的推移，G20的主要目标也开始不再单一指向国际金融问题。那么，什么是"全球治理"呢？

材料呈现：

材料二 对全球治理至今并没有一致的、明确的定义，类似的概念还有："世界政治的治理"、"国际治理"、"世界范围的治理"、"国际秩序的治理"和"全球秩序的治理"等。大体上说，所谓全球治理，指的是通过具有约束力的国际规制解决全球性的冲突、生态、人权、移民、毒品、走私、传染病等问题，以维持正常的国际政治经济秩序。全球治理的要素主要有以下五个：全球治理的价值、全球治理的规制、全球治理的主体或基本单元、全球治理的对象或客体以及全球治理的结果。

——俞可平：《全球化：全球治理》，北京：社会科学文献出版社，2003年，第13页。

问题设计：从材料中关于"全球治理"类似的概念来看，它们有什么共同特点？全球治理的价值取向如何？

教师引导学生分析：这些概念虽然表述各异，但都有着共同点：都强调一种全球视野，并指向"治理"上，说明了在全球治理上有着共同的价值取向，是指通过具有约束力的国际规制解决全球性的问题，以维持正常的国际政治经济秩序。

2."全球治理"的内容

材料呈现：

材料三 从客观上看，后冷战时代以美国模式的全球扩张为主要特征的全球化是不受约束的自由放任的全球化，它导致了全球市场的震荡、大宗商品价格的波动、能源危机、粮食问题，这种不受约束的自由模式在人类生产中也带来了生态问题、气候问题、环境问题和过度开发带来的各种问题等许多全球性的问题。这从客观上要求，人类共同治理全球化，终结这种自由放任的全球化。

——焦世新：《冷战后的时代变迁与美国战略》，北京：时事出版社，2016年，第252—254页。

问题设计：根据材料二、三，谈谈哪些问题需要全球治理？此外，还有哪些全球性的问题没有提及？

教师引导学生分析：两则材料中主要谈及了如下需要全球治理的问题：政治方面，全球性的冲突、人权、移民等；经济方面，全球市场震荡、大宗商品价格波动、走私、毒品等；环境方面，能源危机、粮食问题、生态问题、气候问题、传染病和过度开发带来的各种问题等。除此之外，还有政治上的恐怖主义与种族主义，文化上文化冲突和宗教问题等。

3. “全球治理”的机构

材料呈现：

材料四 联合国是20世纪最具代表性、规模最大、活动内容最为广泛的国际组织，至今仍在国际舞台发挥重要作用。但是，由于资金短缺，严重制约其作用的发挥；组织结构和运行机制不完善，使联合国蒙上阴影；加上世人过多的期望，更使它不堪重负。

——李恒、王晓艳：《论联合国的局限性》，载《武汉科技大学学报（社会科学版）》，2007年第3期。

材料五 世界贸易组织在其自身法律框架的完善、协调南北经贸关系、真正实现普遍性的经济联合等方面面临着许多棘手的问题，而长期困扰世界贸易的各种保护主义仍将阻碍世贸组织的实际运作及长远发展。

——王晓冬、臧立：《世界贸易组织所面临的问题》，载《国际关系学院学报》，1997年第3期。

问题设计：第二次世界大战后，有哪些国际机构进行过全球治理？在进入21世纪后，为何这些全球性机构的作用在减弱？

教师引导学生分析：第二次世界大战后，为了吸取教训防范全球战争和经济危机，国际上成立了很多组织机构来进行全球治理，如1945年成立的联合国；在贸易方面是由1947年缔结的的关贸总协定发展到1995年成立的世界贸易组织；在金融方面则有1944年建立的布雷顿森林体系，以及由此衍生的世界银行和国际货币基金组织等。进入21世纪以来，联合国的运转规则已经难以协调大国意志与各国利益，联合国的作用日渐式微。世界贸易组织在过去作为一个规范化、法制化的组织，确实对世界经济产生了极其重要的推动作用，但随着世界形势的发展，其局限性也逐渐体现出来，其作用也在减弱。一些发达国家利用世界贸易组织作为它们扩大其资本影响的工具，并利用它们手中的游戏规则制定权来制造新的贸易摩擦。

材料呈现：

材料六 G20如何汲取教训，避免成为新的“无效的多边主义”，而成为21世纪“有效的多边主义”的典范？

首先，G20天生是非正式的，不是也不应该取代正式的联合国安理会、世界贸易组织和国际货币基金组织等机构的地位。其次，G20不能变成大国争斗的新的名利场，而要抓住历史的机会，在推动一系列决定世界前途、命运的全球多边进程中发挥中心的带头作用。这些多边进程包括世贸组织谈判（自由贸易）、联合国改革（民主、平等、合理的世界秩序）、不扩散（全球安全）、气候变化（发展问题）等。第三，G20要把提供“远水”和解决“近渴”结合起来。这种结合不是很容易的。“远水”就是关于世界根本发展方向的解决方案。……“近渴”就是关于眼下世界面对的紧迫问题的解决方案，这些方案可能不利于，甚至与长远的全球目标相冲突。

——庞中英：《G20：没有远虑，必有近忧》，载《环球时报》，2010-03-17。

问题设计：在全球治理上，G20是否有可能取代第二次世界大战后建立的全球性机构？

G20 如何避免重蹈其他国际组织的覆辙？

教师引导学生分析：G20 不是正式的全球性机构，也不会取代正式的联合国安理会、世界贸易组织和国际货币基金组织等机构的地位。G20 要充分利用它这种“非正式”的优势，尽可能地代表世界大多数的利益和愿望，达成实际上具有一定约束力且可执行的协议并且执行。正因为不是正式的机构，G20 内部也就不应该成为争夺名利的新场所，而应切实解决当前人类面临的具体问题。同时，G20 也不能因为不是正式国际机构，就只顾当前，缺乏长远打算，要把解决当前问题与人类未来的发展方向结合。

三、中国对全球治理的态度

材料呈现：

材料七 8 年后的今天，世界经济又走到一个关键当口。科技进步、人口增长、经济全球化等过去数十年推动世界经济增长的主要引擎都先后进入换挡期，对世界经济的拉动作用明显减弱。上一轮科技进步带来的增长动能逐渐衰减，新一轮科技和产业革命尚未形成势头。主要经济体先后进入老龄化社会，人口增长率下降，给各国经济社会带来压力。经济全球化出现波折，保护主义、内顾倾向抬头，多边贸易体制受到冲击。金融监管改革虽有明显进展，但高杠杆、高泡沫等风险仍在积聚。如何让金融市场在保持稳定的同时有效服务实体经济，仍然是各国需要解决的重要课题。

——习近平：《构建创新、活力、联动、包容的世界经济——在二十国集团领导人杭州峰会上的开幕辞》，载《人民日报》，2016－09－05。

问题设计：针对材料七中所提出的世界经济存在的问题，结合所学知识，中国需要什么样的态度来面对这些问题？

教师引导学生分析：世界走到经济关键当口出现了许多问题，这些问题不是一两个大国所能够解决的，在越来越民主化的国际社会，需要遵守多数国家通过民主程序建立的国际秩序，需要承认多极世界中其他极的作用；中国作为多极化世界中的重要一极，我们应共同参与治理过于自由放任的全球化，在全球金融、贸易、投资、能源等方面共同应对人类所遇到的难题，使得世界经济在创新、活力、联动、包容中获得长远发展。

教师指导学生小结：“全球治理”是应对人类现代化发展过程中出现的诸多问题的一个对策；G8 也好，G20 也好，都只是这个对策发展的一个趋势而已，无论是哪种力量来主导全球治理，都会让我们感到人类是有希望的。在全球治理上，我们相信众志成城，也相信众治能成。

设计二：环球同此凉热——人类如何应对气候危机？

设计意图

气候危机是当前国际社会面临的重要的全球问题，对气候危机的关注和解决事关全人类的前途和未来。本设计通过了解中国历史上的气候危机，引导学生了解气候变迁对历史上中国社会演进产生的重大影响，进而引发学生思考当前世界面临的气候危机及带来的影响，并探究当前气候危机的解决之道。通过古今气候危机的联系对比，引导学生由历史问题延伸关注现实问题、由中国问题延伸思考世界问题，进而培养学生关注国际问题的全球视野和思考人类命运的历史责任感。

设计方案

一、历史之鉴——历史上的气候危机及影响

材料呈现：

材料一 众多研究发现气候冲击引发的经济冲击是造成暴力犯罪、冲突和内战的重要原因。……事实上，气候变化不仅影响宗教活动，从更广义的范围观察，它通过经济冲击直接威胁社会稳定，尤其是对于中国这样一个传统的农业社会，经济的脆弱性在气候冲击下更是暴露无遗。通过对中国历史气候变化的研究发现，气温的降低会显著增加社会不稳定程度，且具有长期的持续效应。学者考察了2000年来干旱与洪涝对游牧民族入侵中原王朝的影响，发现降雨量越少，游牧民族入侵的概率越高，反之则越低。

——梁若冰：《气候冲击与晚清教案》，载《经济学》，2014年第4期。

材料二 在温暖期，中国经济繁荣，民族统一，国家昌盛；寒冷期，气候剧变引起经济衰退，游牧民族南侵，农民起义，国家分裂，经济文化中心南移等。

——[美]布雷特·辛斯基：《气候变迁和中国历史》，蓝勇等译，载《中国历史地理论丛》，2003年第2期。

问题设计： 根据上述材料并结合所学知识，概括气候变迁对古代中国社会有何影响。

教师引导学生分析： 气候变迁对中国历史的社会演进有重大影响，农业经济、社会动乱、人口波动、游牧民族南侵以及中原王朝的兴衰等都与气候变迁都有关系。陈强在《气候冲击、王朝周期与游牧民族的征服》（载《经济学》，2015年第1期）一文中，使用公元前221年以来的中国气候与王朝数据，发现游牧民族征服农耕民族的概率随着降雨稀少而上升，旱灾驱使游牧民族为了生存而进攻农耕汉族。比如秦朝、三国、唐朝、宋朝、元朝、明朝和清朝的灭亡年代都处于历史平均温度以下或极其寒冷的时期。

二、现实之困——当前世界面临的气候危机

教师讲述： 从中国历史发展的规律看，气候的每一次变迁都给社会带来重大影响。虽然当今人类已突破农耕文明，进入现代文明社会，可能有些历史规律并不适用于现代社会，但气候变化对国际安全、国际政治和国际经济贸易关系会产生重大影响已经成为学界共识。

材料呈现：

材料三 气候变化对自然系统的影响可以改变水资源的分布情况，导致缺水国家为争夺水源而与其他国家发生冲突。……由于气候变暖有可能影响甚至改变世界粮食生产的稳定性及分布结构，粮食富足国家和缺粮国家之间也面临发生冲突的危险。全球变暖会造成海平面上升，小岛国和沿海低地国家及地区面临被海水淹没的威胁，一旦这种情况发生，势必导致大批环境难民涌入邻近国家，贫困、失业、犯罪等社会问题就会连锁产生，甚至成为恐怖主义滋生的条件，使原本稳定的国家和地区出现紧张局势。……全球气候资源分布并不均匀，大部分发达国家地处中纬度温带地区，气候条件相对优越，其经济发展对气候的敏感性较低。广大发展中国家大多处于低纬度热带地区，气候条件相对较差，其经济发展对气候的敏感性较强。……如果全球变暖得不到有效控制，严重经济衰退将在全球范围内出现。气候变化对全球经济体的影响也是不均衡的，最不发达国家将最早受到程度最深的损害，这是因为发展中国家高度依赖的农业是所有经济领域中对气候变化最为敏感的部门。

——李强：《全球气候变化对国际关系的影响及必要回应》，载《中共济南市委党校学报》，2011年第2期。

问题设计： 通过材料，概括气候变化会给当今国际社会带来哪些影响。

教师引导学生分析： 从材料可知，气候变化给当今国际社会带来的影响主要有三个方面：社会发展方面，可能会给各国带来各种社会问题，如粮食危机、贫困、犯罪、失业、难民转移等；国际安全方面，气候危机会带来的各种问题可能会引发国际冲突；国际经济方面，可能改变世界经济格局，加剧发达国家和发展中国家的贫富差距。环境问题不一定导致国际冲突，但却是引发国际冲突的重要因素。最典型的例子就是缺水国家为争夺水源而与其他国家发生冲突，比如约旦河水大部分被以色列截走，导致约旦河两岸其他国家水资源短缺状况严重。1964年春，阿拉伯国家共同发起与以色列争夺约旦河水源的计划，以色列迅速做出反应，并不断派兵干扰，使工程难以实施。其后双方冲突不断升级，最终导致了1967年6月的第三次中东战争。

三、未来之景——气候危机的解决之道

教师讲述： 气候变化是一个涉及科学和政治、环境和发展、社会和伦理等诸多内涵的复杂问题。自20世纪80年代末、90年代初起，国际社会就应对气候变化问题开始了一系列研究和漫长的谈判。经过不懈努力，各国相继签署了《联合国气候变化框架公约》、《京都议定书》、《巴黎协定》等有关应对气候危机的协议和文件，积极应对气候变化已经成为全球共识。

材料呈现：

材料四 1997年，在日本古都京都举行的一次旨在强调环境问题的会议上，来自187个国家的代表一致同意减少导致全球气候变暖的温室气体的排放。《京都议定书》在2005年开始生效，树立了到2012年发达国家减少二氧化碳排放的目标。协议没有要求发展中国家——其中一些主要国家是主要的污染国，如印度和中国——减少有害气体的排放。正因为此，世界第二大污染国——排名在中国之后的美国，没有签署这项协议。自京都会议之后，全球的二氧化碳排放量又上升了三分之一。

——[美]杰里·本特利、赫伯特·齐格勒：《新全球史：文明的传承与交流(1750年至今)》，魏凤莲译，北京：北京大学出版社，2014年，第416页。

问题设计： 通过上述材料，分析国际社会为何要签订《京都议定书》？美国拒签《京都议定书》，说明了什么问题？

教师引导学生思考： 人类社会可以通过签协议合作的方式，来解决气候带来的社会危机。美国拒签《京都议定书》，说明在处理气候危机的问题上，发达国家和发展中国家存在分歧，都认为对方应该承担应有的责任。

材料呈现：

材料五 从工业革命开始的1750年前后到1950年的两个世纪里，人类通过化石燃料燃烧释放的二氧化碳总量中，发达国家占了95%。从1950年到2000年，一些发展中国家开始实现工业化的半个世纪里，发达国家的排放量仍占到总排放量的77%，而且目前其人均碳排放水平也普遍高于发展中国家。……发展中国家历史累计排放量少，人均排放量低，相当多的国家至今仍十分贫困落后，发展经济和改善民生是第一要务，工业化和城镇化进程对能源的高需求不可避免地会导致其二氧化碳排放增长较快。

——李俊峰、沈海滨：《对气候变化问题的再认识》，载《世界环境》，2014年第6期。

问题设计：通过上述材料，你认为全球气候危机的主要责任应由谁承担？

教师引导学生分析：气候危机关乎人类的整体命运，从历史发展看，在过去的200年中，发达国家排放的二氧化碳占据了绝对多数，它们牺牲了地球环境，从而赢得了发展机遇。但发展中国家历史排放量少，就在其开始实现工业化之际，地球环境的承载能力开始逼近极限，气候危机的问题开始显现。

材料呈现：

材料六 早在2007年，由英国电视导演马丁·德肯执导的纪录片《全球变暖大骗局》指出：1940年至1975年人类排放的二氧化碳不断上升，但气温却连续30多年下降，可见二氧化碳和气温上升没有直接关系。……无独有偶，2009年哥本哈根气候大会前夕发生的“气候门”事件引起轩然大波：英国东英吉利大学的电子服务器被一名黑客入侵，上千封英国和美国科学家在过去13年里通过邮件交流的记录遭到窃取，并被公之于众。在一封被公布的电子邮件里，东英吉利大学气候研究小组的主人菲儿·琼斯写道，在编辑新的数据时，他将实际气温数据添加到过去20年里的系列中的工作，同时还有对1961年以来气温下降趋势的隐瞒。而菲儿·琼斯正是政府气候变化专门委员会负责全球气象数据整理的关键人物。……发达国家率先完成工业化，自身发展高端服务业之时，突然竖起环保大旗把主要依靠资源出口和制造业的发展中国家摆上全球气候变化的谈判桌，受到国际社会的怀疑和非议也无可厚非。

——沈立：《全球变暖背后的博弈》，载《环境》，2015年第12期。

问题设计：结合材料，发达国家将全球气候变化摆上谈判桌，为何会引起国际社会的怀疑和非议？

教师引导学生分析：一国的经济发展水平与能源的利用有密切的关系，由于二氧化碳排放与经济增长之间的正相关关系，以牺牲经济增长为代价来减少二氧化碳排放，其承受力对任何国家来说都是有限的。发达国家将气候危机摆上谈判桌是在自身已经完成工业化后，国际社会质疑发达国家此举是以保护环境为由遏制以“金砖四国”为代表的发展中国家的发展机会，从而有利于维持自身的世界霸权。气候变化原本只是一个自然科学问题，然而一旦此问题进入国际视野后，很快变成了政治议题。全球气候治理中发达国家与发展中国家对排放权的争夺，本质上反映了各国的发展权之争，也体现了发展模式之争。

教师指导学生小结：面临日益严峻的环境压力，已有的人类发展模式遇到了新的挑战，人类需要在发展理念、发展模式、消费结构、生产模式、技术开发和推广等各方面做出全新调整。虽然所有国家都要承担保护气候的共同责任，但“共同”是否意味着“平等”和“均摊”？

每个国家在治理气候危机的协作中应该扮演什么样的角色？个人可以为气候危机的解决做些什么事情？这些问题都值得我们思考。

教学资源

资源 1：强权政治和极端民族主义产生的原因

全球化并不是一种单一的、非裂变的力量。它反倒是自身充满了许多悖论的力量。大致上，全球化可分为两种力量：一个是“自然力量”，另一个是“人文力量”。“自然力量”是全球化“无情”的一面，它追求效率和财富，把有效率者从无效率者中筛选出来，有时即使发生世界经济和政治秩序的混乱也在所不惜，在这里，资本的逻辑还无法服从道德的逻辑。这种力量使得社会达尔文主义法则在国际政治中仍有一定的吸引力和影响。国际社会达尔文主义法则强化了“越好越好”式的游戏规则，即力量和收益成正比，实力越强者，收益越大，反之亦然。这一法则的盛行不断刺激一些国家以实力谋取利益的动机而不惜罔顾国际道德法则和公认的行为准则。这种“自然”力量催生了强权政治和极端民族主义，它是造成国际秩序紧张、国家间冲突甚至战争的最内在原因。

——资中筠主编：《冷眼向洋——百年风云启示录(下)》，北京：生活·读书·新知三联书店，2009 年，第 295 页。

资源 2：核扩散问题的根源

核扩散是核时代国际政治现实滋生的现象，它直接与核武器的特殊作用以及核武器给国际关系带来的深刻变化有关，它是国家间矛盾的一种反映。只有对核扩散现象的根源有较客观的理解和把握，才有可能找到解决核扩散问题的有效方法。通过对核扩散历史与行为模式的分析，我们不难得出以下几个结论：

第一，安全需求是核扩散的最重要的驱动力，不解决安全动机问题，很难从根源上防止核扩散现象。

第二，当今以技术和材料控制为主题的全球核不扩散机制还很不完善，虽然技术、材料的监督与控制是有用的，但是无法限制核潜力的逐步积累，特别是当部分国家拒绝参加或退出《核不扩散条约》时，很难对它们进行监督。

第三，那些为了追求大国地位而发展核武器或核武器潜力的国家，现时的安全关切不是核扩散的主要因素，国家战略、国内政治因素和国际压力环境有更大的影响作用。

——孙向丽：《核扩散：发展历史、扩散模式与前景》，载《世界经济与政治》，2007 年第 12 期。

资源 3：当今世界国际矛盾的新表现

在经济全球化和多极化不可阻挡的趋势中，源于西方文明的美国和其他国西方国家强行推行它们的意识形态、价值观和基本制度，使得其与源于不同文明的各个国家按照自己的选择进行发展的矛盾正在全面展开，主要表现在以下几个方面：在军事上，以美国为首的西方国家力图保持绝对优势，对走不同道路的国家进行威慑、胁迫甚至战争；在政治上，以美国为首的西方国家力图通过施压、扶持代理人、接触的方式来改变那些非西方文明国家的政权和发展方向；在经济上，西方国家通过制定不平等的国际经济秩序、利用金融手段来造成不平等的发展环境，获取不对称甚至不正当的利益；在文化上，通过所掌握的学术上、政治上的话语权，对非西方文明国家进行渗透、宣扬西方意识形态，为"颜色革命"创造条件。

——周建明、焦世新：《从东西矛盾到西方与多元文明的矛盾》，载《世界经济与政治》，2008年第6期。

资源4：人类能否创造出继续发展的社会环境？

我们这个时代巨大的自相矛盾是，正如农业和工业革命使战争变得有利可图和合理，我们的第二次工业革命却使战争变得无利可图和具有灾难性。这就是为什么爱因斯坦警告说，我们正面临着新的"思维方式"或"空前的大灾难"之间的抉择。我们人类不是唯一的面临这样的挑战的种群。无数其他种群都曾面临过同样的威胁，由于他们的基因种类对环境的突变如冰河时代的到来适应得太慢，所以它们通常都失败了，灭绝了。我们人类则完全不同，因为迄今为止我们都能用我们的大脑去创造我们自己的环境（用各种技术，例如使用火、制作服装和建造遮蔽棚）以满足我们自身的需求。但是现在第二次工业革命用一种强效的、有力的技术，正在以一种需要快速和不断适应的加速度创建和改变环境。因此，目前最重要的问题是我们是否能再次充分使用我们的大脑，这一次是适应一个我们自己创造的新世界。面临像这样的挑战，较之其他所有在过去已消逝的种群，我们拥有的最大优势是我们没有收到神秘的、不可知的东西如冰河时代的冲击。与过去的种群所面临的情况不同，我们的问题不是一个如何适应超出我们的控制能力和认识范围的环境的问题，而是一个如何适应我们人类自己创造的环境以满足我们人类的需求的问题。

《原子科学家公报》的"世界末日之钟"的分针最近从在午夜前三分钟跳到了十四分钟，这一调整提供了一些希望；伯特兰德·罗素所说的"人类的消亡将比料想的快"也许过于悲观。但是，回顾过去仅几百年间人类数以百万计的不必要的死亡，任何一位历史学家都不会否认罗素所言的有效性。我们无法预知在21世纪里这支分针将朝什么方向走；无法预知这个钟是否仍将在摆动；无法预知它是否将会停止，就像广岛地下挖出来的那个钟一样，它的指针已融化和凝固，永远停在8点15分上。

——斯塔夫里阿诺斯：《全球通史（下）》，吴象婴等译，北京：北京大学出版社，2010年，第787页。

资源5：福利国家制度依然具有生命力

福利国家制度缓和了资本主义发展过程中的阶级矛盾、完善了投资与消费过程的资本循环，为资本主义发展营造了稳定的社会环境，可以说这样的制度是资本主义发展所不可或缺的。正如原欧盟委员会的一位委员佩德格·弗莱恩所说的："在一个充斥着失业、贫困、犯罪以及健康和教育水平低下的社会里，不可能形成一个富有竞争力的经济气候。"因此，在资本主义发展未能完全寻找到新的途径去缓解阶级矛盾、开创新的社会环境时，福利国家制度是不可能被舍弃的。瑞典现代福利国家制度的设计者之一鲁道夫·迈德纳曾说："我不认为瑞典模式已经完全过时，即使福利国家制度已经被部分地破坏，但它仍是有活力的。中产阶级随时准备交更多的税以改善整个国家的生活条件。当然，条件使不能滥用和贪污。制度应该符合道德规范，以使每个人都觉得自己的付出是可以接受的。”奥菲对于福利国家的危机管理展开研究后也提出“尽管资本主义不能与福利国家共存，然而资本主义又不能没有福利国家。”

——张婷：《欧债危机新论：政府主导下增长连续性丧失》，载《国家行政学院学报》，2014 年第 6 期。

资源 6：科技研究或可重塑生活伦理

人类经过这两条路——从科技研究的职业伦理引申出来的生活伦理，以及我心观照他心引发的共同一体的体会，我们既可体认人的尊严，也可重建“万物皆备于我”的胸襟。这两套价值彼此配合，我们就可以从科技文明出发，建构整套人文价值，不必求神，而返求诸己，就可以找到安身立命之所。身心有所安顿，也许我们就能约束自己，抵抗贪欲，也就可以对无限扩张有所节制。无限扩张，已经导致经济膨胀的失控，导致资源的浪费，也导致了国与国之间、族与族之间、人与人之间的争斗。我们有所约束，也许就容易走到一个和谐的社会。在那个社会，自己有自由，也想到自由背后的节制；自己有权利，也想到权利背后的纪律；不妨进取，但也想到进取之时，顾及公平。

——许倬云：《现代文明的成坏》，上海：上海文化出版社，2012 年，第 215 页。

资源 7：中美合作对于构建新的国际秩序至关重要

直到今天，美国仍然只是在被动地应对其国际环境的变化，而没有能力构建一个新的秩序。概括地说，美国回应的是两方面的因素：一是全球化，二是中国的崛起。实际上，如果没有中国的参与，美国已经完全没有可能重构世界秩序。但同时，与美国一样，中国本身也面临着全球化所带来的问题。这方面，中国和美国具有巨大的共同利益。只有中美合作，才能形成一个新的和可行的世界观和全球观，构建全球治理体系。从这个角度来看，人们便会回到前些年提出的“两国集团”概念。但“两国集团”的概念需要重新阐述，不应当指中美两国集团，而是两国合作来共建国际秩序，一个既有利于中美两国，也有利于其他国家的制度安排。

——郑永年：《中美关系和国际秩序的未来》，载《国际政治研究》，2014 年第 1 期。

资源 8：中国在全球治理中的角色

目前，全球，尤其是美国关注世界经济巨人中国参与全球治理的深层意图。美国关于中国国际意图的问题是这样二分的：中国是世界秩序中的“现状维护国家”，还是现存世界秩序的挑战者？而中国面对的主要问题是：如何维持由全球人口 1/5 组成的民族国家在全球化中的自主性、权益和价值；如何通过在各种国际机制中发挥作用调控和预防全球化中的问题、风险、威胁、危机，促进世界经济发展；如何不仅维护世界和平，而且建设世界和平；如何在国际层面改善面对巨大压力的中国发展的生态环境。值得指出的是，中国的国内治理和全球治理是密切联系的，所以，中国必须更好地“统筹国内和国际两个大局”。中国在国内治理上的成就也是对全球治理的贡献。中国存在的各种问题,如过度的污染和排放,不全是本土企业和社会系统造成的。由于中国经济的高度开放性和外资主导性,许多逃避公司社会责任的跨国公司对中国的生态问题负有不可推卸的责任,所以,其他国家和国际社会应该、也必须为这些“中国问题”的解决承担应有的国际责任。在气候、发展等问题上,这一点必须成为中国与国际社会互动时的一个明确原则。总之,中国面对的主要问题,中国的国内治理和全球治理的紧密关联,决定了中国既非简单的现状维护者,也非现状挑战者。因为无论扮演维护者还是挑战者的角色,不但无助于解决挑战,而且会使问题更加复杂。

世界的未来决定中国的未来,中国的未来影响世界的未来。全球治理而非全球混乱,更多国家和非国家行动者参与民主的全球治理而非美国霸权,更符合中国的根本和长远利益。中国不必按照美国人的中国问题来定义自己的国际意图。中国必须以全球治理为核心重新构造外交政策。

——庞中英:《霸权治理与全球治理》,载《外交评论》,2009 年第 4 期。

资源 9:人类命运共同体思想是对马克思列宁主义的继承、创新和发展

人类命运共同体思想与马克思共同体思想具有价值追求的契合性。马克思共同体思想遵循大写的共同体逻辑,其价值追求是“自由人联合体”,这是人与社会的“真正的共同体”。而习近平人类命运共同体思想作为与马克思共同体思想的“跨时空对话”,首先也是一种价值追求。它站在全人类的角度,以全人类共同的命运为关怀指向,追求建立一个共识、共生、共荣、共建、共享和共赢的世界。其基本价值蕴涵包括:对本国负责也对他国负责的责任共同体、“利本国”也“利他国”的利益共同体、将本国人民与其他国家人民的命运联系到一起的命运共同体、将当代人和后代人的命运联系到一起的发展共同体,等等。由此观之,人类命运共同体思想的基本价值蕴涵与马克思共同体思想的价值追求是高度契合的。

人类命运共同体思想是马克思共同体思想逻辑延续和当代发展。在仍然存在阶级和国家冲突的全球化语境下,习近平人类命运共同体思想无疑朝着人类未来“自由人联合体”的方向设定了一个当下的、务实的目标。从前瞻的视角看,人类命运共同体思想的传播和当代实践,必将为“自由人联合体”的实现提供新路径和新动能,将推动人类未来朝向“自由人联合体”的方向不断演进。

——冯颜利、唐庆:《习近平人类命运共同体思想的深刻内涵与时代价值》,载《当代世界》,2017 年第 11 期。

资源 10:习近平人类命运共同体思想的时代价值

习近平总书记在十九大报告中指出:“中国将继续发挥负责任大国作用,积极参与全球治理体系改革和建设,不断贡献中国智慧和力量。”并且强调中国人民愿同各国人民一道,推动人类命运共同体建设,共同创造人类的美好未来!因为,中国人民不仅希望自己过得好,也希望各国人民过得好。

第一,人类命运共同体思想为全球生态和谐贡献了中国方案和中国智慧。人类命运共同体,首先是生命共同体,生态共同体。日益严重的气候变暖和环境污染等问题警示我们,地球生态危机问题越来越严重，地球已达其能承受人类过度消费和浪费的极限，生态一旦崩溃任何国家都不能幸免。尽管中国承载着巨大的发展压力，但是仍主动承担责任，将“绿色”列为“五大发展理念”的基本内容，作为经济社会发展的根本指南；同时推动经济结构转型升级、创新绿色科技，积极落实《巴黎协定》等国际合作项目。

第二，人类命运共同体思想为国际和平事业贡献了中国方案和中国智慧。作为世界人口最多的发展中国家，中国保持长期团结稳定、繁荣发展、社会进步，同时，妥善处理好周边关系，广泛参与区域合作和全球事务。与奉行强权政治、霸权主义、单边主义的西方强国通过入侵战争、策划政变、经济制裁等手段到处插手他国事务不同的是，中国是在奉行和平发展、合作共赢原则的基础上，通过对内改革、对外开放，主动参与国际合作，经过数十年努力奋斗实现自身强大之后，顺应世界格局演变的趋势，应世界各国的强烈呼吁而积极参与国际事务，维护世界和平。当前，我们秉持和平、主权、普惠、共治原则，把深海、极地、外空、互联网等领域打造成各方合作的新疆域，而不是相互博弈的竞技场。人类命运共同体思想蕴含着中国维护生态和谐与世界和平的智慧，是变革全球治理体系应当遵守的基本价值规范。

第三，人类命运共同体思想为变革全球治理体系贡献了中国方案和中国智慧。“一花独放不是春，百花齐放春满园”，习近平在金砖峰会等多个国际场合，以此表达同世界各国共赢共享构建人类命运共同体的博大胸怀和历史担当。共赢、共享不仅是中国对世界秩序的美好希冀，也是世界人民的共同愿望。当今世界，“和平发展的大势日益强劲，变革创新的步伐持续向前。各国之间的联系从来没有像今天这样紧密，世界人民对美好生活的向往从来没有像今天这样强烈，人类战胜困难的手段从来没有像今天这样丰富”。因推行霸权主义而造成的难民问题，因推行新自由主义而造成的金融危机，均对作为始作俑者的西方强国造成严重的影响。因此，已经在经济全球化中获益而率先发展起来的发达国家，更应该担负起帮扶落后国家的责任。中国早就意识到，“中国发展离不开世界，世界繁荣也需要中国”。因此，中国积极推动“一带一路”倡议、派出维和部队、支持非洲建设，将共赢共享理念贯彻到实践中去。塔吉克斯坦驻华大使达夫拉特佐达曾称赞道，“中国在其他国家兴办企业、大力投资，这促进了当地的就业、增加了当地政府的税收。这些都表明，全世界都能够共享中国的发展成果”。建设新型国际关系，变革全球治理体系，大国是关键。“国家之间要构建对话不对抗、结伴不结盟的伙伴关系。大国要尊重彼此核心利益和重大关切，管控矛盾分歧，努力构建不冲突不对抗、相互尊重、合作共赢的新型关系。”

第四，人类命运共同体思想为构建全球公平正义的新秩序贡献了中国方案和中国智慧。国家只有大小之别，没有高下之分；文明只有特色之别，没有优劣之分。构建全球公平正义的新秩序，必须秉持共商共建的发展新理念。习近平在多个国际场合的讲话中，已经系统地阐述了推动构建全球公平正义新秩序的方案。在经济方面，要引导经济全球化健康发展，反对逆全球化的保守主义倾向，避免不公正的贸易战争，“需要加强协调、完善治理，推动建设一个开放、包容、普惠、平衡、共赢的经济全球化，既要做大蛋糕，更要分好蛋糕，着力解决公平公正问题”。在政治方面，着力解决恐怖主义、难民问题、武装冲突等急切而棘手的重大问题，“当事各方要通过协商谈判，其他各方应该积极劝和促谈，尊重联合国发挥斡旋主渠道作用”。在文化方面，海纳百川，有容乃大，不同文明要平等交流、共同进步，“让文明交流互鉴成为推动人类社会进步的动力、维护世界和平的纽带”。

总之，构建人类命运共同体思想理念，就是创新、协调、绿色、开放、共享“五大发展理念”的国际版，是国内发展理念在国际战略中的反映，这表明人类命运共同体思想为构建全球公平正义的新秩序提供了中国方案和中国智慧。

——冯颜利、唐庆：《习近平人类命运共同体思想的深刻内涵与时代价值》，载《当代世界》，2017 年第 11 期。

后记

本书是教育部基础教育课程教材发展中心何成刚主持编写的“历史课标解析与史料研习”丛书中的一册。具体分工如下：

李杰（广西南宁市第三中学）担任本册主编，张振鸿（广东珠海市斗门一中）、李志先（广东东莞市厚街湖景中学）担任副主编。李杰、张振鸿、李志先、何成刚共同参与了本书的修改、完善和定稿工作。

林玉连（广西桂林市教育科学研究所）、蒋铎（广西师大附属中学）、莫景华（广西柳州市第三中学）撰写“第一单元　帝国时代的战争与革命”；陆勇（广西南宁市第三中学）撰写“第二单元　现代化转型期的震荡”；李志先（广东东莞市厚街湖景中学）、夏辉辉（广西教育学院教学研究部）撰写“第三单元　现代化转型期的探索”；李小萍（广东东莞市东华高中）撰写“第四单元　冷战及世界格局的新变化”；李杰（广西南宁市第三中学）、张雪娇（广西南宁学院）撰写“第五单元　第二次世界大战后资本主义经济的调整”；范宗宝（广东中山纪念中学）撰写“第六单元　苏联、东欧社会主义现代化模式的改革”；莫景华（广西柳州市第三中学）撰写“第七单元　第三世界的现代抉择与崛起”；谭锋（广西南宁市第三中学）、杨山坡（广东东莞高级中学）撰写“第八单元　第三次科技革命与人类社会生活的变化”；张振鸿（广东珠海市斗门一中）、邓晓妮（广东珠海市斗门一中）撰写“第九单元　当代世界的发展特点和主要趋势”；杨山坡（广东东莞高级中学）、张振鸿（广东珠海市斗门一中）撰写“第十单元　人类社会面临的机遇与挑战”。

本书亦是李杰主持的广西教育科学规划课题“示范性高中教师职业生涯规划引领专业发展模式研究”（课题编号：2014JS048）的部分成果。感谢为本书间接提供大量史学研究成果的专家、学者。感谢《中学历史教学参考》《历史教学》《历史教学问题》《中学历史教学》等刊物为部分研究成果发表提供的专业支持。感谢复旦大学出版社王卫东先生和朱建宝先生为本书出版付出的劳动。

图书在版编目(CIP)数据

历史课标解析与史料研习.世界现代史/李杰主编.—上海：复旦大学出版社，
2018.8(2020.9 重印)
ISBN 978-7-309-13725-5

Ⅰ.①历… Ⅱ.①李… Ⅲ.①世界史课-教学研究-高中 Ⅳ.①G633.512

中国版本图书馆 CIP 数据核字(2018)第 107720 号

历史课标解析与史料研习·世界现代史
李 杰 主编
责任编辑/朱建宝

复旦大学出版社有限公司出版发行
上海市国权路 579 号 邮编：200433
网址：fupnet@fudanpress.com http://www.fudanpress.com
门市零售：86-21-65102580 团体订购：86-21-65104505
外埠邮购：86-21-65642846 出版部电话：86-21-65642845
杭州日报报业集团盛元印务有限公司

开本 787×1092 1/16 印张 21.25 字数 478 千
2020 年 9 月第 1 版第 4 次印刷

ISBN 978-7-309-13725-5/G·1853
定价：55.00 元